西方新闻传播学名著导读丛书

西方舆论学名著导读

郭小安 ◎ 主编

Classics of Public Opinion Studies:
A Reader's Guide

图书在版编目(CIP)数据

西方舆论学名著导读 / 郭小安主编. -- 北京：北京大学出版社，2025.4. --（西方新闻传播学名著导读丛书）. -- ISBN 978-7-301-36190-0

Ⅰ.C912.63

中国国家版本馆 CIP 数据核字第 2025NG0109 号

书　　　名	西方舆论学名著导读 XIFANG YULUNXUE MINGZHU DAODU
著作责任者	郭小安　主编
责任编辑	梁　路
标准书号	ISBN 978-7-301-36190-0
出版发行	北京大学出版社
地　　址	北京市海淀区成府路 205 号　100871
网　　址	http://www.pup.cn
新浪微博	@北京大学出版社　@未名社科-北大图书
微信公众号	北京大学出版社　北大出版社社科图书
电子邮箱	编辑部 ss@pup.cn　总编室 zpup@pup.cn
电　　话	邮购部 010-62752015　发行部 010-62750672 编辑部 010-62765016
印 刷 者	河北博文科技印务有限公司
经 销 者	新华书店 965 毫米×1300 毫米　16 开本　23.25 印张　393 千字 2025 年 4 月第 1 版　2025 年 4 月第 1 次印刷
定　　价	89.00 元

未经许可，不得以任何方式复制或抄袭本书之部分或全部内容。
版权所有，侵权必究
举报电话：010-62752024　电子邮箱：fd@pup.cn
图书如有印装质量问题，请与出版部联系，电话：010-62756370

编委会

主　编　郭小安
副主编　黄贺铂　杨绍婷　赵海明
参编者　董　浩　韩　放　胡翼青
　　　　　　霍　凤　李　晗　李　萌
　　　　　　徐蓉蓉　张　宁

总　序

为这套丛书写总序时，距离我们策划这套书已经过去了整整十年。这不禁让我们感慨：想法不少，但实施得实在是不尽如人意。不过，好在我们一直在将各种想法付诸实施。

2013年3月，丛书主编之一胡翼青应香港浸会大学传理学院马成龙教授的邀请，前往浸会大学讲学；与此同时，丛书的另一位主编刘海龙也受邀到香港城市大学访学。那时，香港大街小巷的洋紫荆已经绽放，一派春天的美好气象。浸会大学与城市大学相隔不远，因此我们这两个原本分别身处南京和北京的年轻人有了更多讨论学问的时间。在那之前，我们就曾经讨论过编写这套丛书的话题。我们都感觉到，进入21世纪后的短短十年时间，国内就涌现出一批质量上乘的新闻传播学译著，可以说让人目不暇接，应该出版一些读本帮助年轻学人消化这些经典的"新知"。我们目之所及的少量已经出版的新闻传播学名著导读，已经跟不上形势发展的需要。与新闻传播学形成对照的是，其他学科的导读出版工作正在如火如荼地开展。其中最有代表性的是江西人民出版社从1998年开始陆续出版的21个学科的名著提要，这一工程持续了15年，涉及社会学、文学、法学、经济学、心理学、人类学、政治学、历史学、管理学等多个学科。当我们开始关注这套书时，有些学科的名著提要已经出到了第三版。然而，这21个学科不包括新闻传播学。这从一个侧面反映出新闻传播学各个领域的经典成果整理与导读出版工作已经远远落后于相邻学科。从某种意义上讲，新闻传播学在人文社会科学中一直是学习和借鉴其他学科的"追赶者"，而在名著导读这个环节，我们又不得不继续"补课"。

念及此，不知道哪儿来的干劲，仅仅一天，我们就闷在房间里将导读的书目开列出来。刘海龙的日记里是这么记录当天的工作的："3月15号周五，与（路）鹏程去吴多泰博士楼找翼青、贾敏讨论20世纪传播学名著导读一书的选题，至晚11点方归。"在热烈的讨论中，我们达成了共识。这些名著应当包括两种类型：一类是公认的经典，比如《人民的选择：选民如何在总统选战中做决定》《舆论》《理解媒介：论人的延伸》《做新闻》等；还有一类则是有一定引领性和争鸣性的新作，有成为经典的潜质，比如克劳斯·布鲁恩·延森（Klaus Bruhn Jensen）的《媒介融合：网络传播、大众传播和人际传播的三重维度》。

现在想来，我们的冲动有着非常明显的知识社会学背景，这首先与我们对传播学科状况的相似认知有很大的关联。自1982年第一次全国传播学研讨会以来，建立中国传播学的自主知识体系就一直是这个学科的发展方向，而对于几乎是零起点的中国传播学而言，解读西方传播理论的思想谱系和经典研究就显得非常重要。正如王怡红在《从历史到现实："16字方针"的意义阐释》一文中所说："1982年传播学研究刚刚创立，学术自主性的问题就在以'系统了解、分析研究、批判吸收、自主创造'为内容的'16字方针'中明确提出来了。……然而，长期以来，我们并未在意把这个从开始就存在的问题进一步问题化，对其'本土化的形式主义命题'似乎也缺乏足够的反思。"其实，单是"系统了解"这个起点，就不是"由零开始"的中国学界能够简单应付的。所以，王怡红进一步指出，在这种局面下，"'系统了解'不得不长时间被简化和理解为对西方传播学著作的大量引进或拿来就用，不必加以深入思考。由于将'系统了解'变换成易于得到的引进，与西方传播学的关系也就转而变成一种带有工具理性色彩的依附关系"。当时，我们两个以各种方式参与了中国社会科学院新闻与传播研究所关于回顾中国传播学三十年的课题，对王怡红的判断是高度认同的。一直以来，中国学界对理论的使用是高度工具性的，研究者只是使用理论而不与理论发生纠缠，用海德格尔的话来说，就是研究者并不存在于他们所使用的理论和概念之中。然而，不与理论发生纠缠怎么可能生成自主性的研究问题和理论创新呢？其后果一定只是将理论作为一种概念工具，通过形式化而非内涵化的处理方式，拿来生搬硬套用以解释自己的对象物。而且，我们都认为，不仅仅是解读存在着工具理性的问题，在具体研究实践中，对西方传播理论的引进在相当长一段时间内能不能被称为"大量"都是一个问题。那些认为中国传播学在20世纪90年代已经可以自主创造的学者，可能根本就没有读过几篇传播学的经典文献。我们都是在20世纪90年代中期开始接触传播理论的，作为那个时代新闻传播学的本科生，我们觉得最不幸的事就是在图书馆和新华书店找不到几本可以阅读的本学科的经典著作。这种情况到我们读博士时才略有缓解。"70后"学者的一个共同特点就是强烈的读书饥饿感伴随着他们的学生时代。所以，刘海龙干脆在《重访灰色地带：传播研究史的书写与记忆》一书中明确表达了这样的观点："自1978年传播学作为学科被正式引进中国内地后，'系统了解'一直是中国学者的主要研究课题，成果不可谓不多。可在如何了解方面，却一直不得其法。"刘海龙在2008年出版了教材《大众传播理论：范式与流派》，其重要的写作动因之一就是感到当时新闻传播学的学生搞不清楚欧美各种传播理论间的关系。而胡翼青长期致力于推动传播学史的研究，其重要考量也是如何让中国的新闻传播学人能够了解西方传播理论的历史与脉络。我们都认为，建设自主知识体系首先要了解现有经典知识体系，才能创新；而年轻一代没有深入和系统地了解西方的传播理论，政治正确和方向正确的"16字方针"在很长一段时间里都没有实现的可能性。

新闻传播学译著的大量出版是刺激我们策划这套丛书的另一重要推手。在20世纪90年代以前，新闻传播学的译著非常稀少。1997年第五次全国传播学研讨会以后，引进"量"的问题才得到了一定的缓解。当时参会的一批中青年学者如王怡红、刘卫东、李展、陆晔、芮必峰、胡正荣、段京肃、郭镇之、黄旦、曾建雄等认为传播学尽管在中国有所发展，但其边界和领域是什么样的，研究该怎么做，这些都很不明晰，需要出版一套高水准的新闻传播学译丛。正如潘忠党在华夏出版社的"传播·文化·社会译丛"的总序里所说的那样，大家对该译丛的设计充满了对经典的渴望:"这想法是系统译介这么三类书:(1)理论名著,(2)实证研究经典,(3)全面勾勒学科领域的论著和论文集。这些书要既有学术水准,又有可读性;既可做专业教科书,又可成为高层次研修类读物。"这套译丛2003年问世,在10多年间将许多国外新闻传播研究领域的经典之作译介到了中国,其中有多部著作被选入本丛书。那段时间不只是华夏出版社在推进新闻传播学的译丛建设,还有多家出版社都在做这件事。产生了一定反响的译丛就包括:中国人民大学出版社的"当代世界学术名著·新闻与传播学译丛·大师经典系列"、南京大学出版社的"当代学术棱镜译丛·媒介文化系列"、商务印书馆的"文化和传播译丛",以及新华出版社的"西方新闻传播学经典文库",等等。根据周丽锦等人在《国内传播学译著的现状及其成因研究:基于2000—2019年数据的分析》一文中的统计数据可以发现,从2000年1月1日到2019年12月31日20年间国内出版的新闻传播学译著的数量达到376种(其中专著266种,教材110种),年均18.8种。这376部译著涉及116个完全不同的译丛。20年来,中国各出版社一共出版了新闻传播学译丛42种,新闻传播学译丛的选题几乎遍布主要的人文社科类出版社。在2013年商讨编写这套丛书时,我们显然是感受到了当时译著的极大丰盛,我们的阅读速度远远跟不上经典作品的涌入速度。我们都认为,对于文科生而言,大量阅读本学科经典著作很重要,因为只有这样,他们才能算是在这个学科的理论体系中存在过。这么多经典著作的同时出版,让年轻学子大量阅读经典成为可能。然而,"书非借不能读也",在缺乏阅读饥饿感的时代有效引导年轻学子读书,这恐怕是亟待推进的重要工作。如果说,当初我们读书时因为资料匮乏差点"渴死"的话,那么今天的年轻学子则可能因为资料的过度丰盛而被"淹没"。所以,在文献资料理论爆炸和研究主体理论匮乏的张力之下,我们想到必须编写名著导读。

编写名著导读,可以实现两个层次的目标。常有前辈学者告诫读书人,读书需要经过两个阶段:第一个阶段是"将书读薄",第二个阶段则是"将书读厚"。这种学术阅读经验不仅仅对人文学科是有效的,对社会科学同样如此。"将书读薄"指的是一边阅读一边对书籍的逻辑思路进行总结和概括,而"将书读厚"指的则是将自身的先在知识体系与阅读的书籍相结合，做到触类旁通。我们无意讨论二者的辩证关系，但在多数情况下，达到第二种境界难度更大。然而，即使是第一种境界，对刚接触学术阅读的本科生甚至是研究生来说也不是那么容易达到的，许多学术著作的阅读者经常呈现出来的状态是"过目即忘"：不要说复述著作的内在逻辑，就连刚看过的上个段落中的内容都未必能记得。而名著导读的任务就是帮助初学者迅速掌握一本在理解上有一定难度的学术著作大致在说什么，并通过成书背景的介绍告诉初学者当时作者面对的问题是什么，他为什么会以这样的方式回应问题，他的回应为什么能够突破其时代局限性等。同时，我们希望用语境化和去语境化的方式帮助初学者更好地理解著作的内涵和意义。此外，对名著的罗列还可以帮助初学者在潜意识中感受学科的边界与框架，虽然其中一定会掺杂进导读作者的主观想法。所以，导读通常是初学者走向学术道路最重要的扶梯之一。

当然，导读的目的显然不仅仅在于帮助初学者学会"将书读薄"，而且过分强调这一点很有可能走到导读编撰者初衷的反面。许多初学者会自作聪明地认为自己看了导读就不必再看原作本身，这一部分是因为他们认为自己将来不从事学术工作，不必读原典，而另一部分也确实是因为经典著作数量巨大且并不容易阅读。所以我们可以想象，这套丛书问世后，会有大量学生用它去应付各种考试，尤其是应付面试官提出的这样的问题："最近你读过哪一本学术书？"我们当然不能苛责这种功利主义的做法，因为人各有志，无可厚非。但是，对于有志于学术研究的初学者，这种功利主义的想法是致命的，因为原著中处处闪现的思想火花，经过导读多半荡然无存，甚至变成了教条式的叙述。导读只是一个路标，其任务永远都是指向原著。

我们编写这套导读的最终目的还是"劝学"，希望对学术有兴趣且有毅力的同学能够在导读的指引下走得更远，把书读厚，甚至是超越经典。因此，我们在每篇导读的最后部分讨论了学界从不同视角对著作的评价与反思。另外，除了参考文献外，我们还设置了拓展阅读。我们始终认为，像参考文献和拓展阅读这样符号性和物质性的痕迹是在以无言的方式诉说着最为重要的阅读方式。我们希望导读只是一个索引：它不仅应当引发立志学术研究的年轻学子阅读原著的兴趣，还要引导他们带着质疑去与原著对话；它不仅应当让学子们了解原著说了什么，还要尽量启发他们去发现原著没有说什么。我们希望在导读的指引下，当阅读者面对原著时，他们已经具备了对话和批判的能力，而不仅仅是死记硬背的态度。如果他们能完成阿尔都塞所说的那种在原著中发现空白并以此为起点找到研究问题的"症候式阅读"，那就善莫大焉。一言以蔽之，我们编这套丛书的理想就是：通过导读，学会读书。

事实上，理想永远是丰满的，现实则是骨感的。香港一别，两位主编便又各奔东西。总有急迫而不重要的事来干扰重要而不急迫的事，于是导读的写作工作以一种时断时续的方式进行着。导读的启动工作由南京大学和南京师范大学的中青年教师、优秀的博士生和硕士生承担，他们多是南大新传读书会的成员。此后，在郭小安和白红义的推动下，重庆和上海的师生也加入进来，这才大功告成。小安与红义凭借他们在各自研究领域的精深功底，极大地拓展了这项工程的深度与广度。在写作过程中，新闻传播学始终处于高速发展的状态，传播学研究的主导范式也在发生重大的分化，2013年香港版的书目显然已经跟不上形势的发展。于是，我们干脆根据这种分化，扩充了新闻学和传播学的书目，加入了媒介学和舆论学的书目，四卷本的最终形式由此确定。

十年磨一剑。然而，当这四本导读即将问世的时候，我们比十年间的任何时刻更为忐忑不安。也许是互联网基础设施的发展实在太快，知识的更新和爆炸令本学科的学人目不暇接。所以，这四本导读能够经得起这个时代的检验吗？十年前我们在新闻传播学中常用的理论和概念，有很大一部分今天已经很少有人提及和使用；而今天涌现出来的概念，比如媒介本体论、媒介物、媒介性、物质性、具身性、基础设施媒介、界面……都是十年前无法想象的新名词。毫不夸张地说，今天任何一本新闻传播学教材问世的那一天，就是它过时的那一刻。不过，我们仍然有一定的底气，因为不管媒介技术的发展多么迅速，阅读经典仍然是新闻传播学科敢于面对这个世界的底气所在。

胡翼青　刘海龙
于 2023 年元旦

舆论学研究的思想谱系
（代序）

所谓学术经典，是指那些具有原创性、代表性、典范性的，体现人类最高等级（classic）知识的传世之作，它们可以超越时空，在岁月的淘洗中愈发展现思想光芒。每一部经典都是学术发展史上的重要节点，它开创或奠定了新的知识体系，为人们认识世界提供了一套新的研究理论和思维方法，并成为后人知识创新的出发点。每一个学科都有其学术经典，那么，舆论学的经典有哪些呢？与哲学、政治学、社会学等传统学科相比，舆论学的应用性较强，这个定位使其研究取向为追踪热点事件，解决现实需求。这在表面上虽热闹非凡，但也弱化了阅读经典的意义，从学科建设的角度看，舆论学仍然是一个发展脉络模糊、学科边界不清、学术共识较低的学科，总体体现出"学为末、术为主、策为上"的特点（李彪，2021）。那么，舆论学研究有没有独特、深刻的问题域、理论域和方法域？回答这个问题，就需要我们重新回溯或梳理舆论学的学科渊源，深入群体心理、政治制度、经济结构、文化权力乃至话语修辞汲取养分，以增加舆论学研究的理论厚度。

从学术思想史的角度来看，对公众舆论的关注最早源于17、18世纪西方资产阶级的理论主张与政治实践。资产阶级理论家们鼓吹舆论是自由民主政治统治合法性的标尺，自此，舆论与天赋人权、社会契约、主权在民等民主理念交织在一起，成为那个时代人们奉行的价值圭臬。正如约翰·洛克（John Locke）所言："政府的统治必须基于人民的同意。除非基于他们的同意和基于他们所授予的权威，否则没有人能够享有制定社会法律的权力。"（洛克，2008：83）让-雅克·卢梭（Jean-Jacques Rousseau）则将舆论美化为至高无上的"公意"（卢梭，2003：35）。随着资产阶级统治的确立，舆论的合法性标尺从主权转移到了治权，舆论研究的取向也从抽象的政治权力本位转向具体的经济利益本位；受自然科学和行为主义研究的影响，舆论研究的方法也从整体主义的理论预设转向个体主义的民意测验、民意调查等。"20世纪的公众舆论学著作更清晰地反映了社会心理学的视野而非政治学和社会学的观照。"（Vincent，2009：19）

一、"群氓的时代"？——精英主义理论家眼中的舆论思想

精英主义的舆论思想认为，占多数的公众无法承担起政治统治和社会治理的责任，因而主张由少数社会精英来领导大众。精英主义最早可追溯至古希腊城邦和古罗马共和国：前者虽然提出了民主制度思想，但政治权力却由贵族精英和合法公民所有；后者由元老院掌握最高统治权，认为如果将权力交给缺乏知识的人民将会带来暴民政治。到了16世纪，意大利思想家尼可罗·马基雅维利（Niccolò Machiavelli）在《君主论》一书中留下了精英主义的蛛丝马迹，他洞悉了人性、历史、权力、利益与社会舆论之间的关系，认为君主要想扮演好自己的角色，就需要遵循一些行事原则以留下良好的舆论口碑。与马基雅维利写给绝对君主的"腹黑"箴言相比，法国社会心理学家古斯塔夫·勒庞（Gustave Le Bon）针对群体心态和行为的大胆描述则令人不寒而栗。在《乌合之众：大众心理研究》中，他将群体视为"群氓"和"挣脱了锁链的公众"，正常的个体一旦加入就会产生可怕的群体非理性行为。勒庞的群体心理学影响了一大批精英主义理论家，群众心理研究成为一种潮流，这种思想潮流初步奠定了以加塔诺·莫斯卡（Gaetano Mosca）、

维尔弗雷多·帕累托（Vilfredo Pareto）和罗伯特·米歇尔斯（Robert Michels）为代表的早期精英主义取向的舆论学基础，并在19世纪末经历了"社会心理学转向"。米歇尔斯结合19世纪末欧洲特别是德国社会主义政党组织的发展实践发现，即使坚信社会民主原则的社会主义政党，也难逃走向寡头统治的命运。寡头统治是任何试图实现集体行动的组织的必然结果，是任何有着良好愿望的人无法改变的"铁律"。奥尔特加·加塞特（Ortega Gasset）将大众作为一个统一的人格来看待，忽视个性。在他眼里，大众缺乏独立思考能力，没有责任感，平庸而没有文化，并且安于现状。塞奇·莫斯科维奇（Serge Moscovici）就在《群氓的时代》中淋漓尽致地描写了个体的非理性行为：大众成为精英操作的"木偶"，由此造就"群氓的时代"。勒庞等人成为风靡一时的精英民主理论的思想来源，他们认为将民主政治寄希望于大众是不现实的，所谓自由民主不过是虚假的民主。

第一次世界大战前后对宣传的研究极大地推动了舆论学的发展。作为新闻评论家的沃尔特·李普曼（Walter Lippmann）成为享有盛誉的舆论研究者，其《舆论》《幻影公众》被公认为传播学和舆论学研究的经典之作。爱德华·伯内斯（Edward Bernays）的《舆论的结晶》将舆论描述为一种难以定义、反复多变的个人意见的聚合，因而存在被塑造的可能，认为关注舆论要从关注个体出发。受勒庞、加布里埃尔·塔尔德（Gabriel Tarde）、李普曼等精英主义思想家的影响，哈罗德·拉斯韦尔（Harold Lasswell）成为坦率的精英论者，他指出公开的政治行动是私人的、无意识的、非理性的心理内驱力的投射。经历了两次世界大战及冷战，拉斯韦尔从心理战、宣传战及情报工作中受到启发，其对于宣传的定义、性质及策略等方面开创性的思考丰富了宣传研究。当"传播"逐渐被"宣传"替代，在精确、严谨的定量方法的加持下，经验主义研究成为学界主流。1946年出版的《宣传、传播和舆论指南》主要引介了当时学界关于传播效果的前沿知识，并对"有目的的宣传活动"进行了全面探讨。这种以人文关怀为起点，以研究问题为导向的进路原本是传播学经验学派奠基人的初衷，但后来研究方法作为探知真理的手段却愈发成为真理本身，围绕方法的争论至今不减，这也是当前我们重读经典的原因所在。拉斯韦尔进行了大量基础性的定量研究，但一直对数据的真实价值表示怀疑，并把反思和校准当作研究的核心，这一点无疑值得他的精神门徒继承和学习。戴维·杜鲁门（David Truman）的《政治过程：政治利益与公众舆论》中关注现代西方民主制度中的利益集团这一特殊政治主体，考察其如何介入政治过程并对美国政治结构产生影响。杜鲁门撰写该书时正值美国麦卡锡主义盛行，他敏锐地发现利益集团为了获得广泛的群众支持，在塑造舆论、影响立法和选举等政治过程中扮演着重要角色。杜鲁门认为，公众舆论是个人观点的集合，但舆论的政治效果并不取决于人数的多少，少数人也是公众的一部分；舆论与观点的合理性及稳定性、行动的意愿及能力有关。同时，杜鲁门对舆论和宣传做了区分，但并没有否定宣传，而是把它当作一种交流的方式，认为政治利益集团的所有活动本质上都是宣传。即便如此，杜鲁门对美国代议制民主仍抱持乐观态度，认为利益集团不会威胁民主体系，利益集团的宣传活动在道德上也是中立的。

二、参与民主理论流派中的舆论思想谱系

精英主义者认为，大众并不可靠，舆论的真实性值得怀疑，将民主政治建基于大众参与的做法是行不通的，"乌合之众""群氓的时代""大众的反叛""寡头统治铁律"等我们耳熟能详的"词语"已经深刻地揭示了大众的弱点与舆论的非理性特征，甚至有学者将大众参与和法西斯等极权主义联系起来。但是，以卡罗尔·佩特曼（Carole Pateman）为代表的学者认为，现代西方民主理论误读了古典民主的真正意涵，甚至抛弃了古典民主参与理论的民主理想，改变了民主的规范意义。事实上，参与民主理论有着深厚的理论传统。在古典民主理论中，"参与"是政治理论的核心问题，其功能是保护公民个人的利益，"民主"是能够制约统治者的制度。

18世纪的欧洲启蒙运动是参与民主理论的巅峰，托马斯·霍布斯（Thomas Hobbes）、约翰·洛克、让-雅克·卢梭等近代著名政治思想家、社会契约论者在真正意义上开创了对舆论的学术研究。卢梭将舆论

视为"道德共识"的产物,是抽象的普遍意志。"公意"是指人们最初自由结为共同体时定下的协议、约定、公共意愿,因此,"公意"是理性的、公正的、永远正确的,而且永远以公共利益为依托(卢梭,2003:35),它不能被分割、不能被代表,应由人民直接行使。卢梭认为,英国人民自以为是自由的,但其实他们大错特错,他们只有在选举国会议员期间才是自由的。一旦选出议员,他们就是奴隶,他们就等于零。

如果说卢梭的参与民主思想为法国的《人权宣言》和美国的《独立宣言》提供了思想基础,奠定了现代西方民主政治制度,那么阿历克西·德·托克维尔(Alexis de Tocqueville)则实地考察美国的联邦制度与民主思想在美国政治社会生活中的普及情况,探讨了"国家公民"与"民主社会"的关系。托克维尔在《论美国的民主》中提出的"多数派对政府拥有绝对的统治权是民主政府的本质",但也指出"多数派的暴政"常常对公民造成舆论式的压迫感,多数派的无限权威是美国共和政体的最大威胁。因此,国家需要建立强大的市民社会,在顶层设计上对最高权力进行限制。"昔日的君主只靠物质力量进行压制;而今天的民主共和国则靠精神力量进行压制,连人们的意志它都想征服。"(托克维尔,2004:294)在民主、平等观念对传统落后思想的衰落形成摧枯拉朽之势时,大众只会认为自己站在真理的制高点,对异见者进行残酷打压,"多数只认为自己对,而其他皆非。最后,他们便完全陷入狭隘而又封闭的自私之中"(托克维尔,2004:264)。

相对于托克维尔对西方民主制度顶层设计的抽象思考,约翰·杜威(John Dewey)则从实用主义哲学的视角出发,试图超越传统政治中有关个人和共同体关系的二元对立思想,强调重建大共同体的必要性。在《公众及其问题》中,杜威针对李普曼的悲观论调进行了回应和反驳,他将民主看作实践的产物,认为公众是现代民主制度的基石,需要重新发现公众与国家、民主的关系。杜威旨在通过对共同体的重塑来再造公众和民主,并认为公众有能力参与公共事务;同时,共同体的稳定发展需要个体之间保持持久的情感连接,而这依靠交流传播来实现。作为民主生活的核心，沟通交流是将"我"变成"我们"的先决条件，人类通过符号互动实现物理共同体向情感有机体的转化。

塔尔德也注意到大众媒体时代的公众、舆论等概念，他区分了公众和群众，但其公众观更加客观，指出公众相对具有理性，但也存在破坏性，也有可能退化到群众的危险状态。塔尔德认为，舆论与公众是灵魂与肉体的关系；舆论既可能带来民主，也可能导致民族主义，对抗传统和理性。塔尔德注重个体的心理因素和主观因素的作用，认为社会发展的一般框架是模仿律。模仿不是简单的复制，也不是凭空出现的，一切发明的构造都是对之前事物的模仿；模仿是人类社会文明演进的必要条件。塔尔德还指出社会分层中的精英起源于模仿律，该论点影响了社会学、哲学、心理学、传播学和政治学，催生了一系列相关理论如"意见领袖""创新扩散""沉默的螺旋""行动者网络""公共领域"以及芝加哥学派有关公众和民主问题的探讨等。阿尔伯特·戴雪（Albert Dicey）论述了法律与公众舆论的关系与特点，以及19世纪英国的三个主要立法时期，即托利党主导的立法停滞时期、辉格党主导的边沁主义立法时期以及19世纪末集体主义（社会主义）思潮影响下的集体主义立法时期。他认为，立法舆论本身通常更多的是事实而非哲学理论的结果；在舆论的形成方面，法律比其他事实起着更加重要的作用。

承袭塔尔德和杜威的思路，尤尔根·哈贝马斯（Jürgen Habermas）在《公共领域的结构转型》和《交往行动理论》中提出协商民主和交往理性的概念，并区分了欧洲中世纪的"市民社会"和资本主义时期的"资产阶级公共领域"，认为代表型公共领域、文学公共领域、政治公共领域等共同构成了"公众"，后者具有主体性和公共权力的双重角色。在公共领域再封建化的背景下，哈贝马斯试图为重建公共领域提供思路，期望通过重建交往理性和规范话语伦理，实现一种"无暴力统治"的社会秩序。因此，哈贝马斯意义上的公众舆论与公共领域密不可分，他从古希腊、中世纪和资本主义时期的时间序列中探究公众舆论概念的流变，质疑实证主义的舆论研究，并将公众舆论划分为作为批判的力量与作为展示、操纵的力量两种类型，认为只有通过批判的公共性才会产生严格意义上的公众舆论。

舆论学研究的思想谱系（代序）

在哈贝马斯之后的现代政治理论家看来，虽然前人对于"民主专制"的担心不无道理，但参与民主的价值地位仍然稳固。卡罗尔·佩特曼指出，工业领域本身就属于国家政治体系，工业时代的公众参与政治活动的机会与政治效能感呈正相关。因此，佩特曼强调"参与"在工业领域的关键地位及其教育功能，应通过在参与过程中表现出良善的人性，输出良好的政治决策，提升个体的社会政治能力，以便实现所有人最大程度的参与。本杰明·巴伯（Benjamin Barber）批判自由主义民主只关注个人自由，不保障公共正义，具有无政府主义、现实主义和最小政府论等危险倾向，是20世纪政治文化的最大偏差，因此提出在自由民主中补充强势民主，使其依据自我维系和自我转化的公民共同体理念和"参与"的政治模式而获得合法性，激励人们认真对待公民身份，为现代政治困境提供修补机制，通过转化冲突使个人利益的争夺走向公共利益的达成，实现非集体主义的共同体复兴。

18世纪，杰里米·边沁（Jeremy Bentham）致力于司法改革，他的圆形监狱项目虽然未能成功实施，但其建筑政治学将立法者置于公众视野，改变了权力运作机制，亦启发了福柯的全景监视和后来的数字监视、数据监视、液态监视等理论。边沁的公共舆论思想可以用"舆论激进"来概括。在他看来，舆论法庭具有解放的力量，因为功利的个人动机将导向良善的社会结果，作为大多数人意见的公共舆论必将符合普遍利益，可计算的个人利益与具有利他动机的个人理性构成了共同体的普遍利益。边沁的功利主义思想饱受争议，往往被误认为精英主义思想，然而，边沁的功利主义是从公共利益视角出发，倡导公众积极参与社会公共议程，包括其在圆形监狱的制度设计，都从某种意义上表明边沁是参与式民主思想的倡导者。

埃利亚斯·卡内提（Elias Canetti）更为详尽地阐释了群众的普遍特性及其与权力的关系。他的《群众与权力》一书对于群众的诸多分析是以文学和诗学对话的方式呈现的，通过国家群众象征和图腾故事追溯最原初的生活，充满了哲学宗教色彩。卡内提以19世纪末欧洲精神疾病为分析对象，将"转变"作为权力现象学的核心概念，以人类对猎物的触摸、抓捕、消化等一系列原始行动为表征，展示统治者与公众之间的权力运作过程，将公众视为权力博弈中的受害者，从而为公众的反抗赋予了正义性和合理性，进而摆脱了弗洛伊德式的悲观论调。

三、谣言传播与社会心理

谣言作为一种古老的传播媒介，通常被定义为未经证实的、虚假的或官方辟谣的传播信息。作为一种特殊的舆论形式，谣言总是扮演着"神秘的武器"这一角色。它既可以充当权力斗争的工具，也承载着公众的愿望、焦虑、期望、企图，甚至阴谋。高尔顿·奥尔波特（Gordon Allport）等人研究调查了战时（1942—1943）的谣言问题，尝试对谣言的基本现象做统一自洽的描述，《谣言心理学》应运而生。奥尔波特等人发现，谣言遵循着一条普遍的社会心理学法则，即对环境的看法与解释中的主观情感歪曲只有与重要性和含糊性的综合作用相称时才出现，并提出了著名的谣言传播公式：谣言（rumor）＝问题的重要性（importance）×问题的含糊性（ambiguity）。奥尔波特等人考察谣言的产生、流传与心理，揭示谣言传播中的社会因素，并设计出一套谣言实验室方法，详细地介绍了实验室情况下谣言传播的结果，尤其是谣言个体传播者的心理过程。

让-诺埃尔·卡普费雷（Jean-Noël Kapferer）在1987年出版的《谣言：世界最古老的传媒》中，对谣言的起源与传播路径和人们为什么相信谣言、人们传播谣言时裹挟着何种目的以及如何扑灭谣言、谣言背后所暗含的社会与文化因素做出了新的阐释。谣言是世界最古老的大众传播媒介之一。文字出现之前，口传媒介是社会唯一的交流载体，谣言与口传媒介相生相伴。一方面，主流学术界认为谣言是反常的、消极的且无法解释的，这把谣言的研究引入了一个死胡同；另一方面，教条主义与人们的刻板印象也使人们将谣言不由自主地定性为负面信息。然而，卡普费雷指出，谣言也是对权威的一种返还，是一种反权力。他还阐述了作为舆论不可或缺的重要组成部分的谣言在舆论中的功能与作用，以及通过舆论来改变谣言、扑灭谣言的途径。

谣言的威力在《叫魂：1768年中国妖术大恐慌》中表现得淋漓尽

致。孔飞力（Philip A. Kuhn）在该书中描绘了妖术谣言在乾隆盛世的民间蔓延，为我们展示了一则谣言如何在特定条件下与社会群体心理、官僚系统和国家机器产生协同联动效应，也给当前社交媒体时代的谣言传播机制及其治理研究提供了启示。在孔飞力看来，谣言能够生成之最本质的根源不是妖术本身和它所引发的案件，而是背后的社会心理结构。"叫魂"案危及的是制度的正常运转和游戏规则的继续，皇帝在意的是案件对帝国和政权体制安危的影响。因此，在最高统治者眼里，"叫魂"不仅仅是谣言，更是危及皇权的谋反案件。《叫魂》的伟大之处在于，它跳出谣言传播本身，从群像描写的角度探析1768年妖术事件中社会各阶层的心态，并深入社会结构、权力关系和人性进行考察，而谣言则是权力的补充渠道、反权力以及政治斗争的工具等。学界的谣言传播研究不应被谣言的概念特征本身所限制，而应将谣言置于特定的传播情境、社会权力结构中加以考察，进而拓宽谣言研究的视野。

为何这些谣言听起来明明不可思议，却还是如同鬼魅一般抓住了人们的心？弗朗索瓦丝·勒莫（Francoise Reumaux）将致命蜘蛛"黑寡妇"与谣言做了比较。他通过"黑寡妇"案例的分析指出：谣言在本质上是双重性的。谣言必须考虑实在性，因为当谣言染上过多的主观色彩就会显得"失真"；但同时，谣言的操纵者又非常善于玩弄手段，只有这样才能起到暗示作用，进而蛊惑人心。《黑寡妇：谣言的示意及传播》一书还分析了谣言运作的规律——"真诚"规律、"适当"规律、"提供信息"规律。勒莫认为，首先，谣言是对失衡或社会不安状况的一种反映；其次，当社会秩序失衡时，谣言往往可以引起受众的"良好"反应；最后，当无法吸引受众时，谣言则会经历许多新的变化。

可见，谣言与人类社会相生相伴，某种意义上，谣言的出现、传播、扩散与消弭都不以人的意志为转移。人有趋利避害的本性，在不同的情景、不同的动机支配下，在信息传播过程中难免会出现选择性记忆、选择性理解和选择性过滤现象，导致奥尔波特所揭示的谣言"三部曲"——简化、同化和推断。因此，对谣言的治理既需要规范的法律制度，也需要对人性的宽容和理解，以达到标本同治的效果。

四、舆论中的情感与理性

舆论中的情感与理性的关系是一个无法回避的重要问题,对这个问题的不同回答形成了不同的学术流派和研究传统。从历史来看,西方倡导的现代性"高扬理性","情感"常常被描述为偏见、派系利益的载体,而被视作应该驯服和压制的对象,甚至被谴责为"坏的东西""民主的敌人"(郭小安,2019)。正如莎伦·R. 克劳斯(Sharon R. Krause)所言:"在过去二十年中,道德哲学与哲学心理学领域兴起了一场关于情感的热烈对话。哲学家们以新的方式刻画情绪,从而挑战理性与激情之间传统的两极对立。"(克劳斯,2015:64)

克劳斯在《公民的激情:道德情感与民主商议》一书中探讨了激情与理性、道德情感与民主商议的关系,其核心观点是理性无法独立负担个体在政治商议中的功能。他特别审视了约翰·罗尔斯(John Rawls)和尤尔根·哈贝马斯的正义观与规范理论中的情感角色,认为罗尔斯将情感因素始终贯穿于正义理论,而哈贝马斯则寻求更纯粹的程序正义理性。但克劳斯认为,理性主义的缺陷在于它假定道德能够被所有人认同,而忽视了人们对公共性规范的认同感。因此,受休谟的影响,克劳斯尝试在道德判断理论和个人判断的道德情感模式方面,提出新的激情政治观点,将激情置于公共判断与选择中,认为民主参与能够扩展道德情感,而情感的无偏倚感和法律的情感性权威等能够证明情感在民主政治和公共商议中的积极作用。

无独有偶,林郁沁(Eugenia Lean)所著的《施剑翘复仇案:民国时期公众同情的兴起与影响》基于翔实的史料考察,研究了民国时期公众围绕着一场轰动性的审判而进行的情感化政治参与,追溯了"公众同情"的新型情感在20世纪20年代中国兴起的脉络,探讨了公众情感在建构社会公义、社会秩序和法治国家中所具有的道德权威和政治意义。情感公众、女性身份、媒体消费和国家权力等诸多元素共同构成了近现代中国"情"的政治之合法性。林郁沁指出:"媒体的煽情炒作,国家权力的扩张,和市民领域的某种程度萎缩并不一定为所有具批判作用的公众敲响了丧钟。充斥着商业炒作和威权政治操纵的 30 年代正提供了一个有趣视角，让笔者思索大众媒体的煽情炒作如何有效地动员或者询唤了对不断集权化的政权表达强烈批评的现代公众。"（林郁沁，2011：10）林郁沁对公众情感的研究超越了哈贝马斯的理性主义观点，形成了不同于西方的公共领域和公众舆论的研究范式，并为当代中国的公众情感与舆论研究提供了丰富的理论思想资源。

布赖恩·卡普兰（Bryan Caplan）的《理性选民的神话：为何民主制度选择不良政策》也是精英民主理论范式下阐释民主制度悖论的经典。卡普兰认同公众表达的政治或经济观点往往带有系统性偏见，这最终会导致公共政策偏离轨道。在卡普兰看来，民主的力量是被高估的，其原因在于人们过度相信"聚合的奇迹"，总体很难走向价值中立。卡普兰揭示了非理性舆论如何导致民主制度选择不良政策，突破了古典公共选择理论"理性无知"的假设，提出了选民"理性的胡闹"的假设，为观察和分析民主政治下的政府失灵现象提供了新的视角。从舆论学的角度来看，卡普兰的分析揭开了公众舆论情感价值需求的一面——舆论代表公众权衡心理满足与物质成本的博弈结果，情感在其中扮演着重要的角色。

五、舆论的测量与检验

对于一个学科的成长来说，舆论学学术研究既需要理论的滋养，也离不开实证方法的科学论证。随着 20 世纪中叶传播学的效果研究转向，伊莱休·卡茨（Elihu Katz）、保罗·拉扎斯菲尔德（Paul Lazarsfeld）、伊丽莎白·诺尔－诺依曼（Elisabeth Noelle-Neumann）、马克斯韦尔·麦库姆斯（Maxwell McCombs）和唐纳德·肖（Donald Shaw）等众多传播学者纷纷提出议程设置、沉默的螺旋、涵化理论等一系列经典理论，舆论也作为重要的研究内容和对象，为美国经验主义传播学范式奠定了基础。卡茨和拉扎斯菲尔德的《人际影响：个人在大众传播中的作用》是《人民的选择：选民如何在总统选战中做决定》的续作，进一步检验和拓展了有关二级传播和舆论领袖的观点，重新发现了"初级群体",并讨论了大众传播与人际传播的效果对比。卡茨和拉扎斯菲尔德在迪凯特研究中重新反思原子化个体的认识方式,认为个体和其他人时刻处于相互影响中。他们对于"初级群体"概念的探讨,同样为后来的传播学者研究公共领域、商议民主等议题提供了理论资源,他们还构建了社会网络研究方法,加入滚雪球法和指认等社会关系测量方法,实现了舆论学研究的方法工具创新。

如果说拉扎斯菲尔德致力于开拓研究工具与方法,那么约翰·R. 扎勒(John R. Zaller)同样专注于研究方法。在《公共舆论》一书中,扎勒构建了最精致的舆论模型,使用了最严谨规范的研究方法,他所提出的 RAS 模型涵盖接收原理、抵制原理、可达性原理、回答原理这四个舆论基本原理,有助于理解人们如何将考虑事项转化为舆论。同时,他指出公众具有特定的政治倾向,舆论的表达能够呈现高度稳定性。因此,扎勒对于精英话语和公众舆论的讨论较为中立,认为民意虽然具有善变的特点,但舆论存在的价值是对政府权力进行制约。在扎勒看来,舆论更多地是一种观念,而不是既有的真实态度。

由诺尔-诺依曼验证和提出的传播学经典理论——沉默的螺旋,认为公众舆论并非理性讨论的结果,而是在意见环境的压力下,人们对优势意见采取趋同行为的产物。该理论一经提出就在学界引起广泛争议。有学者对其核心量化指标"准感官统计"质疑,指出在不同社会文化背景和媒介环境中,对沉默的螺旋理论的验证有不同的结果;还有学者认为沉默的螺旋作为社会心理变量,没有考虑到人性和情境的复杂性、差异性等。但从舆论思想史的角度而言,沉默的螺旋与勒庞的"乌合之众"、莫斯科维奇的"群氓的时代"、米歇尔斯的"寡头统治铁律"、李普曼的"刻板印象"和"拟态环境"等观点均产生了时空交集。诺尔-诺依曼认为,舆论是社会的皮肤,个体对于意见气候的感知是人性本质的体现,也是维持社会秩序的关键要素。

互联网时代,算法等技术实践对民主政治生活和舆论产生新的影响。伊莱·帕里泽(Eli Pariser)的"过滤泡"(the filter bubble)概念一经提出便引起轰动,一个由算法分类和操纵的公共领域开始成形,而这样的公共领域具有碎片化、泛娱乐化和排斥对话的特点。过滤泡效应导致社会公共价值分裂和政治区隔,使得严肃的公共议题难以引起公众的关注。帕里泽呼吁公众警惕"过滤泡"带来的负面影响,但算法技术构造的"信息茧房""回音室效应""过滤泡"是否真的存在,在多大程度上影响舆论,仍然值得进一步探讨。

总之,虽然长期以来舆论学被置于传播学的学科框架内,但倘若追溯中西方有关群体心理、政治思想史、公共领域、传播学经典理论研究就可以发现,从思想源流角度而言,舆论学有着深厚的学术传统和清晰的学术脉络,本书各篇章以经典面世的时间顺序排列,也是想体现其跨时代、跨学科所蕴含的思想和智慧。由此熟读舆论学经典,既可以丰富我们对群体心理特征和行为规律的复杂性的认识,又可以为理解不同情境下群体运行的社会结构和政治生态提供新的解释思路,从历时与共时两个维度展现当代舆论研究。

(郭小安)

参 考 文 献

郭小安:《公共舆论中的情绪、偏见及"聚合的奇迹"——从"后真相"概念说起》,《国际新闻界》,2019(1)。

李彪:《新时代中国特色舆论学:演进脉络、核心问题与研究体系》,《编辑之友》,2021(9)。

〔美〕林郁沁:《施剑翘复仇案:民国时期公众同情的兴起与影响》,陈湘静译,南京:江苏人民出版社,2011。

〔法〕卢梭:《社会契约论》(第3版),何兆武译,北京:商务印书馆,2003。

〔英〕洛克:《政府论》(下篇),叶启芳、瞿菊农译,北京:商务印书馆,2008。

〔法〕托克维尔:《论美国的民主》(上),董果良译,北京:商务印书馆,2004。

〔美〕Vincent Price:《传播概念·Public Opinion》,邵志择译,上海:复旦大学出版社,2009。

〔美〕莎伦·R. 克劳斯:《公民的激情:道德情感与民主商议》,谭安奎译,南京:译林出版社,2015。

目 录

尼可罗·马基雅维利：《君主论》 / 1

让-雅克·卢梭：《社会契约论》 / 11

杰里米·边沁：《道德与立法原理导论》 / 23

阿历克西·德·托克维尔：《论美国的民主》 / 45

古斯塔夫·勒庞：《乌合之众：群众心理研究》 / 56

让·加布里埃尔·塔尔德：《舆论与集群》 / 68

罗伯特·米歇尔斯：《寡头统治铁律：现代民主制度中的政党社会学》 / 81

阿尔伯特·戴雪：《公共舆论的力量：19世纪英国的法律与公共舆论》 / 90

约翰·杜威：《公众及其问题》 / 102

沃尔特·李普曼：《舆论》 / 110

爱德华·伯内斯：《舆论的结晶》 / 121

奥尔特加·加塞特：《大众的反叛》 / 132

哈罗德·拉斯韦尔等：《宣传、传播和舆论指南》 / 142

高尔顿·奥尔波特等：《谣言心理学》 / 152

戴维·杜鲁门：《政治过程：政治利益与公众舆论》 / 160

伊莱休·卡茨、保罗·拉扎斯菲尔德：《人际影响：个人在大众传播中的作用》 / 171

埃利亚斯·卡内提:《群众与权力》 / 183

尤尔根·哈贝马斯:《公共领域的结构转型》 / 198

卡罗尔·佩特曼:《参与和民主理论》 / 211

本杰明·巴伯:《强势民主》 / 220

伊丽莎白·诺尔-诺依曼:《沉默的螺旋:舆论——我们的社会皮肤》 / 228

塞奇·莫斯科维奇:《群氓的时代》 / 242

让-诺埃尔·卡普费雷:《谣言:世界最古老的传媒》 / 255

孔飞力:《叫魂:1768年中国妖术大恐慌》 / 265

约翰·R.扎勒:《公共舆论》 / 276

弗朗索瓦丝·勒莫:《黑寡妇:谣言的示意及传播》 / 287

布赖恩·卡普兰:《理性选民的神话:为何民主制度选择不良政策》 / 295

林郁沁:《施剑翘复仇案:民国时期公众同情的兴起与影响》 / 309

莎伦·R.克劳斯:《公民的激情:道德情感与民主商议》 / 320

伊莱·帕里泽:《过滤泡:互联网对我们的隐秘操纵》 / 335

后记 / 344

尼可罗·马基雅维利

《君主论》

　　《君主论》是尼可罗·马基雅维利的传世名著，也是近代政治学之开端。该书对人类的政治斗争技巧做出了精辟的剖析，而其中涉及的时代背景，对公众的人性探讨，国家政权与公众、道德与政治之间的关系依然值得学者们的进一步探索。马基雅维利不加掩饰地将"舆论引导""群体意见""政治的理论""道德的枷锁""权力的构建"等君主操弄政权之术暴露于阳光之下，引发巨大争议，但同时也让我们开始审视群体公众、政治控制、道德、人性、权力之间的关系。马基雅维利所处的时代及其思想值得我们探究，该书中的观点具备一定的现实主义价值取向。

一、成书背景

　　尼可罗·马基雅维利（1469—1527）诞生于意大利佛罗伦萨，毕业于佛罗伦萨大学。马基雅维利的家庭虽然不属于统治阶层，却有足够的财力让其接受良好的教育。《君主论》是马基雅维利最负盛名的代表作，其著作还包括《论李维》《佛罗伦萨史》《论战争艺术》等。

　　马基雅维利成长于动荡不安的岁月。1494年，法国国王查理八世率大军抵达佛罗伦萨，佛罗伦萨恢复共和体制，统治佛罗伦萨六十年的美第奇家族被驱逐，马基雅维利目睹了美第奇家族仓皇逃命。皮埃罗·索德瑞尼（Piero Soderini）是罗马共和政权的掌权者，于1502年被任命为佛罗伦萨执行官。马基雅维利本人深受索德瑞尼的赏识，并得到提拔。然而，美第奇家族在1512年返回佛罗伦萨，共和政权垮台，索德瑞尼失势。随着教皇的军队攻陷佛罗伦萨，马基雅维利的政治生涯宣告结束。他被捕下狱，时间虽不长，但遭受严刑逼供，经过多方营救才得以解脱。极具政治头脑的马基雅维利被迫归隐田园。在这种情境下，马基雅维利在1512年动笔写作《君主论》，并打算献给乌尔比诺公爵，寄望美第奇家族能重整意大利破碎的河山。

这本书"体现出时代风貌，又展现超越时代的眼界"，与当时文艺复兴和意大利的社会大背景息息相关，揭示了五百年来意大利半岛政治事件的本质，核心探讨了"政治与伦理的关系"（姚剑文，2004）。马基雅维利总结了关于人类生活的根本通则，许多通则到今天仍然适用。在马基雅维利之前，政治和伦理像一对连体婴，纵使在实务上并非如此，学理上却总是一味强调或形塑明君圣王的形象。政治是伦理的一个分支，伦理则是社会组织的成员应当遵守的规范。马基雅维利是将伦理和政治这对"连体婴"成功分割的政治理论家，赋予政治研究一定程度的自主权，自此之后，政治学开始发展成一门独立的学科。同时，这本书为统治者提供了指导原则，也就是便于"按表操课"的实用手册。然而，马基雅维利在对道德的阐释中过度强调善与恶、仁慈与残酷二元对立的思维方式，具有一定的时代局限性。

结构上，《君主论》这本书涵盖君主国的种类、形式，对君主权力的管理和维持等方面，主要分为三部分。马基雅维利首先阐释了君主得到政权的方式以及不同君主国的类型，包括世袭制君主国、混合型君主国，以及市民的、教会的君主国。他提出要通过武力和能力，以及凭借邪恶的手段成为君主。其次，马基雅维利阐释了军队的类型，以及君主如何掌控军队的具体实操建议。军队包括外籍援军、混合军与国民军，而保证统治的最好方式就是建立自己的国民军队。如果没有自己的军队，君主不可能保证自身安全并维持统治。同时他还论述了君主在军事方面的职责，即专心致力于军事建制和组训，避免因其他目标而分神。最后，马基雅维利分析了历代君主维持国家地位的举措，指出君主在统治中的相关品行，以及君主应该如何对待他的臣民和朋友。君主受到赞扬或谴责的原因包括慷慨或吝啬、仁慈或残忍、被人爱戴或使人畏惧、遵守承诺或不守信用、受人尊敬或遭人怨恨。为了保障政权稳定，君主在品行方面应该知人善任、精选良臣，赢得好名声，做到远离小人、敌友分明、立场坚定。总之，君主行事要符合时代的特性，并抓住好的时机。

二、国家力量对公众的军事控制

《君主论》开篇聚焦在"国家"的观念上，介绍君主国的种类及建国的方法，继而讨论如何统治并维持新君主国的政体。就世袭制君主国而言，世袭君主只要不破坏规章制度，能随机应变，那么维持以前的地位绰绰有余。混合型君主国面临的困难则不同，因为混合型君主国存在兼并的现象，而新君主征战使用武力必然会对被兼并的群体造成伤害。这种兼并手段视情况而定，若被征服者与征服者有相同的文化和种族背景，那么征服者只需削弱或消除原来统治该地的王室的力量。但如果征服者和被征服者之间存在文化和种族上的差异，那么征服者会面临许多挑战与冲突，此时更实际的做法是，在被征服的地方选取一两个重要的区域建立殖民地。这种策略不仅经济上更有益，而且可以确保殖民者统治的稳固，减少后续的问题和潜在威胁。当被征服地区在文化、语言等方面都与征服者有所不同时，君主就应该设法成为该地的首领和守护者。总之，在军事层面，不断增强其他地方的军事实力来维持统治秩序最终可能会使自己遭到反噬，面对不同兼并状态，新君主须时刻保持警觉，并适时调整军事手段。

马基雅维利认为，国家的统治不外乎两种方式：一种是君主高高在上，除此之外的群体（朝臣与人民）都是他的仆人；另一种是由贵族和君主共同治理，贵族的地位不是君主恩赐的，而来自其本身血统。征服一地之后可以用不同方式维持统治：第一种是毁灭；第二种是征服者亲自坐镇；第三种是让公众继续维持其法律，让其纳贡，并在当地扶植对征服者亲善的寡头执政团。新上任的君主在获得大众的支持方面，往往面临许多挑战，这时君主自身的才能和策略就显得尤为重要。如果一个平民想要成为君主，可以有两种途径：一是通过不正当、欺诈乃至犯罪的方式达到目的，但这样做不容易赢得大众的信任；二是在其出生地得到公众的支持并被推举为君主。维持统治的关键在于适时地使用强硬措施。如果情况需要，可以适度地使用强硬手段以确保自己的地位，但必须一步到位。随后，应尽量追求最大的公共利益。因此，在征服国家前，应先评估哪些暴力行为是必需的，并确保一次到位，避免重复使用。

马基雅维利将军队视为保障政治权力的基本力量，所有的政权（包括世袭制，混合型，市民的、教会的君主国类型）都具有完善的法律，以及君主用来保卫政权的军队。其中，外籍援军有害无益。意大利之所以土崩瓦解，就是过于依赖外籍的雇佣军，当危险来临时他们便毫无原则地退让。无论如何，军队的指挥权必须由君主或共和国拥有。如果是君主负责，他应当亲自带兵指挥；如果是共和国掌管，那么应该由共和国选派其公民来承担这一职责。

总之，君主应专注于军事建制，切勿分散注意力追求其他目标；实地演练和军队士气提振至关重要。通过实地演练，君主可以了解国情并学习如何保卫国家，同时还能获得有关地形和地势的宝贵知识和经验，从而举一反三地制定战略。这样，君主便能轻松掌握敌人动向、选择营地、实施布阵和围困敌军等保持优势的技巧，最终征服帝国。

三、君主对公众的舆论引导

《君主论》中的舆论思想主要涉及对公众舆论的把控与引导，具体表现在君主如何对待他的臣民，如何在民众中赢得良好的声誉和口碑，进行舆论造势，继而获得公众的支持。马基雅维利认为，君主的品性与行为准则可以影响公众的认知和舆论，对此他着重讨论了"慷慨与吝啬"这组具有根本作用的君主品性。君主若挥霍钱财，可能会浪费国家和臣民的财富，造成不必要的损失。慷慨容易得罪很多人，满足少数人。既然实践慷慨这一美德可能会伤害到自己，明智的君主不应该在乎小气的坏名声。在避免剥削公众和保障自身安全的情况下，君主不应该在意被人称为"吝啬鬼"，以防止因国库的空虚而引起他国的轻视，吝啬是能够帮助君主遂行统治的"恶习"之一。因此，拥有节俭和吝啬的名声可能更为明智，尽管小气会带来坏名声，但至少不会招来怨恨。相比之下，追求慷慨的名声而沦为"贪婪鬼"，只会导致民怨，这并非明智的选择。

马基雅维利提及的另一组品性是"仁慈与残忍"。这组品性涉及君主是受人爱戴还是被人畏惧，即公众的舆论评价。"仁慈与残忍"依旧是一组对立的品性，虽然君主都希望人人说其仁慈，不希望别人说他残忍，但马基雅维利提醒君主应该小心，不要滥用仁慈，过度仁慈可能会导致长期的失序状态，进而导致凶杀与抢劫。例如，卢克雷齐娅·博尔贾（Lucrezia Borgia）是罗马教皇亚历山大六世的私生女，其因政治手段狠毒而被后世称为"绝世恶女"。博尔贾虽被认为残忍，却为罗马带来秩序与统一，恢复了当地的和平，获得了人们的忠诚。只要残忍能维持臣民的团结和忠诚，君主就不应该介意"残忍"的恶名。马基雅维利还说，君主应当谨慎行事、步步为营，用道德情怀来平衡冷冰冰的政策，避免因过度自信而冒险行动，或因猜测与狭隘而做出错误判断。然而，君主若想被人畏惧，也要注重策略，即使无法赢得公众的爱戴，至少不要招致他们的怨恨。总之，马基雅维利认为君主之所以让公众敬畏，是因为其坚定的意志，他必须自主决策。从这个角度而言，似乎被人畏惧比受人爱戴要更加有利于统治。

马基雅维利还探讨了君主的"守信之道"。他认为，君主是否守信应当视情况而论，许多成功的君主并非机械地盲目守信，而是善于用不同手段，征服其他讲究诚信的人；君主要懂得如何运用野兽的习性，应选择狮子和狐狸作为效法对象，由于狮子无法躲避陷阱，而狐狸无法抵御豺狼以保护自己，因此一定要像狐狸一样辨认陷阱，像狮子一样吓退豺狼。在这里，马基雅维利提出"人性本恶"的观念，认为人类天性复杂、生性邪恶，不总是忠诚可靠，因此不必盲目相信他人。君主总能找到正当理由粉饰自己背信弃义的行为，只需看看有多少条约成为废纸，有多少承诺成为空言，这都是因为君主擅长伪装，毕竟"最善于模仿狐狸的人总是最成功"。同时，马基雅维利提出，君主还要善于做一个伟大的"说谎人"和"伪君子"，一定要懂得如何漂漂亮亮地掩饰兽性。君主需要运用伪善的手段，表现出慈悲、忠诚、正义、尊重人道、正直等品质。当需要改变策略时，为了保持政权的稳固，君主有时会背信弃义，违背人道和宗教信仰。君主必须做好心理准备，适应运势和形势的变化。君主虽然不应忽视德行，但是在必要的时候，要知道如何"为非作歹"，君主大可放手去争取或维系政权，因为泛泛之辈总是被表象或结果牵着鼻子走。

君主要扮演好自己的角色还需要其他一些行事原则，以留下良好的口碑，比如不应该贪婪，招致公众的怨恨和鄙视，尤其是要避免"霸占臣民的财产和妻女"，因为只要公众的财务和名誉不受侵犯，大多数人都会心满意足地过日子。另外，君主必须警惕自己的想法与心思被他人看穿。正如航海时要警惕暗礁，君主须谨慎行事，但要避免显得异想天开、浅薄轻率、软弱无力、畏首畏尾、优柔寡断。相反，君主应表现得高贵庄严、坚韧不拔、勇敢果决。君主如果能博得人民的好感，就没必要在乎别人的阴谋，明智地治理国家只需要全力避免把贵族逼到走投无路的境地，同时竭力满足平民的需求。

在结盟中，身为君主，应避免受制于别国舆论，更应避免受制于朝野中力量强大的个别臣民。君主千万不要为了进攻其他国家，而企图与比自己强大的国家结盟，因为即便结盟成功、战争获胜，胜利的果实也可能落入强国之手。在选任大臣方面，臣子是否为良臣取决于君主是否知人善任，而对于如何辨识大臣的好坏，马基雅维利给出了他认为屡试不爽的办法，即凡事只想到自己却很少想到自己的君主、所作所为都是为了自己利益的人不会成为好的大臣。好的大臣应该处处为君主着想，从君主的利益出发。同时，为了确保大臣不逾矩，君主也要为大臣考虑，同其分享荣誉，帮其分忧分劳。明智的君主应当尽可能地防范谄媚者，让人们明白对君主说真话并不会得罪君主。

最后，马基雅维利剖析了意大利的君主丧失民众支持的原因。一是，军队的重要性不言而喻。在军备方面，意大利存在重大薄弱之处。若能确保在战场上拥有强大的军队，便能避免国家灭亡的悲剧。如果军队能够维护国家主权、保卫边疆安全，便不会发生丧权亡国的事情。二是，在公众舆论方面，当君主遭遇敌视时，若不抑制贵族势力的过度膨胀，可能会动摇自身的统治。如果克服这一缺点，君主便能够维持政权。比如，马其顿的腓力国王就知道洞察公众意见，赢得贵族拥护并争取民心。三是，马基雅维利从历史的角度分析了运气、命运、时运等对君主的影响。人是拥有自由意志的动物，君主的成败有一半靠的是君主自己。国家进步与否，很大程度上依赖君主是否顺应时代大趋势。君主若敢于面对命运，根据时代需求调整自己的行事作风，必将取得非凡成就。然而，若君主的行事作风与时运格格不入，则可能导致君主声名狼藉，身败名裂。

四、评价与反思

《君主论》是一本名副其实的惊世骇俗之作，对全世界的政治思想和学术研究都产生了极为重要的影响。值得注意的是，马基雅维利把国家看作纯粹的权力组织。他的国家学说以性恶论为基础，认为人是自私的，追求权力、名誉、财富是人的本性。马基雅维利过分强调权力价值，更关注政治的正当性与合法性，忽视了公共生活。此外，马基雅维利看重政治家的素质与行事准则，用国家利益为其"道德失衡"思想开脱。后世对其政治思想的评价两极分化，褒贬不一。威廉·莎士比亚（William Shakespeare）称其为"一个罪恶的导师"，也有人说《君主论》像一本"恶棍手册"，因为它分析了人的劣根性，触及了道德信念在政治哲学中的位置，对权力的呼唤又太过露骨。这种"恶"的视角对社会、人性充满消极和悲观的预设，对他人过度设防，存在许多局限性。马基雅维利这种认知局限使其将意大利统一的希望寄托于强大的君主，而忽视了人民的力量，更忽视了社会环境与文化风俗的作用。

虽然马基雅维利的思想遭受诸多批评，但是《君主论》依旧丝毫无愧于"经典"这一赞誉。马基雅维利立基于其所处的时代，深入探讨了道德与政治的关系，试图回应意大利出现的群体危机、政治危机、道德危机、宗教危机等。他让政治从道德的枷锁中解放出来，从中世纪神学的框架中挣脱出来，其许多论点启发了15世纪后期的政治思想。卢梭评价道："马基雅维利的《君主论》看似给君主讲课，其实是为公众（人民）讲课，马基雅维利的《君主论》是共和党人的教科书。"（Rousseau，1997：95）直到20世纪，人们才开始以科学的态度对待它。列奥·施特劳斯（Leo Strauss）认为马基雅维利的《君主论》使政治哲学与古希腊罗马传统发生了决裂，并表现出全新的特性（施特劳斯，2014：36）。在西方，《君主论》被列为最有影响力和最畅销的世界十大名著之一，是人类有史以来对政治权力最独到、最精辟、最诚实的剖析，马基雅维利也被称为第一位将政治和伦理学分家的政治思想家。

政治与道德的关系是《君主论》的核心内容，其实质关乎国家如何维持政权稳定，如何分配权力等。马基雅维利直面现实，对政治和道德做了清晰的界定，并指出国家是纯粹的权力组织，政治主体是有局限性的。出于获得政权的考量，君主可以利用权力手段维护国家利益。他将国家的维系与政权的稳定归结为君主遵守的道德行为信条，指出"政府是必要之恶"，主张政府必须知道什么样的牺牲是无法避免的，以及统治者如何在成功与道德之间取得平衡。因此，政治中主动或被动的恶都有其必要性，尤其当君主追求国家统一和政治稳定时，应该将其他的道德顾虑都抛之脑后。这种"恶"实质上是出于国家利益的考量，具备正当性。马基雅维利认为，就算是做坏事，如果不做就很难维持自己的政权，就应该毅然决然去做，不用担心坏名声招致他人的谴责。不过这种所谓"必要之恶"必须适可而止并降到最低，毕竟政治并不是真的完全凌驾于道德之上。由此可以看出，马基雅维利的国家学说以性恶论为基石，他看到了人的贪婪、自私与逐利本性，而这导致人们之间经常发生斗争；国家则是人性邪恶的产物，需要制定法律、建立秩序，以维系社会的良性运转。如此一来，马基雅维利最具特色和最有影响力的政治权术思想，在给他带来无上荣誉的同时，也带来了无尽的指责，"马基雅维利主义"成了阴险、狡诈、不择手段、玩弄权术的代名词。

马基雅维利在《君主论》中展现了对政治舆论的分析、对权谋的重视。他把政治权力看作政治的核心，使"政治的理论观点摆脱了道德"，具有方法论上的开拓性意义。比如，他提到君主也需要避开"谄媚者"，应当充分了解公众意见,并牢记一项重要原则:主动倾听,而非被动接受。君主必须不耻下问,以极大的耐心倾听事情的真相。但是,君主也不能容忍他人欺瞒事实:无论谁,无论出于什么动机,都无权对君主说谎或掩盖真相。君主必须设法让人直言不讳,不能纵容任何人撒谎或不说实话。对于公众,马基雅维利则抱持批判态度,认为"群氓"总是被表面的现象所诱导,当多数人对某个事件达成共识的时候,少数人往往没有表达和行动的空间。因此马基雅维利认为,只有建立强有力的君主专制制度,才能防止人性堕落、国家分裂和社会动乱,实现国家统一,而君主在其中不应一味地扮演慷慨、仁慈、诚信的角色,而要在适当的时候,在慷慨与吝啬、仁慈与残忍、诚信与虚伪间自由"切换",既要扮演识别陷阱的狐狸,也要展现狮子般的兽性,以统治大众,建立强有力的国家。

马基雅维利的《君主论》成书于文艺复兴时期,作者经历了中世纪教会的封建专制,其思想也反映了彼时欧洲的政治思想与社会发展趋势。对于现代政治制度的理解,依旧需要马基雅维利式的政治思辨思维。他强调立足于现实,辨识人类社会的根本通则,认为社会不断发展才是硬道理,统治者只有顺应社会发展大势才能获得成功。马基雅维利对政治权谋和群体心理的剖析发人深省,他尤其强调回归政治现实与社会经验,深入洞察本土社会精神,并倡导国家理性的观念。放眼当下,从世界各国的发展角度而言,政治决策应当充分保障本国利益,遵从人民的意愿,维护人民的权益,政治的最终目的是增进人民的福祉。现代社会的政治架构依旧受到各方权力的制衡,但也要看到道德、人性、文化的影响,毕竟如果毫无底线地追求政治利益,或是过分凸显人性的"恶",就会忽视人类文明中"善"的一面。现代社会的政治权力必须受到道德的制约。可以说,马基雅维利的思想为政治学、传播学、舆论学、领导科学提供了丰富素材和宝贵遗产,直至现在,我们还可以感受到马基雅维利思想的生命力。

(黄贺铂)

参 考 文 献

Elizabeth Frazer and Kimberly Hutchings,"Virtuous Violence and the Politics of Statecraft in Machiavelli, Clausewitz and Weber", *Political Studies*, 2011（1）.

Jean-Jacques Roussean,"Of the Social Contract", in Victor Gourevitch, ed., *Rousseau: The Social Contract and Other Later Political Writings*, Cambridge: Cambridge University Press, 1997.

Neal Wood,"Machiavelli's Concept of Virtù Reconsidered", *Political Studies*, 1967（2）.

Niccolo Machiavelli, *Machiavelli: The Chief Works and Others*（Vol.1）, Allan Gilbert, trans., Durham: Duke University Press, 1989.

陈伟：《试论西方古典共和主义政治哲学的基本理念》,《复旦学报（社会科学版）》, 2004（5）。

〔意〕马基雅维利：《君主论（中英双语本）》,吕健中译,北京：中华书局, 2014。

〔意〕马基雅维利：《马基雅维利全集：君主论·李维史论》,潘汉典、薛军译,长春：吉林出版集团有限责任公司, 2013。

〔法〕让-雅克·卢梭：《社会契约论（第三版）》,何兆武译,北京：商务印书馆, 2003。

〔美〕施特劳斯：《什么是政治哲学》,李世祥等译,北京：华夏出版社, 2014。

姚剑文：《思想史"减法"中的马基雅维里政治道德观"正名"辨》,《江海学刊》, 2004（4）。

拓 展 阅 读

〔德〕弗里德里希·迈内克：《马基雅维里主义》,时殷弘译,北京：商务印书馆, 2008。

〔意〕尼科洛·马基雅维里：《佛罗伦萨史：从最早时期到豪华者洛伦佐逝世》,李活译,北京：商务印书馆, 1982。

〔意〕尼科洛·马基雅维里：《论李维》,冯克利译,上海：上海人民出版社, 2011。

让-雅克·卢梭

《社会契约论》

作为近代欧洲著名的政治哲学家和启蒙运动的代表人物,卢梭以其独特的视角和深刻的思想,精准地描绘了18世纪欧洲的政治图景。彼时,欧洲社会的动荡和政治制度的变迁,也为卢梭提供了绝佳的研究样本。卢梭有着超前的眼光,他提出的"主权在民""公众意见"等政治思想不仅影响了后来的法国大革命,为法国《人权宣言》和美国《独立宣言》提供了思想基石,而且奠定了现代西方民主政治制度的基础。作为人类文明思想史的瑰宝之一,卢梭在《社会契约论》中系统论述了国家、政府与人民三者之间的关系,首次提出并阐述了"公意"的概念。作为社会系统的重要组成部分,公意在社会成员订立契约与维系政治共同体中发挥着重要的作用。卢梭的政治理念至今仍然影响着一代又一代的读者,尤其是他对"公意"的论述与现代社会的"舆论"有着密切的关系,为学界分析舆论的形成、作用机制,以及研究西方舆论思想史提供了知识积累。

一、成书背景

让-雅克·卢梭(1712—1778)出生于信奉加尔文主义的日内瓦,是18世纪欧洲启蒙运动时期最有影响力的思想家之一。卢梭自小接受爱国主义与共和主义的教育,继承了其父亲的日内瓦公民身份。卢梭不仅是一名政治思想家，他还做过天主教神父、音乐家、教师、法国驻意大利大使的秘书。卢梭在音乐方面造诣颇深，创作了歌剧《乡村占卜者》（Le Devin du Village）等。1742 年，卢梭在巴黎结识了德尼·狄德罗（Denis Diderot）等启蒙思想家，并参与编撰《百科全书》词条。卢梭曾两次参加了法国第戎科学院的征文，在 1750 年的第一次征文中，卢梭的《论科学与艺术的复兴是否有利于敦风化俗》获得了第一名，从而声名大噪。1754 年，卢梭以《论人类不平等的起源和基础》参加第二次征文活动，虽然没能荣获大奖，但这却成为卢梭最早的政治哲学经典之作并流传后世。1761 年，卢梭的书信体小说《新爱洛伊丝》出版，此书影响了 18 世纪晚期的浪漫主义运动。1762 年，卢梭的《爱弥尔》和《社会契约论》面世，这两本书的出版标志着卢梭的学术成就达到顶峰。这两部作品极大地影响了康德的道德哲学，但在当时的欧洲社会引起了巨大的争议，法国当局禁止其出版，日内瓦城邦则视之为宗教异端学说，卢梭被迫流亡。近代欧洲的启蒙思想家倡导理性与文明，而卢梭更为敏锐地察觉到自然与社会的深层本质，不仅揭示了人类社会不平等的起源，而且尝试提出克服这种不平等现象的愿景。他展开了对启蒙运动的反思与批判，与同时期鼓吹启蒙运动理念的其他思想家产生观念冲突，这也是卢梭遭到欧洲主流知识精英群体排挤的缘故。晚年的卢梭创作了自传体作品《忏悔录》《一个孤独漫步者的遐想》《对话录：作为让-雅克的审判者的卢梭》。卢梭的《社会契约论》很大程度上影响了法国大革命，伯特兰·罗素（Bertrand Russell）称《社会契约论》是法国大革命时期革命领袖们所"共同钦崇的'圣经'"，尤其是卢梭在书中对公意的宣扬，诸如"公意永远是正确的"等言论，为法国公众投身革命提供了理论基础（Russell，2004：7）。马克西米连·罗伯斯庇尔（Maximilien Robespierre）就是卢梭的信徒之一，被称为"行走中的卢梭"。1778 年，卢梭去世，终年 66 岁。1794 年法国大革命之后，卢梭的遗体被运到巴黎的先贤祠安葬。

卢梭的社会契约思想可以追溯至古希腊哲学。在柏拉图的《克里托篇》中，苏格拉底对克里托解释他甘愿接受死刑的原因，苏格拉底将法律看作城邦的化身，法律赋予了他存在于世的事实，因此服从法律是决定性的义务所在。公民和城邦法律之间的关系并非决定性的，但公民若选择留在城邦，就意味着必须服从城邦的法律。这可以看作"公意"的早期表现形式或是"雏形"。

现代意义上的社会契约理论是由托马斯·霍布斯系统阐述的。霍布斯认为，人性在本质上是自私利己的，当人们处于自然状态时，由于人人都担心自己的生命安全，因此无法展开长期的合作，结果可能导致战争。作为理性的人，可以通过构建契约的方式摆脱自然状态，而这需要人们达成公意，并赋予某个人或某一群人执行契约的权力。所以，只有当人们屈服于君主权威时，才能够保证其生活在市民社会。霍布斯认为君主的绝对权威具有足够的震慑力来执行契约，同时使人们相互信任与合作，从而摆脱自然状态。因此，霍布斯将社会契约看作一切善的基本源泉，但在君主权威的震慑下，公共意见只能屈服于政治统治霸权。

约翰·洛克继承并运用了霍布斯关于自然状态的工具方法论，然而与后者相反，洛克认为自然状态是人类社会最完美的自由状态，但这并不意味着人们无所拘束。自然状态是一种前政治状态，虽然没有法律来管制约束人们的自由，但洛克指出，人们有能力发现自然法，并平等地受到自然法的约束。自然法是所有道德的基础，它要求人们不能互相伤害，同时给予每个人追求自己利益的权利。本质上，人们放弃自然法，从自然状态过渡到政治社会，通过签订契约并创建政府，将惩罚权力交给由政府代表的公共权力，同时获得由法律、法官和行政机构组成的制度系统保护自己的生命、财富、自由等的各项权利。

从洛克的观点中可以看出他所主张的公意与古希腊时期的公民自由选择有着相似之处：公众同意社会契约，也意味着他们需要放弃自然法，如同古希腊城邦的居民进入城邦后需要遵守城邦法律。显然，洛克的社会契约观点不同于霍布斯主张的君主制。如果政府机构违背了人民的利益，甚至政府与人民处于敌对状态，人民有权利自卫，抵制政府权威，解除社会契约，重新创建政府。与霍布斯相比，洛克的社会契约思想更具人本主义精神和道德本质，而且比古希腊时期的"公意"更具自由性和反叛性，因为古希腊城邦居民只能被迫无条件接受法律。

卢梭的思想受到霍布斯和洛克的影响。在《论人类不平等的起源和基础》中，卢梭描绘了人类从自然状态到现代社会的政治演变过程。卢梭描述的自然状态颇为理想化，认为人们普遍过着朴素而简单的生活，人们的需求都可以在大自然中得到满足，怜悯是人类的自然情感，因此人与人之间不存在激烈的竞争，也不会相互伤害。随着人类的繁衍和知识的增加，人们逐渐意识到自身的优越性，视自己为万物之主，这时人类中心主义产生。随之而来的是，人们掌握技艺并修筑房屋，出现以家庭为代表的微型社会，渐渐形成了价值观和审美观，在偏爱之情中有了虚荣心和羞耻心，在相互评价中形成尊重的观念，道德观念和所有权也应运而生。卢梭认为，财富的出现使人类脱离自然状态，走向堕落，卢梭将人类的所有不平等都归结为财富的不平等。没有财产的人可能通过武力夺取财富，拥有财富的人为了保障其财产权，通过订立契约的方式创建政府，所以这种方式是一种自然化的社会契约，本质是保护财产权以维护不平等的状态。卢梭认为，财富的不平等既是社会和法律的起源，它为弱者戴上了新的镣铐，为富人配备了新的权力；同时也是现代社会冲突和竞争的罪魁祸首。

卢梭主张通过个人特定意志集合而产生的公意达成社会契约，这意味着卢梭所设想的理想政治制度是直接民主，而非代议制民主，这需要每个公民共同参与涉及公共利益的事项，例如共同制定法律等。因此，延续前著的论述，卢梭的《社会契约论》试图找到一种理想的办法以解决人类社会的不平等问题。尽管卢梭认为只有规模较小的国家具备实现符合公意的民主形式的条件，但他依然将公意视为社会契约成立的重要因素。公意是所有个人的意志集合而成的道德与集体共同体的体现，它所彰显的公共人格具体展现为城邦或共和国。在卢梭看来，基于公意而形成的民主制度是重新实现人类自由和平等的唯一手段。

二、卢梭的"舆论观"：公意与社会契约的形成

"公意"的法文为 opinino publique，由法国思想家米歇尔·德·蒙田（Michel de Montaigne）于 1588 年首次使用，而卢梭为这一概念注入了"公共性"的意涵，将 public 和 opinion 组合起来作为单一术语使

用（段然，2019），此后，"公意"成为现代西方"公众舆论"（public opinion）一词的来源（史文静，2015）。所谓"公众"即指认同和参与社会契约的个体的集合，而"意见"就是经契约所体现的全体成员的同意确定。

在卢梭看来，公意是公共的、正确的和不可摧毁的，公意的根本性质是公共性，共同体内所有国民基于讨论而形成的公众意见是共同体一切活动的依据。公意必须以公共利益为旨归，后者关系着共同体的存亡以及公众的幸福。从这里可以发现，卢梭所提的"公意"与"舆论"具有相同的意涵，即它们表达的都是"寻求一种共同体形式上的'我们'，寻求某种方式和范围内的相互承认、认同和同一性"（尹树广，2010）。

与公意相近的概念是"众意"。作为个别意志之总和的众意，仅着眼于个人利益。个人利益与公共利益可能相互矛盾，前者甚至只享受公民权利，而不尽公民义务，这将导致政治共同体的毁灭。因此，为了维护公意，就必须克服众意。基于此，卢梭不赞成国家之内派系的存在，即使派系集团的意见是公意，但对于国家整体而言依然是个人意志，一个大集团所主导的优势意见表面上减少了分歧，实则是个别意见的垄断，由此便造成了不平等。当派别和小团体出现时，社会团结的纽带松弛，公共利益将会发生质变，公意就成了个别的意志，开始丧失公正性。在这种情况下，公意会沉默，会向其他意志屈服。但卢梭认为，公意不会消失或毁灭，只会成为质疑或回避的对象，屈服于其他意志，因为公意永远是稳固的、不变的而又纯粹的。

因此，在卢梭看来，公意便是人民订立社会契约，组成共同体的基石。在自然状态下，人类通过集合许多人的力量来满足生存的需要，但同时要考虑这种力量不能妨害到个体。卢梭据此提出了社会契约所要解决的根本问题，即"寻找出一种结合的形式，使它能以全部共同的力量来卫护和保障每个结合者的人身和财富，并且由于这一集合而使得每一个与全体相联合的个人又只不过是在服从其本人，并且仍像以往一样地自由"（卢梭，2003：19）。因此，社会契约既是由个人缔约，也是个体与公众相互缔约。

但卢梭并没有一味强调公意而置个体意志于不顾。卢梭以原始社会的家庭组成举例：当孩子选择继续和父亲一同生活时，这种关系就不再是自然的，他们构成了以约定维系的家庭。当孩子可以自行判断合适的生存方法时，他就成为自己的主人；这时孩子不再需要父亲的养育，双方便处于相互独立的地位。因此，人们任何时候都不能放弃自己的自由，否则就是放弃了做人的资格。在卢梭看来，这种弃权是不合人性的，取消了个体意志的自由，就取消了个体行为的道德性。公意的前提即个体意志的自由。家庭是政治社会的原始模型，国家则是自由人民共同约定的产物。一旦结成了共同体，任何个体都受到共同体保护，因而共同体不能损害全体成员的利益；同时，共同体也不能损害某个个体的利益，侵犯任何一个成员就是在侵犯整个共同体。这种原则使得缔约者基于利益关系展开彼此的互助行动。所以，国家的合法性之前提就在于每一个成员的个体意志的自由，而当社会契约形成后，个体意志必须服从公意。

因此，个体的自由意志是社会契约得以确立的前提。社会契约一旦订立，就是公共约定的，每个订立公约的人都要将自身的一切权利转让给整体，而这些转让出去的权利、财富和自由，对于集体来说有重要作用。基于社会契约的转让对所有人来说都具有平等性，因为社会契约是在所有人一致同意的基础上创立的。另外，每个奉献自己的人并非屈从其他某个个体，而是服从自己的意志，也服从公意，并获得等价物以及更强大的力量来保全自己的所有权利。当人们通过约定而生活在某种社会秩序下，便是合法的，哪怕人们共同约定将国家政体确立为专制体制，也是合法的。社会秩序是合法权利的体现，是其他所有权利的基础，且不是出于自然。契约是一切合法权威的基础，所以公众的一致同意——公意，是合法权威的核心。如果社会契约遭到修改或破坏，每个人就立刻恢复了原有的权利，并重新获得天然的自由。

三、公意是主权和法律的本质体现

卢梭将社会契约定义为"我们每个人都以其自身及其全部的力量共同置于公意的最高指导之下，并且我们在共同体中接纳每一个成员作为全体之不可分割的一部分"（卢梭，2003：20）。在社会契约订立后，个体的结合就产生了道德与集体的共同体，即由全体公民集合而形成的公共人格，古希腊时期的城邦和现代社会的共和国等政体都是这种公共人格的体现。政治体对应国家、主权者、政权，所结合者就体现为集体的人民、作为主权权威参与者的公民或服从国家法律的臣民。因此，卢梭把公意看作建立国家的目的。

公意与主权密切相关。一方面，公众基于社会契约而创建政府，其主权是人民共同体的意志的体现。社会契约中有着合法性的一项规定，就是要求所有人服从公意，"任何人拒不服从公意的，全体就要迫使他服从公意"（卢梭，2003：24）。这体现了公意的强制性。卢梭为公意赋予这种强制性权力的目的在于压制部分人为私利（众意）而推翻由公意所形成的社会契约，并防范利益团体颠覆社会秩序的危险。公意必须从全体出发，才能适用于全体；意志一经宣誓就是主权行为，代表着人民共同体的意志。社会契约赋予了政治体以支配各个成员的绝对权力，这一权力受到公意的指导，公意的平等性体现在所有公民遵守同样的法律和享有同样的权利。关系到主权的所有行为都是公意的体现。另一方面，主权权力虽是绝对的存在，但也不能超出公意所约定的界限。主权行为是共同体和各成员之间的，以社会契约为基础的公平的、有益的、稳固的约定。主权是公意的运用，不可以转让，因为意志是不可转移的。主权并不是分立的，主权权威所派生的立法权、行政权、税收权、战争权等也不能错误地被视为主权权威的构成部分，这些权力都只是法律的应用，而不是法律本身。所以，主权是由人民代表的，主权权威是由法律维持的。

在共和国里，法律是社会结合的条件，是赋予政治体以行动和意志的载体。人民是法律的创造者，法律是人民意志的体现。在社会中，一切权利都被法律固定下来，普遍正义也需要社会公众普遍认可，并由所有人遵守，否则正义便是虚幻的存在。法律面向共同体和抽象行为，而非针对个人及其行为，所以在卢梭看来，法律是公意所做出的规定，是公民自己意志的记录，故法律结合了意志普遍性和对象普遍性。

但公众意见并非总能做出正确的行为，这时便需要立法者。卢梭认为，立法者是"能够洞察人类全部感情而又不受任何感情所支配的最高的智慧"（卢梭，2003：49）。立法者要消灭人类固有的自然状态，才能塑造完美而牢固的社会制度。这样的立法者在一个国家中应当是非凡的人物，但立法者并不是神，任何自称神明的代言者都不可信。在现实生活层面，卢梭主张编订法律的人不具有立法权，立法权属于人民，因为只有公意才能约束个人，所以人民有权确立法律，人民也有权集合起来推翻包括公约在内的根本法，这是合法的。

但卢梭并不满足于此，他将公意视为高于根本法、民法和刑法之外的第四种"法律"，是铭刻在公民内心的国家真正的宪法，也即风尚、习俗，特别是舆论。卢梭对"舆论"的刻意强调，正是将公意视为人民的意见或判断的体现（段然，2019）。根据卢梭的"人民主权"说，人民即主权者，主权者的力量来自法律，其行动也要依据法律，而法律正是由公意所确立的。卢梭指出，对政府而言，仅有立法是不够的，还需要法律的强制实施，所以需要赋予政府以执法权。公共力量就需要有一个合适的代理人，使之按照公众意见行动，并充当国家和主权者之间的桥梁。政府充当的就是代理人的角色，并非主权者本身，而是主权者的执行人，负责执行法律，维护社会和政治自由。作为主权者和公民之间的中间体，执政者受人民委托，并以主权者的名义行使权力，主权者可以限制、改变和收回这种权力。

基于此，卢梭否认存在任何天然的权威，政权的合法权威均应来自人民的公意。统治者的强力并非永恒，不具有道德性，也不产生任何权利；基于强力的奴役是不存在的，奴隶制和权利是矛盾且互相排斥的。卢梭认为，当人民迫于强力而服从时，人民是对的；当人民冲破桎梏、打破枷锁时，他们更是对的。所以，当自由被剥夺时，人民有权利夺回自由。自由是人性的天然产物，个体只有为了其自身利益，才会将自由转让出去；而人民的反抗正是用他们所"转让"的权利做了同样的事情，重新获得了自由。人民只有对合法的权力才有服从的义务。卢梭的这一观点为法国大革命提供了理论支撑，也为后人批判卢梭鼓吹"乌合之众"掀起暴力革命落下了口实。

四、评价与反思

《社会契约论》是世界政治哲学史上最著名的古典著作之一，也是公认的 18 世纪最伟大的作品之一。卢梭因良好的音乐素养而颇为感性，他相信人性本善，其思想具有浓厚的理想主义色彩，这也使得他对自然状态的认识与霍布斯完全不同。卢梭认为自然状态的人类彼此间不需要竞争，更无须互相伤害。卢梭的理论建立在"人生而自由"的基础上，他提出了自由平等的口号，使天赋人权和自由意志成为近代西方资本主义国家建国的基本原则。卢梭关于自由平等、天赋人权、主权在民的思想唤起了广大人民投入反封建斗争革命洪流的意识，卢梭对"公意"和"社会契约"的众多论述，不仅直接为法国大革命提供了革命理论依据，而且成为美国和法国制定宪法的立法参考，并深刻影响了世界上其他国家的资产阶级革命。20 世纪初，卢梭的思想传入我国，对我国旧民主主义革命产生了一定影响。

卢梭在该书中用较大的篇幅探讨公意，并强调了公意的重要性。卢梭提出和宣扬的"公意"倡导的是民主和自由，还是民粹与专制，乃是学者们至今仍在争论的问题。从历史的角度看，一方面，"公意"衍生的社会契约和主权在民思想，从意识形态层面推动了美国的独立革命，建立了独立的民主体制；另一方面，"公意"被法国大革命的领导者利用，以实现其自身政治目的。法国大革命之后，"公意"被批判为民粹与专制理论的思想来源。还有学者认为，卢梭偏重公意而抹杀了个体存在的必要性，忽视了个体存在的意义，使抽象的公意遮蔽和取代了每个独立的个体。

卢梭将人类社会不平等的根源归于私有财产权。私有财产权出现后，因个体在身体、智力、社会地位等方面的差异而出现了各种不平等现象，于是他认为个体应当服从公意。但是，无论在《论人类不平等的起源和基础》中，还是在《社会契约论》里，卢梭都未提倡过专制，相反，公意与个体意志的"自由"是卢梭思想的基石。若自由概念不存在，或否认"人生而自由"的前提条件，卢梭的全部思想学说将不复存在。首先,卢梭并未抹杀个体,更没有压制个体意志。正是因为看到了个体之间因种种自然条件的差异而出现的不平等现象,卢梭才提出用公意订立的社会契约来保障个体的权利,使个体在共同体中获得更强大力量的保护,从而使社会状态下的个体不再因智力、身体条件等自然因素的不平等而受到不公正的待遇。其次,卢梭所谓的"公意"是指每个成员"全体一致的同意",在此基础上才能形成共同体,而且个体加入共同体完全根据个人意愿。最后,卢梭虽然提到"任何人拒不服从公意的,全体要迫使他同意"(卢梭,2003:24),这里应当回到卢梭讨论法律时的语境,即法律是公意的体现,每个人都应当服从法律,只有如此才能维系政治共同体,个体才能获得法律的保护,享有社会和政治自由。况且,卢梭反复强调,多数不能以公意之名强迫少数,即便少数者仅有一人,多数也不能成为全体。因此,认为卢梭忽视个体的观点是站不住脚的。鉴于"舆论绑架"、舆论干预司法等"多数人暴政"现象层出不穷,卢梭的这一观点也为我们审视当前的舆论环境提供了思路。

诚然,卢梭赋予了"公意"以公共性,将以"舆论"为代表的公意视为维系共同体社会秩序的根本宪法,肯定了由个体的自由意志所组成的公意之于现代社会的重要性。但是,卢梭对"公意"的理解失之偏颇,不仅将其视为完全正确和永不消逝的存在,而且把"公意"放到了至高无上且不受约束的位置——不仅政府是执行公意的代理人,立法者所立之法亦得是公意的体现,而且他还赋予了公意推翻政府和法律以合法性与合理性,强调公意着眼于公共利益。作为公意的人民共同体的意志只能由人民自己来表达(张国旺,2018)。此时,公意不仅没有受到相应的制约,甚至成为凌驾在国家宪法之上的根本之法。公意既可以制定法律,也可以推翻法律,"其他一切方面的成功全都有系于此"(卢梭,2003:70),这使得没有任何权力可以约束公意。即便如此,卢梭仍然反对代议制,鼓励人民的权利应当得到直接行使,人民的权利行使应当是完整的,而不是由国会议员替代。

卢梭一生提倡自由平等与天赋人权,他的政治哲学理论至今仍对人类社会文明有着深远的影响。黑格尔曾在《精神现象学》中辩证分析了公意的概念，对主奴辩证法等问题的讨论亦借鉴了卢梭的舆论思想。与霍布斯的消极自由理念不同，卢梭似乎抱着"至善"的信念看待公意，但他并未考虑到公意的情绪化、非理性等缺陷，以及公意作恶的可能，为"乌合之众"以公意之名行多数暴政之实留下了话柄，例如现代西方学界考据法国大革命的领导者将卢梭的理论奉为圭臬，甚至拿破仑曾经说"无卢梭则无法国大革命"。第二次世界大战后，卢梭的思想也被认为是"极权主义民主"。现代社会中的极端民粹主义、无政府主义、"舆论绑架"、网络暴力等均证实了，无论是公意还是舆论，凡是不受制约的绝对权力，只会导致社会秩序的混乱与动荡。这是卢梭的舆论思想中值得批判和反思的一面。

卢梭不仅开启了舆论研究，剖析了舆论的功能与民主政治发展的关联，而且间接地影响了欧洲封建君主制度，使世界上大多数国家建立了现代民主制度。在舆论学领域，埃米尔·涂尔干（Émile Durkheim）将卢梭的公意看作维持社会既定秩序的基石，而且将舆论当作个体同意的条件。伊丽莎白·诺尔-诺依曼也基于卢梭的舆论思想，思考"个体意见的总和"即舆论、政治力量影响下的群体心理机制，并在之后的研究中提出了著名的传播学理论——沉默的螺旋。卢梭的舆论思想也启发了西方民意测验的舆论研究传统，民意测验成为践行卢梭倡导的"个体意志"的方式。在政治哲学的研究领域，学者们从卢梭的思想中汲取了社群主义思想、公民共和主义以及民主协商和参与式民主理论的养分，推动了政治理论和政治实践。马克思受卢梭的"主权在民"思想的启发，同样倡导由人民直接行使权力的政治制度。他在对巴黎公社进行观察后，阐发了一种体现人民意志的崭新的无产阶级国家政权理论。由此可见，卢梭的思想不仅没有过时，而且对于民主政治理念与实践、舆论研究等方面做出了积极贡献，迄今仍引人深思。

（赵海明）

参 考 文 献

Bertrand Russell, *History of Western Philosophy*, London: Routledge, 2004.

段然:《"舆论/public opinion?":一个概念的历史溯源》,《新闻与传播研究》, 2019 (11)。

〔法〕让-雅克·卢梭:《社会契约论(第三版)》,何兆武译,北京:商务印书馆, 2003。

史文静:《近现代中国"舆论"语义内涵的演变》,《国际新闻界》, 2015 (2)。

尹树广:《政治概念的实践哲学反思》,《马克思主义与现实》, 2010 (3)。

张国旺:《民情的呈现与守护——卢梭"罗马政制"论的社会理论意涵》,《社会学研究》, 2018 (6)。

拓 展 阅 读

〔英〕边沁:《道德与立法原理导论》,时殷弘译,北京:商务印书馆, 2000。

〔英〕霍布斯:《利维坦》,黎思复、黎廷弼译,北京:商务印书馆, 1985。

〔德〕康德:《历史理性批判文集》,何兆武译,北京:商务印书馆, 1990。

〔英〕洛克:《政府论(下篇)》,叶启芳、瞿菊农译,北京:商务印书馆, 2011。

〔法〕让-雅克·卢梭:《论人类不平等的起源和基础》,黄小彦译,南京:译林出版社, 2019。

杰里米·边沁

《道德与立法原理导论》

杰里米·边沁生活在一个由工业革命带来巨大政治、经济和社会变革的时代，发生了美国独立战争和法国大革命，他的祖国英国也进行了一系列政治改革，因而边沁思想的形成和演变深受时代巨变的影响。他将自己对当时社会和法律制度的深刻洞察与独特思考诉诸笔端，撰写了许多论著和政论性文章，如《政府片论》《论一般法律》《道德与立法原理导论》《政治程式》《反对恶政的保障》《宪法典（卷一）》，以及数不清的书信和手稿。边沁还试图将其思想应用到各国的法律改革中，如在美国、欧洲和拉丁美洲各国推广他的法典编纂计划和法律改革建议，并在英国花费了大量精力进行全景监狱（Panopticon）的建设，以改革在他看来极其不人道的监狱制度。边沁是英国法律史上最伟大的改革者之一，也是一位非常重要的法哲学家，同时是他那个时代对人类启蒙和自由付出最多努力的思想家之一。由于其惊人的原创性和影响力，边沁的论著一直处于学术争论的中心，尤其是在社会政策、法律实证主义和福利经济学方面。

一、成书背景

杰里米·边沁（1748—1832）出生于伦敦一个律师世家，自幼天资聪颖、勤奋好学，三岁学习拉丁文和希腊语，六岁学习法语，十二岁便被牛津大学女王学院录取,毕业后不久进入林肯律师会馆,在曼斯菲尔德勋爵担任庭长的高等法院法庭中做实习生。在实习期间,边沁开始思考功利主义的伦理观。受法国思想家克洛德·阿德里安·爱尔维修(Claude Adrien Helvétius)的影响,边沁认为个人行为既来自利己主义的动机,又有利他主义的倾向,因而个人能够将个人利益与共同体利益统一起来,将最大多数人的最大幸福作为自己的终极目标(西季威克,1993:109)。边沁也在《政府片论》中表达了大卫·休谟(David Hume)的《人性论》对他的影响,"当我读了这本著作中有关这个题目(指一切善德的基础蕴藏在功利之中)的部分,顿时感到眼睛被擦亮了。从那个时候起,我第一次学会了把人类的事业叫做善德的事业"(边沁,2017:148)。边沁还惊呼于传教士约瑟夫·普里斯特利(Joseph Priestley)有关"国家的成员,即大多数成员的利益和幸福,最终必须是确定与该国有关的一切事物的伟大标准"的说法,认为普里斯特利是第一个教他发现这个神圣真理的人(Bentham,1843:142)。毕业那年,边沁又回到牛津大学,旁听了威廉·布莱克斯通(William Blackstone)爵士的法律讲座,针对布莱克斯通对英国普通法美德的盛赞,边沁写了一些反驳的文章,来批评现行的法律并提出改进的方法。1776年,边沁正式以法律理论家的身份开始他的职业生涯,他匿名出版了《政府片论》一书,首次提出作为法律指导原则的功利主义思想,并驳斥了布莱克斯通的观点。18世纪70年代后,边沁密切关注美国独立战争和法国大革命,经历了从最初对激进改革的短暂热情到激进主义幻想的破灭,开始了对议会改革、宪法改革和基本法律思想的孜孜探索。1779年,边沁产生了与作为工程师的兄弟塞缪尔同行去俄国的想法,但后来未能成行。1780年,边沁最著名的作品《道德与立法原理导论》基本完稿但未发表,因为他和朋友们都觉得此书还存在种种缺陷,有待进一步完善。1782年,边沁又撰写了《论一般法律》(未出版)和其他有关立法方面的手稿,在这些手稿中,边沁提出了许多原创性和突破性的想法,提升了他作为法律思想家的声誉。在1785年至1787年间,边沁终于访问了当时在俄国的塞缪尔。受塞缪尔在建筑设计方面的启发和影响,边沁开始关注监狱改革计划,撰写了《圆形监狱:环视房》的信

杰里米·边沁
《道德与立法原理导论》

件和手稿，提出了全景监狱计划，希望献给俄国女皇，但被拒绝。1787年，边沁离开俄国返回英格兰后，坚持不懈想要实施他的计划，但是计划最终还是不得不中断。在1788年下半年，法国大革命一触即发，边沁认为可以用功利主义避免革命。1789年，法国召开三级会议，向全世界征求改革宪法和国家的计划，边沁受到鼓舞，开始撰写一些关于议会程序和宪法改革主题的著作（大部分是法语作品），并希望当时的一些法国政治家能够阅读它们，尽管这些作品对1789年的法国宪法改革几乎没有影响，但边沁对议会改革这一主题的看法有很大发展。同年，在朋友和门徒的催促下，边沁终于出版了《道德与立法原理导论》，但这部作品在当时影响并不大。1790年，边沁提出他向法国推荐的激进改革策略应当同样适用于英格兰。在这一年前后，边沁也开始对宪法的一般性问题进行探讨，撰写了一些短篇论文，对英国宪法进行了批判。然而，法国大革命的激烈过程渐渐使边沁产生了思想上的回流，他开始相信激进主义是一种非常危险的学说。对激进改革的不断增加的怀疑使其渐渐转向为英国宪法辩护，认为法国国会非常需要一种以英国经验为基础的有序的议事程序。到1795年，源于对暴政的恐惧，边沁又恢复了他的宪法保守主义思想。19世纪以后，边沁致力于为其他国家的立法改革提供建议，希望这些国家的立法机关委托他编写完整的法律法规。1811年，他向美国总统詹姆斯·麦迪逊（James Madison）致函，表示会提供一套"成文法"，将美国从英国普通法的各种先例的"枷锁"中解放出来。这是他第一次正式提出编纂法案，但在1816年遭到麦迪逊的拒绝。随后，边沁为俄国、波兰、日内瓦、西班牙、葡萄牙、希腊和危地马拉编写了类似的法典。1820年，他向俄国和波兰提出的法典化建议未被采纳，转而向西班牙立法议会提出编纂西班牙法律。1821年，边沁又正式向葡萄牙议长表示愿为葡萄牙制定刑法典、民法典和宪法典。尽管这些国家的议会都表现出了对边沁计划的兴趣，但最终都未采纳，这使得晚年的边沁日益接受了政治激进主义。1817年，他发表了《议会改革计划》，要求赋予成年男子普选权、议会每年召开、给予选区平等地位和实施无记名投票等权利，并开始笃定编纂宪法典才是在所有其他法律领域进行改革的关键。边沁将其生命最后十年的工作重心转向了以最大多数人的最大幸福原则为宗旨的《宪法典》及相关的《刑法典》和《民法典》的起草工作。在《宪法典》中，他提出了废除君主制和上议院以及取消荣誉封号等想法，他的目标是建立一个开放和负责任的政府。遗憾的是，《宪法典》在其生前未及完成，仅有第一卷于1830年出版。

二、边沁的功利主义舆论思想

在《道德与立法原理导论》开篇，边沁就指出功利原理是该书的基石，并基于经验的角度提出了功利主义的道德标准，以区别于霍布斯、洛克、卢梭等欧洲启蒙思想家的自然权利理论。边沁认为，对权利的需要来自每个人的经验，而经验中最直接的感受是对快乐和痛苦的感知，并且在人类灵魂的诸多感觉中，苦乐是最容易衡量的感觉，更能被准确地估量和比较。以此，边沁从切萨雷·贝卡利亚（Cesare Beccaria）那里获得启发。贝卡利亚计算和估量了苦乐的值所要考虑的七个因素——强度、持续时间、确定性或不确定性、（临近或偏远的）距离、随同种感觉而来的可能性（丰度）、相反感觉不随之而来的可能性（纯度）、波及的人数（广度），并进行了十四种简单的快乐和十二种简单的痛苦的细致分类，这对于边沁建立一种客观的、构成人的行动准则的道德具有重要意义。同时，在对人的行为动机进行分析的基础之上，边沁抛弃了道德学家们对人的动机善恶的评价，认为由于人的行为常常是出于求乐避苦的本能，因而不存在任何一种本身是坏的动机，而只能采用中性的、不带感情色彩的术语来指代各种动机。边沁试图将人类动机的心理学研究建立在科学的基础之上，并尝试像科学家那样公正客观地探讨道德问题。在边沁看来，个人理性应该是一种科学的理性，其中充满了快乐和痛苦的经验知识，在受经验知识约束的条件下指导实际判断。边沁认为每个人的苦乐都可以为所有人了解。因此，立法应该尽量减少痛苦并使快乐最大化，如此人类才可以以更快乐的方式重新调整和定位自己的目标。最后，边沁发展了一个按照正确的、规定的原则运作政府的理论，即政府追求的最高价值是将一个整体的社会成员之间的净享乐最大化,或者如他所说,最大多数人的最大幸福才是衡量政府行为正确的标准。因此,功利主义伦理不仅针对具体的个人,还涵盖了整个共同体的利益,其结果是能够确保每个人按照自己的利益判断行事会导出作为一个整体的社会的最大幸福,边沁称它为"最大多数人的最大幸福"(the greatest happiness of the greatest number)。在后期的著作中,边沁将其改为"最大幸福原则"(the greatest happiness principle)(边沁,2017:58)。只要个人对快乐和痛苦的看法有悖于最大幸福原则,就需要对这些个人判断进行调整。利己的公民如果因损害他人的幸福而获得快乐或好处,就会面临法律上的制裁,利己的官员为满足一己私利利用公权力去"邪恶地牺牲"普遍利益,也会遭到"舆论法庭"的制裁(Dinwiddy,2004:246-249)。

基于此,舆论不是根植于自然法的权威产生的事物,而是基于个人的理性或良知,"源于普遍功用的、具体的、特定的道德",以保护他们那些最重要的个人利益。这里就体现了边沁与卢梭的不同,卢梭虽然承认个人利益,但他在舆论中只能看到公民的意见,认为公民的意见就像是所有公民从自身的个人利益中抽象出来的东西,甚至需要隐性的表达。"边沁的功利原理为实现共同体的普遍利益提供了一种明确而公开的验证方法,即将普遍利益的计算从价值区域转移到事实区域,以便道德上的讨论和分歧可以从事实的角度继续进行或得以解决。"(Harrison,1983:187-190)更进一步,边沁提出,基于功利原理的舆论总是与最大幸福原则的规定相吻合:"随着它越来越成熟,它越来越符合普遍利益。"(Bentham,1983:76)那么,"普遍利益"具体指的是什么?在《道德与立法原理导论》中,边沁承认共同体的利益是道德术语中最笼统的用语之一,但边沁从一个相当狭窄的私人领域——个人利益——中推导出了这一概念。边沁是这样认为的:人的经验中没有什么是不可以最终和某种物理事实挂钩的,而快乐和痛苦是人最能感受到的物理经验,而且幸福是普通人在日常生活中追求的目标。"自然把人类置于两位主公——快乐和痛苦——的主宰之下。只有它们才能指示我们应该干什么,决定我们将要干什么,是非标准、因果联系俱由其定夺。"(边沁,2017:58)"功利逻辑在于在一切判断过程中都坚定地从痛苦和快乐的计算或比较出发，以及不允许任何其他观念的干扰。"（Dinwiddy，2004：3）从这一个人的实践理性出发，边沁认为，拥有健全理性的个人将成为判断自身利益的最佳人选。边沁是这样论述的：首先，人是理性、自利的行为者，每个人从根本上是利己主义的，都具有同等的感受幸福的能力，因而每个人都能正确地理解自身利益；又由于每个人都只能算作一个，没有人可以算作一个以上，因而每一个人只能代表自己而不能代表他人；所以每个人行动的源头必须源于自身利益，个人行动是由其关于自身利益的观念决定的，社会是由追求个人利益最大化的个体组成的，不理解什么是个人利益，谈论共同体的利益便毫无意义（边沁，2017：59）。其次，尽管每个人是其自身利益的最佳判断者，但并不排斥他具有利他动机的可能；人有自我保存、逃避伤害、追求物质利益的个人欲望，也有珍惜名誉、渴望和睦、与他人合作互惠的社会动机。这种社会动机使得人在追求自身利益的同时将他人的善在某种程度上视为必不可少的，并且培植他人的善也是符合自己利益的，这意味着个人可能存在对其他善的概念的敏感性，即支持多元化的善的能力，而这种多元化很可能成为社会共识的主题。可见，边沁承认个人存在从他人利益中获得快乐及相应动机和倾向的可能，并认为人类作为本质上追求私利的动物，与其同时是利他主义者并不矛盾。最后，凭借自爱又利他的个人动机，个人利益由个人自决将导致最佳的社会结果，公共舆论也将最终反映普遍利益。

由此，边沁首次将舆论界定为对公共利益的表达，这种表达不仅要清晰、合乎理性、全面周到，还应追求幸福或利益的最大化。可以从以下两个方面理解这一观点。

一方面，中上阶层的利他动机可以维护大多数人的利益。边沁承认对智力的需求可以促使每个人形成对自身利益的正确观念，这种自利才能导致社会期望的结果——最大多数人的最大利益。但是，现实中有两个方面的因素会影响个人独立自主地运用理性：一个是经济梯级造成的下层阶级无法正确理解自身利益。总有一些人不能理解何谓自己的真正利益，如无业游民、无力偿债者、破产者等，但边沁乐观地认为，人性中的利他动机会使得中上层阶级具有对下层阶级的不幸同感的可能。边沁根据经济梯级的区分，认为从事生产的中产阶级是真正行善的阶级，因为他们具备了培育社会动机的条件——为他人服务而从事生产的同时依赖他人以保障生计。上层阶级虽然缺乏培育社会动机的条件（生活依赖他人的奉献却从不报答），但从人的社会动机角度出发，他们也会有同情、怜悯和行善之心。培育和发挥中上层阶级的利他动机，有助于下层阶级利益的实现。

另一个是个人理性的固有缺陷（边沁称之为"妄念"），可能导致个人因采纳某种错误观念而被诱使去支持恶政。在《政治谬误》一书中，边沁将这种错误观念称为谬误（fallacy），它与错误（error）的区别在于：错误仅仅是一种不正确的意见，而谬误则是由达成某种目的的手段所构成的不正确的意见。边沁认为，在公共生活中，每个人都同时受到普遍利益和个人利益的影响，当个人利益和普遍利益发生冲突时，那种企图维护由少数人构成的特殊集团的利益而牺牲普遍利益的观念就是谬误。这种谬误包括：（1）邪恶利益的误导。统治者为追求自身邪恶利益，运用欺骗的手段来制造谬误，使公众产生妄念，以更好地实施其滥权行为。妄念可以通过多种形式体现出来，其中一种形式是人为制造的荣誉。个人可能因渴望荣誉而腐化堕落，而公众也可能被他欺骗，因为公众错误地判断了他基于头衔而非基于行为所获得的荣誉。（2）由普遍利益导致的偏见。其渊源也是邪恶利益。这种偏见意味着人们会说服自己相信他们自己的利益就是普遍利益，因此他们不会设想任何其他利益，而是将自己的利益视为普遍利益。这种偏见会导致对坏政府的支持，它使人产生智力虚弱，如果人们受到关于普遍利益的虚假信念的影响，将会被动地接受任何可促进其直接利益的政府，所以，这种偏见因被多数人共享而比邪恶利益的误导更难克服。（3）对权威的盲从。由于任何人都不可能具有足够的时间和专业知识来充分掌握那些权威人物所持有的观念正确与否的证据，因此对权威的信任在很大程度上是不可避免的，公众不得不基于信任，将权威人物的观念当成自己的观念，而这些权威人物的观念本身可能是以邪恶利益为基础的。（4）自身的智力虚弱。民众因对各种影响自身利益因素的无知而无法形成正确的观念，从而对统治者各种损害普遍利益的行为（制度或法律安排）熟视无睹或欣然接受。边沁认为，在个人固有的理性缺陷中，第四种缺陷最为致命，因为若非受智力虚弱的困扰，其他三种产生妄念的根源也将难以形成。为此，边沁开出的"药方"是普及基础的公民教育，这是开明的舆论所必需的智力资源，受到良好教育的人更可能拥有独立自主运用个人理性的能力。但是，边沁并未寄望于有能力的少数群体提供的公民教育，因为对于未成年人来说，教育（无论是私人的还是公共的）是支配他们日常观念和行为的道德艺术，但是指导他们观念和行为的是立法艺术，以及受制于环境的、临时性的政府管理艺术。一个好政府（立法与政府管理艺术）对一个成年人的影响远远大于学校，它可以左右人的一辈子。因此，比起经济梯级和学校教育，边沁认为与开明的舆论具有更大关联的是建设一个信息彻底开放的好政府，这不仅能够确保被统治者向统治者问责，还有助于提升个人独立自主运用理性的能力，这才是决定舆论在多大范围内、在什么意义上有效的重要因素。没有信息的公开和对公开信息的自由讨论，所谓的良善风俗、公意、道听途说的传闻都不能成为近代意义上的舆论。可见，尽管边沁关于理性的自利人的假设不能得到经验分析的支持，但是他的论证在试图最大限度地降低个人正确认识自身利益的难度，他视人民所追求的个人目标为能够被个人理性所理解的，而这种被理解可以从开放的政府这一政治安排中得到保障。

另一方面，虽然"几个个人利益的总和本身就是普遍利益"，但普遍利益并不是个人利益的简单相加，个人利益与普遍利益之间也可能存在冲突。在论述个人利益与普遍利益的复杂关系上，边沁提出了三个原则，这构成了其政治哲学的基础。第一个原则即最大多数人的最大幸福原则，它是为立法者设定的，告诉我们应该是什么；第二个原则即普遍的利己主义原则，它是为个人设定的，告诉我们是什么；第三个原则即利益统一原则，它要求通过政治安排使共同体的个人利益与普遍利益相统一。这三个原则展现出了边沁作为一个具有平等和民主倾向的个人主义者的姿态：首先，它假定每个人对幸福拥有平等的权利，每个人对获得幸福的一切手段也拥有平等的权利。不论是在同一个人的感受中还是在不同人的感受中，同等数量的幸福都具有同等的欲求价值，而蕴含在其中的"'最大幸福原则'之所以含有合理的意义，全在于它认为一个

杰里米·边沁
《道德与立法原理导论》

人的幸福如果程度与别人相同（种类可恰当地容有不同），那么就与别人的幸福具有完全相同的价值。边沁的名言'每个人都只能算作一个，没有人可以算作一个以上'，便可写作功利原则的一个注释"（穆勒，2008：63）。其次，不可避免的人生状况以及包含了每一个个人利益的普遍利益，都对这种平等权利做出了限制。如同其他一切正义准则一样，这个平等准则绝不是人们普遍采用或认为普遍适用的规则。相反，它屈从于每个人对普遍利益的看法，即当某一特定的个人利益受到个人行为的影响时，人们只需要考虑这个人的利益；而当一个共同体的利益受到个人行为的影响时，人们应当考虑共同体所有成员的利益。最后，最大幸福原则应当对这个平等权利的限制予以严格解释。在讨论如何通过议会改革来提升普遍利益的论著中，边沁说道："若这些个别利益之间没冲突，则一并提升之，无须减损任何人的利益；若这些个别利益之间存在冲突，那么，某些人的利益将被减损，但这种减损，其结果应使其余人的舒适和安全处于最大化的状态。一切人的利益都应被提升，例外应尽可能少；一切人的利益都应得到考量，这不容许任何例外。"（Bentham，1843：452）

一言以蔽之，对于个人而言，自我利益永远优先于其他所有人的利益，但由于共同体中每个行为者的幸福是相关的，因此在涉及共同体的幸福时，功利主义计算的标准变为共同体的标准，即必须对共同体中每个成员的幸福或利益做一些限制，但是这些限制应当减到最小。如密尔所言：最大幸福原则的含义是人人都有权利追求个人的利益，除非某种公认的社会利益要求相反的做法。

可见，边沁的论说首先从"健全理性的自利人"这一假设出发，而该假设深受亚当·斯密的自由主义经济学说的影响。边沁认为，尽管每个人都是其最佳利益的判断者，但个人能否正确地运用理性受其经济资源和个人禀赋的影响。的确，由于经济梯级的存在，不同阶级的利益无法均等地统一于普遍利益之中。但是，边沁使用了利他主义动机的解释——健全理性的自利人是自爱、利己并能关注他人利益、尊重他人幸福的理性行为者，因此，在执行利己的行动中，自利的本性教导着个人正确追求最有利于自己的幸福；在执行关乎他人的行动中，有限的利他主义又指导着个人去照顾他人的利益。因此，在关于个人利益和普遍利益的关系问题上，边沁又做了一个"个人利益从长远来看与普遍利益相一致"的假设，这一假设基于舆论形成中的情感因素——同情的作用。舆论基于个人良知自发形成，从而引发了个体对邻人幸福的关切，埃利·哈列维（Élie Halévy）称之为"利益的聚合原则"，是一种非排他性的利己主义。边沁深受休谟的影响，认为同情这种情感是实践理性中内在的因素而非实践理性的对立物，它在不可避免地以隐秘的方式促进理性的自利人的慎思。正如托克维尔在思考旧制度下的欧洲与现代民主之间的差别时所说，"在民主时代……人人都有人类共同的同情心。谁也不会让他人受无谓的痛苦，而且在对自己没有大损害时，还会帮助别人减轻痛苦"（托克维尔，2017：704）。与等级制度下的臣民相比，在平等的公民之间更可能产生同情，结果就是，民主社会的公民比那些生活于相对不平等条件下的人对彼此情感的认识要更清楚一些。同时，边沁也发现，民主制度下的社会安排有能力加强公众和政府机构之间的互动，以及发挥民主制度下发展起来的舆论法庭在促进多数和少数之间达成共识方面的作用，即当共同体基于自由交流而达到某种自我反思的阶段时，就会产生对原先基本秩序的质疑，以至于重新理解和建构社会及其制度。因此，在边沁的理论中，普遍利益的形成具有社会动态性。边沁运用了一套新的思维方法对现有社会进行激烈的批判，其目的就在于检验现有制度的功用，并提供一套客观的评价标准。

当然，边沁也考虑到了舆论可能对个人利益带来的减损。边沁认为，如果牺牲某些人的利益有助于总体的幸福提升，那么这种牺牲确有必要。对此，密尔曾精辟地总结道："功利主义的道德承认，人具有一种力量，能够为了他人的幸福而牺牲自己的最大福利……是为了他人的幸福或有利于他人幸福的某些手段而做出的牺牲，这儿所说的他人，既可以是全体人类，也可以是为人类集体利益所限定的个人……构成功利主义的行为对错标准的幸福，不是行为者本人的幸福，而是所有相关人员的幸福……教育和舆论……应当加以充分利用，使每一个人在内心把他自己的幸福，与社会整体的福利牢不可破地联系在一起，尤其要把他自己的幸福，与践行公众幸福所要求的各种积极的和消极的行为方式牢

杰里米·边沁
《道德与立法原理导论》

不可破地联系在一起。"（穆勒，2008：17）可见，在边沁的理论体系中，共同体之善是个人之善的有机结合，共同体成员对善的认识具有高度的同质性，因而个人利益与普遍利益之间不存在终极意义上的紧张关系。边沁为了共同体的幸福的确忽略了个人幸福，但是，这种忽略意味着权利和利益的重新分配。事实上，边沁意识到了存在多数人压迫少数人的潜在危险，并设法用"最大幸福原则"代替"最大多数人的最大幸福"来避免这种危险。边沁继承了爱尔维修的观点。爱尔维修认为个人和社会的道德世界都是为利益所支配的世界，如果就个人而言，个人利益是人类体行为价值的唯一而普遍的标准，那么就社会而言，道德原则就是最大多数人的最大幸福原则。因而，边沁的《道德与立法原理导论》不仅是立法原理的导论，它同时也解决了道德问题——最大多数人的最大利益问题。道德与立法是同一门科学，整个立法艺术就在于通过人们的（对自己的）自爱和（对他人的）同情迫使人与人之间公正相待，协助人们将个人利益和普遍利益联结起来。立法者的任务（政府管理艺术）就是通过个人利益来控制诸多个人，并创造某种技巧使得这些贪婪和野心勃勃的个人为了公共的善而合作。在边沁看来，人类的立法者必须通过计算人类的痛苦和快乐体验来进行评估，进而制定和颁布法律。正是通过人类的痛苦和快乐的体验，才能计算出法律的美善或邪恶程度。这种用人的经验理性来取代自然权利的努力是边沁思想最独特和最重要的特征之一，基于这种对人的理性的普遍关注，边沁以他自己的方式将这些关注融入法律和立法，而历史证明了他的成功。

综上，边沁的功利主义舆论观并不是在为私人道德（个人利益）提供建议，而是在为立法和政府管理艺术（普遍利益）制定指南。在边沁看来，从创造一个良好社会的政治策略出发，立法者和民选官僚无权将自身偏好（邪恶利益）凌驾于其他人的利益之上。换句话说，除了个别的例外情况，立法者和民选官僚必须将人民的偏好视作关于他们幸福的最可靠向导。唯有在这样的政治安排中，在立法和行政中必要地牺牲少数人利益（在边沁看来就是统治者的邪恶利益）方能确保指引人们实现最大化的幸福。因此，在政治选择中，个人利益和普遍利益的冲突不是非此即彼的竞争关系，从伦理角度来看，少数服从多数的原则应当被视为一种确认普遍意志的手段，而非将某一组利益置于另一组利益之下的机制，政治讨论应当为了探索理想的或最佳的政策，而非成为各种利益之间相互竞争的场合。

三、舆论法庭——舆论的运作机构

在英语世界，"法庭"通常意指做出司法判决或决定的地方。与此解释不同，边沁常将"法庭"一词用于司法制度之外的事物上或场所，表明他认为参与舆论的所有成员都能够像法官做出司法判决一样评价那些拥有政治权力的人。

边沁在《道德与立法原理导论》中承认了个人的快乐与痛苦来自四种制裁力量，即自然、宗教、法律、道德（或俗众），但这里的道德制裁仅对个人行为有影响，无法以任何方式与政治或法律制裁相联系。1789 年前后，为响应法国大革命，边沁在《政治程式》这本小册子中将道德制裁与政治或法律制裁相联系。他写道："公众组成一个比所有其他法庭更强大的法庭，它不可破坏，且会逐步更为开明……政治宣传将有助于公众推理和公共话语的改善……它不仅可以防止腐败，还可以让政客知道政府的真正愿望……最后，让选民从知识中行动，选择他们的代表。"（Bentham，1994：581-585）随着边沁逐渐发现统治者追求邪恶利益的倾向，边沁的舆论观念也日益激进。1822 年，边沁在《反对恶政的保障》中最终确定了舆论法庭为"非官方司法机构"的重要表现方式，认为舆论法庭的目的是确定对行使政治权力的人进行审查和评价的共同体成员，它具有"官方司法机构"的大部分特征，这意味着这种道德制裁的范围是所有拥有政治权力的人（Bentham，1990：54）。1830 年，边沁在他成熟的宪法著作《宪法典》中再次将舆论法庭视为一种司法权威："宪法承认舆论法庭作为本质上属于宪法赋予的权力，舆论法庭的权力是具有司法性质的。"（Bentham，1983：35）

边沁认为，舆论法庭是一个虚构实体（fictitious entity），但它是一个有用的虚构实体。虽然它不是一个真正的法庭——它一点儿也不指称一个由人构成的组织化的实体，没有固定的成员；它可以是局部的和自发的，它的构成是动态的，可以由世界上任何个人组成，无论是男性还是女性、公民与否；它也没有内部组织机构和实体性的规则，但它的成员都对国家公职人员的行为感兴趣。尽管舆论具有虚构性质，但舆论法庭判决的效力仍然是真实的。通过对政府公开的信息进行公开讨论，它形成了真实的判断以及与此判断相对应的意志，它对国家公职人员产生了真正的影响——对其不当行为予以道德上的谴责或给予"有损名誉"的评价。

边沁将舆论法庭描述为一个独立于官方的机构，因为国家公职人员无法完全控制和改变舆论法庭所代表的公共利益，它能够集中审议公共利益的形成过程，其判决体现了人民对国家公职人员的宪法性限制。与典型的法院不同，舆论法庭的审判依据不限于特定法律，而且可以涉及所有公共事务，考虑相关的所有信息来源。所以，它考虑公共利益问题的能力比任何官方机制都灵活得多，在将审议工作传达给司法机关或立法机关之前，它还有可能在人民沟通的基础上达成一项独立的判决。边沁不仅将舆论法庭视为一个法庭，而且将其视为一个能够创造道德义务的立法机构。他认为：舆论法庭优于普通的立法机构的一个特点是，在后者的审议中，由于程序的僵化，没有立即指出矛盾的机会；相比之下，舆论是动态变化的，公众审议不会受到僵化的、严格的程序的制约。此外，交流将在不受官方权力影响的条件下进行，因为这可能妨碍舆论法庭对公共利益的正确评估。

因此，舆论法庭是在不可避免且必要的压力下存在的一个特定的虚构法庭或司法机构，民众在其中进行道德制裁或进行奖励。在这里，无论是立法者，还是政府官员、法官，都必须向人民公开他们的会议过程和会议记录，以约束自己的行为，公正地履行职责，并使人民获得更多的信息，从而建立对自己的信任。这是确保掌握权力的官员无法滥用权力的最有效的监管手段："公众构成一座法庭，它比所有其他法庭加起来都更强大。个人虽然可以妄称不顾它的判决——说它是由变动不居、相互冲突的观念构成的，但是，每个人都觉得，即使这个法庭会犯错，它也是不会腐败的，它持续趋向更为开明，它综合了民族的一切智慧和正义，它总是决定公众人物的命运，它宣布的惩罚是不可避免的。"

(Bentham,1990:29-34)

边沁对舆论法庭的强调并不意味着他认为法律制裁是无效的,边沁毕生都致力于制定一套适用于统治者的刑法典,因为对于遏制统治者的邪恶利益而言,法律制裁的威胁仍然是最有效的手段。但是,它的缺点只有舆论法庭才能弥补,这种将道德和法律两个方面结合在一起的保障措施才是反对政府权力滥用的安全保障。对于舆论法庭的重要性,边沁在《宪法典》中进行了最清晰的声明:"舆论法庭的成员不需要借由委托就可以运用其职能……舆论法庭之于最高制宪权,正如司法机构之于最高立法权……对于政府权力的恶毒行使来说,只有它是唯一的制约;对于政府权力的有益行使来说,它是不可或缺的补充。有为的统治者引导它,审慎的统治者依循它,愚蠢的统治者漠视它。"(Bentham,1983:35-36)

除了描述舆论法庭的基本特征,边沁还对其成员、运作流程和职能进行了简单论述。

首先,边沁对舆论法庭中的公众角色进行了概念澄清。他区分了"公众"与"选民":前者是一个由能够就有关问题进行交流的人组成的知识共同体,后者是被动共存的个体的总和;前者是审查政府行为、投身公共服务、提升自治能力的积极公民,后者是推举代表民意的国家管理者、促使其表达公共利益的被动公民;前者包括那些被排除在选举权之外的人,且不仅限于那些实际居住在该国的人。因此,舆论法庭具有更广泛的成员基础。边沁将公众划分为三类:(1)最广泛的各阶层,他们是无法投身于公共事务的人,因为他们"没有时间阅读,也没有闲暇推理";(2)那些假借他人的政治判断的人,因为他们无法形成自己的意见和观点;(3)那些能够自己判断的人。最后一类人才是舆论法庭"委员会"的成员,他们形成了"广泛的舆论主体"。

其次,边沁对舆论法庭的运作流程做了大致的说明,即共同体中的每个成员会将自己关注的公共事务划分为若干主题,不同的阶级组成小组委员会,所有人都可以听取立法机关或法庭的辩论,与政府交涉,或参加讨论政治问题的会议。边沁确信:与司法法庭上的法官一锤定音的判决不同,对于舆论法庭发布的判决,多数人宣布的判决很可能比少数人宣布的判决更正确,更可能促进最大多数人的最大幸福。因为,在每一个场合,每个人的行为都将由他自己的利益决定;在每一个场合,每个人作为舆论法庭成员的角色发表的意见都是由他自己的利益决定的。法庭审理的意见将由大多数人的利益决定。这个意见就是在最大程度上最有利于最大多数人的最大幸福的意见,多数成员关于他们各自利益的构想只要是正确的,那么就在最大程度上符合普遍利益。

最后,边沁认为,作为一个虚拟的司法机构,舆论法庭的审议工作尽管没有被集中组织起来,但它仍然使用了一些非常像法律的规则对公职人员的行为进行评判,包括通过新闻业收集并评估与公共问题有关的信息,审查滥权的公职人员,通过投票表达自己的意见——这就是边沁提出的舆论法庭的四项职能。今天,我们倾向于依靠选民来确定舆论,如通过民意调查和其他方式征求公众意见,以便对选民的行为有所了解,但边沁希望人们从不同的角度看待舆论法庭的重要性。边沁认为,舆论法庭与选民行使的职能不同,包括(1)信息收集职能,即所有人都有权寻求资料和证据;(2)审查职能,即法庭做出赞成或不赞成的判决;(3)执行职能,即通过选举制度对被审判人员进行惩罚或奖励;(4)改善建议职能,即为改善将来的立法或行政行为提供建议。这些职能显然与选民的职能有关,但可以独立于选民来行使,它们一起界定了舆论法庭作为一个社会性机构的隐喻。在这四项职能中,边沁特别强调了前三项职能,认为最重要的是第一项职能,第二、三项职能是第一项职能的延伸,第四项职能则是暂时的摆设,边沁未作过多论述,他没有讨论公众参与政府决策改革和创新的程度。可见,边沁对舆论职能的关注聚焦在对政府行为的审查和道德制裁上,公众可以参加立法机关的议事,然后迫使其公布议事内容。

边沁对舆论法庭的概念、特征和职能的界定引发了当代理论家的争论,这些争论主要集中于公众能否形成良好的判断。

一方面,边沁对舆论法庭功能的假设暗含每个公民都有能力就每天的紧急事务形成自己的政治观点。这似乎对公众的政治慎思能力给予了太高的期望。边沁没有看到,随着社会的发展,经济领域中生产与消费的无限扩张和政治领域中社会与国家的分离,使得人们对公共领域的参与日趋减少,公共领域日益被垄断公共权力的主权国家所掌控,而远离公共领域的私人生活领域日益彰显,个人权利尤其是个人财产权利具有了法律上至高无上的地位。尽管在政治国家和市民社会分离的基础上产生了制约政府的舆论,但与政治精英、意见领袖和报刊编辑相比,舆论法庭的作用越来越小,公众逐渐从舆论的主体沦落为舆论的客体。"尽管人人都受公共事务的影响,然而人人都沉溺于私人事务之中。"(李普曼,2002:45)过去那种喜好结社、积极投票、关注公共话题、热心公共事务的人逐渐减少,"人民蜕化为被动的受众,一切公共事务形同杂耍"(波兹曼,2004:97)。一般人对涉及个人利益的事情反应得迅速而合理,但在他们不太关心的全国性和国际性事务领域,甚至在有关他们长期利益的问题上,则可能是蹩脚的裁判。这种目光短浅、责任心减弱和有效意志缺乏的情况,出现在受过教育、在非政治性事业中取得成功的人身上,要比出现在地位低微、未受过教育的人身上更令人吃惊。并且,典型的公民一旦进入政治领域,他的智识水平就跌落到较低水平,其后果就是,听任超理性或不合理的偏见和冲动的摆布,以及受到某些另有企图的集团的蛊惑,这些集团包括职业政客、经济利益的代表、各色理想主义者或者只是对上演政治戏码和控制政治表演有兴趣的人。而这些集团的目的是,制造舆论诡计以成功躲避合理争论和避免惊醒人民批判能力。可见,公民政治参与热情的日益衰减和公共精神的缺乏已经成了20世纪晚期以来西方各主要发达国家的现实,它与大众传媒商业驱动力日兴一道,正在破坏舆论作为一个公正的"法庭"的作用。

另一方面,边沁对普通人拥有良好的公共判断能力表现出巨大的信心,但关于公众在舆论法庭中如何发挥改善建议作用却仅有寥寥数语,着墨不多。他设想公众是一些有常识、有教养、有公共精神的人,每个公民的利益都由自己表达和代表,每个公民都可以在形成舆论的过程中发挥作用,对公共事务的理解胸有成竹,对公共事务的讨论能摆脱门户之见,"在边沁看来,国家就是人的集合,而一个人就是一部机器,其情况并不比一只钟表更复杂"(边沁,2000:45—46)。边沁没有充分考虑到舆论中的个人和群体动机的复杂性,亨利·梅因(Henry Maine)曾评价道:"在许多重要的方面,他是过分高估了人性。他高估了人类的理性。"（梅因，2012：91）弗里德里希·哈耶克（Friedrich Hayek）认为，基于每个人都倾向于理性行动的假设是一种"致命的自负"，将会导致理性的滥用，甚至有可能摧毁理性（哈耶克，2000：71）。20世纪的社会心理学研究也证明，（自然与社会）环境的复杂和不确定、人对环境的认识能力的有限共同导致了理性的有限，如在著名的"囚徒困境"中，个人的理性决策的交互作用反而可能导致群体的非理性后果。并且，由于高昂的信息搜寻成本，无人可能或者愿意获取复杂运作所需要的全部信息和知识，且公众还可能选择只获取特定的部分信息并保留对其他信息的无知（柯武刚、史漫飞，2000：65）。公众的这种"理性无知"（rational ignorance）和"内部人专长"打开了民主失灵的大门（卡普兰，2010：116—117），导致少数人对多数人的剥削成为一种系统性趋势（奥尔森，1995：29）。而相比在信息不充分的情况下无法追究真相的"理性无知"，因个人偏好和认知成本而选择主动回避真相的"理性胡闹"（rational irrationality）也成为民主社会机制的一大缺陷，"民主让选民自己做出选择，但只给每个人微乎其微的影响力，从个体选民的立场来看，结果如何与自己的选择并没有关系……当选民谈论解决社会问题时，他们的主要目的是想抛开乏味的客观束缚，标榜自身的价值"（卡普兰，2010：168—169）。除了对个人理性的怀疑，早期的政治哲学家也表达了对舆论中的群体理性腐化的担忧。一方面，舆论可能带来对个人智力的压制。"在民主国家，公众拥有贵族制国家的人民无法想象的强大力量。公众不是用说服办法，而是以全体精神大力压服个人智力的办法，将公众的意见强加于和渗入人们的头脑中。"（托克维尔，2017：527）"正是由于舆论在总体上无所不能，才削弱了把它的判断施加给个人时的准确性与影响力。"（密尔，2008：67）另一方面，舆论表现为群体智力和道德水平的下降。与君主制、贵族制中存在巴结权贵的倾向一样，民主社会里也存在巴结大多数人的思想。"团体精神……既能够驱使人做出高于一般个人行为道德准则的事情，也更常常促使人做出低于一般个人行为道德准则的事情。"（戴雪，2014：140）之后，社会心理学和传播学的理论家进一步揭露了个人在群体影响下的行为特征——道德约束与文明行为的突然消失和原始冲动与幼稚暴力等倾向的突然爆发，这给边沁勾勒的非此即彼、简单纯粹的人性画面和以此为基础的古典民主理论以沉痛的打击：20世纪的公共舆论似乎并未实现边沁的"个体"与"集体"相统一、舆论与普遍利益全面而彻底地吻合的哲学愿望。

然而，对于上述批评，也有学者不尽赞同，他们认为20世纪60年代以来，世界范围内的公民参与运动正在走强。"一方面，信息社会的到来和互联网的发展，使得人们有了更多、更便利、更畅通的渠道获取有关政务治理与管理绩效的信息，这为公民参与提供了技术化基础；另一方面，在经历了'市场失灵'与'政府失败'以后，人们在须遵守市场和选择政府之时也努力尝试寻找'第三种力量'——公民社会。随着第三部门的兴起，公民开始越来越多地借助于各种非营利性组织，进入公共政策制定、执行以及社区公共事务的管理过程，以此表达自身利益倾向，影响政府公共政策导向。"（托马斯，2014：1）并且，边沁对个人理性缺陷的乐观态度不能成为抹杀他作为早期舆论研究者做出的贡献，边沁为舆论的形成和舆论法庭的运作提供了新颖的见解，他的目的显而易见，就是将舆论作为一种反作用力去防止公共利益被统治者（政府）的邪恶利益所误导。对于公众可能因理性缺陷而无法有效参与政府决策的问题，卡罗尔·佩特曼解释道：边沁更关心的是选民选举和否决议会代表的能力，而不是公众理解政治观念的能力（普赖斯，2009：18）。因此，在边沁的功利主义舆论思想中，选民无须密切关注日益专业化的政治事务，而只需做到一条，一旦发现行为不端的政治领导人，一概严惩不贷。边沁始终认为，舆论法庭的最大意义在于通过对政府施加审查压力来遏制政府权力的滥用，它是警惕统治者权力僭越的最重要的社会机构。

四、评价与反思

在近代思想家那里，几乎没有人像边沁这般对舆论持有如此激进的态度。自由主义者边沁钟情于个人幸福，坚持"个人利益由个人自决"；民主主义者边沁寄望于国家福祉，视舆论为民主社会的内在进步力量。

杰里米·边沁
《道德与立法原理导论》

边沁从个人利益出发对舆论进行的重新定义引申出了普遍利益与舆论的关系，促使舆论研究从抽象模糊的权利本位向具体清晰的利益本位进行价值转向。尽管这种由利益驱动的舆论受到当时大多数保守主义者，甚至一些进步思想家的质疑，但是边沁提出并坚定地捍卫了这一舆论观念。这种观念基于健全理性的自利人假设，即个人通过自主的、利己的理性来正确认识和实现自己的利益，并通过利他的同情将自己的利益与共同体的利益联系在一起。

但是，对于边沁而言，一个人的利益与他的职责是相对应的，这个职责无非是避免共同体的利益遭到扭曲。对利己利益和职责的确定是制定任何一部法律的背后的理由，其目的在于确保形成和维持一个好政府。边沁认为，好政府依赖公职人员利己利益与共同体利益之间的一致，边沁称这种共同体利益是"普遍利益"，它是不断形成和变化的。如果公职人员的利己利益与普遍利益之间不一致，那么就会成为"邪恶利益"，边沁在宪法设计上的努力就是防止邪恶利益的形成和存续，为此，边沁将舆论写入《宪法典》。在边沁的宪法安排下，舆论与公职人员之间进行着持续、有效的互动。正是在这一互动中，公众产生了对政府歪曲和欺骗倾向的警觉，并依赖意见的汇总对民选政府及其公职人员的行为进行审查。边沁认为人民的权力在本质上是具有司法性质的，在《宪法典》中，边沁为他所谓的舆论法庭分配了一个主要角色，它的虚拟性、独立性使它成为促使政府对人民负责的关键角色，它将利用道德制裁来约束和规范政府的行为。边沁认为，作为一种批评性的反思和启蒙力量，舆论是一个持续有效的公众审议和决策过程，而宪法和法律实践正是通过它的介入得以丰富。因此，制度化的、被改造了的舆论的道德制裁可以作为宪法限制的最有力的社会保障手段，这种将舆论和法律两个方面结合在一起的保障措施被边沁认为是抵制不当行为的安全保障，更具体地说，是反对政府权力滥用的安全保障。

当代学者对边沁的舆论思想的理解产生了巨大分歧，边沁在个人理性与公共利益、信息公开与政府行为审查、新闻出版自由与公共讨论、公民的政治观念与公共精神等方面的论述备受质疑，但边沁视基于个人利益的舆论为评判和审查政府行为、防止公共利益被误导的最重要的社会力量的深刻建议，以及视舆论的运作基础为政府信息的彻底公开与新闻出版自由的独特洞见，仍然得到了当代理论家的肯定。在政治领域，边沁秉持着革命性的思想，运用公正的理性检验来评判现存社会制度是否有助于提升社会效用，当这些制度未能通过这一检验时，他会毫不犹豫地以清晰明确、不易引起误解的语言进行表达。边沁从不害怕按照他认为的合乎逻辑的结论作出论断，尽管他遭受了很多的误解，但是正如哈列维所言：一个人不时遭受很多人错误的折磨，要好于很多人不断地遭受一个人错误的折磨（哈列维，2006：185）。作为一个兢兢业业的理论家、思想家，边沁毕生致力于将其富于想象力和胆识的思想融入现实的改革，他激励着所有无止境追求知识的人。

（徐蓉蓉）

参 考 文 献

Jeremy Bentham, *The Works of Jeremy Bentham* (Vol. X), Edinburgh: William Tait, 1843.

Jeremy Bentham, *Constitutional Code* (Vol. I), Oxford: Clarendon Press, 1983.

Jeremy Bentham, *First Principles Preparatory to Constitutional Code*, Oxford: Clarendon Press, 1989.

Jeremy Bentham, *Securities against Misrule and Other Constitutional Writings for Tripoli and Greece*, Oxford: Clarendon Press, 1990.

Jeremy Bentham, *Political Tactics*, Oxford: Clarendon Press, 1999.

Jeremy Bentham, *The Correspondence of Jeremy Bentham* (Vol. 10), Oxford: Clarendon Press, 1994.

John Dinwiddy, *Bentham: Selected Writings of John Dinwiddy*,

杰里米·边沁
《道德与立法原理导论》

California: Stanford University Press, 2004.

Ross Harrison, *Bentham*, London: Routledge & Kegan Paul, 1983.

〔法〕埃利·哈列维:《哲学激进主义的兴起——从苏格兰启蒙运动到功利主义》,曹海军等译,长春:吉林人民出版社,2006。

〔英〕边沁:《政府片论》,沈叔平等译,北京:商务印书馆,2017。

〔英〕边沁:《道德与立法原理导论》,时殷弘译,北京:商务印书馆,2000。

〔美〕布赖恩·卡普兰:《理性选民的神话:为何民主制度选择不良政策》,刘艳红译,上海:上海人民出版社,2010。

〔英〕戴雪:《公共舆论的力量:19世纪英国的法律与公共舆论》,戴鹏飞译,上海:上海人民出版社,2014。

〔英〕弗里德里希·冯·哈耶克:《致命的自负》,刘戟锋等译,北京:中国社会科学出版社,2000。

〔英〕亨利·西季威克:《伦理学方法》,廖申白译,北京:中国社会科学出版社,1993。

〔德〕柯武刚、史漫飞:《制度经济学:社会秩序与公共政策》,韩朝华译,北京:商务印书馆,2000。

〔美〕曼瑟尔·奥尔森:《集体行动的逻辑》,陈郁等译,上海:上海人民出版社,1995。

〔英〕梅因:《民众政府》,潘建雷、何雯雯译,上海:上海三联书店,2012。

〔美〕尼尔·波兹曼:《娱乐至死》,章艳译,桂林:广西师范大学出版社,2004。

〔法〕托克维尔:《论美国的民主》(上),董果良译,北京:商务印书馆,2004。

〔法〕托克维尔:《论美国的民主》,董果良译,北京:商务印书馆,2017。

〔美〕文森特·普赖斯:《传播概念·Public Opinion》,邵志择译,上海:复旦大学出版社,2009。

〔美〕沃尔特·李普曼:《公众舆论》,阎克文、江红译,上海:上海人民出版社,2002。

〔美〕约翰·克莱顿·托马斯:《公共决策中的公民参与》,孙柏瑛等译,北京:中国人民大学出版社,2014。

〔英〕约翰·穆勒:《功利主义》,徐大建译,上海:上海人民出版社,2008。

〔英〕约翰·密尔:《密尔论民主与社会主义》,胡勇译,吉林:吉林出版集团有限公司,2008。

拓 展 阅 读

Oren Ben-Dor, *Constitutional Limits and the Public Sphere: A Critical Study of Bentham's Constitutionalism*, Oxford: Hart Publishing, 2000.

〔英〕蒂姆·莫尔根:《理解功利主义》,谭志福译,济南:山东人民出版社,2012。

〔英〕菲利普·斯科菲尔德:《邪恶利益与民主:边沁的功用主义政治宪法思想》,翟小波译,北京:法律出版社,2010。

〔德〕哈贝马斯:《公共领域的结构转型》,曹卫东等译,上海:学林出版社,1999。

〔美〕杰拉德·波斯特玛:《边沁与普通法传统》,徐同远译,北京:法律出版社,2014。

〔美〕约翰·罗尔斯:《正义论(修订版)》,何怀宏等译,北京:中国社会科学出版社,2009。

阿历克西·德·托克维尔

《论美国的民主》

　　自由与平等的观念是如何在民主社会中普及的？民主又是如何促进市民社会发展的？托克维尔在《论美国的民主》一书中，围绕民主进行了发人深省的思考与阐释。该书的写作基于托克维尔在美国的实地考察，上卷和下卷间隔长达5年，风格差异较大。该书上卷探讨了美国的种族状况、英裔移民对美国的影响、美国联邦制度的优点及其与其他国家联邦制度的比较，研究了联邦政府与各州政府之间的关系、政党形成的原因和政治社团的作用，以及舆论的重要性。同时，托克维尔还详细阐述了美国的民主、自由和平等如何在政治和社会生活中得以体现。在该书下卷中，托克维尔以美国的民主思想和民情为背景，分析了美国人的哲学观念、宗教思想、科学理论、文学、艺术、社会心理以及民族性格等方面。整部著作保持着客观、冷静的学术立场，并未因作者急于为法国政治找到出路而感情用事。

一、成书背景

　　阿历克西·德·托克维尔（1805—1859）出生在法国塞纳河畔一个古老的贵族家庭，托克维尔早年受勒絮尔神父的老式宗教教育的影响，16岁时学习修辞和哲学，接触布莱兹·帕斯卡（Blaise Pascal）、孟德斯鸠、卢梭等思想家的著作，以及他们的反封建、反教会的启蒙思想。

1827年，托克维尔成为凡尔赛法院的初审法官。1830年，法国资产阶级发动七月革命，推翻查理十世。当时的美国迅猛发展，欧洲各国都对美国充满好奇。托克维尔借考察新监狱制度向法国司法部请假一年半，于1831年5月9日抵达美国开启考察。1835年1月，《论美国的民主》上卷的出版轰动美、法两国，那一年托克维尔刚好30岁。1840年，《论美国的民主》下卷出版。

托克维尔身处欧洲贵族社会向民主社会过渡的时代。他认为，要建立一个新国家，就必须有全新的政治理论。美国是一个新大陆国家，其政治制度和国民都充满活力，值得肯定与学习。《论美国的民主》首次对美国的政治制度、文化和民情进行社会学研究，也为托克维尔赢得了世界声誉。托克维尔以敏锐的洞察力观察美国的民主制度。他认为，古老的贵族制度必然衰落，平等与民主势不可当。孟德斯鸠关于平等和自由不相容的思想也被托克维尔继承下来。托克维尔认为，民主虽然可以适当地平衡自由和平等，但也会导致人与人之间相互孤立，将越来越多的事情交给政府处理，并由此可能导致中央集权的出现；任何政体都不是绝对善良的，民主政体自然也不例外，因此，民主是有条件的。

1848年，法国二月革命爆发，法兰西第二共和国（1848—1852）建立，托克维尔当选为国民议会议员，参与了法兰西第二共和国新宪法起草工作。1849年6月，托克维尔担任法国外交部部长，同年10月，因为与总统拿破仑三世理念不合而辞职。1852年12月，托克维尔因"叛国罪"被拿破仑三世下令逮捕，次日释放。此后，托克维尔逐渐淡出政治舞台，和妻子在诺曼底隐居，1893年写下《托克维尔回忆录》、1856年开始写《旧制度与大革命》（未完成）等书。

二、托克维尔的舆论思想

托克维尔在《论美国的民主》中花了较多的笔墨探讨舆论的制造。托克维尔认为，"多数派对政府拥有绝对的统治权，这便是民主政府的本质，因为民主制度中没有谁能战胜多数派"，多数派的利益位于少数派之上。这些多数派常常经过各种磨合形成统一的意见，继而形成强大

阿历克西·德·托克维尔
《论美国的民主》

的舆论影响力，通过公共意见来影响立法机构乃至政府的决议。简言之，多数派在美国不仅掌握着国家的权力，对舆论的影响力一点也不逊色，只要多数派提出动议，这些动议便不可能通不过，不可能被推迟表决，不可能给反动者机会。

不过，舆论常常助推"多数人暴政"。在民主实施的过程中，这种暴政常常秉承着"人民中的多数派在管理国家方面有决定一切事务的权力"（托克维尔，2014：221）原则。在美国，多数派能够影响舆论，既有立法权，又有执法权，拥有一切权力，随意就可以打败提出反对意见的人。如果一个人或一个党派被欺负，需要找人上诉，他们应该找谁？找舆论？舆论正是多数派制造的。找立法机构？立法机构不但代表多数派，还对多数派百依百顺。找行政当局？行政首脑是多数派选出来的，自然是多数派的道具。找警察？警察是由多数派选举出来的。找陪审团？陪审团本来就是多数派，甚至一些州的法官都是多数派选出来的。这就是说，无论遭遇了什么不公，都只能忍着。托克维尔认为，多数派的无限权威是美国共和政体的最大威胁（托克维尔，2014：222—228）。

托克维尔提出的"多数人暴政"概念深刻揭示了民主潜在的危险。在民主社会中，多数人通过立法机构掌握绝对权力，立法机构又控制行政机构，因此人人都争相讨好多数派，这导致公众对多数派的盲目崇拜。多数派既控制立法，又深入影响行政和司法。如果对这种权力运作没有制约和监督，极易走向极端，在民主框架内产生新的集权。托克维尔发出警告：民主容易使多数派成为新的统治者，它具有滥用权力的天然倾向。民主需要建立有效的制衡与监督，防止"多数人暴政"，避免民主自我堕落成新的集权。具体而言，这种"多数人暴政"常常对人民造成舆论上的压迫感，迫使人民在思想上阿谀奉承多数派。在美国等民主国家，"多数人暴政"的弊端尤为明显。在这类国家里，多数派的权力几乎无限制，由此造成统治的极端专制。任何异议都会遭到打压，异见者不仅被剥夺公民权利，甚至被剥夺人的基本尊严。多数派可以随心所欲地行使权力，没有相应的制衡机制，仅因观点不同，公民就可能失去应有的权利，甚至受到道德否定，被剥夺做人的基本权利。这充分暴露了民主的阴暗面——没有制约，多数就会成为新专制者。个人很难对抗多数压力，异议容易被扼杀。这种"多数人暴政"与民主精神相违背。因此，必须建立制度约束多数派，防止其凌驾于个体之上，避免民主沦为新的集权；必须用制度约束、分割权力，让多数不至于肆意践踏少数。只有如此，才能避免民主退化为新的极权专制。

托克维尔将"多数人暴政"概念进一步拓展为"舆论的宗教"。舆论具有宗教式的权威，成为人们默认的"真理"。在民主时代，观念的来源已非宗教和传统，而是舆论。面对舆论，人们不仅失去独立判断的能力，甚至失去思考习惯。舆论权威源自多数在数量和道德上的优势。在平等社会里，公众的舆论信仰如同多数派的宗教，成为预言。"舆论的宗教"同时也会催生依赖强势政府的心理，形成新的专制统治。它不践踏人的意志，却会软化、驯化并引导人的意志，将社会变成原子化的庸众社会。它不强迫行动，却会持续制约行动。它不破坏现存，只是会扼杀创新。它不实施暴政，却会限制、压抑人们，使之精神颓废、意志消沉、冷漠麻木，使公众毫无思考能力，疲于工作。简言之，公众的舆论崇拜会孕育依附心理，引发新专制。它不直接控制人，而是软化意志、禁锢行动、扼杀创新，让人精神衰弱、冷漠服从，使公众成为驯良牲畜，这是民主社会的巨大危险。

基于此，托克维尔认为，防止民主社会中"多数人暴政"的手段有几点：一是分权治理，发挥地方政府作用。地方政府应在工作中灵活变通，发挥最大效力。二是借鉴美国法学家的法治精神，运用法律制约权力，对民主暴政施加压力，与行政权形成制衡。三是发挥陪审团在司法和政治上的双重作用。陪审团不仅惩治犯罪，也塑造司法权威，教育公众，从而增强司法权威，制衡其他权力。总之，运用分权制衡、法治精神、陪审团制度等措施，可从制度上保障美国民主的长治久安。它们能够防止权力过度集中，使各种权力相互制约监督，保证民主不沦为"多数人暴政"（马凌，2007：137）。

同时，托克维尔提出，美国采用民主共和制度主要有三方面的优势：一是美国得天独厚的地理环境，二是美国的法治，三是美国人的生活习惯与民情。具体而言，在地理环境上，美国没有强大的邻邦，也不用担心战争、金融危机和被侵略、被占领等问题。法治即前文所言的联邦制、乡镇制度、司法权。在民情上，托克维尔主要从宗教和教育两个方面来阐释美国具有的优势。美国的民情包含这个国家所有精神和道德上的东西。其中，托克维尔认为，宗教是美国政治体系最重要的组成部分。宗教推动平等观念的传播，使公众更易接受民主共和制度，尊重社会秩序，从而保障美国人更便利地获得自由。在教育方面，移民美国的英裔已比较文明开化，其融入美国社会的程度在不断加深。这种教育和经验既传授智识，又塑造品格。美国的教育具有巨大的政治意义，与欧洲教育仅处理个人问题不同（李肆，2019：171—174）。总之，在维护美国民主共和制度上，法治起到的作用大于自然环境，而民情起到的作用大于法治。

三、美国民主的社会学分析

托克维尔关于民主对美国人思维活动的影响，主要通过分析美国人的哲学方法、宗教信仰、艺术、语言、文学、建筑、诗歌、戏剧、演说家等方面来阐释。美国人有其通用的哲学方法，即美国人推崇个人理性和独立拼搏。他们较少受传统思想、习俗、规矩的束缚，也不会过分强调民族主义。在他们看来，传统只是可学习的知识，现实也充满待开发的可能。在探索事物本源时，美国人相信个人的创新与努力，为达目的可以不计代价。托克维尔认为，美国人生活在平等的民主社会，不太相信所谓的神权代言人，也不会盲从个人或阶层。他们更倾向于追求"一般观念"，以实践的眼光看问题。同时，宗教在美国发挥着重要作用，其与政治互不干扰，有助于完善思考，提升现世幸福，不过分追求物质。尽管如此，托克维尔认为美国在科学、文学、艺术等方面都缺乏杰出成就。科学偏重应用而非理论，艺术注重实用而非质量。美国的建筑、文学、诗歌、演说等领域都带有工业化、商业化、大众化的印记，与其社会情况和政治制度联系紧密。

托克维尔在很大程度上将民主理解为建立在平等基础上的社会形式。他将对民主的理解转换为对平等的理解。民主社会中，人们对平等的热情和对财富的渴求塑造了其独特的精神面貌。托克维尔认为，美国人的情感因民主而产生变化（托克维尔，2014：475）。相较于自由，美国公民更热衷追求平等。平等观念成为美国社会中一种根深蒂固的思想。平等观念的产生比自由观念更为悠久，人们对自由的热爱也是在社会地位逐渐平等之后才形成的。但是，过度平等可能导致个人主义，极端个人主义又容易演变为利己主义。战后（或者革命刚刚结束时期），民主社会刚建立，才得到自由的公民更倾向于自我满足，而非团结一致。而美国人用结社来抗衡过度的个人主义，全民都要参与国家治理，那么所有人都得从自己的小利益团体中走出来。公民的结社就是促进联合、有效防止个人过度利己的手段之一。在美国，结社成为解决问题的重要手段：利用报刊能协同公众完成结社；结社能够促进和他人的互动，更新自己的情感和观念，开阔胸襟，尽展所长。美国人还会用"正解利益"去抗衡个人主义，即每天牺牲自己一点点私利，而不是牢牢固守完全的个人利益。美国人主张在契合公共利益与个人利益的情况下找到一套道德标准，这个标准并不难达到，但是能够使公众安分守己、自我控制、温和敦厚、三思而后行、严于律己。另外，平等还会让大家沉溺于物欲的享受，宗教能够让美国人更加向往精神享受，同时让公众多参与公共事业，相信自己离不开政府的保护，也能够安心地享受财富。

托克维尔还非常关注民主对美国社会民情的影响，主要通过人与人之间的关系——主仆关系、地主与佃农关系、雇主与工人关系、家庭关系，以及女性教育，婚后妇女精神地位，男女平等，美国公民的追求、荣誉观，美国的社会风貌、国民仪态，民主国家的阶级差异，革命、军队、战争等来阐释。首先，人们的身份越来越平等，人们也越来越温和，日常联系也更加简便。社会中存在一种契约，即每个人是独立的，也是弱小的，他们的同情心和利益使得公众在必要的时候产生互相帮助的观念。其次，民主能够对社会的不平等进行调节，社会运动对各种关系（比如主仆、父子、男女关系）进行改良，人们的社会地位日益平等。最后，随着民主社会逐渐稳定，大规模的暴力革命会日益减少。因为民主时代本身便是不断剧烈变革的时代，而身份平等也会减少阶级差异，大多数人拥有适度的财富，不会让他人嫉妒。身份平等还会让人们投身到商业大潮中，每时每刻促使人们持续、热烈地追求幸福。

托克维尔揭示了民主的双重特征,并认为民主与平等之间存在着一种密切的关系。一方面,民主所带来的"善"打破了封建社会的藩篱,赋予人们平等的身份地位和行使民主权利的自由,人民因为民主与平等获得多源动力来改善生活;另一方面,民主的负面影响极易使人们陷入极端精致利己主义。从更宏大的视野来看,民主的思想和感情对整个社会的影响也颇深。在民主国家中,思想和情感的影响导致公众倾向于建立强大的中央集权。尽管人们获得了平等的身份,但同时社会也变得越来越强大,这使人们感到渺小。在这种情况下,人们开始越来越重视财富,尤其是不动产。他们追求享乐,同时担心社会动荡。这种趋势悄无声息地使中央政府的权力不断扩大,中央政府也开始认为自己的力量是无限的。中央集权的倾向日益加深,为了社会的稳定,个人不得不放弃更多的权利。与其他类型的国家相比,民主国家的最高主权源于国家本身的制度和需求,因此更加统一、集中,而且更加普遍和绝对,呈现出强势的特点(托克维尔,2014:703)。民主国家的社会更具活力和更为繁荣,人民更加谦和,更多的事情是由社会来解决,而不是由个人处理。面对中央权力过于强大和人民权利弱化的倾向,托克维尔也给出一些建议。比如,让一般公众组成一个暂时的次级社团,在特定的范围内选拔官员并独立于中央机关;保证出版自由,以便报刊能够更好地保护公众的自由;要扩大司法权,由法院维系个人独立;注重法令与规章制度的巩固,使法令在强者与弱者、掌控者与被掌控者之间筑一道坚实的墙壁,让强者或掌控者受些制约,让弱者或被掌控者找到应对办法。

四、评价与反思

《论美国的民主》主要围绕平等与自由的时代主题,在美国社会的背景下探讨"国家公民"与"民主社会"的关系。托克维尔从社会学的视角描绘了美国作为一个民主国家的独立性,并对民主社会进行了批评性反思,提出谨防过度"中央集权"从而变成"民主的专制"。"无限权威是一个很坏而且危险的东西,在我看来,不管任何人,都无力行使无限权威。当我看到任何一个权威称作人民还是国王,或者称作民主政府还是贵族政府,或者这个权威是在君主国行使还是在共和国行使,我都要说:这是给暴政播下了种子,而且我将设法离开那里,到别的法制下生活。"(托克维尔,2014:289)

同时,托克维尔生活的时代正值法国大革命,时代的巨大变革引发其对民主社会的审视和反思,其中也不乏对舆论的关注。法国大革命的腥风血雨将舆论的负面影响暴露无遗,使得埃德蒙·柏克(Edmund Burke)、约翰·密尔和托克维尔等思想家对舆论抱以深深的警惕和恐惧之情。柏克认为,社会不仅要求个体的情感受到控制,而且在群众之中以及在个体中间,人民的意愿也应该经常受到控制,他们的情感也应该被驯服。托克维尔则更进一步意识到舆论的"多数人暴政"危险:"昔日的君主只靠物质力量进行压制;而今天的民主共和国则靠精神力量进行压制,连人们的意志它都想征服。"(托克维尔,2014:294)

托克维尔借助舆论审视了美国公众与民主政治体制的关系,并由此阐释了其民主思想,围绕美国公众如何在民主社会中维护个人权益,维持平等与自由的观念等做了探索。在政治制度上,人民主权通常被视为美国政治制度的关键点:社会是一切权力的拥有者,立法者由公众选举产生,公众借助这一方式参与立法,行政官员也由公众选举产生,公众是自身的管理者,政府的权力相对较弱,并接受公众的舆论监督。托克维尔认为,美国社会建立在平等的观念之上,人与人之间的关系更加纯粹、简单,来自不同群体的公众都十分明白自己的权利和义务的界限,彼此之间的差异已经不复存在。但同时,托克维尔也指出,民主思想有其潜在的弊端需要克服,包括中央过度集权与民主专制问题。平等的过度普及会造成无政府主义或现代专制主义,托克维尔显然更加担忧后者,因为人们一旦陷入现代民主的专制噩梦会重回被奴役的状态,中央权力范围也会不断扩大。这种中央集权会压制人的个性,阻止新观念的产生,使人麻木不仁,公众对政府而言只是无差别的"劳动牲畜",而政府则是"放牧人"。面对此类温和的专制,托克维尔认为应当在顶层设计上对最高的专制权力加以限制,国家也需要建立强有力的市民社会,尤其是乡镇的权力、报刊等出版言论自由、人民结社的惯例以及独特的民情等,这些都有利于保持民主社会的良好运转。

阿历克西·德·托克维尔
《论美国的民主》

托克维尔的理论架构中关于国家与社会的议题依旧值得探讨。不过，虽然托克维尔的《论美国的民主》对平等、自由的新世界做出了详尽的社会学阐释，但是他也对美国的民情做出了过度乐观的估计，且没有再对市民社会领域进行进一步的分析。一方面，他高估了美国的民情中的诸如平等、独立、互助等优良品质，并未将制度的变革寄希望于政府的顶层设计，从而容易出现公众与政府的对立，以及公民个体责任意识的缺失。另一方面，社会与国家的相关理论表明，国家之外还存在相对独立的市民社会。市民社会的兴起使人们对现代社会与国家关系的认识突破了以往"国家本位"的传统视角，转变了"自上而下"的传统政治思维方向，把目光聚焦在与国家相对的社会层面，从而开创出一种"自下而上"的新的政治思维。人们对社会与国家关系的认识从"竞争博弈"转向"合作互动"。随着众多政治利益集团、社会组织的发展，政府与民间的力量对比逐渐发生变化，民间力量能够对国家产生一定的影响与制约。在全球化时代，现实世界的人们更需要警惕全球极端主义、恐怖主义带来的破坏性影响。此外，随着网络社会的崛起，仅仅关注"国家与市民社会"的角色已不足以完整涵盖国家与社会关系的全貌。因此，有必要对社会与国家结构的理论进行崭新的探索。网络不仅推动了现实世界中市民社会的发展，还拓展了市民社会的边界，从而形成了一个全新的"网络市民社会"。总之，正如托克维尔所言，弄清民主的本质，我们至少应该清楚我们对它抱以什么样的希望，并且应当对其有所提防。

纵然托克维尔探讨了大量民主与自由社会的尖锐问题，但最终还是回到了舆论这一原点。专制无时无刻不在吞噬着民主带来的果实，因此托克维尔认为，需要避免"多数人暴政"带来的专制扩张与舆论控制。托克维尔对舆论的理解逐渐从"多数人暴政"过渡到"舆论的宗教"。民主社会中，舆论极易扼杀社会思想多样性，使得社会公众丧失独立自主的话语空间，舆论的宗教力量就像一个魔咒一样，让个人强行屈服于多数人的声音。为了保障民主社会的活力与公共生活，托克维尔号召必须强烈对抗"多数人暴政"与"舆论的宗教"，并提出对舆论的治理路径。第一，托克维尔号召贤明的阶层引导舆论，防止舆论被某些群体滥用；第二，他认为中间力量的社团能够在政府与个体之间生长，既能对抗政府的专制，又能将民间个体的理性声音传递出来，维系民情；第三，他认为，新闻出版自由也能抗衡"舆论的宗教"，保证公众的发声与舆论的多样性。正如托尔维尔所言，"多数在美国的这种无限政治权威，确实在加强舆论原来就对每个人的精神产生的影响，但是……应当到平等中去寻求根源。在平等时代，人民对舆论的信赖将成为一种以多数为先知的宗教……平等有两个趋势，一个是使每个人的精神趋向新的思想，另一个是使人容易不去思想"（托克维尔，2014：526）。托克维尔的"舆论的宗教"观点，对于理解舆论的多面向，思考舆论与司法、权利与权力的关系等问题，至今仍然给人们以启迪。

（黄贺铂）

参 考 文 献

Annelien de Dijn, *French Political Thought from Montesquieu to Tocqueville: Liberty in a Levelled Society*? Cambridge: Cambridge University Press, 2008.

S. Herbst, "Public Opinion Infrastructures: Meanings, Measures, Media", *Political Communication*, 2001（4）.

T. Shelley, *Globalization and Liberalism: Montesquieu, Tocqueville, and Manent*, Notre Dame: University of Notre Dame Press, 2020.

Y. Takayama, "Tocqueville on Pantheism: The Theory of Democratic Despotism", *American Political Thought*, 2020（1）.

李聿：《民情与美国福利模式：基于托克维尔〈论美国的民主〉的分析》，《山东社会科学》，2019（1）。

马凌：《"多数的暴政"与"舆论的宗教"——托克维尔的公众舆论观念》，《复旦学报（社会科学版）》，2007（2）。

〔法〕托克维尔：《论美国的民主》，傅国强译，北京：北京联合出版公司，2014。

阿历克西·德·托克维尔
《论美国的民主》

拓 展 阅 读

〔英〕柏克：《法国革命论》，何兆武、许振洲、彭刚译，北京：商务印书馆，1998。

〔法〕雷蒙·阿隆：《社会学主要思潮》，葛秉宁译，上海：上海译文出版社，2015。

〔美〕罗伯特·N. 贝拉等：《心灵的习性：美国人生活中的个人主义和公共责任》，周穗明、翁寒松、翟宏彪译，北京：中国社会科学出版社，2011。

〔法〕托克维尔：《旧制度与大革命》，冯棠译，北京：商务印书馆，2017。

古斯塔夫·勒庞

《乌合之众：群众心理研究》

在我国汗牛充栋的社科经典译著中，很少有像《乌合之众：群众心理研究》那样备受瞩目又饱尝争议的作品。据不完全统计，国内此书的中译本不下二十种，相关书评亦是不可胜数。它的魔力何在？或许是缘于作者勒庞以颠覆性的观点开创的"群体心理学"研究，对人类群体的心态和行为进行了大胆直白、不留情面的描述。赞誉者将勒庞捧上学术大师的神坛，质疑者则弃之如敝屣，斥其为沽名钓誉、拾人牙慧的道德败坏者，是群体心理学研究的"马基雅维利"和"独裁的煽动者"。然而，抛却争议，我们不得不承认勒庞对人类群体心理特征的描述至今仍闪耀着深刻的思想光芒，尤其在民主价值大行其道的今天，勒庞和他的《乌合之众》所揭示的人性幽暗一面，"给予古典民主神话基础的人性画面以沉重一击"（熊彼特，1999：380），提醒那些仍在民主道路上苦苦求索的人们保持一份审慎、冷静和清醒。

一、成书背景

古斯塔夫·勒庞（1841—1931），法国社会心理学家、社会学家，群体心理学奠基人之一，长于群体心理研究。1866年，勒庞取得巴黎大学的医学博士学位，但毕业之后他没有选择成为一名医生，而是写作了诸多医学文章。勒庞曾经历1870—1871年的普法战争以及之后的巴

古斯塔夫·勒庞
《乌合之众：群众心理研究》

黎公社运动，目睹了军队和革命群体的非理性行为。这些事件深刻地影响了勒庞的世界观，使其转而成为政治保守主义者，这也为勒庞在此之后的群体心理学研究埋下伏笔。勒庞不仅具有医生、作家的身份，同时他还是一名物理学家。1905 年，勒庞发表了自然科学著作《物质的演化》，提到质能方程（$E=mc^2$）。此外，勒庞早在 1907 年就预言了核子时代的到来。

勒庞从 19 世纪 90 年代便开始关注社会心理学，聚焦于人群的主体性格，并尝试提出社会心理学理论。基于对人类学领域的研究兴趣，勒庞游历了欧亚非三大洲，并在 1884 年受法国政府委托，围绕亚洲文明撰写系列报告。勒庞认为，文化受种族和遗传因素的影响。勒庞参考了法国心理学家泰奥迪尔-阿尔芒·里博（Théodule-Armand Ribot）的观点，于 1894 年出版了《人类进化的心理规律》一书。次年，勒庞将另一本书献给了里博，这本书就是大名鼎鼎的《乌合之众》。该书在出版一年之内就被翻译成 19 种语言，畅销全世界。而其著作《人与社会》曾被社会学三大奠基人之一的埃米尔·涂尔干在其博士论文《社会分工论》中引用。

勒庞继《乌合之众》之后又陆续出版了两本相关书籍，《社会主义心理学》与《教育心理学》，但勒庞对后世的影响以《乌合之众》最为著名，此书至今仍在国际学术界，尤其是社会心理学、舆论学领域有着广泛影响。此外，勒庞还写下了一系列政治心理学著作，如《政治心理学和社会防御》《意见与信念》《革命心理学》等。勒庞的作品产生广泛影响的同时也使他本人备受争议，他被认为道德败坏，鼓吹独裁。然而，这些争议并未遮蔽勒庞的思想光芒，尤其是其中的那份犀利与冷峻。

二、勒庞笔下的群体非理性表征

通观《乌合之众》全书，勒庞着墨最多的便是各类群体的非理性特征，描述对象涵盖了种族、宗教、议会、陪审团等。尽管勒庞自称尝试使用"科学的手段"来考察，但其论断往往富于思辨而疏于逻辑，带有强烈的感情色彩。罗伯特·默顿在《乌合之众》的附言中说，这本书"文中用词极具感染，思维极其跳跃，时而偏于一隅，时而扫描全球；时而预见未来，时而回眸过去"（勒庞，2016：248）。或许正因为勒庞深谙群体心理之道，该书通篇采用了畅销书而非学术著作的写作手法，所以我们便不难理解文中缘何存在大量的自相矛盾与逻辑混乱之处了，这恐怕也是此书能引发巨大关注的重要原因之一。但不论勒庞的学术水平究竟如何，他从人类行为的戏剧性事件中提炼一致性的能力恐怕无人能出其右，其对群体非理性特征的刻画可谓入木三分。

勒庞认为，个体的智力、道德、禀赋等属性虽然有差异，但是本能和情感具有相似性，这就导致在群体中，个人的个性化元素会消失，人与人之间的智力和个性差异会被削弱甚至消失，取而代之的是群体受情感本能驱动。"异质性被同质性淹没，无意识的属性占了上风。"（勒庞，2016：19）结果是，群体的道德非但不优于个体的总和，相反，降低了文明的水平。当个人处于孤立状态时，可能显得文雅理性；但一进入群体，他就变得野蛮失控，只凭本能行事。当个人作为群体一员时，鲁莽冲动、暴力残忍，也可能表现出原始人那样热情勇敢的一面；相比之下，当其作为孤立的个体时，外界的言语和形象很难对他产生影响。

接下来，勒庞揭示了促成群体心理独特品质的三个因素：一是群体中个人责任感的消失，二是群体中的情绪传染，三是暗示。为了还原这个过程，勒庞使用了在当时法国流行的催眠术来进行解释，他认为，当"同质性"的情绪感染起作用时，会有一种催眠或催化的效应，导致个人的主体意识消失。"群众里的个人的情感和意念完全一致，自觉的个性化为乌有。"（勒庞，2016：15）催化效应可以让参与其中者获得一种群体狂欢的满足感，此时，道德、伦理、法律等结构性、约束性概念统统化为乌有。当受到某种激情的驱动，例如受国家大事的影响时，成千上万原本孤立的个人可能获得群体心理特征，这时一个偶然事件就可能聚集起群众，使其表现出类似"乌合之众"的行为特征。

在一次催眠实验后，勒庞观察到群体呈现出与个体不同的心理特征。他发现，群体既可能犯下残暴罪行，也可能表现出高尚美德，而个体很难独自做出这两种极端行为。基于这一发现，勒庞得出一个有趣的

古斯塔夫·勒庞
《乌合之众：群众心理研究》

结论：从情感和行为上看，群体智力低于个人，群体的行为完全取决于其所处环境和接收的暗示。首先，群体冲动、易变和急躁，其情感变化莫测，难以驾驭。转瞬之间，群体可能从最血腥的狂热状态转变为极端的慷慨和英勇无畏，他们很容易扮演刽子手的角色，同样很容易慷慨赴死。群体内部也容易在相互的情绪感染中产生集体狂欢，萌发不切实际的念头。其次，群体容易轻信，易受暗示影响而变得无所畏惧。他们总是在无意识的边缘徘徊，随时听命于一切暗示，心怀狂躁情绪，不受理性控制，丧失批判能力。因为人多势众，根本不存在"不可能"的概念。一个人很难单独去焚烧宫殿，但作为群体的成员则可能受暗示参与暴力行动。再次，群体情绪夸张而率直，只有极端的情绪才能打动他们，鼓动者深谙此道，必然滥用强硬、主观武断的语言。成功的鼓动者会使用夸张的语言、绝对的词汇、重复的语句等方式迷惑群体，完全不讲求理性思考。最后，群体总是偏执、专横和保守的。他们只熟悉简单而极端的情感，面对他人的意见、想法和信念，他们或全盘接受，或彻底拒绝，将其视为绝对的真理或绝对的谬论。在多数情况下，群体容易产生权力崇拜，"群众崇拜的英雄，永远像个凯撒，他的权杖吸引着他们，他的权威威慑着他们，他的利剑让他们胆寒"（勒庞，2016：43）。综上所述，勒庞笔下的群体行为取决于外部环境和暗示，其智力和理性低于个人，群体更容易冲动、多变，同时也更有可能走上犯罪或自我牺牲的道路。

三、勒庞与情感分析路径的兴起

勒庞认为，有群体的地方，就会有非理性情绪伴随左右，此时个体的智力和道德将会受影响，逻辑与推理在此刻不再起作用，高涨的情绪和催眠的幻术才能够奏效，结果是"群众的力量全然是破坏性的，其作用像细菌，加速病弱者或死尸的消解，文明的结构腐烂时，使它颠覆的总是群众"（勒庞，2016：7）。

尽管普通公众在群体中会受到群体压力和感染力的影响，但是，那些最极端的人、意志坚强的人、心如磐石的人、信念坚定的人、充满激情的人却能够摆脱群体的束缚成为领袖。所以，领袖并不是思想家，而是坚定的行动者，他们不需要博学的才识，也不需要深谋远虑，因为这反而容易导致犹豫不决。相反，"病态紧张、容易激动、半疯半癫、近乎疯狂的人，特别容易成为群众领袖的候选对象"（勒庞，2016：114）。从这一点上来说，所谓的民主政治和正义革命都难逃精英操纵的宿命，其结果是，革命成了少数人满足私欲的工具，民主沦为集权统治的遮羞布。

勒庞指出，领袖施加于群体的情感动员手段无外乎三种。其一是断言。鼓动的语言要尽可能简单明了，"断言越简明，证据和证明越贫乏，就越有分量"（勒庞，2016：120）。其二是重复。谎言重复一千遍便成真理。重复可以轻易对人进行洗脑，形成舆论或集体记忆，甚至变身为革命纲领。其三是传染。传染是群体的本能，观念、情感、情绪和信念就像病菌一样，会让参与者深陷其中，不能自拔。它的威力无限强大，所以群众的情绪一旦调动起来，就像脱缰野马，一发不可收拾。这也解释了群体的激情一旦释放就极易失控的原因，它犹如洪水可以冲垮堤坝，引发严重后果。

勒庞对群体心理的分析影响深远，在社会学的集体行动理论中，他被认为是开创情感分析的先驱。勒庞将集体行动者视为"群氓"或"挣脱了锁链的公众"，视情感为"正常"个体聚集成群后发生的可怕的心理变态。这种观点极大地影响了后来的研究路径，使得在很长一段时间内，情感分析成为集体行动理论的主导范式。赫伯特·布鲁默（Herbert Blumer）在勒庞理论的基础上，提出了循环反应理论，指出公众的情感反应过程包含集体磨合、集体兴奋和社会感染三个阶段。尼尔·斯梅尔瑟（Neil Smelser）在此基础上，把社会结构与公众情感结合起来，提出了价值累加理论。斯梅尔瑟认为集体行动的产生是由以下六个因素共同决定的：结构性诱因、结构性怨恨、一般化信念、触发社会运动的因素或事件、有效的动员、社会控制能力的下降（赵鼎新，2005）。美国政治学家萨缪尔·亨廷顿（Samuel Huntington）提出了著名的关于政治稳定的三个公式：（1）社会动员/经济发展＝社会挫折感；（2）社会挫折感/社会流动机会＝政治参与程度；（3）政治参与程度/政治制度化水平＝政治稳定程度（亨廷顿，1988：5）。其中，社会挫折感是影响政治稳定的一个很重要的变量。泰德·格尔（Ted Gurr）进一步发展了这种心理怨恨理论，指出"当社会变迁导致社会的价值能力小于个人价值期望时，人们就会产生相对剥夺感，相对剥夺感越大，造反的可能性越大，造成的破坏性就越强"（胡润忠，2003）。

在中国，有关集体行动的研究中，越来越多的学者开始关注情感分析的重要性。他们认为，国内公共事件中集体行动的情感不单是资源或工具，而且是斗争的动力，最能够激发公众参与的情感是愤怒、悲情与戏谑。研究者青睐情感分析路径的理由主要有：一是，中国公共事件大多为非直接利益型，社会泄愤色彩浓厚；二是，现有的制度化表达和参与渠道给社会抗争提供的制度化对话空间有限。因此，情感动员往往成为集体行动的主要推动力（郭小安，2014）。

从集体行动研究的历史变迁过程中可见，勒庞开创的情感分析模式影响至今。尽管20世纪70年代以后，情感分析模式一度走向边缘化，取而代之的是理性分析模式，如资源动员理论、政治过程理论、框架建构理论等，但在21世纪初，杰夫·古德温（Goodwin，2003）、曼纽尔·卡斯特尔（Castells，2012）等人重新强调了情感在社会抗争中的作用，并提出了情感管理、情感转化、情感控制等概念，试图复兴情感分析传统。

四、勒庞式精英民主与"寡头统治铁律"的宿命

启蒙思想运动时期，以霍布斯、洛克、伏尔泰、卢梭、斯宾诺莎、托马斯·潘恩（Thomas Paine）等为代表的思想家高举理性大旗，使用自然状态、社会契约、自然权利等概念工具，重新审视国家的起源和政府的合法性来源，确立了"主权在民""天赋人权""社会契约"等原则，民主由此被抬上神坛，对传统落后思想形成摧枯拉朽之势。

然而，勒庞的书中却常常充斥着对民主的质疑和嘲讽。他认为，所谓的民主、自由、平等、法治等价值的含义都极为模糊，即使用鸿篇巨制也无法确定，不过是煽动群众想象力的巫术。而正是模糊的形象才能

使词语获得较大的发挥空间，使其神秘感无限放大，让人顶礼膜拜、战战兢兢，"意义界定最不明确的词语产生的影响有时反而更大"（勒庞，2016：98）。对于公众的参与热情，勒庞在另一本著作《革命心理学》中直言不讳地讲到，法国大革命中公众高喊的平等、自由、博爱等价值只是假象，大众真正的动机是摆脱纪律的约束。因为"革命原则的巨大力量在于它们放纵了野蛮的原始本能，而在此之前，这些本能一直受到环境、传统以及法律的约束"（勒庞，2004：41），这也就不难解释，为什么革命后建立的政权往往以失序、暴力和无政府告终。

其实，早在勒庞之前，已经有多位思想家对法国大革命进行过深刻反思，并对大众民主提出了质疑，但勒庞却对这些前人的成果视而不见，这也是其学术品质让一部分人诟病的原因。早在1790年，也就是法国大革命爆发的第二年，英国思想家埃德蒙·柏克就写成了《法国大革命反思录》一书，对法国大革命进行了深刻反思，被视为保守主义思潮的开端。柏克认为，法国大革命从根本上动摇了社会秩序和自由的基础，这种毁灭性的破坏将导致一种新的极权政治产生，因此"人民的意愿也应该经常受到抵制，他们的意志应该受到控制，他们的情感应该加以驯服"（柏克，1998：79）。1835年，托克维尔出版了《论美国的民主》上卷，提出"多数人暴政"概念。他在文中开门见山地讲到，人们目前在使用"民主""民主统治"等词时存在极大的混乱，这使得人们生活在难以摆脱的思想混乱之中，暴君和煽动家也因此得以利用这种混乱状况牟利。为避免这种情况发生，有必要对这些词语进行明确的界定，并达成共识。托克维尔甚至认为"多数人暴政"比君主专制政体更为可怕，多数人认为只有自己占据着真理，因此对异见者进行残酷打压。托克维尔在对君主专制和民主政体的比较中指出，君主专制仅具有物质力量，可以通过暴力手段影响和压制人民的行动，但是无法影响人民的思想。相比之下，民主政体中的多数既具有物质力量，也具有精神力量。这种物质力量和精神力量的结合，不仅可以控制人民的行动，还能渗透进人民的内心，操控人民的思想（托克维尔，2014：293）。过去的君主专制之下，人民的思想和意志还是相对独立的，然而在民主共和国中，多数人可以对人民进行更为彻底的控制。托克维尔认为，精神层面的控制比物质力量的压制更为可怕和难以抵抗（托克维尔，2014：294）。因此托克维尔深刻警示到，如果一个民主社会缺乏健康的民情民意基础，没有坚实的法治保障，多数人的民主很可能演变为"多数人暴政"，公民的基本权利难以得到保护。这种看似民主的政体，实则可能比君主专制更加可怕，因为它可以对公民的思想和意志进行直接而细致的控制。

此后，越来越多的思想家开始反思大众民主的缺陷，由此形成了精英民主理论流派。他们指出，所谓的自由主义民主不过是虚假的民主、断点的民主、弱势民主、没有公民参与的民主，民主不过是每隔几年行使投票权的游戏，难逃"寡头统治铁律"的宿命。约瑟夫·熊彼特认为，"人民实际上从未统治过，但他们总是能被定义弄得像在进行统治"（熊彼特，1999：366）。塞奇·莫斯科维奇认为个体进入群体后会产生权力的幻觉，导致集体狂欢，而且由于个体理性的阙如，大众容易成为精英操作的"木偶"，由此造就"群氓的时代"（莫斯科维奇，2003）。李普曼认为，公众纯粹是个幻影，是个抽象的概念，把民主依托在公众的舆论上是不可靠的，因为"普通公众无法获得足够的信息，也没有持续的兴趣，没有党派观念，没有创造力，也没有执行力"（李普曼，2013：42）。赖特·米尔斯（Wright Mills）指出，多元政治只是一种表面现象，在政府机构和整个社会中，权力最终的行使受到严格控制，只有极少数精英操纵着政策的方向（张宇燕、高程，2007）。谢茨施耐德直接把多元民主视为半主权的民主，"多元天堂的缺陷在于天国的合唱带有浓厚的上等阶层的音调。很可能有90%的人民进不了这个集团系统"（谢茨施耐德，2000：21）。由此，罗伯特·米歇尔斯用"寡头统治铁律"来形容民主的虚假本质："事实上，普选权有没有都是一样的，最后都是寡头政治，所谓的'多数统治''民主权''向人民负责'只是一种幻觉，大众民主无论在机制上还是在技术上都是不可能的。"（米歇尔斯，2003：21）

五、评价与反思

可以预见,《乌合之众》作为一本畅销至今的名著,社会对该书的思考和争议还会持续下去。阅读此书时,读者可以领略勒庞天才般的洞察力,也必须忍受书中大量经不起推敲的矛盾论述,以及对妇女、儿童、种族、陪审团、议会等的偏见。然而,无论读者是否喜欢,只要对群体心理或大众民主感兴趣,就难以对勒庞的观点弃之不顾。从思想史的角度来看,《乌合之众》是群体心理学和情感分析研究的开山之作,其学术意义不可低估,高尔顿·奥尔波特曾断言,《乌合之众》是社会心理学领域最有影响力的著作,这也体现为文中揭示的问题和现象后来成为社会学、政治学、心理学等领域研究的焦点议题。就方法论而言,勒庞从现实主义出发理解和阐释人性与社会政治现象,其意义不亚于瓦解卢梭式民主神话的另一次思想启蒙,就连对勒庞思想质疑颇深的麦克里兰,也对其方法论上的影响给予了较为正面的评价:"勒庞可能有误,然而他建构理论的方式,一望而知正是 20 世纪政治科学的根本方法,现代政治学相当大部分是先就政治的运作方式提出假设,然后拿这些假设与政治生活的事实相验。"(麦克里兰,2003:742)或许是囿于时代局限和个人经验,勒庞将所有的集体行动都看作非理性的、感情驱动的行为,只关注了集体行动中个体发泄情感、被鼓动导致情绪激动、情绪传染等非理性现象,而对群体思考、理性协商和制度化参与等因素视而不见,这也导致他对群体心理和集体行动的认知是片面的,容易陷入民主的对立面。众所周知,民主思潮中一直存在精英主义和平民主义这两大思潮,而勒庞的精英主义意图过于明显,他用词大胆,叙事也极具煽动性,从而引发了巨大争议。对此,罗伯特·默顿或许做出了较为直接而客观的评价,"勒庞有社会学家的意图,但他并没有学会知识苦行僧一样的工作方式,而那是使他的研究系统化、吸引人的必要条件,他有意成为社会科学家,实际上却是散文家,但仍然说了一些值得一说的话"

古斯塔夫·勒庞
《乌合之众：群众心理研究》

(默顿，2016：245)。

与同时代的托克维尔相比，勒庞的论证显然缺少了一丝严谨。托克维尔尽管也有"多数人暴政"的担忧，但对民主的判断远比勒庞客观。他指出了民主的诸多优点，但并没有丧失对民主的信心。托克维尔指出，民主制度虽然具有"多数人暴政"的危险，但是与专制制度相比，民主提供了制度化的试错纠错机制，它可以不断引导人们纠正错误并走向普遍繁荣。"民主并不给予人民以最精明能干的政府，但却能提供最精明能干的政府往往不能创造出来的东西：使整个社会洋溢持久的积极性，具有充沛的活力，充满离开它就不能存在和不论环境如何不利都能创造出奇迹的精力。这是民主的真正好处。"(托克维尔，2014：280)

然而，对于一部具有重要影响的作品来说，严谨性与逻辑性不应该成为唯一的价值评判标准。一部作品之所以伟大，并不是因为它严格地遵守既定范式，而在于那些闪耀着的具有鲜明色彩的思想光芒。从某种程度上来说，偏见也是一种深刻。或许，对人类文明的推动就存在于偏见和争议之中。总之，不论身处何种境地，我们务必保持一份对人性缺陷的警惕，这也许正是《乌合之众》永恒的价值所在吧。

(郭小安)

参 考 文 献

J. Goodwin and J. M. Jasper, et al., *Rethinking Social Movements: Structure, Meaning, and Emotion*, Lanham: Rowman & Littlefield, 2003.

M. Castells, J. Caraça, and G. Cardoso, eds., *Aftermath: The Cultures of the Economic Crisis*, Oxford: Oxford University Press, 2012.

N. J. Smelser, *Theory of Collective Behavior*, New York: Free Press, 1962.

〔英〕埃德蒙·柏克：《法国大革命反思录》，冯丽译，南昌：江西人民出版社，2015。

〔英〕柏克：《法国革命论》，何兆武、许振洲、彭刚译，北京：商务印书馆，1998。

〔美〕E. E. 谢茨施耐德：《半主权的人民：一个现实主义者眼中的美国民主》，任军锋译，天津：天津人民出版社，2000。

〔法〕古斯塔夫·勒庞：《革命心理学》，佟德志、刘训练译，长春：吉林人民出版社，2004。

〔法〕古斯塔夫·勒庞：《乌合之众：群众心理研究》，何道宽译，北京：北京大学出版社，2016。

郭小安：《网络抗争中谣言的情感动员：策略与剧目》，《国际新闻界》，2014（5）。

胡润忠：《论相对剥夺感与政治稳定》，《复旦政治学评论》，2003（0）。

〔德〕罗伯特·米歇尔斯：《寡头统治铁律：现代民主制度中的政党社会学》，任军锋等译，天津：天津人民出版社，2003。

〔美〕罗伯特·默顿：《乌合之众的诸多矛盾》，载〔法〕古斯塔夫·勒庞：《乌合之众：群体心理研究》，何道宽译，北京：北京大学出版社，2016。

〔美〕塞缪尔·亨廷顿：《变革社会中的政治秩序》，李盛平等译，北京：华夏出版社，1988。

〔法〕塞奇·莫斯科维奇：《群氓的时代》，许列民、薛丹云、李继红译，南京：江苏人民出版社，2003。

〔法〕托克维尔：《论美国的民主》，傅国强译，北京：北京联合出版公司，2014。

〔美〕沃尔特·李普曼：《幻影公众》，林牧茵译，上海：复旦大学出版社，2013。

〔英〕约翰·麦克里兰：《西方政治思想史》，彭淮栋译，海口：海南出版社，2003。

〔美〕约瑟夫·熊彼特：《资本主义、社会主义与民主》，吴良健译，北京：商务印书馆，1999。

古斯塔夫·勒庞
《乌合之众：群众心理研究》

张宇燕、高程：《精英主导、集团政治与美国行为》，《国际经济评论》，2007（6）。

赵鼎新：《西方社会运动与革命理论发展之述评：站在中国的角度思考》，《社会学研究》，2005（1）。

拓 展 阅 读

〔美〕埃里克·霍弗：《狂热分子：码头工人哲学家的沉思录》，梁永安译，桂林：广西师范大学出版社，2008。

〔美〕曼瑟尔·奥尔森：《集体行动的逻辑》，陈郁等译，上海：格致出版社，2014。

〔法〕古斯塔夫·勒庞：《革命心理学》，佟德志、刘训练译，长春：吉林人民出版社，2004。

让·加布里埃尔·塔尔德

《舆论与集群》

让·加布里埃尔·塔尔德是 19 世纪法国社会学的三位创始人之一。在孔德去世后,涂尔干与塔尔德就成为社会学的两大主帅。与涂尔干的结构主义或者说宏观整体视角不同,塔尔德更注重从个体间性出发,将社会互动中面对面的交往关系作为分析社会过程的起点,考察个体心理因素对社会整体的影响。他认为社会现象其实就是心理现象,社会发展遵循的是模仿律。塔尔德用模仿律详细阐述了社会发展的逻辑,并将其具体实践于社会学各分支,即犯罪学、权力社会学、经济学、舆论学等领域。塔尔德所强调的社会交往互动也影响了社会学芝加哥学派等诸多流派。但是,塔尔德在与涂尔干的世纪论战中势单力薄,这颗学术巨星在历史发展长河中逐渐被湮没。或许正如布鲁诺·拉图尔(Bruno Latour)感叹的那样,塔尔德只有在另外一个不同的世纪才能被人们理解(Latour,2002:118)。直到 20 世纪 60 年代,在吉尔·德勒兹(Gilles Deleuze)、特里·克拉克(Terry Clark)、伊莱休·卡茨等人的重访下,这位被遗忘的先驱才重新被世人发现,国际上也逐渐形成了如今的"塔尔德研究热"。

一、成书背景

让·加布里埃尔·塔尔德(1843—1904)出生于法国波尔多市以东

让·加布里埃尔·塔尔德
《舆论与集群》

的小镇萨拉。塔尔德的父亲年轻时曾在拿破仑的军队中担任军官,在两个兄弟阵亡后迫于家族压力卸甲还乡,44岁时娶了本地名门闺秀安娜·阿林·鲁。塔尔德是家中独子,7岁那年父亲离世,时年28岁的母亲独自一人将塔尔德教育成人,塔尔德因此终生依恋母亲。幼年时期,塔尔德在本地一家耶稣会创办的天主教学校萨拉耶稣学院(Jesuit College of Sarlat)读书,接受关于经典与哲学方面的教育。塔尔德热爱诗作,且喜爱研究科学,尤其喜爱数学。17岁中学毕业后,塔尔德预备进入奥科尔理工学院,攻读理科课程,梦想着踏上科学征程,但由于在19—25岁时眼疾发作,放弃了学习数学。后来他顺应母亲意愿,在家乡附近的图卢兹法学院参加入学考试,然后在母亲的陪伴下于1865年前往巴黎,并完成了负担较轻的法学学习。

1869年,塔尔德返回家乡萨拉,在地方法院担任法官。在这期间,他接触到了意大利犯罪学派。法官的工作经验使他对犯罪学拥有一些见解,由此对正负盛名的意大利犯罪学派所主张的"隔世遗传"[①]提出了一些批评意见。1882年,同切萨雷·隆布罗索(Cesare Lombroso)、巴伦·拉斐尔·加罗法洛(Baron Raffaele Garofalo)、恩里科·费里(Enrico Ferri)等人逐渐熟识后,塔尔德将一些讨论问题整理成系列论文刊发在《哲学评论》上。1886年,塔尔德将这些文章结集出版了第一部学术专著《比较犯罪学》。这些文章使他声名鹊起,成为法国领头的犯罪学家。他的文章引起里昂大学教授亚历山大·拉卡萨涅(Alexandre Lacassagne)的注意,拉卡萨涅于1886年邀请他合作创办期刊《犯罪人类学文献》。1893年,他开始任《犯罪人类学文献》的副编辑,直至1904年去世,他的文章也大部分发表在这个杂志上。他最后一部重要的犯罪学著作是1890年出版的《刑罚哲学》,此书被意大利、俄国等多国学者推崇。此后,他继续出席犯罪学研讨会,只是再未出版过此方面著作。1890年,《模仿律》正式出版,不久便成为权威专著,其中

---

① 隔世遗传,19世纪末由意大利人隆布罗索提出。他认为在文明社会,成年人中必定有相当的不法行为,这实际是隔世遗传的现象,是残留下来的人类初期状态。一部分人因具有原始时期野蛮人的性格而注定要犯罪。

部分章节发表在《哲学评论》上。

塔尔德生命的最后十年在巴黎度过,这也是他学术生涯最为多产的阶段。他的社会学体系的核心著作,比如《社会逻辑》《普遍的对立》《社会的规则》等,大都在这个时期完成。1894年至1900年,塔尔德任法国司法部统计局局长。1900年1月,塔尔德受法兰西公学院的聘请就任近代哲学教授,遂辞去司法部职务,专心于讲演其学说。在他的晚期著作《舆论与集群》中,他以《模仿律》为逻辑基础,将其应用于社会传播或者说群体传播之中,探讨群众与公众的区别以及媒介发展过程中舆论的发展变化,其中的一些概念成为大众传播学基础理论的来源。

二、社会逻辑:发明、模仿和对立

在塔尔德看来,社会科学是一门综合性的科学,即将专注于某些特定社会现象的各种研究的研究成果汇聚起来。1890年问世的《模仿律》与其说是一本总结社会学规律的专著,不如说是汇集了各学科发展规律的专著,它能指导各学科的发展,而其中便包括舆论学。

塔尔德认为社会整体是待造的,是一个由个体通过互动和模仿不断建构与重构的动态过程。模仿是社会文明增长的必要条件,是个体与个体实现粘连的手段,普遍意义上的社会重复或相似性皆由模仿产生。人类社会的相似性或规模性要追溯到一些初始的动因,即重大的发明和发现。最初某个天才克服自身的惰性,有了新的发现或发明,而这些发现和发明通过他人的模仿得到传播,这又会激励模仿者进行新的发现或新的发明创造。例如,最早的猿人开始形成语言和宗教观念,由此迈入了人类文明社会,这种语言和宗教观念是通过模仿来进行传播的,模仿行为是人类社会进步的必要条件。这种模仿行为还会引发其他的幻想行为,如此反复,便形成了人类社会不断进步的模仿律。塔尔德提出了三个概念——发明、模仿、对立,并进行了具体的解释。创造发明的主要条件为心理因素。法国心理学家里博发现,25—35岁是人的发明创造能力的最高峰。任何发明都隐含着情感因素或欲望,任何情感都可成为

让·加布里埃尔·塔尔德
《舆论与集群》

发明的酵母,当两者的结合体与有利的外在机会相遇时,便会产生发明。发明家的精神状态与常人不同,他们的幻觉强而有力,知觉却十分弱小,在极端的情况下,发明家会出现疯癫状态。发明家的"自我"常常专注于一个目标,亚自我①与意识的合谋,被称作"灵感",灵感是发明工作的源泉。发明的心理条件亦可以追溯至弗洛伊德的相关研究,他认为人类文明的发展是对个人本能及欲望压抑的结果。压抑导致神经症患者在超我层面强烈自我谴责,产生愧疚意识,自我矛盾感加重却又无法排解。艺术家或天才发明家与此相似,但是相比于神经症患者而言,他们显然找到了一条创造性出路,可将这些意识情感升华到自己的作品中去。艺术家或天才发明家具有补偿自己压抑倾向的天赋,从而产生"疯狂天才"的特质。由此看来,发明的最原始动机是自我表达。发明亦受外在社会环境的影响。发明是闲暇之余的产物,这与古希腊先哲提出"有思想的前提条件是闲暇"同理。但社会中常常存在阶级不平等和命运不公平的情况,阶级之间存在发明能力的差异,悠闲阶级和自由职业者更容易进行发明。同样,民族之间也存在发明能力的差异。塔尔德认为不能用生物学因素即物种优劣来解释民族发明的多寡,而应该关注教育因素,衡量一个民族发明能力的应该是发明专利,而非发明的普及或模仿程度。塔尔德不赞成发明中的功利主义心态。有创造力的思想可能基于功利心,也可能不带任何私利,工业发明的构想是一回事,希望它实现是另一回事。发明的力量本身并不具有功利色彩,相反,功利主义常常扼杀思想的幼芽。发明本身需要无私和纯粹的精神作为灵魂,而发明的动力则是天才加运气。真正的发明家往往都曾默默无闻,直到发明成果出现。

当然,社会传播介质并非完全同质,发明范本在以几何级数自我扩张的同时总会遇到阻碍。人类历史会呈现出"普遍对立"的特征,即发明在模仿传播过程中会得到修正,塔尔德称之为"折射":两个发明经历模仿之后交汇,它们所代表的信念和欲望要么相互支持,要么相互对立,不存在既不支持也不对立的情况。这两种情况为复合干扰和冲突干

---

① 亚自我(sub-self),是指描述个人的自我结构中具有独立意识和功能的次级部分。

扰，也即适应或对立。前者是指不同发明之间互为补益，用积累的方式推动社会进步，后者则是指不同发明之间通过相互竞争和替代而推动社会进步。

塔尔德称那些通过相互竞争和替代而实现的进步为逻辑决斗。在人与人之间的传播过程中，当某发明介入信念时，已有的信念会受到削弱。受损的信念与新的信念或目的相同，或满足一个相同的欲望，于是逻辑决斗产生。满足同一欲望的两个发明，相互之间必然会发生冲突。比如，语言的进步首先靠模仿实现，然后靠两种语言之间的竞争实现。当两者在同一领地上竞争时，一个会把另一个挤出地盘。当初楔形文字在中亚长期"畅通无阻"，腓尼基文字在地中海地区也"畅通无阻"，但是有一天，这两种文字在楔形文字的领地上发生了冲突，楔形文字慢慢退缩，到1世纪时就消失了。塔尔德认为，在每一场争斗中，在社会生活的每一个基本事实里，对立的目的和判断都是两两相对的，社会生活要经历无数个这样的版本（塔尔德，2020：186），诸如语言决斗、宗教决斗、司法论争、军队交战等，这些问题的话语逻辑根本来讲就是"是"与"非"的问题。不过，即使两个发明满足的不是同一欲望，它们也可能存在矛盾：一是因为两个欲望是另一个高一级欲望的不同体现，两者都认为自己更适合表达那个高一级的欲望；二是因为一个欲望的满足意味着另一个欲望的不满足，而且两个发明都希望对方的欲望得不到满足。前者可用15世纪的油画论证。油画的发明否定了古代蜡画，油画的狂热者与既有的蜡画的爱好者展开了论争，双方都认为自己中意的绘画形式是最好的形式。至于后者，塔尔德用14世纪的火药举例。君主制对于征服和集权的渴望日益增长，它渴望封建领主臣服，可是与此需求相对立的发明即坚固的城堡和坚硬的盔甲滋生了贵族的封建独立需求。倘若贵族坚持反对国王，那是因为他们坚信自己的城堡和披甲骑兵是强大的，正如国王坚信自己的大炮是强大的一样。

塔尔德指出，关于发明的正反命题存在个人性质和社会性质的区分，往往个人决斗之后，社会决斗才会开始。在进行每一种模仿之前，必然会出现个人的犹豫不决，个人脑中一个既定的模仿潮流与另一个模仿潮流交织在一起，两种冲突的潮流可能是两个候选人、两种政策、两

让·加布里埃尔·塔尔德
《舆论与集群》

种艺术品、两种法案,当他犹豫不决时无法实施模仿行为,只有做出决策,成为模仿者时,才会成为社会的一部分。也即,个体的犹豫不决停止之时,就是社会的犹豫不决产生之时。假定一个国家所有成员都同时且无限期地处于上述犹豫不决的状态,那么战争永远不会发生。宣战书的前提是内阁成员们要做出个人决策,达成某种程度的合意。当两个对立命题之间的决斗被大规模复制、放大和生活化,也就是说模仿达成某种程度的普遍性时,如军队纪律性强、高度集中,宗教越来越统一,教阶制度越来越牢固,此时社会矛盾的对立面才会出现,如两个国家间的大战、两种宗教间的决斗。社会的犹豫不决(irresolution)产生并得到强化之后,它势必会反过来转换成为社会决断(resolution)。例如,每条语法规则都表明一种言语习惯的胜利,它的传播以其他与它有一定矛盾的语言习惯的消失为代价;法国法典中的每一款条文都是讨价还价或协商妥协的产物,都是经由街头的血腥打斗、报纸上的煽情言论、议会上的唇枪舌剑换来的;语法、编码、成文的章程和不成文的章程、主导的产业、经过检验的权威体系——这一切事实就是社会范畴的基础,就是社会辩证法缓慢而渐次展开的结果(塔尔德,2020:198)。塔尔德认为逻辑决斗的结局会以三种不同形式出现:(1)一个对立面纯粹由于对手的自然延伸而受到压抑;(2)如果人们感受到强烈的解决争端的需要,武力就会随之恢复,一个对立面受到压抑,另一方随即取得胜利;(3)对立面看上去达成一致,或者其中一个对立面由于一个新发现、新发明的干预而自愿退场。

塔尔德的模仿律的核心是逻辑联合,他将社会进步的方式划分为通过取代而实现的社会进步和通过积累而实现的社会进步。在事物的发轫期,存在一定的自由发展空间,例如在远古时期,每一次新的天文发现都会毫无争议地与过去的观察共存而相安无事。后续时代中经过一番漫长的积累和斗争过程,新的发明会取代旧的事物,新的发现不再只是驱散阴影、启蒙心智,而开始克服谬误。如此,塔尔德认为靠逻辑决斗产生的两种形式的积累中:第一种积累里的聚合是弱聚合,成分之间存在要素联结而不互相矛盾;第二种积累里的要素既存在互相对立的情况,也存在彼此肯定的情况。由此就存在两种不同的发现或发明:一种是可以无限积累的发现或发明；另一种是积累达到一定程度终将被取代的发现或发明，进步就是在这种替代的过程中实现的。例如，语法的增加受到限制，但语言中词汇量却可以不断增加，因为新词语不会和既有词汇产生矛盾。宗教中，叙述和传说如《圣经》故事、神话故事、英雄和圣贤的故事等可以不停拓展，但教条和仪式却不能，任何新教条的产生都会在一定程度上和既有的教条产生矛盾。塔尔德认为，能被取代的发现和发明，或者过了某一个临界点之后就不能再延伸的发现和发明，总是基本的发现和发明。语法是语言的全部要义，理论是科学的全部要义，教义是宗教的全部要义。堆砌新词比较容易，改良语法难得多；增加圣迹比较容易，用合理的教义取代过时的教义难得多；搜集科学观察和实验比较容易，提出严明的科学理论难得多。

综上，发明、模仿、对立或者说逻辑联合、逻辑决斗实质上是人类社会发展的基本逻辑，它们的规律运作、循环往复推动着社会进步。模仿将发明创造进行普及、传播的过程，恰似水中的涟漪向边缘逐渐扩散的过程，直至遇到障碍才停止。这个障碍很有可能就是过去的发明，于是对立产生，两者的对立过程中又会出现新的发明。由此，模仿并非简单的复制与重复，所有的创新与发现无一例外都是在以前的创新与发现的基础上发展而来的，是通过模仿并结合新元素创造出的新发明，形成的新复合实体。这些相互关联的创新行为，如同谱系树一样，一代代传承，不可逆转。而发明能否成为普遍的、被模仿的范本，最重要的标准是看它是否有用，唯有最有用的发明才能够被保存下来。每一个发明和发现都是对问题的解答，而只有对问题解决得最彻底的发明和发现才能够得到保留并沿用。社会的发展不过是穷尽了一切发明，淘汰一切无用的或不太有用的发明才能继续前行。

三、模仿逻辑视野下的舆论学：从群众到公众，从交谈到舆论

从中观视角切入模仿谱系会发现，社会是一个由模仿关系组接成的交流互动网络：社会交往是模仿范本与模仿副本所辐射的关系的产物。它的心理特点是模仿，其结果是同化。副本又会成为新的范本，辐射至

让·加布里埃尔·塔尔德
《舆论与集群》

别的副本。一个范本可以有多个副本，甚至多个范本的存在也是可能的。社会领域中的模仿过程是从发明个体到模仿个体的流动过程，这些模仿射线向无数方向传播扩散，它们之间相互联合或干扰，交织成为网络，随后逃离，继而再次寻找新的联系。这种人际的精神交流网络汇聚形成了实证主义社会学者的研究基点，即所谓的文化规则和规范。作为拉图尔"行动者—网络理论"的重要灵感来源，塔尔德的社会模仿网络其实早就搭建了不同行动者之间的"联盟"，它不是静态的和固定的，更没有边界，它的成长需要网络中的每一节点与其他节点积极地构建联系。在《舆论与集群》中，塔尔德将这种普遍的指导价值运用于舆论学研究，认为个体与个体之间的模仿关系体现为交谈。通过交谈，个体间观点得以实现逻辑决斗或联合，最终成为我们所看到的舆论。媒介发展延伸交谈范围、扩张舆论网的过程，其实就是实现公共头脑国际化的过程。

　　与勒庞"这是一个群众的时代"不同，塔尔德认为"这是一个公众的时代"。群众从某种意义上讲是物种的聚合，依赖物理身体的毗邻，是社会状态的初始形式。随着文明社会的发展，同步的信念和激情不再仅依赖物理距离，即使身处异地，人们通过阅读报纸依然可以共享相同的议题和想法。新闻业的产生意味着公众的真正来临，20世纪完善的交通工具和瞬间的思想传输使公众得到无限延伸的可能，这种延伸使公众与群众形成极大反差。这种延伸强度的增加使公众不必接触彼此也能共享相同议题，一个人可以同时或总是属于好几个公众界，可以在其间来回跳跃。而群众局限于固定的空间范围，一个人一次只能属于一个群众。因此，受空间限制的群众大多不具有宽容性，他们的情绪会不自觉地被其他人挟持，极端且不受控制。公众则更具宽容性，或者说更具怀疑精神。也正因此，群众的行动速度更快，组织性更强，破坏力度更大，公众的对立对社会安宁造成的危险不如群众的对立构成的危险大。同时，公众比群众更趋于同质化，新闻记者通过表达自己的意见创造了他的公众，而公众又有主动选择报纸的权利，评论员为留住受众会根据市场动向在立场上做出让步，迎合读者的偏见和激情。这种双向磨合会把公众变成一个同质化群体，使之柔顺可塑。公众与群众可以相互转化，日益增加的社交需求会使群众转化为公众，当然公众也存在倒退回群众的可能。

现代公众研究必然走向对舆论问题的研究，舆论与现代公众的关系就像是肉体与灵魂的关系。塔尔德区分了舆论与传统理性的概念，将舆论定义为各种判断的总和，对舆论持中立立场，认为它有时会破坏现存的思想制度，有时又会压制合理的发明。塔尔德认为舆论的成长过程应追溯到交谈，人与人的判断具有相似性，这种相似性的粘连过程即从个人观点到社会观点再到舆论的转化过程，转化动因在古典时代和中世纪是公共话语，在现代则是报纸，而贯穿其中的持续不变的动因是私下谈话。报纸等媒介存在的直接目的是促进交谈，交谈是最强大的模仿动因，交谈过程中人们彼此之间自发的注意达到顶点，彼此之间相互渗透和影响。塔尔德所说的交谈并非政治性对话，而是没有直接用处的任何对话，包括为谈话而进行的谈话，为愉悦、游戏、礼貌而进行的谈话。报纸促进对话，对话产生观点，观点促成舆论。塔尔德将舆论的产生阶段概念化：首先，"舆论是一种评论，是短暂的、或多或少合乎逻辑的成串判断。换句话说，对当前问题作出回应，在同一时期里被同一国家、同一个社会里的人多次重复的判断"（塔尔德，2005：232）。接着是映射阶段，人们会权衡比较自己与其他人观点的相似与差异，识别出多数意见和少数意见在集体意见中的分布，个体有时会遵循"沉默的螺旋"，与多数人意见趋同。于是从大都市到城镇，再到乡村，报纸等媒介所促成的一级一级之间的交谈实质是涓滴模仿的过程。这个舆论形成的涓滴模仿过程其实也是逻辑决斗和逻辑联合的过程：当个体意识到自己与他人的观念相似时，这个观念就会强化并普及；当遇到不同观点时，两种观点则会对立，一种观点由于声音更加高亢或更具闪光点会很快遮蔽另一种观点，成为我们所关注到的主流舆论。从这个角度讲，每一种主流舆论的表象之下都隐藏着被压抑的冲突，这些被压抑的冲突又会成为未来革新的温床和变异的动因。塔尔德认为任何发明或发现的发展都遵循典型的山形曲线：在最初的阶段，新发明缓慢地进行，而后社会的模仿行为带来了快速而一致的增长，到最后增长的速度又逐渐减慢直到停止。主流观点（舆论）的发展传播也是如此，其扩散通常呈 S 形

让·加布里埃尔·塔尔德
《舆论与集群》

曲线。舆论在开始扩散时比较缓慢，容易遇到障碍；当舆论获得相当多的公众支持，约30%时，扩散速度有可能加快，扩散过程顺利；当舆论接近某个饱和点，即在50%左右时，能够形成民意，其扩散速度会减慢。对统计曲线的了解，可以帮助研究者预测自然状态下未来数十年的社会趋势及发展节律。

从初步的地方舆论到现代国际舆论，舆论在发展扩张过程中不断改变局势。初步舆论诞生于私下谈话或地方性的公开演讲，现代舆论诞生于庞大的国家或者说日益增长的联盟。前者是地方性的，体现为小范围的本土化和分散化，本地政治和熟人圈子更吸引人，民众对本地外的其他地方话题并不感兴趣，彼此之间联系也不紧密。地方观点集中于国民议会代表，地方的国民议会代表再将问题汇报给国王，作为舆论交汇点的国王吸纳不同的地方舆论，以此为基础制订计划，因此这个时期崇尚的是个人权威。

而后媒介快速发展，报纸打破了地方舆论的交流壁垒，使大范围传播成为可能，地方的东西变成全国的东西，议会从使命异质的群体变为使命均质的群体，大家关注的是相同的紧急议题。国家的团结在君主制之外被创造出来，权力从国王之手流入媒介，报纸所宣扬的民族主义逐渐取代忠君思想，并成为新兴的爱国主义。换言之，舆论网的扩张所带来的直接结果是地方观点逐渐式微，公共头脑越来越全国化甚至国际化。报纸诞生之前也存在国际观点，稀疏的国际观点之下是稍加频繁的间歇性的国内观点，国内观点之下是几乎连续不断的地方观点，这就是层层叠压的公共头脑。时间越是往回溯，地方观点越是占据主导地位，如今新闻业的工作就是要使公共头脑越来越全国化甚至国际化。与此同时，舆论网的扩张过程也伴随着对话亲密性的缺失，书信时代的话题多为密切独特的私人话题，往来频率缓慢，而报纸成为书信的延伸物，其交流的频繁性稀释了书信的亲密性，私人话题逐渐被公共话题所取代。能互相对话的群体越来越多，彼此之间的亲密度却在不断下降。塔尔德暗示舆论网的扩张也会造成民意调查和多数统治对精英智慧的取代，"初级群体中，舆论是有质量的，而不是数量的；而在次级群体甚至更大群体中，某些舆论被彼此看不见的个体盲从，此时舆论声音只能以数量，而不再以质量为基准。无意之间，新闻界在不知不觉中累积造就了数字的力量，即使没有削弱智力，也会削弱人格的力量"（塔尔德，2005：233）。"数量优于质量"这种多数意见扼杀少数意见的做法曾被托克维尔视为"多数人暴政"，如今多数原则也逐渐沦为一种抹平差别的表面性质的民主权利，它将舆论简化为所谓的民意调查和投票簿上的是与否，舆论不再由公众自主产生，而成为由社会活动家建构出来的测量结果。就舆论的强度而言，在质量简化、数量增加的同时，舆论越来越强势和偏执，不断挤压传统和理性。在以大学、主教会议和法庭为理性代表的中世纪，理性可以压制大众舆论，然而在当代，"舆论几乎是无所不能、无坚不摧的，它不仅能够对抗传统，而且能够对抗理性，包括司法理性、科学理性、立法理性或政治理性"，"再也没有比舆论更可怕的洪水泛滥了"（塔尔德，2005：232）。因此，同时代的人在舆论中随风摇摆，并不一定是人的性格变软弱了，"白杨和橡树被风暴刮倒，并不是因为它们不如以前坚挺，而是因为风力加大了"（塔尔德，2005：246）。

四、评价与反思

19世纪90年代，塔尔德与涂尔干有关社会学的历史论辩影响了社会学整个学科的发展走向。二人对社会的本体认知存在根本性差异。涂尔干试图将社会学视为一门关于社会事实的实证科学，将社会定义为一个与个人领域分开的特定实体，并认为两者属于不同层次的现实，赋予社会在本体论和分析上不可简化的维度，将其视为行为、思维和感觉的集体模式的系统。这种方法使他将社会理解为拥有自己生命的超个人。塔尔德则并没有将社会视为与其构成元素不同的、一个预先存在的领域，他强调自然和社会的多元性与异质性，表示科学必须以某种方式考虑到这种异质性及异质性的粘连规律。作为微观社会学创始人，塔尔德的最大贡献在于，他试图从心理间性或者说结构性入手，以重建这些结构产生的不同方式为切入点，重拾被实证主义社会研究所忽略掉的个体的或者说人的主观性价值。社会和个体实质是同一样东西的集合方面和个体方面，而不是实证主义所谓的经验上相互分离的两种现象，社会学研究不应将社会与其组成部分分开。从个体间性出发，他认为模仿是个体与个体实现粘连的手段，随着粘连增多，社会范围随之扩大。

以模仿律为逻辑基础，在《舆论与集群》中，塔尔德将个体与个体之间的交谈对话视为粘连手段或模仿手段。基于潜在的网络视角，塔尔德在一个世纪以前就能预判，媒体在促进公众交流的同时也将带来意见领袖的霸权、次级群体的衍生、舆论质量的稀释以及舆论的强势与偏执等问题。此外，塔尔德有关舆论学的相关研究也成为大众传播基础理论的早期雏形，催生了如"两级传播""意见领袖""首属群体""次级群体"等概念，直接影响了芝加哥学派的杜威、库利、米德、帕克等人，引发他们有关公众问题的系列探讨，而塔尔德则成为芝加哥学派欧洲源流的代表人物，甚至社会学相关理论如德勒兹的"差异与重复"、福柯的"微观权力物理学"等都直接或间接受到塔尔德的影响。

（李萌）

参 考 文 献

Bruno Latour, "Gabriel Tarde and the End of the Social", in Patrick Joyce, ed., *The Social in Question: New Bearings in History and the Social Sciences*, London: Routledge, 2002.

〔法〕加布里埃尔·塔尔德：《传播与社会影响》，何道宽译，北京：中国人民大学出版社，2005。

〔法〕加布里埃尔·塔尔德：《模仿律》，何道宽译，北京：中信出版社，2020。

拓 展 阅 读

G. Tarde, *La logique sociale*, Paris: Félix Alcan, 1895.

G. Tarde, *L'opposition universelle: Essai d'une théorie des cont-*

raires, Paris: Félix Alcan, 1897.

G. Tarde, *Les lois sociales*: *Esquisse d'une sociologieogie*, Paris: Félix Alcan, 1898.

〔美〕斯蒂芬·P. 特纳、保罗·A. 罗思主编:《社会科学哲学》,杨富斌译,北京:中国人民大学出版社,2009。

〔美〕史蒂文·瓦格:《社会变迁(第5版)》,王晓黎等译,北京:北京大学出版社,2007。

罗伯特·米歇尔斯

《寡头统治铁律：现代民主制度中的政党社会学》

  罗伯特·米歇尔斯是一位杰出的意大利政治社会学家和经济学家，是19世纪末德国社会主义团体社会民主党的关键人物。米歇尔斯是著名学者加塔诺·莫斯卡的学生，也是德国社会学家马克斯·韦伯的密友。在莫斯卡、维尔弗雷多·帕累托和韦伯的理论的影响下，米歇尔斯总结出了一种被称为寡头统治的铁律，而这也构成了《寡头统治铁律：现代民主制度中的政党社会学》的核心观点。米歇尔斯结合19世纪末欧洲特别是德国社会主义政党组织的发展实践发现，即使坚定信奉社会民主原则的社会主义政党，也难逃走向寡头统治的命运。寡头统治是任何试图实现集体行动的组织的必然结果，是任何有着良好愿望的人们无法改变的铁律。该理论后来成为政党社会学研究领域的经典分析原理。这一现象表明，无论是政党还是其他大规模政治团体，都倾向于变成具有官僚制度的组织，其权力中心则逐渐被少数精英掌握。

一、成书背景

  罗伯特·米歇尔斯（1876—1936）出生在一个拥有法国和德国血统的中产阶级家庭，他所生活的时代正是欧洲社会经济、政治发生大变革的时期。工业革命使人类迈入了机器时代，带来了生产力的巨大发展以及社会阶级结构和人们社会生活的新变化，社会学家称这一阶段为"大众时代",而大众组织的兴起是大众时代最显著的特征。米歇尔斯幼年时先后在德国、法国和意大利学习,通晓三国语言,并在不同时期用三国语言进行写作。米歇尔斯早期是德国社会民主党左翼派的激进分子。在大学时,米歇尔斯加入了德国的马克思主义团体——社会民主党,并成为其中的活跃成员。然而,他的工会主义立场导致他对社会民主党的行为越来越不满。当时,工会主义者主张通过工会或其他专门的工人组织,以集体罢工等直接行动来对抗资产阶级,而不仅仅是通过参与议会政治来确保社会主义的胜利。有关政党,米歇尔斯认为德国社会民主党将主要精力放在赢得帝国议会中的多数议席,这使得该政党失去了革命属性。米歇尔斯起初认为,德国社会民主党的发展趋势是德意志国家独特文化模式作用下的产物。然而他很快发现,这种趋势是任何具有一定社会政治目标的组织都无法避免的:少数人最终将凌驾于多数人的意志之上,党组织成立时期的目标成为少数人维持组织生存、维护其既得利益和权威的牺牲品,寡头统治是任何现代组织都无法逃脱的"宿命"。

　　米歇尔斯的政治观点不仅与当时德意志政府的政策方向冲突,而且遭到了德国社会民主党的强烈反对,致使他无法找到任何学术职位。因此,1907年,米歇尔斯被迫搬到意大利,并于同年加入意大利社会党。在韦伯的大力支持下,米歇尔斯有幸在都灵大学讲授经济学、政治社会学并一直持续到1914年。这一时期,米歇尔斯受到了当时都灵大学教授、意大利著名的政治社会学家和宪法学家加塔诺·莫斯卡及其"统治阶级理论"的深刻影响。1911年,米歇尔斯用德文写成了《论现代民主制度中的政党社会学:政治团体中寡头倾向的研究》,在书中回忆了自己在德国社会民主党中的政治经历。同年,基于对20世纪欧洲社会民主主义运动和政党组织的研究,米歇尔斯出版了《寡头统治铁律》。在该书中,米歇尔斯结合他在德国社会民主党的经历,深刻剖析了社会主义政党组织的寡头化趋向与内在肌理,并由此对现代民主制度的发展前景提出了警示。德国社会民主党是这一时期成立的影响巨大的工人阶级政党,米歇尔斯看到了大众组织的巨大力量,同时也看到了隐藏于其中的寡头倾向。

　　米歇尔斯的寡头政治铁律观点受到了勒庞、加塞特等早期大众政治

罗伯特·米歇尔斯
《寡头统治铁律：现代民主制度中的政党社会学》

心理学者的影响，他们敌视大众，反对大众民主的实现。勒庞将大众视为乌合之众，他认为大众心理的特征体现在其形成过程中。在群体形成的过程中，个体理性常常会被削弱，个体容易受到"暗示"的影响，从而相互"传染"，进入"无意识"的状态，成为"乌合之众"。加塞特将大众作为一个统一的人格来看待，忽视个体的个性。在他眼里，大众缺乏独立思考能力，没有责任感，平庸而没有文化，并且安于现状。米歇尔斯笔下的大众在本质特性上充满了惰性，盲信领袖，崇拜、依赖领袖。大众潜在的性格缺陷，在客观上促进了组织的异化，促成了领袖的寡头统治。

米歇尔斯的寡头统治铁律观点具有明显的精英主义特色。作为19世纪意大利精英主义的代表，他在莫斯卡的统治阶级理论和帕累托的精英循环理论的影响下，坚信社会中精英的存在是无法避免且不可否认的，社会进化的过程实际上是精英循环的过程。精英主义理论的奠基人莫斯卡把统治精英称为"政治阶级"，他并不相信民主，认为所谓的选举并不是选民选择他们的代表，而是代表借由选民使自己当选。帕累托的精英循环理论区分了群众和精英，认为精英和非精英之间、统治精英与非统治精英之间，会因为社会遵循某种程度的平衡而产生一种循环。米歇尔斯将帕累托的精英循环理论演绎为新旧成分的循环，新寡头集团的形成并与旧的寡头集团实现融合（米歇尔斯，2003：27），他的寡头统治铁律可以被视为对精英学说的发展。通过观察德国社会民主党，米歇尔斯总结出了政治精英主义的寡头统治铁律，即任何政党内部都会出现非民主的倾向，最终掌权的只会是少数寡头，"组织是寡头统治的温床"（米歇尔斯，2003：28）。

在此基础上，米歇尔斯提出了该书的核心观点寡头统治铁律，该原理认为："正是组织使当选者获得了对于选民、受委托者对于委托者、代表对于被代表的统治地位。组织处处意味着寡头统治！"（米歇尔斯，2003：351）米歇尔斯结合19世纪末欧洲的社会情况，特别是德国社会主义政党组织的发展实践发现，即使是那些热衷于社会民主原则的社会主义政党，也难以避免演变为寡头统治。他认为，寡头统治是任何试图实现集体行动的组织不可避免的结果，这是即使心怀美好愿望的人也无法改变的"铁律"。现代政治的困境是人们建立了民族国家、工会、政党等组织机构，但只有位于机构顶层的少数人才拥有实际权力。

二、组织意味着寡头统治

在《寡头统治铁律》一书的导论部分，米歇尔斯指出当时社会的民主制实际上是贵族式的民主制，并强调维持这种统治的方式不是通过议会，"而是要通过其他途径才能实现。在大多数君主体制中，并不需要通过赢得议会而获得对国家政治生活的主导权"（米歇尔斯，2003：5）。但是，即便是"为了装点门面并希望通过它引导舆论"，在议会中获得足够的代表权，也是绝对必要的。由此，在现代政党活动中，贵族制常常以民主的面目再现。政党活动往往通过民主的外在形式表现出来，这就使得肤浅的观察家看不到它的贵族化甚至寡头化倾向。随后米歇尔斯提出当前的社会斗争都披着伦理的外衣，在现代阶级和国家活动当中，道德成为一种不可或缺的主观虚构。

在这样的社会背景下，米歇尔斯分析了大众行为的组织化，并认为这是寡头统治铁律的基本成因。米歇尔斯认为，组织是形成集体意志的唯一途径，具有共同利益的个体的团结程度决定了人们斗争的成败，且由于人数庞大，组织和协调工作显得格外重要。但在组织活动过程中，大众直接行使主权无论是从机制上还是从技术上来说都是不可能的。大众的言行很少是经过深思熟虑的，他们与个人或少数人的行为方式不同，米歇尔斯认为大众心理的本质特征是"在大众中间，个人被隐没了，随着这一隐没，个性和责任意识也荡然无存"（米歇尔斯，2003：21）。大众的聚合是混乱的、短暂的、毫无秩序的，因此操纵一大群人往往比操纵一小撮人容易得多。基于此，建立代议制成为必要。但是，考虑到任何大规模的组织都不可避免地会出现技能上的分化，所谓的"专家领导"成为必要，做出决定的权力则随之被从大众手中抽走而集中于领导者的手里。米歇尔斯提出，组织是寡头权力的孕育之地。一个组织在构建其稳定性的同时，它也深刻地改变了组织内部的大众。技能的分化导致了等级制度的产生，而专业化领导人的出现预示着民主的终

罗伯特·米歇尔斯
《寡头统治铁律：现代民主制度中的政党社会学》

结。人本质上作为个体注定要接受领导，随着社会生活功能的分化和再分化，这种需求会进一步加强。在很大程度上，社会群体无法无领导地存在。而组织的领导就是精英，大众和精英正是借由组织联系在了一起，这就构成了米歇尔斯的寡头统治铁律的基本要素——大众、领袖与组织。

接着，米歇尔斯站在大众的角度解释了领袖赖以产生的心理基础。他提出，很多时候公众难以意识到个人利益与集团利益之间的关联，进而会无视国家政治活动与个人福祉的关系，人们放弃自己的民主权利在很大程度上是自愿的。大众在组织上具有脆弱性，他们失去领袖就会成为一盘散沙。由此，米歇尔斯提出，如果没有来自外部的凌驾于大众之上的权威，大众将失去行动的能力。基于此，大众对领袖会有一种发自内心的感激之情，并对领袖盲目崇拜。

领袖是组织生存的精神支柱，缺少领袖的组织和缺少组织的领袖，两者都是难以设想的。米歇尔斯提出领袖通常带有专断的倾向，且领袖在组织中具有控制全局的作用，只要领袖相互之间达成和解，大众便不会提出异议，大众面对领袖处于完全被支配的地位。领袖控制和影响大众的最常见方式是利用组织的财力和出版物。其中，领袖与出版物之间的关系折射出领袖对待舆论的态度。对政党领袖来说，出版物就是他们竞争、维持和稳固权力的强大工具。他们借助其控制的党内刊物扩大自己在大众心目中的影响力，增强自己的权威。出版物可以对领袖在公开集会、辩论和党代会上所发表的演讲进行有效补充，是进行宣传、制造轰动效应、影响舆论的最好工具，领袖可以凭借出版物把大众"指引"到自己想要他们去的方向，借以服务自己。而当领袖与大众产生冲突时，只要领袖集团内部能够保持团结，他们在冲突中就总能占据上风。

从根本上说，正是人性的普遍特质助长了民主式寡头体制的形成，个体的心理因素最终导致了其对组织、管理和战略的需求。米歇尔斯讨论了领袖心理在行使权力过程中产生的畸变。开始还是大众一分子的领袖不久便会不知不觉脱离大众，权力意识会让人变得自负，并产生渴望主宰他人的欲望，这是人在心理层面的基本事实。除此之外，领袖所处的环境因素和个人因素都会造成领袖精神上的转变。在该书第四章里，米歇尔斯对领袖进行了社会学分析，他提到大众并不容易被激起情绪，大众对新情况的反应往往相当迟钝。在第五章里，米歇尔斯列举了为防止民主党形成寡头统治而进行的限制领袖影响力的各种尝试。

米歇尔斯认为，民主是对传统的寡头统治的否定，然而，在追求民主的过程中，又会产生新的寡头统治。由此，他认为寡头统治是所有大的社会集合体的必然形式。米歇尔斯在该书的结尾部分指出，民主的发展进程符合马克思主义唯物史观中事物在曲折中前进的论断，民主呈波浪式前进，螺旋式上升。人们成立组织是为了追求民主，但在追求民主的过程中产生了新的寡头，这虽然具有悲观性，但人们不至于彻底绝望。因为民主的实现是一个长期的过程，它居于复杂的环境之中，受到各方面因素的影响。

三、米歇尔斯眼中的舆论

该书对于舆论的讨论主要集中在对大众的心理分析和站在领袖角度对如何通过鼓吹获得大众支持。

其一，如前文所述，米歇尔斯着眼于大众心理，他认为大众本质上具有惰性，盲目信任、崇拜并依赖领袖。大众心理的这些特性不利于组织的发展，所以需要精英、领袖来引导、组织和管理大众。米歇尔斯认为大众的惰性体现在"在大多数情况下，人们还很难认识到个人利益与集体利益之间存在着极为密切的关系。大多数人对国家这种机构的活动与个人的利害、福祉以及日常生活之间的互动关系不甚了了"（米歇尔斯，2003：44）。因此，大众是自愿放弃了自己的民主权利。

其二，作为组织成员的大众明白自身与领袖之间存在智识上的差距，这种差距和自利本性决定了大众对于领袖的依赖心理。米歇尔斯认为，大众对领袖的情感决定了大众在心理上对领袖的认同，并且领袖对于大众的优越地位在于，其在正统文化中的突出地位使他们赢得了人们普遍的盲目崇拜，"这种崇拜常常远远超过领袖们按照其实际才能所获得的尊重"（米歇尔斯，2003：54）。另外，组织构成力量的分散和"游移不定"的特性，致使大众在面对领袖集团时有一种本能的"自卑"情

罗伯特·米歇尔斯
《寡头统治铁律：现代民主制度中的政党社会学》

绪，这种情绪使领袖对于大众处在完全支配的地位。米歇尔斯提到，大众的构成特点使得他们无法与领袖的威势相抗衡，并且领袖对自身的力量有着清醒的认识，基于大众这样的心态，领袖就可以利用出版物影响和控制大众。

在米歇尔斯看来，一个领袖需要具备的最基本才能就是演讲才能，"高超的演讲才能是一种潜在的影响力，他能够使公众成为演讲者意志的俘虏"（米歇尔斯，2003：58），演讲才能可以帮助领袖获取舆论支持。领袖通过演讲发表自己的政见，宣传自己的政治纲领，同时攻击政敌，可在相当程度上提高自己的知名度与权威。演讲才能同时也使领袖从心理上意识到自己对大众的巨大影响力，于是造就他们以自我为中心的心理。易受影响的大众欣赏演讲者的口才，并借此获得某种满足感，"大众对演说家们的崇拜和狂热只不过是他们自我欣赏的表现，而且他们的这种情绪正是演说家们宣称自己的言行代表着大众（即每个个人）这一承诺推动的结果"（米歇尔斯，2003：61）。领袖抓住了大众这一心理，并加以发挥利用。领袖使自己的所作所为能被大众感同身受，引导大众肯定自己，进而悄悄隐藏他们的寡头倾向。

除此之外，米歇尔斯还提出为了获取舆论支持，领袖需要坚定决心，以使那些意志较弱的人愿意顺从。领袖需要拥有深厚的知识，以此来影响并说服他人。领袖必须具备用其思维和观点激发他人想象力的能力，并通过个人魅力获得他人的敬意。领袖要有自信，哪怕有时可能显得有些自高自大，他们也应懂得如何让群众感受到这种自信。在特定的场合，领袖应当展示出善意和公正，从而唤回那些在人们心中已经变淡但仍未完全消逝的宗教情绪。米歇尔斯分析领袖获取大众支持应有的特质，折射出来的是获得舆论支持所需的要素。

从理论上说，因为领袖在任何时候都可能被解职和取代，所以，领袖的行为受到群众意愿的影响，只要群众发出信号，领袖便需要顺从。然而在现实中，由于组织活动的复杂性和领袖逐步拥有的权力，领袖往往具有一定的自主性。不过，这种自主性是有边界的，为了维持自己的领导地位，领袖在表面上还需要表现出对群众的敬畏和顺从。组织的性质决定了领袖权力来源于群众，领袖要与群众保持一致，在行事时也必须考虑到这一点。所以领袖需要在行动上和群众保持一致,承认自己是群众手中的工具,将善意和群众的愿望作为自己的行动指南。即使是那些最诚实的领袖,也"懂得如何利用大众的盲目冲动为自己蓄谋已久的计划服务"(米歇尔斯,2003:140)。同时他们还会鼓吹民主,宣扬让群众行使手中的权利,起码在形式上让群众看不出有任何寡头的迹象。这就是米歇尔斯说的,领袖为获取大众支持所塑造的舆论通常披着伦理的外衣,带有道德的色彩。

四、评价与反思

米歇尔斯对于政党以及其他自由民主组织行为的深刻预见和对寡头统治趋势的细致描述,使得他的《寡头统治铁律》成为20世纪最具影响力的作品之一。他对政党组织寡头化倾向的剖析吸引了西方学者们的广泛注意,特别是有关官僚政治、组织行为、政党及代议制民主的过程中,米歇尔斯的"寡头统治铁律"为这些研究提供了一个新的分析角度。著名学者西摩·李普塞特(Seymour Lipset)为其作品作序并大加赞赏,他认为这部作品是社会科学的一座里程碑,能够持续激发那些关心政治活动的人和研究者的浓厚兴趣(米歇尔斯,2003:7)。

米歇尔斯的著作不仅对理解官僚组织内部的政治过程具有很大启示,而且对一般的组织和官僚机构的研究也做出了贡献。组织研究领域最具影响力的学者菲力普·塞尔兹尼克(Philip Selznick)评价道,米歇尔斯的民主组织理论揭示了人类行动手段本身所具有的顽固性,组织原有的目标会随着新的利益核心的形成而被抛弃,米歇尔斯提醒那些从事组织研究的学者要注意组织偏离当初宣示的目标和理性系统这一现象(米歇尔斯,2003:12)。米歇尔斯对大众心理的分析,为群体心理的研究提供了更广阔的时空背景,并且丰富了群体行为的形态和研究群体行为的视角。

有部分学者认为《寡头统治铁律》一书的观点过于悲观。针对米歇尔斯的"寡头统治铁律",西德尼·胡克(Sidney Hook)站在马克思主义的立场上分析道:"米歇尔斯忽视了历史上的寡头统治赖以建立的社会经济前提。在以往的社会中,政治上的领导地位往往是经济权力的反映。教育和传统促使某些阶级以牺牲大众的政治利益为代价保全自身的利益。在社会主义社会,政治领导人行使的是管理职能,他们并不掌握经济权力;教育过程将导致寡头统治野心的心理趋向转变成为一种道德和社会诉求,某一阶级垄断教育的局面将消失,体力劳动与脑力劳动的差别将逐步被取消——那种对米歇尔斯所称的'寡头统治铁律'将再次出现的担心也就成为多余的了。"(米歇尔斯,2003:14—15)一些观点批评米歇尔斯仅关注官僚机构的缺点,忽略了官僚机构有助于社会各群体实现其目标的事实。因此,这也是许多社会科学不仅关注官僚化,并且注意探索某些组织为何比其他类型的组织更为成功的原因所在。

(郭小安 徐珂瑾)

参 考 文 献

〔意〕罗伯特·米歇尔斯:《寡头统治铁律:现代民主制度中的政党社会学》,任军锋等译,天津:天津人民出版社,2003。

拓 展 阅 读

〔美〕查尔斯·赖特·米尔斯:《权力精英》,王崑、许荣译,南京:南京大学出版社,2004。

林毅:《精英民主理论批判》,天津:天津人民出版社,2018。

佟德志:《现代西方民主的困境与趋势》,北京:人民出版社,2008。

〔美〕约瑟夫·熊彼特:《资本主义、社会主义与民主》,吴良健译,北京:商务印书馆,1999。

阿尔伯特·戴雪

《公共舆论的力量：
19 世纪英国的法律与公共舆论》

　　《公共舆论的力量：19 世纪英国的法律与公共舆论》一书是由阿尔伯特·戴雪在哈佛大学法学院举办的有关 19 世纪英国法的历史的 12 场讲座内容整理而成的，讲座围绕英国的"立法公共舆论"（law-making or legislative public opinion）——影响议会立法议程的公共舆论——展开讨论，旨在揭示英国立法与公共舆论变迁之间密切的依赖关系。戴雪在书中逐次论述了法律与公共舆论的关系与特点，以及 19 世纪英国的三个主要立法时期，即托利党主导的立法停滞时期、辉格党主导的边沁主义立法时期以及 19 世纪末集体主义（社会主义）思潮影响下的集体主义立法时期。读者可以通过这本书了解立法如何体现社会阶层在不同时期的利益要求和意见，并初步了解现代社会中立法和舆论之间的互动关系。

一、成书背景

　　阿尔伯特·戴雪（1835—1922）出生于英格兰北安普顿一个殷实的资产阶级家庭。1854 年，戴雪进入了以活跃的政治氛围著称的英国牛津大学贝利奥尔学院。在戴雪求学期间，约翰·斯图亚特·密尔的著作及其影响力在欧洲与日俱增。但是，戴雪并不赞同密尔思想中的社会主义倾向，这也体现为《公共舆论的力量》一书对密尔的批判。1861 年

阿尔伯特·戴雪
《公共舆论的力量：19世纪英国的法律与公共舆论》

从牛津毕业后，戴雪希望成为一名律师并由此进入政界。但戴雪并不适合律师职业，糟糕的律师生涯断送了他进入政界的希望，反而将他送上了法学的学术研究道路，并取得了累累硕果。宪政、爱尔兰与苏格兰组成了戴雪著作的三个维度（戴雪，2014：4），其主要论著有《英宪精义》（1885）、《英格兰反对爱尔兰自治的理由》（1920）和《公共舆论的力量》（1905）。

19世纪的英国立法与公共舆论之间不容忽视的依赖关系，激发了戴雪的研究兴趣，并成为《公共舆论的力量》一书的主题。经过审慎分析，戴雪认为有三个理由可以说明"法律并非总是公共舆论的结果"（戴雪，2014：43）：首先，法律可能是习俗的结果，公众的生活方式受制于习惯规则；其次，影响法律的舆论可能只是少数人（或某些位高权重之人）的信念，不能将其拔高为公共舆论；最后，缺乏代表公共舆论的立法机关——一个国家的法律可能在一段时间内无法代表公共舆论。基于此，作者得出结论，在19世纪英国的环境下，公共舆论是统治国家的主权者的意见，这里的主权者包括君主、贵族、公众。

19世纪的英国立法舆论呈现出如下特点：第一，无论何时都存在主流立法舆论（主导思潮）。第二，立法舆论可能起源于某个思想家或某个思想流派。虽然舆论主宰立法，但公共舆论在更大程度上受其所处环境的影响。第三，英国立法舆论的发展通常是逐渐、缓慢和持续不断的。要求改变立法的舆论一方面是法律事实上被改变之时的意见，另一方面常常是二三十年前的普遍意见，出现"昨日之思想或情感统治今日之立法与政治"（戴雪，2014：62）的现象。舆论潮流倾向于相互影响，舆论的各个时期相互重叠。第四，立法舆论从来不是专断的。主流立法舆论的影响力总是被其他思想逆流或支流减弱。这些思想逆流与支流并不与当时的主流意见和谐一致。第五，法律培育、创造立法意见。可以说，法律既是立法舆论的原因，也是它的结果。

依据上述对立法舆论的讨论，英国法的发展似乎被民主趋势所主导。为了阐释清楚这一观点，戴雪讨论了民主的进步与19世纪的立法进程之间的关系，并得出结论：民主的发展只在很小的程度上解释了英国法律的发展。人们往往用"民主的进步"解释英国法律原则的变革，但这一含混的答案缺乏足够的解释力。戴雪论证了民主的进步根本无法完美地解释英国政制的发展，更无法解释和权力分配毫无瓜葛的立法进程。可以看到，尽管在许多方面民主的进步都十分重要，但它并不必然地使不同国家的法律发生同样的变化。如果民主的进步本身并不必然决定立法（除了设计主权权力分配的法律外）的特征，那么，就不能期望它能够解释英国法律的发展。因此，戴雪深入不同的舆论潮流，条分缕析地寻找解释，考察在19世纪英国的各个阶段中，哪些潮流占据了主导地位及如何对立法产生影响。

二、19世纪英国主要立法时期

19世纪英国主要存在三个由不同舆论潮流主导的立法时期，分别是立法停滞时期（1800—1830）、边沁主义立法时期（1825—1870）、集体主义立法时期（1865—1900）。戴雪将三者在精神上的差别总结为：威廉·布莱克斯（William Blackstone）的通托利主义是家长式政府的残余，边沁主义是法律改革的理论，集体主义则是重建社会的希望。

（一）立法停滞时期

19世纪初，社会上共存着两种不同的情感——对英国政制的乐观主义精神和仇视革新的托利主义精神。前者体现为对所有英国事物都志得意满，在法律领域，体现为对既存制度的默许；后者则畏惧一切改革，顽固而近乎反动，不仅阻碍，甚至有时还禁止革除弊端。两者同时构成了当时的公共舆论，并决定了19世纪前20年或30年间的立法进程。

19世纪初期，托利党等保守势力阻挠改革，英国几乎没有修订法律。这导致政府和教会滥用权力，同时有许多不合理的旧法律，比如拟制的法律概念或早已过时的条文，仍然被默认保留而未能做出修正。需要指出的是，即使处于立法停滞时期，法律领域仍然发生了一些影响深远的、具有标志性的变革，如反动立法与具有人道主义特点的改革。飞速改变的社会条件与一成不变的法律之间的不协调使得立法停滞时期于

阿尔伯特·戴雪
《公共舆论的力量：19世纪英国的法律与公共舆论》

1830年走向了终结。究其原因主要有以下四个方面：第一，1800—1830年间英国社会环境急剧变化，而社会环境是公共舆论的根源。第二，英国的社会环境与法律制度不协调。第三，1789年法国大革命的过激行为影响了周边国家，阻碍了合理的改革，使英国有益的改革被延误了至少40年。第四，边沁主义的出现。边沁和他的信徒们为改革提供了可行的方案，这种自由主义的创造是对旧托利主义的致命打击，并终结了立法停滞时期。

（二）边沁主义立法时期

戴雪使用了大量篇幅阐释边沁主义。自1825年以来，边沁的学说被认为是英国法渐进而彻底改革的起因。边沁出生于伦敦一个富裕的律师家庭，系著名的法律哲学家与法律改革家，在法学、逻辑学、机械发明等方面表现出罕见的天分，其毕生致力于用功利原则重塑英国，实现"最大多数人的最大幸福"。边沁之所以采取法律改革的形式来增进人类福祉，源于他的两个信念，即立法是人类最重要的追求以及他对自身立法天赋的自信。

边沁主义法律改革方案的基础理念可以简要地归纳为三项主导原则和两个推论。三项主导原则具体为：第一，立法是一门科学；第二，立法的正确目的是实施功利原则，即法律是为了提升最大多数人的最大幸福；第三，一般而言，每个人是其自身利益最佳的、最主要的判断者。根据上述优良立法的科学特征、功利原则以及自由放任的信念三项原则，英国个人主义者在实践中得出两项推论：第一，要扩展契约范围，即法律应该扩大契约范围并保证契约义务的履行；第二，每个人都只能算作一个人，而不能算作更多，即在政治权力的分配方面，每个人都能分得且仅能分得一份。与此同时，边沁也影响了法律改革的方法，即主张修订法律的最佳方法为议会立法。

对于舆论研究者来说，两个问题显得十分有趣且重要，一是为什么边沁主义信条被接受了，二是其被接受的程度如何。针对第一个问题，戴雪认为，边沁主义之所以被接受，是因为当那些有常识、有公共精神的人很清楚地意识到法律必须进行彻底的修正时，他们就迫切地需要一种思想与一套方案。边沁及其学派就满足了这一需求，思想是最大多数人的最大利益，方案则可以在依照功利主义原则对法律进行修正这一建议中找到。至1830年，功利主义已经"四处弥漫"了。功利主义的根本活力在于它契合英国思想与情感的永恒趋势——保守主义。就第二个问题而言，英国社会并非全都接受边沁主义信条。自1832年以后，功利主义在各个阶层中占据主导地位，足以影响立法，并且这一地位在多年里都无可撼动，但是边沁主义思想并非垄断性思想，而是受到当时的舆论逆流与支流对其立法的阻碍与修正。

就边沁主义立法的特点与趋势而言，边沁主义具有的一个特点是：期待一场由一位天才的立法者领导的运动，直接目的是改革英国法。泛言之，边沁主义立法有四个目标：其一，将政治权力转移至中产阶级；其二，提倡人道主义，使人免受不必要的痛苦与伤害；其三，扩展个人自由的范围；其四，创造恰当的立法，以保护所有公民平等的权利。在边沁影响之下的英国法中，公共舆论对法律的影响愈发显著。但是，戴雪指出，这是一种必须克制的"感觉或迷信"，即"我们必须记住，公共舆论不过只是公众的意见，只是无数英国人的主流信念"（戴雪，2014：169）。

（三）集体主义立法时期

1830—1840年间，个人主义与集体主义之间的争论逐渐形成，社会或政治理念的革命性变迁在舆论的历史中是极其引人注目的现象。戴雪认为，集体主义兴起的原因（或者说，消解边沁自由主义权威的原因）并非政府形式转变为民主制，而主要在于下述五个方面社会条件的变化。

第一，托利博爱主义和工厂运动。个人主义时代是一个人道主义时代，人道主义是工厂运动的"生身父母"，社会主义则是工厂运动的"子嗣"，并且工厂运动从一开始就受到托利党人的指引。工厂法是工厂运动的结果，工厂运动培育了社会主义，并使集体主义取得权威地位，这也从侧面证明了"法律可以成为立法舆论的创造者"（戴雪，2014：195）。由于工厂法的成功，那些即便并非确切地具有社会主义性质（至

阿尔伯特·戴雪
《公共舆论的力量：19世纪英国的法律与公共舆论》

少也包含了社会主义、集体主义倾向的信念）的工厂不仅在劳动领域，而且在生活的其他领域也取得了主导地位。

第二，1848年后工人阶级态度的转变。宪章运动的支持者不再关注政治事务，他们将精力投入具有社会性质目标的运动。其中，最主要的是"工联主义"运动，这意味着工人们迈向集体主义，迈出了抛弃边沁主义的第一步。

第三，经济和社会理想的调整。从19世纪中期（1830—1854）起，手工业者不成体系的社会主义理论开始与各个学派的思想家、作家的观点混合，并相互影响，这预示着公共领域即将发生革命性的变化。舆论潮流正在发生的变化，对后来的二三十年，即1870—1880年的舆论产生了深刻影响，这次思想革命的目标指向的是社会主义。

第四，现代商业的特点。商业公司的现代发展不止培育了集体主义思想，它同时削弱了商人个体的重要性，并且不断暗示人们，所有行业都可以被资本、权力垄断，而所有垄断行业都可以被明智地交由国家经营管理。从这点来看，现代商业的特征构成了社会主义的一部分。

第五，户主选举权的引入。总的来说，国家干预，尤其是以立法形式进行的干预的有益影响是直接、迅速且可见的，而其有害的影响却是间接、逐渐和不可见的。很少有人能意识到，国家干预将磨灭自力更生的精神。因此，大部分人以一种"不适当的欢迎态度"看待国家干预，认为它必须依靠支持个人自由的放任主义来加以平衡。宪章运动主张普选权，而1866—1867年重新激起政治震荡的手工业者要求户主选举权而非普选权，他们认为选举权不是人的一项自然权利，而是按照工联主义者的意愿控制立法的一种手段。工联主义者关于户主选举权的诉求表明了自力更生精神的衰落、英国立法走向社会主义法治的趋势。

所有热衷社会主义或集体主义的人都秉持一个根本信念——相信国家干预的好处，即"相信国家的行动与干预能为大多数人带来福利，即便是干预那些本该留给个人的不受干预的领域"（戴雪，2014：212）。对这项原则的接受体现为人们支持这项原则衍生出的一系列附属原则与观念，进而影响立法，主要包括以下几个方面：其一，保护主义观念和范围的扩张。"保护"悄然转变成"指导"，并被运用于并非完全"无法"管理自身事务的阶层。与此同时，保护主义还试图为所有公民提供防止侵害的保障措施。其二，对契约自由的限制。集体主义缩小了契约自由的范围，从授权性立法向强制性立法的转变见证了集体主义影响的日渐增强。其三，对集体行动的偏爱（尤其在谈判方面）。人们认为，当工薪阶层的利益与资本家的利益发生冲突时，单个手工业劳动者不可能获得平等的谈判地位，个人可能不了解其自身利益，也不了解他所属阶级的利益。其四，地位平等化。集体主义者对保护主义思想的伸张，使得保护主义思想轻易地转向了地位平等化的观念，并由此产生了许多趋向所有阶层地位平等化的立法，这在实践中意味着全体纳税人让利于工薪阶层。

就集体主义立法的趋势而言，戴雪认为有两点值得我们反思。第一，个人主义时代立法与集体主义时代立法的差别不容忽视，因为它们代表了处理个人与国家之间关系的不同方式。坚持边沁主义的自由主义者将人看作独立的个人，每个人都必须努力为自己创造幸福和美好的生活，共同体仅仅意味着全体或其中大多数成员的繁荣与福利；其法律致力于增进每个公民的自由、能力和独立，教导公民何为他们自己真实的利益，让每个公民为自己的个人行为承担责任。而集体主义者认为，每个人都是公民，是其所在国家这一巨大有机体的组成部分。他们的关注点集中于社会层面，并非独立的个人。集体主义者通过的法律旨在增强个人的社会情感和同情心，使公民意识到社会或国家对于每个公民的幸福应承担的责任。第二，集体主义的力量既未耗尽，亦未衰退。公共舆论不是被雄辩的力量所引导，它更多地屈从于环境时事的压力，法律再次成为产生立法舆论的诸多原因中最具说服力的一种。在戴雪撰稿时，集体主义的立法已经存在了大概30年之久，它自身就有助于塑造一种道德与理智的新环境，社会主义思想在其中得以繁荣发展。这些事件内在的逻辑导致了带有集体主义印记的立法的扩张和发展。

1830年以个人主义为核心的自由主义与1905年以民主为核心的社会主义之间产生了鲜明的对比，这掩盖了功利主义改革者对于英国集体主义者的巨大影响。戴雪看到，边沁主义已经演变成社会主义急需的武器，英国的集体主义者就从他们的功利主义先辈那里继承了一项立法原则、立法工具（议会主权）以及适合执行社会主义实验的立法趋势（政府职能的扩展和改进）。

三、主流立法理念遇到的阻碍和修正

在详述了英国法律的发展与不同主流舆论之间的关系之后，戴雪认为有必要考虑某一特定时期主流的立法理念如何被其他一些强大的舆论逆流与支流，以及议会立法与司法之间的差别所阻滞和修正。

（一）舆论的逆流与支流对立法的影响

在边沁自由主义的发展历史中，舆论的逆流对立法的影响尤其富有说服力，自由主义不断增长的力量受到残留的旧托利主义的长久遏制，即使自由主义成为时代的立法信念，自由主义的权威仍在逐渐兴起的集体主义思潮的影响下日渐衰退。

舆论支流可以视作"任何一种最终足以影响立法的信念或情感；尽管它可能并不直接反对，但却在一定程度上独立于某一特定时期的主流立法信念"（戴雪，2014：66）。舆论支流可以从1830—1890年间教会立法的历史中寻得迹象。1832年以后，议会通过的法律凡直接或间接涉及教会的无不被打上了教会舆论影响的印记。国教的基础不可触碰。那些使当时的主流舆论感到震惊的潜在的权力滥用，以及引起当权阶级不满的弊病必须被革除，但是为了尊重国教教士的信仰和情感，即便是最有益的改革也可能被长久地搁置、修正与缩减。这些例子恰恰证明了戴雪的论题，即"立法对舆论的依赖"，任何对正常立法进程的偏离在根本上都呼应着公共情感的相应波动，尽管这些波动可能是转瞬即逝的。

从上述舆论逆流与支流的例子可以看出，创新和保守之间互相妥协是英国立法和政治生活最根本的特点。那么，面对由此而来的疑问——这种妥协精神的优点是否被它的缺点抵消，戴雪给出了否定的回答，原因在于这种妥协精神避免了激烈残酷的斗争，而在别的国家，尤其在法国，这种残酷的斗争一直伴随着教会立法。事实上，英国的每个立法阶段都反映了公共情感、信仰浪潮一次次的涨与落，强与弱，主动与反动，每一次浪潮都声势浩大，足以引起英国议会的注意。

（二）法官造法

在英国，大部分的法律的产生形式都是"法官造法"，即法律由一些从法院判决中收集而来的规则组成。戴雪首先阐述了司法立法与公共舆论之间的关系，描述了司法立法的特点；接着，通过一个特别的例子，即涉及已婚妇女财产的法律的变化，来描述法官造法对议会立法的影响。

法官造法的特点主要体现在以下几个方面。首先是法官造法的逻辑。法官造法与议会通过的法律不同，它保持了法律的逻辑性和匀称性，而议会立法则是立法者们的作品。立法者大多受到当时舆论的影响，其制定的法律较少考虑普遍的原则和逻辑的连贯性，缺乏专家的技巧与知识。其次，法官造法的目的是保证法律的确定性而非修正法律。最后，指导法院的思想迥异于指导议会立法的思想，前者所秉持的公共利益概念很可能超越某一特定时期的主流观念，而后者则是在某一特定时间内，已经在公众中取得了普遍的主导地位。戴雪探讨法官造法的目的不在于探究其优缺点，而在于发掘法官造法体现的思想观念可能有别于那些影响议会的思想观念。事实上，法院的立法活动代表的是一股独特的舆论支流，它以不止一种方式影响着当时主流思想的效果。因此，源自法院的思想观念有可能促进或拖延议会立法的进程，也可能深刻影响甚至塑造议会立法的根本特征。

戴雪提醒，在研究法律发展历史的过程中，我们还必须密切注意司法舆论这一舆论支流对主流立法舆论的影响，它不断地塑造、影响主流立法舆论的动向，有时促进，有时阻碍，而主流立法舆论则直接影响了议会立法的发展。

（三）立法舆论

戴雪回顾了不同思想领域（包括神学、政治学、政治经济学和法理学领域）以及个人信念方面的舆论相应发生的改变。以神学领域为例，

阿尔伯特·戴雪
《公共舆论的力量： 19世纪英国的法律与公共舆论》

在立法领域，边沁主义占据统治地位的时间与在神学世界中福音派占主导地位的时间存在部分重合。福音派对个人信仰的呼吁对应边沁主义对个人奋斗的诉求。18世纪后半叶到19世纪前半叶，英国福音派和改革家在人道主义方面具有最崇高的共同点。

就个人信念方面体现的舆论变迁而言，戴雪主要列举了哈丽雅特·马蒂诺（Harriet Martineau）、查尔斯·狄更斯（Charles Dickens）、约翰·密尔三位学者的理论。他们在学术生涯开始的时候，都曾深陷自由主义思想之中，而在学术生涯的尾声又都转向了社会主义。以密尔为例，尽管他一直都是边沁主义的代表学者，但在人生的后期，密尔已经很大程度上偏离了早期功利主义的"教义"。密尔受到托克维尔的影响，对民主的信念有着"多数人暴政"的恐惧。戴雪认为功利主义在密尔手中发生了某种变形，质言之，功利主义或最大幸福原则本是自利的信条，但在密尔手中变成了"自我牺牲"的概念，即任何有英雄主义情结的好人都愿意为了他人的幸福而完全牺牲自己的幸福。

戴雪强调，要考察英国甚至欧洲思想的普遍运动趋势对立法舆论，尤其是1830—1900年之间的立法舆论的影响，必须将注意力从上述众多的舆论旋涡与舆论支流中抽离出来，集中观察现代思想的主要特点。戴雪认为这一时代的三大主导特征——与日俱增的言论自由与既存信念的解体、感情崇拜、历史方法，一起动摇了边沁主义和个人主义的权威。第一，言论自由和既存信念的解体。这两者密切地联系在一起，被认为是同一现象的两个方面。既存信念（包括宗教、道德、政治与经济的信念）的解体，导致了边沁主义的崩溃，而信念的解体是言论自由的结果，言论自由本身又是边沁主义努力追求的目标。第二，情感崇拜。人们越来越强调情感而不是人性中理性的一面，在边沁主义看来，所有诉诸情感的做法都是独断论，而边沁主义者极其憎恨独断论。第三，历史方法。这使思想家们产生了一些极具思辨价值的思想，如民主主义的氛围不利于功利主义思想的发展。总之，既存信念的解体削弱了边沁理论的权威；情感崇拜使得功利主义几乎很难运用到法律的修订中；历史方法则催生了一种与边沁哲学思想完全不同的精神。这三种趋势是当时的主要特征,它们削弱了个人主义的力量,支持集体主义的发展,或至少为集体主义的发展奠定了基础。

法律和舆论之间的关系极其复杂。立法舆论本身通常是事实而非哲学理论的结果;在制造舆论方面,法律比其他力量起着更加重要的作用。

四、评价与反思

《公共舆论的力量》以法律史和舆论思潮为经纬,探寻两者之间深刻且复杂的勾连,读者能够借此管窥英国的政治发展史。作为一名法学者,戴雪另辟蹊径,聚焦于西方法哲学传统中所忽视的问题,即从法律与(作为权力的)公共舆论的关系角度出发,分析19世纪英国"立法舆论"如何影响议会的立法议程,并描摹出不列颠的兴衰。《泰晤士报》曾评论此书"是我们时代的《论法的精神》"(戴雪,2014:16)。

为了阐述"意见(opinion)主宰立法",戴雪围绕"立法舆论"展开讨论。社会环境是公共舆论的根源。19世纪英国立法与公共舆论不断在保守与创新之间妥协,才因此避免了被卷入法国大革命的洪水巨浪。与此同时,立法也依赖着舆论。通过对舆论逆流与支流的讨论可以看到,任何对正常立法进程的偏离在根本上都呼应着公共情感上的相应波动。需要注意的是,戴雪对问题的讨论有着严格的时空限定,即这本书的副标题"19世纪英国的法律与公共舆论"。与此相联系的是,戴雪对于"立法舆论"的概念也进行了细致界定,在讨论中需要注意避免将其视为一个放诸四海而皆准的容器,随意扩大其适用范围。

就我国情况而言,自古以来,(民)情、(天)理、(国)法便是处理社会纠纷的三维尺度。但事实上,长期以来实践与研究都默认了"情感—理性"二元对立的逻辑,视法律为理性的造物而非情感的果实,造成了对情感的漠视与贬抑,忽略后者在法律进程与舆论中扮演的角色。戴雪从情感视角切入舆论与法律研究,为我国学者的后续研究提供了理论借鉴与参考。同时,在当代中国,各类思潮纷至沓来。在这个各类情

阿尔伯特·戴雪
《公共舆论的力量：19世纪英国的法律与公共舆论》

感交织于公共事件的转型时期，我们的社会与法律如何面对这种转型？这是读者可以沿着戴雪的问题意识去继续思考的问题。

（杨绍婷）

参 考 文 献

〔英〕戴雪：《公共舆论的力量：19世纪英国的法律与公共舆论》，戴鹏飞译，上海：上海人民出版社，2014。

拓 展 阅 读

〔英〕戴雪：《英宪精义》，雷宾南译，北京：中国法制出版社，2016。

〔法〕托克维尔：《旧制度与大革命》，冯棠译，北京：商务印书馆，1992。

袁光锋：《"情"的力量：公共生活中的情感政治》，南京：江苏人民出版社，2022。

约翰·杜威

《公众及其问题》

约翰·杜威是美国著名的哲学家、教育家和实用主义哲学的创始人之一以及美国进步主义教育运动的代表，也是早期的传播思想家。李普曼在《舆论》和《幻影公众》中对西方公众持一种悲观的论调，而杜威在《公众及其问题》中反驳了这种论调，所谓的"李杜之争"也由此而来。杜威在《公众及其问题》一书中集中阐述了在由科技、通信、交通等连接起来的"大社会"中，作为现代民主制度基石的"公众"的问题，他们甚至消失在了历史的长河之中。针对这个问题，杜威主张从一连串可观察、可验证的事实出发，去寻找和发现公众与国家以及民主之间的关系。在该书的末尾，杜威还论述了重建"大共同体"的必要性、可行性，并展示了把"大社会"建设成"大共同体"的方法路径。杜威对公众和民主的有力辩护，重新树立起人们对民主制的信心，点燃了西方民主的希望。

一、成书背景

（一）公众问题提出的社会背景

约翰·杜威（1859—1952）生活的年代，美国正处于剧烈的城市化、工业化浪潮之中，全社会处于一个前所未有的社会转型期。科学技术的迅速发展不仅推动了美国社会的发展，而且极大地丰富了人类交往的方式，拓宽了人类交往的范围，使人们可以在更大范围内产生关联。但是，科技的发达并不像民主制度所设想的那样使人们生活得富足、安康，反而导致了更加惨淡的现实。当时美国国内的情况是，人民生活水平低下，失业率攀升，城市化带来各类环境污染，社会冲突不断。而美国身处的国际环境也不容乐观，经济危机席卷全球，世界大战不断升级。在此背景下，资本主义社会所标榜的自由、民主、平等并没有出现，而以苏联为首的社会主义国家则成就突出。这些因素使得西方公众对资本主义的民主制度产生了巨大的怀疑。

当时的学者为此进行了积极的探索。这种探索主要可以分为两派：对公众和民主充满信心的乐观主义者、对公众和民主失去信心的悲观主义者。其中，杜威是乐观主义者，其论述最为典型，也最具代表性。杜威从实用主义哲学的视角出发，重塑了"公众"（个人）、民主"共同体"的概念，并发展出"新公众"（新个人）和"新共同体"的概念，提出把"大社会"建设成"大共同体"，以此来重建民主。杜威对公众运用自身的智慧来处理公共事务展现出了强烈的信心。

（二）公众问题的学术渊源

民主问题一直是西方社会经久不衰的讨论话题，有关民主的论述可以追溯到古希腊雅典城邦时期，柏拉图、亚里士多德等对此各有见解。雅典城邦的民主只是一种城邦内有限的直接民主，仅限于有地位的成年男性。现代民主则不同，它不再仅限于一城一地，而是覆盖更大范围，涵盖更多民族和人口的间接民主。民主制度在更大范围的应用，是人类社会、国家组织形式的"新实验"，因而，民主制度也面临着许多新的挑战和问题。杜威在《公众及其问题》中对公众及民主问题的论述，就是对作为现代民主之基础的公众面临的新挑战和新问题的回答。

公众与民主之间的关系问题的学术探讨最早见于"个人"与"共同体"的关系争论。杜威对于公众和民主的思考深受政治哲学传统中经验主义和理性主义两大政治哲学传统的影响。杜威虽然是一个实用主义哲学家，但是他的思想也融合了理性主义哲学传统中的某些理念。他在原有的"个人"与"共同体"概念基础上，重塑了"新个人"与"新共同体"。杜威的"新个人"指的是"其思想与欲望的模式与他人具有持久的一致性，其社交性体现为在所有常规的人类联系中的合作性"（杜威，1997：91）。杜威对于"新共同体"的解释是："作为观念，民主并不是联合生活原则以外的某种东西。它就是指共同体生活本身"，"在民主共同体内，人们拥有共同的'利益'、'目的'、'愿望'、'信念'以及'知识'"（孙有中，2002：72）。

杜威意义上的"共同体"观念，可以归结为以下几点：第一，人类单个个体生活于共同体之内，并且在共同体之中发展出一种自我认同；第二，共同体应当包容多样性和异质性；第三，共同体是一个逐步生成的过程；第四，共同体的成功依赖于以一种民主的方式努力寻找共同的善；第五，对共同体生活的所有含义的清晰意识构成了民主的理念（王成兵，2009）。"公众"（个人）与"共同体"是杜威民主观念中最为重要的核心概念，准确把握这两个概念的学术传统以及杜威对这两个概念的认识和发展，是理解杜威公众与民主思想的前提。

杜威还直接受到了他早年宗教信仰和当时流行思想，比如赫胥黎的生物学、达尔文的进化论等的影响。杜威在继承已有政治哲学传统和既有思想的基础上，发展出自己关于民主的思想。在关于公众与民主的关系问题上，杜威努力超越传统政治哲学中关于"个人"和"共同体"的二元对立，试图通过"参与"和"交流"来发展民主，希望通过"民主共同体"的重建，实现对"共同体"的重塑和民主的重生。

二、《公众及其问题》的主要观点

《公众及其问题》作为杜威的经典著作之一，主要探讨的是公众与民主的关系问题。杜威以其独特的风格，不仅阐释了公众、国家、政府与政治民主等的意涵，而且从实用主义哲学的理路，探寻并勾勒出它们之间的关系。此外，他还从人类行为出发，论述了公民参与对民主的重要性。

杜威认为，只有通过复兴"共同体"，才能使现在的"大社会"发

约翰·杜威
《公众及其问题》

展成"共同体"。杜威提供的具体路径是将本地社区（共同体）与机械传播方式结合。正如杜威在书中所言："最高级、最困难的探究和一种微妙的、精致的、生动的、机智的交流艺术，必须拥有传递和循环的实体组织结构，并为它注入活力。"（杜威，2015：191）当这种机制的发展逐步臻于完美，成为人们的日常生活方式时，民主会自然而然地到来。

杜威从实用主义哲学的视角出发，通过观察和检验一系列事实，提出了关于"公众"的假设：受道德观念影响的人群形成了"公众"这个群体，他们通过选举代表的方式组织起来，以更有效地维护自己的利益，规范个人和集体的行为，将自己融入某种政治组织或政体。因此，公众具有政治属性。简而言之，公众的产生是广泛持续的联合行为的结果。杜威采用实用主义方法，有两个目的：第一，反对那些通过特殊因果力量和代理人来解释国家的理论；第二，在可观察的行为及其与结果的关联性的基础上，继续推进寻找公众、发现国家、建设民主的方法。杜威认为应该先观察现实中公众的特征和行为，再归纳其规律，而不是用先验的理论去定义公众。这种实用主义方法更注重事实与行为，而不是空洞的理念，主张通过观察可证实的公众行为，比如选举代表、表达诉求等来发现公众在现实中的角色，从而推导出民主政体应该如何建设以更好地反映公众意愿、回应公众需求。这种由下至上的方法，既避免了理论空谈，也为民主政体的制度设计提供了现实依据。杜威看到了公众与国家、政府、民主之间的关联，指出"公众是人类群体生活的必然结果"（Bybee，1999）。国家也因公众的联合而形成，进而公众及其行为特征就与民主等政治问题相关联。

在探索公众与国家的内涵时，杜威提出了一个独特而又简洁的分析方法——聚焦于"人类行为本身"。若要想真正把握公众与国家的内在本质，就需要摆脱传统理论框架的束缚，回溯到人类行为这个最基本的起点。只有通过对人类各种行为模式的细致观察与总结，甄别不同类型的行为及其后果，才能从人类行为的角度去理解公众与国家。杜威将行为的后果区分为两个层面：一是对参与该事务或行为的人所造成的直接后果；另一个则是对非参与者的间接影响。如果一个人的某种行为只会对行为的当事人产生影响，则它可以被视为私人行为。一旦这个行为对更广泛的非当事人也构成重大的正面或负面效应，它便涉及"公共利益"，需要由公共机构来进行协调或管理。杜威通过这个看似简单却富有洞见的二分法，突破了公众与私人的传统定义，提供了一个崭新的实用主义分析框架，阐释了公众与私人的关键差异，即对于某种行为是否需要公共管理，应根据其后果的广泛性和重要性来判断。由此，"公众"和"国家"得以定义：公众是"持续的、广泛的、重要的联合行为的间接结果"，而国家只"进行统治，不负责管理"（杜威，2015：69），公众需要通过政府的具体力量才能形成国家。换言之，只有通过表达公众意志、代表公众的政府，公众才能组建国家。

然而，问题在于公众若仅通过政府形成国家，官员仍可能谋私利，导致腐败和专制。唯有依靠公众对官员的持续监督和批评才可以解决此类问题。此外，公众组建国家时，会受已建立的体制的影响。因此，如何限制或扩大政府功能，以更好地保障和增强公众能力，需要公众通过批评和实验来决定。杜威认为，最好的结果是公共利益占主导地位，为此，需要设立代议政府去协调公共利益和私人利益的冲突，进而确保公共利益占据主导地位。以上的种种逻辑推断，均是建立在公众理性、自觉的基础上，属于理想的状态。

实际上，在杜威看来，公众意识到自己具有政治属性这一事实的时间并不长。所以杜威质疑在这种情况下，公众知道如何保护自己的利益。那么，要让官员符合其身份要求，就需要确定一种选拔和规范官员行为的政治模式，杜威认为解决之道是民主政体的建立。民主政体是对现实进行多种调整的结果，是民主运动的汇聚，而这些运动又是渐进的。同时，民主运动本身是非政治的、无目的的，许多问题和理想都是在运动中产生的。换言之，民主国家是在制约政府的过程中产生，出于限制政府权力的愿望，公众最终选择民主政体。

杜威认为，美国民主政治是在地方小共同体基础上形成的，这种"小镇集会"式的小规模联合体的理念一直延续至今。但是在机器工业时代，个人通过非政治联系组成大共同体，公众难以定位自身。机器在产业和商业中的应用形成了新的社会条件，民主政府的选举、立法权力也随之产生，但同时这也阻碍了社会和人文思想的发展。因为在杜威看来，公众的民主思想仍未发展成熟，需要由政府主导形成民主共同体。因此，问题的关键在于，已存在但不统一的大社会渗透和破坏了过去的小共同体，却没有形成一个大共同体。这也解释了公众理念和影响力为什么消失。此外，公众面对的社会问题日益专业化和复杂化，以至于公众难以认识和定位自己。社会中并非缺乏拥有共同利益的公众，只是他们分布过于分散，规模也太庞大。因此，政治事务逐渐趋向由专家、政府首脑和机构管理者主导。

那么，分散混乱的大社会公众又当如何用非政治力量改变既有政治结构呢？杜威认为，只有意识到行为的间接后果，并且有可能设立机构管理它们时，公众才可能组织起来。唯有促进大社会向大共同体转化，公众才能走出困境。在何种条件下，大社会才能成为大共同体，实现真正的民主呢？杜威认为，社会探讨与传播的自由是必要条件，只有通过媒体与传播组织对社会问题的观察、公开报道，凝聚公众力量，才能实现民主理想。当自由探讨与丰富交流融为一体时，民主才能达到最佳状态。最后，杜威认为探讨民主公众理念的"方法"问题与民主交流结果有关。人们可以用暗示和推论作为探讨的依据，只有恢复地方共同体，并以共同体为媒介，通过共同体积累和传播智慧，增强个人理解和判断能力，公众才能认识自我，个人才能解决地方性的问题，才能形成新公众和民主。因此，杜威认为社会探讨的自由和探讨结果的自由流通，是终结公众的混沌状态，进而在大社会中形成真正的民主国家的必要条件。

三、评价与反思

《公众及其问题》一书虽然只是一本杜威演讲的汇编，但该书内容丰富，观点鲜明。从该书中对公众及其问题的论述来看，杜威超越了传统政治哲学关于"个人"（公众）与"共同体"的二元对立的论断，重塑了"公众"与"共同体"。杜威采取实用主义哲学的路数，对于西方民主发展过程中所出现的公众问题，发出了自己有力的声音，不仅肯定了公众的参与对民主发展的重要作用，而且为未来民主发展推导出具体的方法与路径。杜威的论述让人们看到了未来民主发展的希望，重新树立了对于民主的信心。

但在这些文章中，杜威对公众以及民主问题的论述，语言较为艰深晦涩，而且该书只是杜威对于公众及民主问题众多论述中的一小部分，所以严格来讲，这本书只能算作杜威政治哲学主张和政治理想的宣言。随着后期杜威政治民主思想的发展，他还有一系列更为系统的论述。因此，如果要想更加全面、深入地理解杜威及其有关公众和民主的思想，需要借助杜威的其他一些著作，如《经验与自然》《作为经验的艺术》等。

总的来说，杜威作为一个理想的实用主义哲学家，在对事关民主问题进行论述时，更多的是基于理论的探索。在这个意义上，杜威关于公众、民主的论证更多的是一种理想主义的民主观，若与当时以李普曼为首的现实主义者相比更是如此。李普曼认为公众出现了问题：公众并不理性，他们不仅没有时间和精力去参与公共事务，而且随着现代公共事务越来越专业化，公众也没有能力处理公共事务。对此，杜威等人开出的"药方"是，将公共事务交给专家来处理，公众只要做好审议、表决等工作就可以。杜威虽然也承认公众出现了问题，但是与李普曼不同的是，杜威对公众充满了信心，认为公众有能力参与公共事务，并且认为通过对"共同体"的重塑和利用现代传播技术，可以再造"公众"，促使"大社会"发展为"大共同体"，重建民主的基石，再造民主。

(董浩)

参 考 文 献

C. Bybee, "Can Democracy Survive in the Post-Factual Age? A Return to the Lippmann-Dewey Debate about the Politics of News", *Journalism & Communication Monographs*, 1999 (1).

John Dewey, *Democracy and Education: An Introduction to the Philosophy of Education*, New York: Macmillan, 1922.

孙有中：《美国精神的象征：杜威社会思想研究》，上海：上海人民出版社，2002。

王成兵：《再论杜威的共同体观——兼谈杜威哲学的当代意义研究

工作的思路》,《学术论坛》,2009(12)。

〔美〕约翰·杜威:《公众及其问题》,本书翻译组译,上海:复旦大学出版社,2015。

〔美〕约翰·杜威:《新旧个人主义:杜威文选》,孙有中等译,上海:上海社会科学院出版社,1997。

张梅:《"新个人"与"民主共同体"》,上海:华东师范大学硕士学位论文,2006。

拓 展 阅 读

〔美〕罗伯特·威斯布鲁克:《杜威与美国民主》,王红欣译,北京:北京大学出版社,2010。

〔美〕约翰·杜威:《杜威全集·中期著作(第十三卷:1921—1922)》,赵协真译,上海:华东师范大学出版社,2012。

〔美〕约翰·杜威:《人的问题》,傅统先、邱椿译,上海:上海人民出版社,1965。

沃尔特·李普曼

《舆论》

《舆论》是沃尔特·李普曼（1889—1974）于1922年出版的著作。在第一次世界大战中，李普曼曾参与美军宣传工作。基于这段经历，李普曼对舆论进行了全景式分析与解读，解析了分散的个体意见聚合成公意的过程。通过对舆论形成过程的观察和思考，李普曼敏锐地提出"拟态环境"（pseudo-environment）、"刻板印象"（stereotype）等概念，指出个人对广阔外部世界的认识并不客观，由此批评了西方民主理论，倡导建立一个由专家或精英群体组成的情报机构。自《舆论》一书问世以来，围绕书中观点的争议不曾停息，但这并不妨碍它成为舆论学研究领域的经典之作。从哈罗德·拉斯韦尔、马克斯韦尔·麦库姆斯等人的论著中可以发现他们均受到李普曼思想的影响。

一、成书背景

（一）进步理想的失落

19世纪90年代，美国社会进入了工业化、城市化、移民化的高速发展期，具体表现为大机器生产得到普及、组织管理制度盛行、外来移民涌入、中产阶级崛起等。基于此，美国在19世纪与20世纪之交掀起进步主义运动，进步主义者寄希望于政府的改革，期望重建美国的民主

沃尔特·李普曼
《舆论》

自由制度，并将美式的社会价值观念传播到全世界。然而在第一次世界大战后，美国国内的自由主义经济学兴起，组织严密的利益集团的权力得到空前加强。与此同时，战时劳工运动兴盛，钢铁工人发起大罢工，激进分子骚乱引发"红色恐慌"的反左派风潮，美国司法部长亚历山大·帕尔默（Alexander Palmer）发动"反红大搜捕"，整个社会陷入恐慌。在世界范围内，凡尔赛条约的签订引发巨大争议，美国国会围绕是否加入国际联盟这一议题展开长期拉锯论战。种种迹象昭示进步主义者所倡导的改革已然失败，进步主义者遭受沉重打击，随着战争的结束，进步主义运动宣告终结。

美国知识界也深受进步主义失败的影响，产生悲观情绪。进步主义运动不但未能重整社会道德秩序，反而使美式的民主、自由、理性等价值观念进一步遭到挑战。面对一战后美国社会的种种乱象，美国知识分子群体开始反思美式民主的问题。作为进步主义阵营中的一员，李普曼曾积极支持美国参与一战，他满怀信心地认为，战争能使发明家和工程师取代墨守成规者。在1917年4月的一场主题发言中，李普曼还曾振奋地向人们解释，一战"已经成了一场令人惊奇的革命……由于民主国家消除了束缚，价值观念的标准也为之一变"（斯蒂尔，2008：101）。但李普曼也看到了一战后美国政治生活中存在的诸多乱象，他不得不重新思考和审视民主问题，试图找到解决美国民主危机的方法。

（二）参与宣传工作的经历

1917年，李普曼加入了由爱德华·豪斯（Edward House）上校组织的专家咨询小组，并在这里参与起草了著名的"十四点和平原则"。次年，他出任美国陆军上尉，前往欧洲协助美军的战争宣传工作。李普曼制作的传单在战场上被大量印刷和散发，取得了良好的宣传效果。在亲身参与宣传工作的这段时间，李普曼目睹了美国宣传机构操控舆论、制造同意的种种手段，也见识到了舆论影响战场态势的巨大威力，这使他对公众理性逐渐产生怀疑：公众能否清晰地认识超出其直接经验的客观世界？1919年，李普曼对"巴黎和谈"中舆论现象的观察使他产生了更多思考："500多名记者为一些支离破碎的新闻你抢我夺，互相交换一些谣言，然后把这些东西倾注到报纸杂志的头版发表。甚至那些经验丰富的记者在这些谣传的谎言、走漏的风声和捕风捉影的迷宫之中也不知所措。新闻检查和宣传使人们难以区分什么是事实，什么是谣言。"（斯蒂尔，2008：34）"巴黎和谈"中的种种乱象使李普曼对新闻业逐渐产生幻灭感，并开始重新思考新闻与事实的关系。

1920年，李普曼与查尔斯·梅茨（Charles Merz）共同发表了一份长达42页的调查报告。在报告中，他们分析了1917—1920年《纽约时报》对俄国革命的报道，发现即便以中立、精确报道著称的《纽约时报》刊载的新闻也经常带有偏见。针对这个结果，李普曼撰写并出版了《自由与新闻》。在这本书中，李普曼提出，为了应对新闻报道中的偏见问题，使新闻更加客观地展现事实，应该制定更严格、更专业化的新闻操作标准。但是，李普曼又产生了新的怀疑：所谓的偏见可能不仅出现在新闻、宣传领域，还可能存在于舆论中。基于对这一问题的思考，李普曼试图探究舆论的性质，并撰写了《舆论》一书。

二、舆论的形成及其与民主的关系

（一）个人头脑中的景象与现实环境存在差异

在《舆论》的开篇，李普曼就指出人与真实环境之间还存在拟态环境。他认为，舆论分析的起点应该是"活动舞台、舞台形象和人对那个活动舞台上自行产生的形象所做的反应之间的三角关系"（李普曼，2006：12）。紧接着，李普曼又对"舆论"做出自己的解释，认为人们头脑中对自我、他人、需求、意图和人际关系的总体印象构成了舆论，因此分析舆论的第一步，就应该从个人脑海中的图像开始。那么，个人是如何形成对超出其直接经验范围的外部世界的认识的？

李普曼认为，个人对客观世界的认识过程可以被分解为他者的报道和个人的想象两个部分。然而遗憾的是，在反映纷繁复杂的"大社会"图景时，这两个部分都产生了偏差。一方面，报道所反映的现实世界常常是极为残破的"大社会"图像，存在着诸多阻碍公众接近事实真相的因素：人为的审查制度、个体社交圈子的限制、公众关注公共事务时间的不足、传播过程中的信息损耗等等。另一方面，个体在想象未知世界时，也会受到基于自身生活经验而产生的刻板印象的影响，刻板印象甚至能够决定人们关注哪些事实、从哪个角度思考问题等，这也影响了个人对外部世界认知的全面性和准确性。因此，李普曼认为，个体实际上很难在头脑中描绘出客观世界的真实图景。

（二）制造同意依靠象征

李普曼认为，人的个性是复杂的、混合的，在舆论形成过程中，没有一种特性可以持续不断地起作用。分析舆论时，也不能简单地根据某一特性就推断人们一定会做出某种行为。既然每个人的观点或见解都是如此不同，那么一致的舆论——或称公意——又是如何形成的？对此，李普曼给出的回答是：象征。

李普曼分析了查尔斯·休斯（Charles Hughes）的演讲和"十四点和平原则"中的用语，指出不同见解组成的舆论往往模糊不清，在关键问题上，舆论常常是用象征符号代替具体情形，而象征符号本身并不指向任何特定之物或具体观念。李普曼还特别强调了舆论中情感的作用，他认为象征之所以能聚合民意，就在于象征作为一个刺激因素，能够唤起公众的共同情感，并且包容公众的多元化想法。尽管人们对这些象征符号的理解可能各不相同，但他们都能在其中找到自己所偏好的解释，并根据具体事件而产生某种共同的情感。"和谐一致就是一个由各种象征组成的等级体系。"（李普曼，2006：106）

李普曼强调，象征符号只有被特定人物在特定的时间表达出来，才能起到应有的作用。这些人物往往处于团体的核心位置，他们与外部客观环境保持直接接触；相比之下，处于底层的公众所能做的只是恭听高见，对具体争端说"是"或者"不"。实际上在李普曼看来，个体无法构思、策划、磋商或实施任何事情，公众只有达成合作，方能成事。当面对紧急情况时，为了迅速动员公众，精英群体必须用象征来凝滞个性，否则要等人们都理解象征的意义，行动可能就会失败。

(三) 新闻业无法提供真相

李普曼不认为所有人都能清晰地认识广阔的客观世界。在他看来，我们所能期望的是每个人都在各自的领域中，努力描绘无形世界的本真面目，并让更多人参与进来，共同维护生活世界的真实性，这需要特定的社会机构对现实世界进行持续的记录、分析和衡量，为公众提供关于外部世界的真实信息。以前，新闻机构往往被视为民主的喉舌和舆论的法庭，但李普曼指出，这不过是人们对新闻业的过高期待。社会公众默认新闻应该是廉价或免费的，但新闻从业者不得不屈服于经济压力，并且争取广告客户，维持自身生存。由于广告商看重报纸的发行量，因此新闻从业者就必须提高报纸销量。为了争取更多数量的读者，新闻从业者又不得不迎合读者的期望和需求，报道五花八门的社会新闻，如购物、烹饪、娱乐、犯罪、八卦等议题。进一步而言，新闻业始终未能提高其行业地位的更深层次原因，在于新闻和真相的本质有所不同。李普曼指出，受版面、经济压力、记者素质等方面限制，新闻报道必须遵循某种规范或标准，比如报道那些能够引发读者兴趣的、确凿无疑的公开行为。换句话说，只有当公开的事件可以被证实、衡量和命名时，它们才能成为新闻。这决定了新闻并不等同于真相：新闻着眼于事件本身；真相则旨在揭示事件背后的隐情，建立事件之间的关联，勾画和还原事件发生的真实场景。当事件本身没有得到充分而全面的挖掘时，新闻业所报道的事件就只是新闻，而不是真相，新闻只能像一束束飘忽不定的探照光一样，时此时彼照亮社会的片段。

(四) 解决民主问题需要诉诸专家和公众

李普曼认为，西方民主制度对"全能公民"的假设暴露了民主问题的根源。传统的民主主义者总是天真地以为，公民的认知和思想能够超越其直接经验的局限，使头脑中的景象与外部世界图景重合，进而产生自发性的理性和正义感，针对特定的公共事务形成舆论，并助推公共领域的发展。但李普曼否定了这一想法，他认为置身于"大社会"当中的公众，能直接接触的环境是有限的，他们往往是按照自己的经验和成见来想象和认识世界,这些直接经验来自他们生活于其中的小共同体,而现实世界图景已经超出个人头脑中对周遭世界的认知。因此,舆论在很大程度上是由人们的想象和偏见构成的,在缺乏准确、完整呈现外部环境之手段的情况下,舆论本质上只能是由少数统治者操纵并制造同意,大众则是盲目的跟从者。民主政体是根据局部的生活经验设计出来的,统治者将其放大到一个广阔得不可预见的社会环境中加以应用;议院中的代表们各自怀着刻板成见,却要对他们所不熟悉的国内外重大事务进行决策。在李普曼看来,这样的民主是很值得质疑的。

李普曼提出要解决当下的民主问题,重建理性的舆论,关键在于确保公众获得对外部世界的真实认识。李普曼认为大众传媒无法担此重任,故转而求助于科学,他构想了一个专家组织,负责持续地记录、整理和分析社会各个方面的信息。但由于公众既无足够的时间和精力,也缺乏相应的专业知识,因此李普曼将这一责任托付给作为"局内人"的行政官员,他们能够为统治者做决策、采取行动提供事实和依据。同时,李普曼也对公众提出了相应的要求。他强调公众必须依据程序参与公共事务,在"局内人"的帮助下将象征符号和刻板成见还原为事实,再做出正确判断。另外,李普曼认为社会机构应该加强对公众的教育,使他们认识到自己的成见,养成对媒体报道的谨慎态度,形成对客观方法的尊重和热情。

三、拟态环境与刻板印象

(一)拟态环境

"拟态环境"是李普曼提出的一个重要概念。拟态环境并不是指真实客观的环境,而是对真实环境的局部映射。人们会对拟态环境做出反应,其结果会作用于真实的世界。所以李普曼提出,舆论分析的起点应该是真实环境、拟态环境与人对拟态环境所做的反应三者的关系(李普曼,2006:12)。

根据李普曼的解释,拟态环境的形成主要依靠以下几个因素:"偶然的事实，创造性的想象，情不自禁地信以为真。"（李普曼，2006：11）这说明拟态环境虽然不同于真实环境，但它的形成依旧基于真实环境，只不过它是对真实环境的一种歪曲乃至重构。在构成拟态环境的过程中，大众传媒的报道、个体的偏见与想象等，都发挥了重要作用。

为什么会存在拟态环境？李普曼指出，随着人类社会发展，个体需要直接面对的真实环境也变得空前庞大和复杂，渺小的个体无法全面了解这个变动不居的客观世界，因此个体不得不依靠一些简单的方法对外部世界加以想象。除此之外，在诸如战争、选举等特殊情境中，为了引导大众做出某种反应，精英群体甚至还会通过所谓的"宣传"，有意制造拟态环境。因此，李普曼认为，"虚构"是人类社会生活中的重要交流手段，人们通过"虚构"来调适环境。

（二）刻板印象

李普曼创造性地引入了"刻板印象"这一概念，来说明人们的既定观念、印象、经验等如何影响个人头脑中的景象。"Stereotype"一词在英语中原指印刷的铅板，李普曼在《舆论》中首次将其用以指人们对某一事物的认识总是经验先于理性，在信息处理过程中将某些性质强加于某一事物本身。李普曼举例，说大众的刻板印象有"懒惰的印度人""狡猾的东方人""贪婪的犹太人""羞涩的少女""圣徒般的神父"等。公认的典型、流行的样板以及所谓标准化的见解都可能影响公众对某一事物的先入之见。公众之所以会对某些事物形成刻板印象，一方面是因为现实世界太过复杂，刻板印象能够帮助个体快速认识事物，节省时间和精力；另一方面，刻板印象是个体运用经验来认识客观世界的核心思维，它包含个体的价值观和立场，以及个体对社会规范的认知。如果人们习以为常的社会秩序被其他标准打破，就会导致公众认知和现存社会秩序的混乱。在这个意义上，刻板印象其实维系着个体的自尊心和既定的社会秩序。

总体上，公众对刻板印象的轻信和采纳，依旧会极大地影响个体对信息的客观认知与判断。如果人们经常运用刻板印象来看待事物，而不加以谨慎的考虑，那么在处理相关信息时就极容易情绪化与绝对化。不仅如此，刻板印象甚至还能在很大程度上决定人们关注哪些事件、从哪个角度去关注事件。这会导致当事件的真相与刻板印象相抵触时，人们往往选择对事实视而不见。相反，如果人们能跳出刻板印象，接纳事实和不同观点，那么个体就有可能意识到自身局部经验的不足；如果人们能根据实际情况，修正其对特定事件的偏见，那么就可以降低刻板印象的负面影响。

四、评价与反思

《舆论》一经出版，便在知识分子群体中引起了广泛讨论。作为李普曼自认为"真正严肃深刻"的作品，该书不仅创造性地将社会心理学视角引入政治舆论分析框架，对民主政治问题提出了独特的见解，而且凭借对舆论本质的全景式分析与解读，被视为李普曼舆论思想的代表之作。彼得斯曾总结道，"至少在理论层面，美国大众传播理论不过是李普曼《舆论》一书的注脚"（Peters，1989：208），足见该书在新闻传播学领域的深远影响。

就美国民主制度所面临的问题而言，李普曼从社会心理学的角度观察并剖析政治现象，从根本上否定了美国民主制度的基本假设，同时戳破了所谓"舆论""公意""国民意志"等话语所营造的美好假象。他对美国民主制度和公众舆论的批评深刻而有力，该书流露出的批判锋芒也历经岁月的检验。正如杜威所言，《舆论》确实是"对最近被勾勒出的那种民主的一个最有效的控告"（杜威，2012：293）；但同时，杜威也指出，"尽管有教导性的、敏锐而全面的分析，它的批评部分还是比建构部分更为成功"（杜威，2012：298）。李普曼所构想的专家组织看似能够完美解决民主的难题，然而我们不禁要问：专家也是人，同样对各种事物有着自身的观点和偏好，那么专家能否摆脱刻板印象的桎梏？专家群体能否保证基于其专业化、科学化的知识，为社会公众提供客观世界的完整图景？李普曼因对专家群体和科学主义的过度信任而抱有"专家治国"的思想，也因此被贴上"反民主者""精英主义者"的标签。但也有学者提出不同意见，认为应该将李普曼定位为虚无主义者。詹姆斯·凯瑞（James Carey）认为，李普曼在《舆论》中将公众看作"二等旁观者"，即旁观者之旁观者，他们只能被动地接受由专家、科学家群体观察并再现的"现实"（凯瑞，2005：57）。迈克尔·舒德森（Michael Schudson）则反驳了凯瑞的观点，指出李普曼虽然强调公众具有参与公共事务的权利，但其承担的公共责任和义务更加重要（Schudson，2008）。

李普曼对舆论的分析思路直接影响了后来哈罗德·拉斯韦尔的宣传研究，拉斯韦尔对于宣传的理解和对于民主政治的立场明显继承了李普曼的思想观点。这两人对于"交流"（communication）的理解较为一致，将交流视为"播撒（dispersion）各种劝说符号，借以管理大众舆论"（彼得斯，2017：17）。

《舆论》中对拟态环境的论述也直接启发了传播学经典理论——议程设置和框架研究。虽然李普曼并不是这些理论的提出者，但李普曼通过"拟态环境"概念已经明确表达了相似观点，即个体头脑中想象的外部世界有可能与真实的环境完全不同，而大众传媒在塑造我们对外部世界想象的过程中发挥了重要作用。所以埃弗雷特·罗杰斯（Everett Rogers）说："议程设置研究始于李普曼的《公众舆论》的第一章。"（罗杰斯，2002：248）作为议程设置理论提出者之一的麦库姆斯也承认，该理论的主要观念根植于李普曼的《舆论》。

《舆论》一书中对于新闻业的讨论也同样具有理论和现实意义。李普曼深刻分析了报纸、读者和广告商三者之间的关系，提出了所谓"二次售卖"思想，即媒体在向读者销售报纸或其他内容产品后，再向广告商出售读者的注意力。李普曼对新闻处理规范的论述直接触及了对新闻与真相的思考，对理解新闻生产机制具有启发意义。除此之外，让·鲍德里亚（Jean Baudrillard）提出的"内爆""超真实"等后现代概念，虽然在时间上比李普曼提出的"拟态环境"晚了半个世纪，但二人的观点不谋而合，即媒介呈现的并非真实，而是对真实的重构，这也证明了李普曼的远见卓识。

詹姆斯·凯瑞曾指出，李普曼与约翰·杜威代表了两种截然相反的传播研究取向：前者及其《舆论》一书开创了美国主流的大众传播研究效果传统,保罗·拉扎斯菲尔德及哥伦比亚学派的行政研究沿袭的正是这条路径;作为对李普曼的回应,杜威的《公众及其问题》一书则代表了芝加哥学派文化研究的路径,但这种批判研究传统被美国学界所忽视。由詹姆斯·凯瑞掀起的这场"李杜之争"引起了不少争议,许多学者认为凯瑞误读了李普曼的思想,杜威与李普曼的思想观点之间也不存在明显差异。黄旦从"关系"出发,重新梳理了美国早期传播思想及其流变,为这一问题提供了新的思考视角。他认为,杜威与李普曼的研究取向均以"关系"为起点,但二者的不同之处在于,杜威的研究强调个人与社会的动态关系,李普曼则侧重分析个体心理智识的内在静态关系(黄旦,2005)。然而,随着哥伦比亚学派将大众媒介视为一种社会控制工具,传播效果研究成为美国传播学研究的核心路径,从而偏离了这种"关系"的视角。

在带来诸多争议的同时,《舆论》也带来许多思考,这使得该书毫无疑问地成为美国大众传播研究的奠基之作,而且随着近年来传播学界对李普曼理论思想的重新挖掘,该书的学术价值愈发受到重视和肯定。李普曼撰写《舆论》一书的初衷虽然不是解决信息传播问题,但是这种理解舆论的思路却开阔了传播学研究的视野。可以说,正是李普曼对20世纪20年代美国民主政治制度和舆论等诸多问题的关注,才开启了大众传播研究的理论视角。

(赵晓培)

参 考 文 献

J. D. Peters, "Democracy and American Mass Communication Theory: Dewey, Lippmann, Lazarsfeld", *Communication*, 1989(3).

M. Schudson, "The 'Lippmann-Dewey Debate' and the Invention of Walter Lippmann as an Anti-Democrat 1986—1996", *International Journal of Communication*, 2008(12).

〔美〕E. M. 罗杰斯:《传播学史:一种传记式的方法》,殷晓容译,上海:上海译文出版社,2002。

黄旦：《美国早期的传播思想及其流变——从芝加哥学派到大众传播研究的确立》，《新闻与传播研究》，2005（1）。

〔美〕罗纳德·斯蒂尔：《李普曼传》，于滨等译，北京：中信出版社，2008。

〔美〕沃尔特·李普曼：《公众舆论》，阎克文、江红译，上海：上海人民出版社，2006。

〔美〕约翰·杜翰姆·彼得斯：《对空言说：传播的观念史》，邓建国译，上海：上海译文出版社，2017。

〔美〕詹姆斯·W. 凯瑞：《作为文化的传播："媒介与社会"论文集》，丁未译，北京：华夏出版社，2005。

拓 展 阅 读

〔美〕杜威：《评〈公众舆论〉》，载《杜威全集·中期著作（第十三卷：1921—1922）》，赵协真译，上海：华东师范大学出版社，2012。

〔日〕佐藤卓己：《舆论与世论》，汪平等译，南京：南京大学出版社，2013。

爱德华·伯内斯

《舆论的结晶》

《舆论的结晶》是爱德华·伯内斯在1923年出版的，是其第一本公共关系理论著作，该书问世时正值现代公关事业起步并快速发展。同年，伯内斯以教授的身份在纽约大学开设了第一门公共关系课程，故这本书通常被视为公共关系学的代表作。伯内斯的《舆论的结晶》与李普曼的《舆论》堪称姊妹篇。在这本书中，伯内斯对舆论学的分析深度不亚于李普曼，其学术价值不仅体现在公共关系学研究领域，更体现在舆论学研究领域。因此，虽然伯内斯的舆论研究服务于公共关系，但这本书亦被后来的学者看作舆论学之经典著作。

一、成书背景

1893年，爱德华·伯内斯（1891—1995）随父亲从奥地利移民至美国，当时的美国铁路大亨考尼勒斯·范德比尔特（Cornelius Vanderbilt）宣称"公众该死"。随着进步主义运动的开展，新闻记者和作家发起了"扒粪运动"，统治集团被迫做出改革，不得不重新调整自己与公众的关系。在这样的社会背景下，现代公共关系走上了历史舞台。现代公共关系之父艾维·李（Ivy Lee）是记者出身，他在1903年创办了公关公司，并与"新闻代理人"展开了近十年的博弈。伯内斯后来也加入了艾维·李的团队，指责新闻代理人帮助企业雇主粉饰恶行，操纵大众,"是虚张声势的家伙"(伯内斯,2014:3)。艾维·李和他的"扒粪"同行一样,致力于将企业和公共机构的内部事务变成公众有权利知晓的公共信息。伯内斯将这种转变的内在逻辑概括为从"公众该死"到"公众理应知晓"。在这一基础上,伯内斯提出公共关系应该致力于促成组织与公众彼此的理解,后来伯内斯又明确将公关定义为组织与公众之间的"双行道"。

1912年,伯内斯从康奈尔大学农学院毕业,开始从事新闻工作,并加盟了老友弗雷德·罗宾逊(Fred Robinson)经营的杂志,从此开始了他的公共关系世纪之旅。1913年,他受聘担任福特汽车公司公关部经理,伯内斯通过利用名人、制造争议、搭建平台等手段,将法国戏剧《婚姻禁忌》引进美国,随后他与百老汇签订合约推广戏剧。一战结束后,伯内斯进入了美国官方组建的公共信息委员会,之后他的公关思想逐渐成熟,并为"新宣传"事业和自己的社会角色起了一个新名字——公共关系顾问(公关顾问)。在这里他结识了当时最负盛名的舆论学家李普曼。

伯内斯关于舆论的思想有几个重要的来源。一个是西格蒙德·弗洛伊德的精神分析学说。伯内斯是著名心理学家弗洛伊德的外甥,伯内斯在他的另一本书《宣传》中引用了精神分析的观点,提出"人们的思想行为是出于对被压制欲望的补偿性代替。人们对一件事的欲望,并非因其内在价值或用处,而是由于我们无意识地在其中看到另一些事情的象征,或者从中看到了我们羞于承认的另一种欲望"(伯内斯,2014:52)。人性、偏见和欲望始终是伯内斯考量一切公共关系的出发点,伯内斯借由精神分析,帮助他的客户预估并操纵消费者的思想和行为。

伯内斯思想的另一个重要来源是古斯塔夫·勒庞、加布里埃尔·塔尔德等人,伯内斯在其15本书和300多篇文章中经常引用他们的观点。勒庞、塔尔德等人的思想带有浓厚的精英主义色彩,承认群众的力量和大众创造历史的可能性,但是对群众的心智和破坏冲动怀有强烈的忧惧。他们认为,群众并不需要理性,只要有简单、有力、便于重复、具有感染力和暗示性的口号和信条,就可以任意摆布群众。勒庞等人的精英主义观直接影响了亲历过进步主义运动和一战的伯内斯,这使得伯内

爱德华·伯内斯
《舆论的结晶》

斯重视公众和舆论,也认为舆论具有可操作性,但更强调公共关系组织对公众的支配。

此外,李普曼的精英民主论也是伯内斯思想的重要来源之一。李普曼强调民主自由,但反对绝对化的自由放任。李普曼认为公众不过是幻影,是抽象的存在,公众自身的特性决定了其被操纵的宿命(斯蒂尔,2006:161)。据此,伯内斯提出"少数人统治定律",从这一定律可以看出伯内斯的舆论思想同样奉行精英主义的民主主义。伯内斯在公共关系中既坚持民主观念中的"自由"价值,又强调"秩序"的稳固,并将公关顾问看作"舆论的工程师",扮演社会精英的角色,在塑造舆论的过程中引导公众,维系良性的社会秩序。

1919年,伯内斯与其夫人在纽约创办了公共关系公司,这家公司曾服务四百多个客户,其中许多客户构成了20世纪美国政治、经济和文化精英名录:小约翰·卡尔文·柯立芝(John Calvin Coolidge)、赫伯特·胡佛(Herbert Hoover)、富兰克林·罗斯福(Franklin D. Roosevelt)、理查德·尼克松(Richard Nixon)。其客户也包括福特、宝洁、通用、凯迪拉克、卡地亚、《时代》杂志、《纽约时报》等。伯内斯致力于公共关系的专业主义,主要体现在"大处思考"的框架和"设计认同"的行动路径两个方面。"大处思考"就是通过宏大的理念营造传播语境、设置公关主题,进而在这样的语境下做出生动且带有人性诉求的群集化改变。在大处思考上,伯内斯引用并详述了心理学对人类本能的分类,他明确提出公关顾问可以利用一套表征本能的符号、记忆和影像,改变公众观点和行为。

伯内斯认为,公关关系的价值在于通过告知和说服,整合公众的态度和行为,协调社会关系,形塑社会认同。告知,即让各方意见在"观点的市场"相遇,真理存乎意见交换之中,是"各种欲望斗争和妥协的产物";说服,即建立组织与公众关系之间的"双行道",强调互相理解和彼此调整,"以说服和建议来取代暴力威胁和恐吓";整合与协调,即平衡不同社会主体的利益关系,倡导私人利益应当服从公共利益,个人的价值追求必须顺应"共同的善意"。由此,公关活动既坚持了民主观念中"自由、平等"的一面,也强调了"秩序、认同"的一面。伯内斯主张，这些目标需要依赖那些像他一样的"少数精英""舆论专家"或"公关顾问"来达成，因为他们具有宏观视角，能够引导大众、创造共识。伯内斯的公共关系思想具有强烈的功能主义特征。20世纪20年代，他提出公共关系的职责在于促进组织与公众之间的理解和相互适应，也就是他所倡导的"双行道"模式，而舆论是处理公共关系的工具。

二、伯内斯眼中的舆论

一战后，社会各界对舆论领域的研究兴趣与日俱增，如何投大众所好开展宣传越来越受关注，公众处境也在悄然发生变化。1929年以后，公众的价值逐渐被发现，这使得构建社会认同成为必要的社会公共事业。伯内斯结合不同时期的社会背景，开始强调舆论的重要性和可操作性。在古希腊的政治发展过程中，舆论最先受到口语传播的支配，随后的剧院表演、广场辩论、公共演说、小册子文学等都是舆论的表现形式。西方宗教改革时期，人们认识到宣传影响舆论的重要作用。报纸行业诞生后，新闻成为形塑舆论的重要因素。文艺复兴时期，人们对理性和个体的尊崇更加凸显了舆论的价值，而且人们意识到可以通过一些手段使舆论朝着预期的方向发展。法国大革命引发了人们对于舆论的狂热崇拜，使人们认为舆论能更有效地解决当下的社会和政治问题，推动公共生活的民主进程，提供知识和观念储备。伯内斯还引入了其他学者对舆论的探讨，托马斯·霍布斯认为舆论掌控着世界，大卫·休谟则认为不论政府是专制的、军政的还是自由民主的，皆以舆论为基础。

伯内斯将舆论描述为一种反复多变的个人判断的聚合，他认为舆论是时而统一、时而冲突的个体意见聚合的结果，这里的个体是指社会成员和社会组织。因此，为了理解舆论，人们必须重新研究那些构成群体的个体。伯内斯强调，关注舆论就要从关注个体出发，他认为公关顾问必须洞察个体思想和个体行动背后潜在的社会动因。伯内斯敏锐地发现，每个人都会对某个问题产生预判主张，而且这种看法会相当固化，即便他们此前并没有接触过这个领域。伯内斯引用心理学中"防逻辑隔离层"的概念对此进行解释，指出这种固化主张在群体暗示的环境下会

爱德华·伯内斯
《舆论的结晶》

强化。在此基础上,伯内斯讨论了舆论的主动性和被动性,即舆论到底可不可以被塑造的问题。伯内斯通过讨论报纸和舆论的关系,认为舆论并不是由某种单一媒介塑造的,而是社会多种因素综合作用的结果,大多数情况下,媒介机构所持有的主流意见与公众的主流意见是一致的。

1961年,《舆论的结晶》再版,伯内斯添加了长达54页的前言,梳理了公共关系的历史发展脉络及公众社会处境的变化,通过历史维度证明了公关行业存在的正当性,进而折射了舆论的发展史。伯内斯通过列举大量公关案例和公关服务对象,拓展公关顾问发挥作用的领域,他提出舆论在内政方面的重要性不仅体现在政治决策上,还体现在国家日常产业活动中。伯内斯通过界定社会舆论的范畴来定义公关顾问的服务范畴,他认为,若想探究舆论到底怎么发挥作用,最好的例子自然在那些与公共利益紧密联系的行业。伯内斯提出"公共关系顾问研究的领域是舆论",强调公关顾问要对舆论保持高度敏感,利用各种工具和手段吸引公众注意力,进而影响舆论。伯内斯认为当时的新闻界是影响舆论最有效甚至是唯一的媒介,所以公关顾问必须与记者保持密切联系,这样才能通过新闻媒体传播自身观点,帮助客户塑造舆论。

伯内斯梳理了公关顾问接触公众、形塑舆论的技巧和方法。公关顾问的工作对象实则是舆论,舆论是个体意见聚合的产物,个体意见构成了群体意见,而群体的惯性维持着社会既有秩序,因为大众倾向于接受基于自身经验和既有认知的事实,所以,表达一个新观点并被大众接受是十分困难的。公关顾问要着眼于社会群体的构成成分、心态、行为的变化和社会环境的变化等,克服群体惯性,达到塑造群体心理的目的。群体的构成成分具有复杂性,不同群体的交集则成为公关顾问的关注点,公关顾问必须考虑到群体的多样性和群体之间的交叉重叠关系。随后伯内斯给出了改造群体观点的方法论,即在分析客户问题的基础上,细分群体,框定目标受众,设计一个能够触动公众本能情感的互动过程,并围绕某个具体观点制造新闻。总之,在任何确切表达之前,公关顾问需要将公众思想的潜在倾向结晶化。

伯内斯厘清了舆论、媒体与公共关系三者的关联,得出了"舆论有被塑造的可能性"的结论,进一步讨论了公众与舆论之间的关系。伯内斯提出，公众与媒体，或者说公众与任何影响舆论的力量都是相互作用的，公众影响着媒介的选择，媒介影响着公众的认知。在一些根本性的问题上，媒体看似在塑造舆论，但实质上不过是和舆论保持一致。因此，把握公众和媒体之间的互动关系，是公关顾问的基本职能。由此，伯内斯提出："那些影响、改变舆论的力量若想产生预期效果，就必须成功赢得既有观念的支持，在舆论冥顽不化和可以被塑造这两个假设中间，尚存在一个中间地带。"（伯内斯，2014：106）在伯内斯看来，公关顾问既要分别考量舆论中公众与媒体这两个要素，也要考量它们之间的互动、影响和效果，舆论的塑造者必须善加利用既有观念。

伯内斯提出，公关顾问不能只关注公众与权威之间的互动关系，更要深入地探究舆论为何会独立于那些影响舆论的社会机构，舆论在多大程度上影响了这些机构，以及这些社会机构又在多大程度上影响和塑造了舆论。为了解决上述问题，伯内斯认为公关顾问必须学习有关个体心理和群体行为的全部知识，为此他引用了李普曼的"刻板印象"概念。刻板印象是社会群体的重要行为原则，公关顾问的许多工作都是围绕刻板印象展开的。伯内斯还引用了美国群体心理学大师埃弗雷特·马丁（Everett Martin）关于群体的讨论。马丁将群体心理和群体行为称为"群体成员个体潜意识之中被隐藏力量驱动的结果，只有通过某种社交集会，这种力量才能释放"（伯内斯，2014：114）。个人行为基于直觉，而直觉必须遵从群体需求；反之，群体使个体获得了自在无碍、随心所欲表达自己的机会。伯内斯提出，公众可以影响和塑造舆论，新闻媒体等社会机构对舆论有着严格的控制标准，比如新闻媒体向公众提供信息时，会在公众希望获得的信息和公众应该获得的信息之间达成妥协，因此这些引导舆论的社会机构都是在一种平衡状态中运行。伯内斯探究了舆论主体的心理机制之后，提出了公关顾问工作的原理，指出公关顾问所从事的工作一定要与其试图接触的公众拥有共同的价值和观念，但公关顾问不需要劝说人们来接受某种标准化观点，而是应该运用个体心理和群体思想的相关知识为客户阐述其观点。

伯内斯认为，媒体与公关顾问的关系，本质上是公关和道德的关系。公关顾问不只提供新闻内容，有时候他们甚至制造新闻，公关顾问不仅要了解什么是新闻价值，而且要运用这些知识使得新闻发生，鉴于此，公关顾问应当负有道德义务。公关顾问若要让新观点广泛传播，唯一的方法就是通过客观阐述事实，让公众认同其观点和判断。因此，公关顾问应该秉持道德标准，对自己的行为保持高度自我省察，避免宣传那些不合乎社会主流规范的价值或观点。对此，伯内斯指出："舆论的未来就是文明的未来，因此公众舆论必须成为公共良心，公共关系顾问在塑造公共良心的过程中贡献最大的社会价值。上层社会——那些有教养的人、有学识的人、专家和知识分子——承担着不可推卸的责任，他们必须将道德和精神的意志注于舆论之中。"（伯内斯，2014：177）

三、公共关系角度的舆论

伯内斯对舆论的理解是从公共关系角度出发的，他称公共关系顾问为"舆论的工程师"，并指出舆论是公关顾问的研究对象，"公共关系顾问首先是一个学生，他研究的领域是舆论"（伯内斯，2014：85）。伯内斯给出了舆论的定义，认为"舆论"这个词是用来概括"一个难以确定且经常改变的个体观点的集合体"（伯内斯，2014：91），舆论是由时刻可能相合或矛盾的个体的观点汇集而成的。伯内斯认为舆论存在着被塑造的可能性，舆论本身与其塑造者是相互影响的关系：媒体看似在塑造舆论，实质上不过是常常与舆论尽量保持一致。伯内斯在书中说："'统一的意见'大多是自发形成的，媒介只是确保群体意见的中介。"（伯内斯，2014：96）公众和社会机构之间的互动影响着舆论，塑造舆论的社会机构应当顺应公众的需求，而公众将予以反馈。如果想要有效地影响和改变舆论，就必须得到现有大众主流思想观念的赞同。舆论的塑造者必须对既有观念善加利用，这是媒体和其他社会机构都要面对的"真问题"。

伯内斯认识到了公众作为舆论主体的力量，但与此同时，受众也是易被操纵的。伯内斯深谙舆论与公关相辅相成的道理，而且舆论与社会机构也是相互影响的。伯内斯提出："一些人长篇大论且相当激烈地批评公共关系顾问，认为其应对舆论负责，这是不对的。公共关系顾问不需要劝说人们来接受某种标准化的观点或坚持既有的信仰。既有观点是因为能够满足人类的某一些真实或假设的需求而被确定下来的。"（伯内斯，2014：125）伯内斯谈到了舆论的两种倾向。一种观点认为，如果不是各种社会机构将一切信息都为公众准备妥当，公众根本不会有自己的观点。另一种观点却认为，除了公众提供的标准之外，新闻媒体其实并没有自己的标准，因此对公众的思想也没有产生什么实质性的影响。他综合两种观点，提出"当一种意见符合我们的立场时，便称之为'民意表达'；反之，则斥为'操纵舆论'，归因于阴险的宣传"（伯内斯，2014：96）。伯内斯认为，舆论的倾向会因外界影响而摇摆不定，公关的精髓在于深刻把握舆论并巧妙操纵它。

伯内斯提出，"为了理解舆论，人们必须重新研究那些构成群体的个体"（伯内斯，2014：96），由此引出了伯内斯对于个体和群体心理的重视。他认为拥有群体心理的绝不仅限于愚昧无知者，任何阶层都以群体的身份行事、思考，伯内斯还认为群体思维并非只在人们物理聚集时才会产生，群体心理在任何个体身上都成立，因此公关顾问必须考虑到个体所归属的隐含群体及其群体心理。伯内斯进一步分析了群体心理的特征，指出群体倾向于将个体习惯标准化，并为其提供合理化依据。对伯内斯来说，一个人虽对某问题几无了解，却总是自信地形成确定判断，这是公关顾问必须面对的事实。伯内斯将人类个体的普遍特征推广到整个社会，即人们难容异见的特点也存在于舆论层面。他认为舆论一旦形成就难以改变，因为人们不愿承认自己信奉的真理有误。舆论是个人观点的集合，基于人们的既有观念而形成，具有自发性。这种"先入为主的见解"难以接受"不同的见解"，伯内斯称之为"先验观念"。

如何面对以上这种心理倾向是公关顾问工作的重要部分。群体最重要的特征是同质性，从属于群体的个人基于"防逻辑隔离层"而排斥其他观点，形成了诸多观点不一但稳定的群体。个体对孤独的恐惧使之渴望在意见上与群体保持一致，并且个体总是易于接受所在群体的暗示。群体暗示使得群体逐渐形成一个共同的观念，并奉为真理，从而排斥异见。在源自不同个体的广袤"真理"海洋中，新观点要想获得认可，唯一办法是赢得群体认同。正是这种群体心理为公关顾问形塑舆论提供了可能，公关顾问须探究舆论的形成过程和原因，了解人类群体的心理状态和传播方式，干预和改变已经形成的舆论，并对尚未成形的舆论进行预测。

四、评价与反思

伯内斯作为公共关系的先驱，主要是从发展公共关系的立场来理解和探讨舆论，他强调公关的实践、应用及有效性，从管理者的角度进行学术发问，因此他的论点偏重于公关本身的重要性，并强调了舆论的可操控性。伯内斯在理论上仰承了勒庞、李普曼等人的衣钵——视大众为非理性群体，并把"操纵大众思想"当作公关的实践工具，以达成商业和政治目的。由于伯内斯的功能主义立场，他忽略了资本主义环境下，公众舆论受到政治集团等因素操纵的事实，也缺乏对舆论公共性的探讨。

哈贝马斯批判了伯内斯的公关思想，认为其过于重视公关，将导致公共领域产生两种后果：一是"舆论达成一致"这一前提的崩溃。"普遍利益"是舆论达成一致的理性前提，而公关则使社会的"普遍利益"背后藏着雇主的"私人利益"，"由精心制造舆论的机构假冒公共利益的名义而制造出来的共识，根本不存在理性的标准"（哈贝马斯，1999：230）。二是公共领域的再封建化。公关攀附各种关系网络，"假扮"主流价值，而使雇主获得封建式的声望。在哈贝马斯看来，公关活动侵蚀了公共领域，"甚至使国家也屈服于它的准则"（哈贝马斯，1999：231）。这体现在公关拥有完整、圆滑的操纵术：公关以取得共识为中心任务，因为公关机构只有在营造虚假共识的气氛中才能流畅地"向公众推销"。公关有时通过广告手段单向施加观点，有时则在更高层级上谋求利益，譬如使公众在看似自由讨论的框架中，无意识地接纳或排斥某个观念，甚至刻意激发公众舆论的群体极化倾向。这些正是公关的"欺骗性"所在，即通过"有计划地制造新闻或利用有关事件吸引人们的注意力"（哈贝马斯，1999：231），然后改变公众舆论。

伯内斯的思想有着浓厚的精英主义色彩，他深信，要纠正社会的不公正和不平等，只能凭借精英群体在了解和顺应大众的基础上，对大众进行告知、说服和整合。同时伯内斯的思想中存在一定的矛盾，他一方面呼吁对个人自由权利的尊重和捍卫，另一方面又主张对精英统治的承认。学者马文·奥拉斯基（Marvin Olasky）如此评价伯内斯："他既不是一个商业上的保守主义者，也不是一个纯粹的自由主义者，而是一个具有威权自由主义视野的人，还混合着一些社群主义思想。"（Olasky，1984）

在《舆论的结晶》结尾，伯内斯说道："舆论的未来，就是文明的未来。毫无疑问，舆论的力量正在持续增强，这样的趋势在未来也不会改变。同样可以确定的是，舆论正在被越来越多的来自底层社会的力量所影响、改造或震荡。这一趋势昭示着人类社会与文化的进步，而危险也是显而易见的。因此，上层社会——那些有教养的人、有学识的人、专家和知识分子——承担着不可推卸的责任，他们必须将道德和精神的意志注于舆论之中。"（伯内斯，2014：177）在伯内斯的观念中，公众舆论必须成为公共良心，尽管伯内斯所谓"塑造公共良心"的观念仍带有精英主义色彩，但他晚年重申"塑造舆论"的意义，期望纠正社会结构的不平等，这也对我们思考当前中国公共关系的道德性和舆论的公共性有着启迪作用。

（郭小安　徐珂瑾）

参 考 文 献

Marvin Olasky, "Bernay's Doctrine of Public Opinion", *Public Relations Reviews*, 1984, 10 (3).

〔美〕爱德华·L. 伯内斯：《舆论的结晶》，胡百精等译，北京：中国传媒大学出版社，2014。

胡百精、董晨宇：《现代公共关系的哲学基础与民主悖论：以伯内斯的公关思想为研究和批判个案》，《新闻大学》，2013（2）。

刘海龙：《宣传的理由：重读伯内斯的〈宣传〉》，《国际新闻界》，2014（4）。

〔德〕尤尔根·哈贝马斯：《公共领域的结构转型》，曹卫东等译，上海：学林出版社，1999。

拓 展 阅 读

刘海龙：《宣传：观念、话语及其正当化（第二版）》，北京：中国大百科全书出版社，2020。

〔美〕赖瑞·泰伊：《公关之父伯奈斯：影响民意的人》，刘体中译，海口：海南出版社，2003。

〔美〕约翰·R.扎勒：《公共舆论》，陈心想等译，北京：中国人民大学出版社，2013。

奥尔特加·加塞特

《大众的反叛》

丹尼尔·贝尔（Daniel Bell）在其著作《意识形态的终结》中，把大众社会理论视为除马克思主义以外，20世纪最具影响力的社会理论。一般而言，大众社会理论有两种主流的"大众观"，一种是推崇大众的力量，比如安东尼奥·葛兰西（Antonio Gramsci）将大众视为历史的创造者，认为大众进入公共空间是对其原有生存空间的回归，只有通过理论与实践的统一，实现精英与大众的融合，才能促进社会文明的进步。保守主义思想家则对于大众持批判态度，其中奥尔特加·加塞特在其著作《大众的反叛》一书中，对于"大众"（mass）的批判是最为直言不讳的。他认为，大众没有能力掌控公共生活，大众对于公共空间以及公共权利的侵占是现代文明危机的根源。由此可见，加塞特提倡的是精英统治论。在大众社会理论的谱系中，加塞特的《大众的反叛》极具开创性，无疑是一本经典之作，作者从研究"大众的心理"转变为研究大众文化特征和转型期社会结构，这一转变奠定了其作为大众社会理论家先驱地位的基础。

一、成书背景

奥尔特加·加塞特（1883—1955）是近代西班牙最伟大的思想家之一，也是西班牙第二共和国的知识领导者之一。1883年加塞特出生于西班牙马德里的一个知识分子家庭，其父亲是一名小说家和记者，母亲的家族掌握着西班牙当时一家著名的自由派报纸。加塞特1904年在马德里大学获得哲学博士学位后，在德国柏林、莱比锡和马尔堡等地求学，随后回国从事教育文化工作，1910年起担任马德里大学教授，直到1936年西班牙内战爆发。

加塞特生活的时代是西班牙史上极为复杂和动荡的时代，这深刻地影响了他的哲学思想和创作，他所坚守的"精英治国"理念正来源于此。军事独裁统治时期（1923—1930），加塞特在政治上坚持自由主义，反对君主制和独裁政治，为此他一度辞去教职进行抗议。1931年，他与其他共和派知识分子一道创建了共和国服务协会。在独裁统治结束和国王阿方索十三世退位后，他作为莱昂省代表，当选第二共和国的立宪议会议员，并在马德里市政府任职，但他在第二年便退出政界。1936—1939年西班牙内战期间，加塞特坚决反对法西斯分子等把西班牙作为政治实验基地。在弗朗哥掌权后，加塞特不愿在独裁统治下苟安，于是流亡海外，赴阿根廷、法国、葡萄牙等地游历讲学。二战结束后他曾两次回到祖国，直到1948年才回国定居，而后创办了人文主义研究会。在人生的最后十年中，他曾多次赴欧美讲学。1955年，加塞特在马德里去世。

加塞特是20世纪罕见的"知识贵族"，他的著作不但数量惊人，而且涉猎极为广泛，哲学、文艺批评、政治、历史心理学乃至教育学等皆出现在其论著范围内。其比较著名的代表作有《堂吉诃德沉思录》《没有主心骨的西班牙》《时代的主题》《艺术的非人性化》《大众的反叛》《走向一种历史哲学》《人与民族》《人类与危机》《历史理性》等。其中《大众的反叛》作为一部经典的大众社会理论著作，一经出版就备受社会各界好评，《大西洋月刊》甚至载文评论：此书对于20世纪人类社会的重要意义，如同18世纪的《社会契约论》、19世纪的《资本论》对人类社会的重要意义。加塞特在这本书中阐述了对大众社会的批判及其精英统治论，引发了争议。尼古拉斯·伯恩斯（Nicholas Burns）认为他的思想属于"自由保守主义者"；约翰·格雷（John Gray）把他与马克斯·韦伯、维尔弗雷多·帕累托等人一道称为"绝望的自由主义者"；

乔万尼·萨托利（Giovanni Sartori）说他"主张将自由主义和社会主义结合起来"。颇为吊诡的是，自由主义至上的弗里德里希·哈耶克、艾因·兰德（Ayn Rand）等，也对加塞特的思想推崇备至。不过，主流学界依然将加塞特视为保守主义者，《大众的反叛》也被看作大众社会理论的经典之作。

二、"大众人"与大众的反叛

该书对大众的理解可以分为三个层次：大众与精英的区别、"大众人"的剖析以及大众为何参与反叛。该书开篇就强调：不论结果如何，当今欧洲的社会现实表明，大众正在逐渐掌握社会权力，加塞特将这种趋势称为"大众的反叛"。但从"大众"的定义来看，他们可能既没有意愿，也缺乏足够能力来管理自己的日常生活，更别提领导整个社会了。大众掌握领导权的新趋势暗示欧洲正面临重大风险，即广泛的社会混乱、国家衰退与文化衰落。历史上曾多次出现过这样的风险。

事实上，加塞特对于大众和精英的判断并不依赖简单的阶层划分。他指出，社会结构的稳定是基于两类群体的平衡：少数精英和广大群众。其中，少数精英指的是那些具有独特能力和地位的个体和团体，而广大群众则代表那些不具备特定专长或特质的个体和团体。加塞特指出，大众现象是一个心理学事实，为了判断个体属不属于大众，加塞特提出"大众人"（A mass-man）的概念，他指出"大众人是这样一种人：他从不依赖任何特殊标准来评价自己，只强调自己'与他人完全相似'"（加塞特，2004：7）。故而，少数精英是那些对自己提出严格要求并赋予自己重大责任和使命的人，而"大众人"是对自己放任自流的人。

在加塞特看来，传统观念中的生活受到一系列的束缚，人们经常需要面对和处理各种限制。但在今天这个时代，生活变成了没有界限的放纵，一切似乎变得可行。不同时代背景孕育出截然不同的人格特点，在那些充满束缚的日常生活里，人们为了改善生活或提高地位，往往会通过多种方式努力拼搏，当他们获得成功时，会把这种成功归结于其付出的努力。但在今天，事实恰恰相反，由于人们迎来了"充盈富饶"的时代，在这个时代里，人们确信自己拥有强大的创造力，却又不知道应该创造些什么；认为自己可以主宰一切事物，却又掌握不了自己的命运（加塞特，2004：37）。加塞特对大众的评价极为犀利，他从大众心理、大众状态、大众行为等不同维度进行了剖析，批评大众平庸而懈怠的生活方式，指出大众不再关心未来，更不去冒险，只关注自己的舒适生活，对社会文明结构的深层次原理既不了解，也不感兴趣，这导致不安全感和焦虑感成为生活的本质。在加塞特的眼中，"大众人"像被"宠坏的孩子"，行事任意、无拘无束，不知义务为何物。因为如今的大众是过度以自我为中心和不知感激的群体，他们有一种"内心的封闭"，并且存在两种相互冲突的情感：强烈渴望生活，释放自我个性；但同时对于那些为他们的生活带来舒适和便利的人，并不抱有任何感激之情。大众认为自由而舒适的生活是理所当然的，不需要任何特殊的原因。这造成的后果是，大众不再认可权威，更不会向权威进行求助。"自以为是"的大众不再承认"精英与大众"界限的存在，不承认别人比自己优秀，不甘心扮演服从者的角色，反而想要取代精英，获取最高的社会权力，这在加塞特看来是无知而野蛮的。

加塞特更加尖锐地批评了大众"无视规范标准""热衷直接行动"（加塞特，2004：62）的特性。他指出，精英与大众、智人与愚人的区别中很重要的一点就是对于标准和规范是否尊崇。明智的精英即使自负，也会对这种自负抱有疑虑，会对文化和标准抱有尊崇感。但是如今的大众，封闭地认为自己十分聪明，却缺乏将这种聪明智慧转化为现实的能力，更无视任何标准和规则。这在公共生活中更为明显。大众似乎拥有着最精明的"思想"，却拒绝倾听；他们有着自己的"主见"，却并不渴求获得真理，更拒绝接受真理的游戏规则。加塞特强调"大众缺乏可以依据的规范就无所谓文化；缺乏可以上诉的法律就无所谓文化；辩论中不接受某些终极智识立场就无所谓文化等"（加塞特，2004：60）。加塞特批判大众反叛下的欧洲没有任何统治原则可言，也缺乏上述的规范和标准，以致形成一种野蛮生存的状况。换言之，欧洲人正在弃绝一种建立在文化基础上的公共生活，也就是放弃服从标准的公共生活，朝向蒙昧野蛮的公共生活转变。加塞特进一步指出，这种无视任何标准和规范的心理会带来"无理性的理性"（the reason of unreason），也就是"不愿诉诸理性，只是决意推动自己的行为"（加塞特，2004：70），这样会使得大众人干预公共生活的一切方式变为"直接行动"。加塞特指出，我们不难回忆起，每个时代的大众为某一目标参与公共活动时，经常倾向于采用"直接干预"的策略，这对他们来说似乎是行之有效的手段。但在这种新的格局中，我们的集体生活似乎逐渐走下坡路，那些依赖"间接"手段的行动日益受到阻挠；在人际交往中，基本的礼貌和尊重逐渐被人们遗忘；在文学创作中，我们看到的是更多的粗糙和激进的描述；在男女关系中，传统的规范和自制也逐渐消失。

随后，加塞特进一步分析了公共生活中存在大众人的三个原因——自由民主政体、科学实验和工业制度，而后两个可以合并为"科学技术"。一方面，西方社会政治制度日益强调个体、民主和自由，昔日"主权在民"的法理学观念已经转变成普通人心目中理所应当的"心理状态"。每个人都能自己做决定，为人处世也都是为了自己，追逐自我享乐，越来越不信任权威、蔑视权威，甚至热衷于打倒权威，不再服从其他任何人，这意味着如今大众的生活再现着原本属于少数上层人士的特征。

另一方面，科技的进步极大地改善了人们的物质生活，丰富的物质产品不仅让人们比过去更容易获得舒适的生活，还帮助人类超越了外在的限制——汽车的普及提高了人们的出行效率，拓宽了生活空间；各种新型药物减轻了疾病困扰；等等。人类的生活环境得到前所未有的改善，科技将人们从前工业时代的种种限制和枷锁中解放出来。但与此同时，大众对于科学技术的谦卑心理和探索欲望却逐渐消失。加塞特认为，大众生活在科技进步、物质充盈的社会，但他们将这一切都看作理所当然，忽视了伟大时代的背后，那些具有天赋和才华的少数人所付出的巨大努力；他们更不愿看到，这些伟大成就仍然有赖于人类的能力和宝贵品质。在加塞特眼中，大众人无视一切，这样的心理必将会阻碍科学的进一步发展。

总之，加塞特在《大众的反叛》中对于大众现象进行了深入的剖析，他认为大众人没有真正的价值目标与人本关怀，而是自以为是、蒙昧无知、妄想统治世界的群体。他们只关注自己的日常生活是否过得舒适惬意，却对背后的原因毫无认知；他们只索取文明的果实，而不愿意了解背后的真相。

三、从"大众人"到"大众民族"："大众统治"的危险

在现代欧洲的公共生活中，原本"各安其位、从不僭越"的大众，逐渐开始掌握社会的最高权力。加塞特认为，这种"反叛"导致当前的公共生活中，不利因素远远超过有利因素，因为社会的方向已经被"大众的统治"所左右，他们一边对文明的法则视而不见，一边却在运用它，仿佛文明的法则只是一种自然的力量。在这种状态下，人们对于知识、历史以及纯粹真理的追逐都变得虚无缥缈，取而代之的是一种野蛮主义的短视，"大众人"将逐渐走向"大众民族"，这对于整个国家乃至人类社会而言，都是极其危险的。

从文明的角度出发，大众对于加塞特来说是可怕的群体，他认为大众傲视一切的态度会使人们失去对于人类文明和科学技术的尊崇，最终故步自封。加塞特赞叹历史的伟大意义，他强调文明并非自我维持、与外界隔绝，而是需要人类不断努力和创造。加塞特批判道，对"大众人"而言，文明赖以生存的基础将不复存在，他们漠视文明的价值，并不准备为维持文明做出努力。随着历史的发展演化，文明正在变得日趋复杂，但"大众人"对历史的了解却少之又少，他们的革命是源于缺乏对于历史的记忆，更是源于缺乏一种历史的良知。"解决问题的技术之一是历史，历史可以使我们避免重蹈覆辙"（加塞特，2004：86），但大众对于历史和文明的无视，将使得能够解决这个问题的人才日益匮乏，这也是加塞特批判大众"野蛮"的原因所在。

同时，加塞特认为公众对科技的态度是影响公共生活的原则之一，但应当注意到，随着科技推动人类社会的发展，大众越来越偏爱实用科学，甚至科研人员自身也暴露出对科学弃如敝履的态度，但他们却忘记了科技的关键内核是"纯粹科学"。加塞特因此断言，当前的科技人员正是"大众人"的原型。加塞特认为，学科边界日渐缩紧的同时，现代

社会分工中出现的所谓"专家",逐渐与科学的其他分支领域以及科学对宇宙的完整解释失去联系,这是加塞特所批判的"新野蛮主义"。加塞特更忧惧这种专业化的野蛮主义,因为专业人士在对待其他专业领域的态度上,流露出一种似乎精通一切的自信。实际上,这正揭示了专业人士的特点:他们对政治、艺术、社会风俗和所有其他学科的观点往往是肤浅、未经思考的,但却自恃有理、自命不凡。正是基于这种过分自信的态度,专业人士试图主宰超出自身专业范围的诸多领域。专业人士与大众之间本该有专长上的区别,但最终的结果却是:在公共生活领域中,专业人士的行为和大众没有什么不同。换言之,当前的专业人士不再是百科全书式的存在,而是热衷于对所有领域进行"专业化"干涉。加塞特认为这种单纯发展所谓的"专业技术"而无视科学的态度,将在根本上阻碍科学的延续和发展,是对"文明是什么"的无知和令人心颤的野蛮。

加塞特对"大众人"的分析最终上升到政治统治的高度,他认为强权并不构成统治的基础,相反,人与人之间的和谐稳定关系才能形成真正意义上的统治。获得强大力量的个人或集体之所以能够大权在握,是因为他们成功掌控了被称为"强力"的社会机构,但统治的本质在于平和理性地行使权力,而非暴力式地获取权力。真正的统治权威建立在公众舆论的基础上,而不依赖外在的武力。加塞特认为,国家是各种意见平衡的状态。公众舆论是加塞特论述国家和统治思想体系的核心概念,他直白地指出,统治就是一种"精神权力",因而如果违逆公众舆论,也就无所谓统治。如同加塞特批判大众统治整个国家一样,他进一步批判了"大众民族"的存在,指出如果"大众人"存在"群众心理",那么不同民族之间也必然存在不同的"群众心理"。所谓"大众民族",是欧洲对少数几个创造人类"伟大"历史的民族进行抵制的民族。这些大众民族的特点是,自认为欧洲文明所代表的价值观念已经破产,但是它们自己又无力创立新的价值体系,因此它们迷失方向,既无远见卓识,又过着漫无目的的生活。

加塞特强调,大众时代到来的同时,欧洲民族也对其是否依然保持对世界的统治权产生了深深的怀疑。对应地,世界上的其他民族也产生了一种相似的心理：怀疑自己是否被其他人统治。然而，加塞特认为，精神健康和品行高尚的社会制度必须建立在创造性的生活方式之上，要实现这一点，需要满足两个条件：第一，国家自身必须拥有很高的文明水平和完善的社会标准规范；第二，人民必须正确认识自己在国家统治中的角色。只有做到这两点，一个社会才能通过创造性的生活方式，形成良好的社会秩序，而不是成为"大众人"或者是"大众民族"的社会——他们既不进行统治，也不自我约束，既不关心他人，也不与他人发生互动。总之，加塞特笔下的"大众的反叛"意味着大众的道德正在沦丧，当大众开始统治国家时，这个国家势必是混乱的、非规范化的，以致自甘堕落；大众扭曲自己的个性，把自己视作这种不规范的一部分，最终主动陷入这种不规范的泥沼。

四、评价与反思

当代美国著名社会学家、哈佛大学教授丹尼尔·贝尔认为，"在奥尔特加的书中，人们可以找到他对于现代性的所有最猛烈的攻击"（贝尔，2001：7），这是贝尔对《大众的反叛》一书最为深刻的评价。

事实上，加塞特并不是批判大众的第一人。勒庞、保罗·蒂利希（Paul Tillich）、卡尔·雅斯贝斯（Karl Jaspers）、加布里埃尔·马塞尔（Gabriel Marcel）等学者，都是这一派别的典型代表（盛宁，2007），他们均批判大众的过度自我、否认权威、平庸懈怠等问题。加塞特与勒庞等人都从群体的视角研究了"大众"，但研究立足点有所不同。勒庞着眼于大众的心理学，尖锐抨击了大众的情绪化、无意义和无知等特征；而加塞特则将"大众的反叛"看作一个时代的标志，对当时正经历结构转型的社会及其大众文化进行了批判性考察。在这一意义上，可以说加塞特是第一个宣告大众社会正式来临的人。相较于勒庞的社会心理学视角，加塞特更关注社会转型过程中大众的特征，并对大众社会做出预见。对此，罗伯特·默顿在《勒庞〈乌合之众〉的得与失》一文中称，《大众的反叛》是一本"通过学习勒庞而改进了勒庞的书"（默顿，2014：25）。此外，《大众的反叛》一书对于现代性的剖析最为深刻，加塞特看到了科技发展带来了"优越于过去所有时代，超出所有已知的富足"（加塞特，2004：27）的同时，指出大众社会忽视了对西方文明的继承和对世界的领导权，这是西方面临的"社会文化危机"。邢朝国认为，加塞特和法兰克福学派在对大众社会的批判上也有不同侧重，加塞特更集中地批判大众本身，法兰克福学派则更侧重对工业社会的批评（邢朝国，2014）。

正是因为加塞特对大众的激愤式批判，他的著作自出版以来便广受争议，并持续至今，究其本质，这体现了两种不同大众观的针锋相对。加塞特认为大众是无知的、自我的，因此必须压制大众，强调"精英统治"。但是大众群体和精英群体也许并不是完全敌对的，现代性的种种弊端也极有可能强烈影响精英群体。法兰克福学派的代表人物赫伯特·马尔库塞就曾犀利地指出：在发达的工业社会，高层级文化与现实之间的距离已被拉近，高层级文化不再有理想，不再想象另一种生活方式，不再提供与现实不同的抉择，而走向一种"单向度"（马尔库塞，2008：1）。

同样，加塞特的观点本质上依然极具精英主义色彩，有着绝对化倾向，几乎从根本上否定了大众群体。在他的眼里，大众都是愚昧无知的，他们毫无能力，但却妄想接管社会的统治权。相对应地，加塞特也流露出对于精英统治权流失的忧虑。克里斯托弗·拉希（Christopher Lasch）深受加塞特思想的影响，他在《精英的反叛》一书中，提出了一个富有争议的话题：现今，对西方的文明传统和社会秩序造成威胁的已经不是大众群体，而是社会精英。拉希认为，随着社会贫富差距不断拉大、失业率不断上升，大众不再期待有着"无限可能性"的世界，反而对自身地位有着清醒的认识。反之，精英群体可能更沉迷于"富足的生活"，逐渐脱离公共生活，丧失社会责任感。据此，拉希认为"当今社会更适合谈论精英反叛"（拉希，2010：19—36）。

无论如何，加塞特在九十多年前就对大众和大众社会进行了深刻的批判，其洞见值得反复思考和阅读。他对大众社会的天才般论断，对现代性极为深刻的反思，在今天依然值得学者进一步探索，尤其是面对互联网时代中的"群体"和"大众"时，更有必要沿着加塞特的思想脉络，继续探究和挖掘"大众人"的不同面向及其复杂属性。

（郭小安　代莉）

参 考 文 献

〔西〕奥尔特加·加塞特：《大众的反叛》，刘训练、佟德志译，长春：吉林人民出版社，2004。

〔美〕丹尼尔·贝尔：《意识形态的终结：五十年代政治观念衰微之考察》，张国清译，南京：江苏人民出版社，2001。

〔美〕克里斯托弗·拉希：《精英的反叛》，李丹莉、刘爽译，北京：中信出版社，2010。

〔美〕罗伯特·默顿：《勒庞〈乌合之众〉的得与失》，载〔法〕古斯塔夫·勒庞：《乌合之众：大众心理研究》，冯克利译，北京：中央编译出版社，2014。

〔美〕赫伯特·马尔库塞：《单向度的人：发达工业社会意识形态研究》，刘继译，上海：上海译文出版社，2008。

盛宁：《奥尔特加·加塞特的"大众社会"理论刍议》，《国外文学》，2007（2）。

邢朝国：《越过"界限"：现代公共生活中的大众——读奥尔特加·加塞特的〈大众的反叛〉》，《社会》，2014（3）。

拓 展 阅 读

孔洁、裴德海：《大众的反叛还是回归？——论奥尔特加与葛兰西大众观的对立》，《安徽大学学报（哲学社会科学版）》，2016（6）。

哈罗德·拉斯韦尔等

《宣传、传播和舆论指南》

早期的社会学研究者大多将传播视作常见的社会行为。虽然传播是理解社会关系的重要维度之一，但长久以来未能融入主流的社会学研究。第一次世界大战爆发后，哈罗德·拉斯韦尔等学者开始意识到"宣传"的强大影响力，大众传播研究开始勃兴，为现代传播学的诞生奠定了理论基础。1946年，拉斯韦尔等人共同编纂了《宣传、传播和舆论指南》一书，从传播渠道、政治宣传家、传播内容、传播效果四个方面，介绍当时美国学界对"宣传"的研究成果。后来，拉斯韦尔于1948年提出了经典的"5W模式"，为美国大众传播学研究提供了基本研究框架。

一、成书背景

哈罗德·拉斯韦尔（1902—1978）是美国20世纪著名政治学家、社会学家和传播学主要奠基人。1902年2月13日，他出生于美国伊利诺伊州唐尼尔逊的一个牧师家庭，16岁进入芝加哥大学，1922年取得哲学学士学位后，又前往欧洲攻读研究生学位。1926年，拉斯韦尔取得政治学博士学位，其博士论文《世界大战中的宣传技巧》在当时引起极大反响，后被誉为传播学的奠基之作。拉斯韦尔1922—1938年执教于芝加哥大学，1946年任耶鲁大学法学院教授。1948年，拉斯韦尔发

哈罗德·拉斯韦尔等
《宣传、传播和舆论指南》

表了对传播学产生重要影响的论文《社会传播的结构与功能》。拉斯韦尔曾当选为美国政治学会主席和纽约政策学中心主任。1978年12月18日，拉斯韦尔因肺炎病故。

拉斯韦尔一生笔耕不辍，著述颇丰，发表了六百万字以上的学术著作，内容涉及政治学、社会学、宣传学和传播学等许多领域。他经历了两次世界大战和冷战，这也启发了他从心理学、宣传学及情报工作方面研究战争。拉斯韦尔提出的"5W模式"以及传播功能理论，为传播学奠定了结构功能主义的研究框架；他对宣传的定义、性质及策略等方面做了详细的论述，极大地丰富了宣传研究领域。另外，拉斯韦尔利用定量和统计学的方法开创了内容分析法，使之成为传播学的重要研究方法之一。因其天才般的灵感和卓越的学术贡献，拉斯韦尔被誉为研究领域的达·芬奇。

《宣传、传播和舆论指南》出版于1946年，由拉斯韦尔及拉尔夫·凯西（Ralph Casey）、布鲁斯·兰尼斯·史密斯（Bruce Lannes Smith）共同编纂，是《宣传和推销：注释参考》的续作。《宣传、传播和舆论指南》由四篇引介性的文章和书目注释文献组成，主要概括了当时学界关于传播效果的认识，并对"有目的的宣传活动"进行了全面探讨。书目注释文献部分详尽收录了1934—1943年期间出版的与宣传研究相关的书籍、期刊和文章，并着重介绍了最有代表性的作品。

二、多元影响下的传播渠道

新闻是现代传播活动的重要媒介，而在美国，民主运动兴起、媒体繁荣、工业大发展以及城市化进程共同塑造了其"传媒帝国"地位。美国民主运动的勃兴为新闻媒介提供了精神内核。拉斯韦尔等人认为，民主运动的影响主要是通过提高受众媒介素养，改变受众兴趣的方式实现，而民主运动可以促进教育普及，扩大公共权力，使社会成员有能力和兴趣参与公共事务。美国现代报业的发展充分佐证了这一观点。报刊曾作为政党的宣传工具而存在，但民主运动的发展动摇了政党报刊对大众信息的垄断地位。以《纽约太阳报》为开端的"便士报"运动使新闻业逐步脱离政治色彩，树立了受众本位的价值观。但这一转变并非一帆风顺，随后美国报业进入"黄色报刊时期"，惊悚、低俗、虚假的信息充斥版面，新闻业的发展也一度陷入低潮。拉斯韦尔等人指出，当民主化走入死胡同时，舆论环境也将随之恶化，而新闻媒介是反映民主进程的镜子。这体现了20世纪三四十年代美国学界的主流观点。

新闻业难以避免地会受到商业的影响，在经历了商业化兼并之后，"一城一报"成为美国报业的基本格局，这一传统也延伸到当时新兴的广播和电视媒体行业。然而，资本的影响力并不仅限于业内，"一城一报"也塑造着美国人的信息获取习惯。研究结果显示，美国公众更易于接受自己所居住城镇报纸提供的信息，每个地区有两份左右的独立报纸是居民能够接受的最佳状态。美国的"特稿辛迪加"以标准化的方式批量生产新闻，虽然这是当时报业节约成本、提高新闻生产效率的必然路径，但不可否认，这阻碍了"观点的自由市场"，真正有价值的消息与观点无法得到传播。拉斯韦尔等人还发现，城市化进程会对新闻受众的认知观念产生结构化影响。城市化进程不仅导致报纸种类和发行量增加，还影响着新闻的内容和立场。在人口密集的大都市，个人化的观点难以获取公众注意力，更不要说引发共鸣和引导舆论了。现代传媒业的主要功能是为大众提供必要的信息。

美国学界较早地意识到发展国际传播的必要性，这主要归因于两次世界大战。尽管国际传播并非一项可盈利的事业，但对国家外交、商贸以及文化传播的益处不言而喻。第一次世界大战极大地激发了美国进军海外新闻宣传的兴趣，随着海底电缆及无线通信的投资不断扩充，美国将国际传播渠道整合成了一个"政府管制、政府补贴，但非政府所有的垄断企业"，以改变"各自为政"的局面，将资本注入了国际传播市场。另外，美国也借战争之机，将出版业扩张到全世界，一些出版商已经在国外建立自己的印刷厂，大量美国报刊开始发行海外版，向国外读者传播美国文化。正是战争期间美国重视"软实力"的塑造，使其不仅在二战中得到了回报，也确立了今天的传媒霸权地位。

三、垄断者们：20世纪的传播政治家

早期传播学的研究重点主要集中在"说什么"（传播内容分析）和"如何说"（传播技巧分析），当法西斯集团所谓"科学的宣传"实质被揭露后，学界将目光转向具有超凡魅力的领袖们。尽管塑造公众舆论并非仅靠一人之力，但政治领袖具备的特质能够使其在引导公众舆论上发挥作用。在《宣传、传播和舆论指南》一书中，布鲁斯·史密斯分析了当代政治领域的宣传和传播专家，整理了包括其生平、阶层、教育背景、操纵舆论的技巧等方面的详细信息，他认为只有先搞清楚"谁在说"，才能够对宣传活动进行规范和引导，避免世界大战的灾难重演。

家庭是宣传家启蒙的场所。史密斯研究了国家元首和宣传部长的样本，其中包括丘吉尔、斯大林等著名人物，他发现擅长宣传活动的领袖，其父亲大多是公职人员。担任公职或专职职务的家长，会让孩子更早地意识到社交和社会责任的意义，孩子也能耳濡目染地掌握政治知识，同时，这些家长也会注重培养孩子公开表达的信心和能力。因此，公职或白领阶层的后代更容易从政并身居高位。从家庭收入方面看，绝大部分宣传家来自中等收入以上的家庭。中产阶层出身的孩子往往能够获得更好的教育、更好的自信心培育，有更多观察和思考底层群众生活的机会。同时，中产阶层有着向上流动的需求，这些家庭的孩子天然地有着对成功的渴望。特别地，具备宗教、军队、政府、法律等领域背景的家庭，能够强化孩子参与公共生活的愿望。

学校则承担着对孩子们进行教育和社会化的责任。史密斯发现，身居高位的宣传家并非都受过高等教育，他们中大部分人的受教育程度仅至中学水平，但看似劣势的教育背景在当时却有其优势：在教育水平普遍低下的社会中，宣传家所拥有的中等知识水平，能够使其避免因精英身份而遭到公众的反感和排斥。在战时或经济萧条时期，这种教育背景的优势则更加明显。另外，宣传家的舆论宣传技巧也不是通过学校教育习得，而是在长期社会实践中积累得来，文化程度不高的"草根宣传家"，反而能够凭借其对底层人民的了解，广泛地联系和动员群众。以

上样本中的宣传家虽然多仅具有中学教育背景，但其中大多数人都以博览群书著称，一些人还享有经济学家和社会学家的美誉。

这些宣传家步入社会后，他们的第一份工作普遍涉及公共政策领域。从青年时期开始，这些人就长期从政或从事新闻工作，他们所选择的职业无疑对其之后在宣传工作中取得的成就有重要影响。在体格和情感特征上，56.25%的样本曾经克服过严重的体格障碍，这明显高于一般比例。他们旺盛的精力和与疾病抗争的毅力，都有益于培养其独特的政治人格。此外，抽样的16人中，有10人具有毁灭性冲动的性格特征，他们都曾面临过牺牲的危险，尽管这些行为在大众看来会是十分励志的（史密斯，2008：62—63）。史密斯指出，这些具有毁灭性冲动的性格主要来源于其年少时经历的挫折，随时有可能毁灭他人和自我。对领袖的"光荣事迹"大加歌颂而不予警惕，很可能将整个国家和民族都置于危险中。

早在古希腊时期，操纵舆论的技巧就包括观点垄断、罪恶感置换[①]等，但20世纪的宣传家对宣传技巧的运用更有其独到之处。现代传播技术的发展一方面导致传播权力更易被财阀和政治家垄断和控制，另一方面也对从事宣传活动的个体提出了更专业的要求。只有能够兼备民意调查、媒介经营、活动策划等各种职能的专业团队，才能够为宣传家争取群众支持提供智力保障。史密斯发现，国家元首往往负责修辞表述，以吸引和煽动群众；宣传部长则负责管理传媒技术，以提高领袖的宣传效果。史密斯对样本的分析显示，现代宣传技巧最突出的特点是雄辩的说辞与新颖的传播方式相结合。

四、内容分析的基础与应用

20世纪传播学研究的重点逐渐从单纯舆论控制，转向分析传播内容和传播效果。拉斯韦尔认为，传播学为人类提供了有关自我认知和关系构建的知识，它的确对个体和社会施加着影响，但不应被简单地视为

---

① 罪恶感置换就是将个体内心冲突和罪恶感转移到外部行为上来减轻心理压力。

控制人类的工具。不论是对报纸报道偏向的研究，还是对战时敌方情报的破译，传播内容本身都具备巨大的研究价值。

传播效果则发生于个体内的自我交流和个体间的互动中。拉斯韦尔提供了三个标准作为划分"自我"的界限：第一个是"识别"，指所有个体或群体的符号；第二个是"需求"，指用爱好等来明确身份的诉求，第三个是"接纳"，指接受有关过去、现在、未来事件的假设。互动关系中的传播效果通过"反馈"表现出来，拉斯韦尔通过观察互动关系的双方是否发生了价值观的修正或巩固，来推断传播效果。譬如，根据"目标"（target）、"指向"（direction）、"深度"（intensity）三个指标，可以对反馈进行分类，若它提高了目标的价值，指向就是积极的，反之则是消极的。

拉斯韦尔为内容分析工作确定了分析对象和操作步骤。第一步，要从社会环境中分辨出"媒体传播的信息"。拉斯韦尔将有形的事物称为"信号"，将有意义的事物称为"符号"，同时假设受众对信号或符号的基本反应。下一步，将收集到的文本分门别类，根据其意义分为认知性、需求性和接纳性文本三类。一些具有意义的单词和习语、还未完全明确的"主题性内容"也应当被纳入分析范围，根据各类型文本的数量和比重进行分析。这一步的工作核心并非罗列文本，而是对语句的"强度"进行分析，因为这能够获得受众反应的强度。强度主要与文本的显著性和符号风格相关。显著性代表着媒体吸引受众注意力的有效性，通过证实多少人曾看过某篇文章或广告，就可以初步得出不同报纸的版面、位置、内容等方面的显著性差异。除显著性之外，分析语句的强度时还应注意符号风格。符号风格指组成陈述语言的符号排列模式，通过对动词与非动词进行比较可以有效地分析符号风格的差异。

总结来说，拉斯韦尔认为内容分析的主要工作是：研究作为对象的符号在传播内容中出现的频率，该符号分别在肯定、中立、否定的感情色彩下出现的频率，以及该符号在各种特定强度下被表达的次数。拉斯韦尔开创的内容分析法，时至今日依然是传播学内容和宣传研究的重要方法。

五、传播效果研究的准则

传播效果研究的一个基本假设是：该传播活动产生了某种影响。因此在传播学研究领域，效果研究的重要性不言而喻。量化研究方法为传播学效果研究提供了科学的方法工具，使得学者们能够以数据的形式，将新闻报道和宣传演讲等传播活动对受众施加的影响较为直观地呈现出来，为宣传方法和策略的改良提供了科学依据。拉斯韦尔对当时传播效果研究的新进展进行了细致的梳理和讨论。

拉斯韦尔将信息传播对受众产生的影响归纳为关注、领悟、欣赏、评估、行动五个层面，并总结了各个层面效果研究的基本方法。关注和领悟层面的传播效果研究，往往需要配合内容分析方法，它们都需要一个共同的基础：最低水平的关注或领悟程度。只有当受众的关注或领悟程度高于最低水平时，传播活动才能够产生效果。欣赏层面的效果研究起源于对艺术品鉴赏的研究，这种方法也适用于对广告、报道、电视节目等其他媒介内容的欣赏研究。评估和行动层面的传播效果研究，需要运用口头采访和问卷调查等社会学调查方法。行动是研究传播效果的最关键的环节，投票情况、购买选择、出席率等指标能直观地反映出传播内容对受众行为的影响，尤其对广告业来说，行动层面的传播效果研究不仅是一种研究手段，还是一种决策方式。拉斯韦尔指出，研究者必须以自己的研究问题为导向，对长时间的、重大的、涉及多方面因素的事情进行细致观察，或仅就某些话题做简单、快速的意见收集。

拉斯韦尔阐释了研究者处于不同立场时所对应的调查研究准则。研究者要完全作为旁观者，记录研究对象的自然反应，并完整记录在场人数、噪声音量、各种标语等内容。记录工作对研究者来说是最严峻的考验，现场的话语和手势常常稍纵即逝，现场氛围的变化也难以用音像设备记录，而这些正是最具价值的资料，所以，研究者需要保持高度的敏感，以获取第一手的研究资料。拉斯韦尔认为，访谈的质量不体现在样本数的多寡，而在于样本是否具有代表性和客观性，如果仅采访某个阶层、某个地区的人，甚至那些可能被贿赂和恐吓的人，显然得不到有说服力的信息。研究者应该尽可能与被采访者建立起稳定的关系，长期收集被采访者的观点。此外，也要记录下被采访者的无意识活动，这往往更具说服力。

　　研究者在观察过程中不断地进行反思和校准至关重要，既要保证采用同样的方法能够得到相似的结果，也要发散性地通过不同方法，分析相同的对象，这不失为一个有意义的研究视角。拉斯韦尔建议，研究者需要为观察活动制定合理的间隔期，通过数次采访和信息收集来修正之前的分析结果可能出现的偏差，或是组织进行前测，根据前测的情况调整研究计划，这样可以有效避免误差。必须承认的是，现实社会并非和实验室一样处在封闭的空间，在研究过程中不可避免地会出现各种难以预料的情况，拉斯韦尔把这些研究过程中的插曲看作传播学研究的魅力，从实验室研究到多传播形式与进程的跳跃，正是大众传播研究需要做到的。

　　拉斯韦尔对数据始终持谨慎态度，他认为科学的信息获取工作并不能完全保证得到的信息是可靠的，研究者必须深层次考虑这些信息的价值。以美国选举的投票信息为例，计票的诚实性、投票的自主性以及结果的代表性，决定了投票结果是否真正与传播效果相关，事实上研究者无法保证以上的条件全部符合客观现实。例如，第三党派分散名义上的投票数、选举活动中充斥的贿赂和恐吓活动，以及选民的收入、年龄、人种等多方面因素，都常常会干扰研究者准确分析真实社会的传播效果。拉斯韦尔认为，一项准备充分的研究要尽量避免这些干扰因素。除了有规律地搜集无记名投票信息，居民主动发给官员的信件和电报也反映着他们的政治倾向；除了官方给出的数字和个别人的意见，一些看似不相干的行为如受众对图书、报纸的选择也蕴藏着更深层的研究价值。由此也可看到，拉斯韦尔具有严谨的治学态度。

六、评价与反思

　　该书出版时，正值二战结束，当时美国的传播学研究已经处于较为繁荣的发展阶段，以管理学派为代表的经验主义研究成为美国大众传播学研究的主流范式。"传播"逐渐被"宣传"替代，研究者们得以揭示宣传活动的本质，这也为传播学这一新兴学科夯实了理论基础。《宣传、传播和舆论指南》一书向当代读者展现了半个多世纪前研究者的学术工作，尽管主体部分相对短小，但其逻辑框架清晰、行文精炼。

  拉尔夫·凯西厘清了美国新闻业的发展历程，尤其强调新闻业受到商业和政治力量的直接影响，民主运动的兴起使美国新闻界重新确立了行业共识："最大限度满足受众"并非要哗众取宠，而是要关注普通人的兴趣、悲喜、善恶，让以审慎和理智为价值基础的新闻行业准则得以延续下去。新媒体时代，"媒介化"理论的提出再一次体现了媒体对大众和社会结构的形塑作用，媒体不再只是"镜子"，更是具有能动性的行动者。

  布鲁斯·史密斯对政治领袖群体的调查研究意义深远，两次世界大战的惨痛教训使人类意识到，在理性至上的现代社会，某些具备超凡魅力的领袖依旧能够左右大众的思想观念，掀起群体极化的浪潮。史密斯对这些宣传家的家庭背景、教育情况和职业选择等方面进行深入的发掘，这些发现对于今天的人们而言，可能已经属于常识范畴，但史密斯关于宣传家光荣事迹与毁灭倾向的论断，以及宣传技术可能引发恐怖统治的告诫，至今振聋发聩。尽管其思想有"魔弹论"的倾向，但在谈及如何避免悲剧再度发生时，史密斯认为，教育会提高社会成员的独立思考能力，进而消解宣传家对舆论的垄断。这与汉娜·阿伦特对"平庸之恶"的反思不谋而合。人们真正应当警惕的并非某个邪恶的"巨大齿轮"，而是人民沦为放弃思考的"小齿轮"。

  作为传播学的奠基人之一，拉斯韦尔为内容分析法明确了基本步骤和关键原则，至今对传播学者有指导性意义。拉斯韦尔反复强调，围绕所有传播环节进行的研究，都应有一个根本的指向，即传播效果，而这给予传播学研究以正当性，体现了传播研究本身的问题意识。拉斯韦尔进行了许多定量研究工作，但其本人一直对数据的真实研究价值表示警惕和怀疑，并把研究者的反思和校准过程当作研究的核心旨归。社会学家的确应当具备自我反思和批判意识，学术研究与真理之间的偏差，不取决于方法的选择，而是使用方法的人。

哈罗德·拉斯韦尔等
《宣传、传播和舆论指南》

在该书结尾,拉斯韦尔指出,传播学领域总是充斥着各种学科的观点,因此面临着概念和理论杂糅不清的问题,但也正是传播学的跨学科背景,使其在不同学科的思想指导下,能够提出范围更为广阔的研究问题,让传播学的"十字路口"展现传播学的开放、包容、交融之特质,而这正是传播学研究的魅力所在。

(李凯旋)

参 考 文 献

〔美〕布鲁斯·兰尼斯·史密斯等:《宣传、传播和舆论指南》,王海等译,广州:中山大学出版社,2008。

拓 展 阅 读

〔美〕爱德华·L. 伯内斯:《宣传》,胡百精、董晨宇译,北京:中国传媒大学出版社,2014。

刘海龙:《宣传:观念、话语及其正当化》,北京:中国大百科全书出版社,2013。

〔美〕沃尔特·李普曼:《幻影公众》,林牧茵译,上海:复旦大学出版社,2013。

〔美〕沃尔特·李普曼:《舆论》,常江、肖寒译,北京:北京大学出版社,2018。

〔美〕约翰·R. 扎勒:《公共舆论》,陈心想等译,北京:中国人民大学出版社,2013。

高尔顿·奥尔波特等

《谣言心理学》

人们为什么会信谣，又为什么会传谣？要回答这两个问题，有必要回到社会心理学的里程碑之作《谣言心理学》一书以寻找思考路径。高尔顿·奥尔波特与其合作者创造性地提出了谣言传播的公式，并借助"谣言实验方法"追踪谣言传播的轨迹，最终凝练出谣言的三种基本歪曲模式——简化、强化和同化。《谣言心理学》自20世纪40年代出版以来，深刻地影响着谣言研究。

一、成书背景

高尔顿·奥尔波特（1897—1967）出生于美国印第安纳州，是美国著名心理学家，哈佛大学哲学和经济学学士、心理学博士，曾在土耳其罗伯特学院，美国达特茅斯学院、哈佛大学任教，并协助建立了哈佛大学的社会学系。奥尔波特师承德国心理学家威廉姆·斯特恩（William Stern），后者于19世纪末20世纪初率先在西方进行了谣言心理学研究，并敏锐地注意到了故事在传播链条中被缩减和改变的现象。

第二次世界大战时期（1942—1943），奥尔波特与利奥·波兹曼（Leo Postman）着手研究战时谣言问题。他们发现，战争给谣言提供了最为理想的传播条件：军事事件本身有着无可比拟的重要性，由于军事机密的特殊性质、时局的混乱以及敌军行动的不可预知性，人们最关心的事情往往呈现出高度的模糊性。这启发奥尔波特的研究团队在《谣言心理学》中提出了影响后世的谣言传播公式。当时少有社会心理学文献聚焦于对谣言的系统描述,也似乎很少有人尝试对谣言的基本概念做出共识性的阐释。有鉴于此,奥尔波特的研究团队认为,有必要以基础教科书的形式,将所有与此重要课题相关的信息汇集在一起。对后世影响深远的《谣言心理学》就此诞生了。

二、谣言的产生、流传与社会心理

通过观察战争时期的谣言现象,奥尔波特等人指出,谣言不仅会在新闻缺乏时滋长,也会在消息太充足时满天飞。当人们不相信他们所获得的消息时,谣言便会迅速蔓延开来,这在珍珠港事件中展现得淋漓尽致。在珍珠港事件发生后,1942年1—2月,美国本土泛滥着扰乱人心的恐怖谣言,以至于罗斯福总统在进行"炉边谈话"时,也认为需要抽出一部分时间来澄清这些谣言,从而缓解公众的恐慌。研究过程中,奥尔波特等人尝试总结珍珠港事件的谣言公式。在这个特殊事件里,事态的含糊不清主要源自三个方面:第一,公众普遍表现出对当时联邦政府的不信任;第二,人们往往不大愿意相信战争期间官方公布的消息,即便那些不反对政府的人也是如此;第三,最为核心的是,战争的爆发严重扰乱了人们的正常生活,使得现实生活面临着极高的不确定性。战时谣言主要分为恐惧性谣言、希望性谣言,以及带来仇恨与敌意的分裂性谣言三大类。其中,前两类谣言对后方士气影响很大,而挑起分裂的谣言在数量上则最多。面对敌人的谣言攻势,在后方进行谣言防御可以有效地降低谣言的杀伤力与破坏性。此外,《谣言心理学》总结了谣言产生的两个基本条件:第一,对谣言的传播者和受众而言,谣言中故事的主题必须具有某种重要性;第二,对事实,必须用某种模糊性加以掩盖。值得深究的是,这种模糊性是如何产生的呢?如该书中所述,事实模糊性的来源,可能是缺少新闻供给、新闻太粗糙或者新闻具有矛盾性,也可能是公众本身不愿意相信新闻,或者由于紧张、焦虑等情绪而不愿意接受新闻中所描述的事实。

在讨论了谣言的产生之后，该书将研究的关注点转向了谣言的流传。奥尔波特给出了谣言的基本法则，也就是著名的谣言传播公式：R＝I×A。其中，R 表示谣言（rumor），I 代表重要性（importance），A 指代模糊性（ambiguity），谣言传播的效果与故事主题的重要性和描述的模糊性成正相关关系。值得注意的是，谣言传播的效果是重要性与模糊性之乘积，而不是两者之简单相加。也就是说，一则谣言的传播，如果其重要性和模糊性这两者中有一个为 0，即只有重要性，或只有模糊性，那么这一则谣言就无法传播。同理，当重要性与模糊性均达到最大值时，谣言则会展现出惊人的"繁殖能力"。

那么，散布谣言的"动机因素"又有哪些呢？谣言能够为人们提供一种排解紧张情绪的口头发泄途径。谣言既反映了人们的情绪压力（如焦虑、希望与渴望、仇恨等），也能够促使人们为了舒缓心理压力而进一步传播谣言。奥尔波特深入心理学层面寻求解释，他指出，这种个人的情绪状态，可以投射到人们对周围事物的解释中而不自知。换言之，人们更愿意去相信、传播那些符合他们个人情绪、意念或欲望的谣言，后者可概括为一种主观情感状态的投射。至此，不难看出，谣言实际上遵循着普遍的社会心理学法则。不过，人们的心理投射只有在特定条件下才起作用。这两个条件分别是，受众感受到谣言所描述的事情、所传播的主题与自身相关，受众自身的知识结构与客观的新闻供给（或者说事实证据）不足以对谣言描述的内容形成理性约束。只有满足以上两个条件时，谣言才会对受众产生影响。

上述内容主要从个体心理层面讨论谣言产生与传播的动机，但奥尔波特等对谣言的研究不应止步于此。因为谣言是一种社会现象，其产生至少需要两个人的参与，同时，每个个体都是谣言的传播媒介。因此，需要仔细分析谣言传播链条上的个体意识的典型运作，这就涉及两个重要层次——"评述"与"回忆"。

其一，评述研究向来受到西方心理学的重视。这是由于评述源于感知过程，它关涉三个心理步骤，分别是感知、记忆和描述。研究者发现事件目击者的描述具有严重的缺陷，当描述者在谣言传播的最初感知阶段或叙述过程中受到刺激时，这些缺陷表现得尤为明显。感知、记忆与口头描述本身存在缺陷，而情绪状态则会进一步扩大这些欠缺。

其二，就回忆而言，人们普遍认为，相较于群体记忆，个体记忆的准确度更高。但奥尔波特等人指出，如果个体在感知阶段出错，并且选择继续重复和强化自身的错误，那么个体记忆的准确度就会大打折扣。同样，群体记忆也面临着相似的危险，当群体成员具有相同的特征，或者类似的偏见时，群体记忆的准确度也没有办法得到保证。因此，个体记忆与群体记忆都存在相同的歪曲模式，因为群体记忆是连续的个体意识处理同一基本素材时产生的结果。

三、谣言心理学的实验方法与结果

为了更好地揭示谣言传播中的社会因素，奥尔波特等人设计出一套"谣言实验室方法"，并详细地介绍了实验室情况下谣言传播的结果，尤其是谣言个体传播者的心理过程。他们使用了"连续复述方式"——让实验对象处于同一种标准情景之中，让被试一个一个以接力的方式，"尽可能准确地"将听到的内容复述出来。与此同时，实验者记录下被试们的描述及其传播变化过程。在进行了三十多个实验后，研究者发现，即使只有六七个人参与的口头传播，信息也会在传播过程中产生极大的歪曲，并丢失掉诸多细节。

"连续复述方式"实验主要得出了谣言传播的三种模式，即简化、同化和推断。第一个模式即简化，谣言会对细节进行省略或突出某些细节。谣言传播的趋势是逐渐变短，变简洁，变得越来越容易被理解与讲述。这体现为，原本包含二十个或更多细节的原始描述，在传播到最后一位被试那里时，几乎都会被简化成平均五个细节。当我们细致地去审视那些被省略的细节时，会发现在整个实验中，细节的数量在复述开始时便大量减少。伴随着被试接力式的连续复述，细节的数量会持续减少，但减少速度会减缓。这种细节的省略在很大程度上是因为，连续复述过程中的描述者实际上并未看到最初的素材，他们也没有时间进行"心理复述"。减少的速度部分归因于实验设计中的观众，当被试（描述者）意识到有许多"苛刻的听众"时，他们会觉得自己所言内容的准确性正在经受考验，因此会尽量省略那些自己不确定的内容，以避免复述错误。然而，研究者也发现，省略并不意味着对细节的随机忽略，有些细节比其他细节更易受到影响。具体而言，在实验中，人名和地名不是被省略，就是被歪曲得面目全非了。与此同时，谣言传播中那些没有被省略的内容，也就相应地更突出、更清晰了。这种"突出"可以被定义为，在一个较大篇幅的描述中对一定数量的细节有选择地感知、保留和描述。它是省略的互补现象，对细节的省略与对细节的突出相伴并随。虽然多份实验报告中都出现了"突出"，但是"突出"的内容却不尽相同。通常而言，"突出"有几种体现，被试通常会抓住那些奇特的、重复的细节加以描述：有的"突出"体现为数字上的变化，即增加数目内容；有的"突出"体现为时间上的修改，被试倾向于将事件描述为当下发生的；有的"突出"体现为被试习惯性将静态的物体说成活动的物体；等等。

　　第二个模式是同化。在日常的言谈话语中，人们常常对"理性化的"思考和"情绪化的"思考做严格的区分。但奥尔波特等人认为，这种非此即彼的二元对立是不准确的。这是因为，没有任何心理活动是纯粹认知性的，也就是说，认知的变化过程与情感的激化过程存在复杂的交织。这种理智和情感之间微妙的相互渗透，明显地体现在谣言传播过程中刺激物所经历的变化之中。在细致讨论被试为何会保留某些细节，而删减另一些细节的过程中，研究者发现了不涉及情感的同化作用，包括趋向主题的同化作用、缩略引起的同化作用以及语言习惯的同化作用。在实验过程中，被试也表现出了更强刺激下的同化作用，这包括职业爱好、利己、偏见等的同化作用。

　　"连续复述方式"实验的第三个主要模式是推断。对大多数谣言追根溯源后可以发现，谣言往往始于对某一起真实事件的陈述。在陈述中，事件的细节可能有诸多变化，但研究结果表明，在绝大多数情况下，事件的主题总是变化最少的。尽管在传播过程中，主题可能会被省略或歪曲，但大多数情况下保持了与原始事件的某些联系。首先，谣言传播过程中的推断包括主题变换。在连续复述的过程中，事件的某个细节可能被"突出"从而取代了主题，这样，一个新的主题便产生了。这种情况较少出现。在新的主题产生之后，它便会对故事中的其他细节施加同化作用。其次，推断往往被认为加入了讲述者虚构的内容，即讲述者会想象出一些细节以适应主题的需要。但在奥尔波特等人的实验案例中，几乎没有发现添加细节的情况，这也印证了故事在传播链条中会变得越来越短，而不是越来越长的结论。偶尔，在谣言传播过程中，会发生受众因好奇而反过头去求知真相的情况。为了解释虚构的过程，奥尔波特认为要再次回到"自发行为的结果"这一概念上。在一个貌似合理的推断被信息（或谣言）传播链条中的某一位传播者编造出来之后，在后续传播过程中，又会被其他传播者不加批判地接受。奥尔波特发现，造成虚构和歪曲的一个次要原因是语言的误解。实验表明，谣言中关于事件的特定时间、地点和专属名称是各项内容中最容易被歪曲的。

四、评价与反思

《谣言心理学》的重要意义在于，奥尔波特等人极富创见地提出了谣言流通的公式，采用"谣言实验室方法"并通过丰富且翔实的实验资料来检验提出的模式。奥尔波特等人的研究为后续研究者提供了一个绝佳的研究基准，从横向的谣言、社会心理研究，与纵向的学术积累两个层面提供了极富洞见的论述。值得注意的是，谣言是舆论的表现形式之一，这启发我们要跳出谣言概念本身，将其放置于它所产生的时代背景或历史运动中，去梳理与考察谣言产生背后的社会心态、舆论动员机制，及其引发社会变革的影响力等，以此管窥历史的偶然与必然，例如法国大革命前期的谣言（法尔热，2018；勒费弗尔，2019）对社会产生的冲击，乾隆盛世时期"叫魂案"（孔飞力，1999）在中国引发的妖术大恐慌等。这能够进一步拓宽谣言研究的思路。

虽然该书主要讨论的是口语时代、印刷时代和电报时代的谣言传播，但是，该书中的思想观点对于当下这个互联网和社交媒体高度发达的时代，同样展现了一种能够划破时空的洞察力。为何在重大风险事件当中，社会上总是充斥着诸多谣言？为何在日常生活中，谣言会成为人们生活和人际交往的调味剂？我们仍然可以回到《谣言心理学》中去寻找解释：谣言根植于人性，它是一个基本的社会现象。谣言已经深深融入了社会结构，渗透进了人与人之间交往的缝隙。正是由于这个原因，在深度媒介化的时代，尤其是面对突发性公共事件，谣言经常会突破常规信息的传播渠道，如果不加以控制和引导，后果可能一发不可收拾。

奥尔波特等人从人本主义视角探究了谣言传播的个体心理模型，揭示了谣言生产、传播的运作规律，提出了谣言传播的公式，即谣言的传播强度为其重要性和模糊性的乘积。个体可能从其心理、经历、想象和日常交流中扭曲信息，而个体或"小我"对信息的扭曲的集合就构成了人类群体或"大我"的谣言传播活动。因此，谣言是个体心理机制的投射，其形成更离不开社会环境因素的影响，谣言传播的核心动力是个人与社会的互动，个体的认知变化与群体的情绪同化相互渗透，助推谣言不断生成、传播，甚至可聚合为公众舆论。奥尔波特等人对谣言心理的深入剖析给予谣言治理以新的启示，即不仅要关注社会层面的谣言阻断过程，采取如事实核查、法规制定等措施，还要关照微观层面的个体心理，提高公众的信息判断能力，让真相抵达每个人的心中，如此才能实现辟谣的最大化效果。

（杨绍婷）

参 考 文 献

〔法〕阿莱特·法尔热：《法国大革命前夕的舆论与谣言》，陈旻乐译，上海：文汇出版社，2018。

〔美〕奥尔波特等：《谣言心理学》，刘水平、梁元元、黄鹂译，沈阳：辽宁教育出版社，2003。

〔美〕孔飞力：《叫魂：1768年的中国妖术大恐慌》，陈兼、刘昶译，上海：上海三联书店，1999。

〔法〕乔治·勒费弗尔：《1789年大恐慌：法国大革命前夜的谣言、恐慌和反叛》，周思成译，太原：山西人民出版社，2019。

高尔顿·奥尔波特等
《谣言心理学》

拓 展 阅 读

郭小安：《当代中国网络谣言的社会心理研究》，北京：中国社会科学出版社，2015。

〔法〕让-诺埃尔·卡普费雷：《谣言：世界最古老的传媒》，郑若麟译，上海：上海人民出版社，2008。

戴维·杜鲁门

《政治过程：政治利益与公众舆论》

  21世纪的第二个十年间，世界政治局势动荡不安，大国在博弈中推动着政治格局的变迁。英国在全民公投后"脱欧"，让西方公众在惊讶之余开始质疑民主制度的合理性；特朗普当选总统，更让美国精英阶层大失所望。2020年，国际政治的变化依旧阴晴不定。美国挑起中美贸易冲突，发起对Tik Tok的收购、禁用华为5G电信服务项目等举措，美国本土爆发了黑人性命攸关运动（"Black Lives Matter"）。凡此种种，无一不与政治团体对舆论宣传的利用与操控密切相关。

  资本主义民主制度在本质上关涉权力的分配，民粹主义崛起与公众舆论两极分化的背后，必然牵涉到利益集团的争斗。传统观点认为，利益集团对政治活动和公众舆论的操控往往会造成政党斗争，并渗入社会结构，从而破坏政治—情感共同体。美国学者戴维·杜鲁门系统而客观地剖析了利益集团在政治过程中的积极作用，敏锐地指出利益集团是美国政治逻辑形成的主要驱动力。杜鲁门在政治过程研究中不仅为饱受偏见的"利益集团"和"宣传活动"正名，使之成为西方民主制度研究的重要理论维度，而且跳出了传统的法律—制度的静态研究范式，将其纳入了包括利益集团在内的舆论、法律、选举制度等系统研究体系，尤其是将公众舆论视作政治过程的重要面向，开启了政治过程中的舆论研究。成书于20世纪50年代的《政治过程：政治利益与公众舆论》，不仅是行为主义政治学的代表著作，也为舆论和宣传研究提供了重要的理

戴维·杜鲁门
《政治过程：政治利益与公众舆论》

论视角，为我们理解和分析当代世界政治中的舆论机制提供了重要参照。

一、成书背景

戴维·杜鲁门（1913—2003）出生于美国伊利诺伊州，在芝加哥大学安莫斯特学院获得文学学士学位，随后攻读芝加哥大学的政治学博士学位，后来曾担任美国政治学会主席，是美国艺术与科学学院院士和古根海姆基金会成员。杜鲁门先后在康奈尔大学、哈佛大学、耶鲁大学、威廉姆斯学院、哥伦比亚大学等校任教。1965—1966年哥伦比亚学生运动期间，杜鲁门亲历了影响全球的"五月风暴"运动。哥伦比亚大学左翼学生群体主张反越南战争、反种族主义，当时作为哥伦比亚大学副校长的杜鲁门则在这场运动中扮演了调停者和谈判者的角色，并在完成其使命后离开哥伦比亚大学。1969—1978年，杜鲁门担任曼荷莲学院第15任院长。此外，杜鲁门还曾担任罗素圣贤基金会的主席。2003年8月，杜鲁门在佛罗里达州去世，享年90岁。

阿瑟·本特利（Arthur Bentley）早在1908年就出版了《政治过程：一项关于社会压力集团的研究》，杜鲁门则毫不讳言地承认自己继承了本特利的学术思想，并进一步描绘和发展了政治过程理论。杜鲁门在《政治过程：政治利益与公众舆论》中对于利益集团的独到见解，是这本书一经面世就备受关注的原因。詹姆斯·麦迪逊（James Madison）早在制定宪法时，就意识到了利益集团或派系的潜在危害。他一方面试图压制一家独大的利益集团或派系，以保障社会共同体的利益；另一方面使各利益集团之间展开相互竞争，以抵消各利益集团的影响力。因此，美国制宪之初就建立了包括言论自由在内的法律制度体系，并为所谓的"游说团体"赋予了相应的权利和合法性地位。

公众舆论是利益集团进行游说活动、参与政治过程的重要组成部分。利益集团可利用舆论反过来影响和引导公众意见，从而操纵宣传活动来达到其政治目的。游说团体主要是向执政者或政策制定机构展开游说活动，例如向国会议员和政府官员施加压力，以达成有利于自己的政策目标。沿着这个路径，第一次世界大战中兴起的战争宣传与公众舆论研究，便为杜鲁门撰写《政治过程》提供了丰富的学术资源。自1900年以来，美国国会就重大事项举行听证会的政治实践活动，极大地拓展了利益集团的活动空间和提升了其政治地位。杜鲁门吸收和借鉴李普曼、查尔斯·梅里亚姆（Charles Merriam）和拉斯韦尔等人对政治宣传及公众舆论的研究，结合美国利益集团极速扩张和全国性劳工运动兴起的社会背景，着重关注和研究政治利益集团与公众舆论的关系，以及政治利益集团的宣传策略。

第二次世界大战后，美国总统哈里·S. 杜鲁门（Harry S. Truman）提出了"遏制共产主义"的内政、外交政策：对内大力扩充军备，清除美国境内共产党组织及左翼人士；对外则提出"马歇尔计划"援助西欧国家，并建立全球军事联盟，开启针对以苏联为首的社会主义阵营的冷战，并试图裹挟欧洲和第三世界接受美国霸权的政治意识形态。20世纪50年代初的麦卡锡主义是杜鲁门主义的延续，是由美国共和党议员约瑟夫·麦卡锡（Joseph McCarthy）主导的反共运动，参议院、众议院、联邦调查局等美国国家政治机构先后加入了对共产党人的调查。1950年2月，麦卡锡在西弗吉尼亚共和党妇女俱乐部的演讲使他一举成为美国知名的政治人物，并将麦卡锡主义推向高潮。此外，美国退伍军人协会、美国女性论坛、美国公共关系论坛等多个政治利益集团的支持也是麦卡锡主义得以猖行的重要因素。

戴维·杜鲁门撰写《政治过程》一书时，正值美国国内麦卡锡主义盛行。他敏锐地发现，相比于静态的法律和制度，政治利益集团在商议、游说等政治过程和舆论宣传中对美国政治的影响和作用更为显著。虽然利益集团在政治活动中对民主制度有一些破坏性的做法，但杜鲁门并没有一味地将利益集团视为洪水猛兽，而是看到利益集团存在的正当性以及由此而展开的政治活动的合理性，试图理解利益集团与立法、行政和公众舆论构成的政治系统在政治活动中所发挥的作用，以及政治过程与公众舆论彼此之间的相互影响，从而为消除利益集团的弊病开出了良方。总之，杜鲁门一生主张公民权利，反对麦卡锡主义，并公开反对雅克·巴尔赞（Jacques Barzun）的著名论断，即人文学科"已死或垂死"。《政治过程》为他赢得了巨大的学术声誉,杜鲁门也因此被视作20世纪美国研究多元主义政治理论的重要代表人物之一。

二、利益集团与公众舆论

杜鲁门在该书开篇引用了亚里士多德的名言"人是一种社会动物",引申出利益集团存在的社会基础,指出人的生活必然受到集团的影响,而个人态度和行为模式的差异也使得不同集团之间的行动模式有所差异。"本能"是解释集团之间竞争和冲突的一个理论,这与詹姆斯·麦迪逊所声称的集团"内在于人的本性"有所呼应。社会心理学研究的结果表明,从个体的幼儿时期开始,初级集团就在不断地施加影响,塑造个体的性格和生活环境。杜鲁门还引用了保罗·拉扎斯菲尔德的伊里县总统选举调查来说明集团成员的一致化倾向。总之,集团中的成员必须服从于集团整体的行动和价值观,个人的行为也受到集团身份的影响,这是个体社会化的过程,同时也反映了集团的本质特征。集团是社会的基本单位,具有由其成员共同构成的行为一致性,这种一致性并非身份、收入、职业等类别上的相似性,而在于成员之间的独特关系。综上,集团是具有共同特征的人群集合,且成员基于共同特征进行一定频率的交往。

基于对集团概念的厘清,杜鲁门认为,利益集团是指由个体或组织在共同的态度基础上聚集而成,旨在建立、维护或增强共同态度的群体。对于利益集团起源的问题,杜鲁门在该书的开头便回溯了利益集团的历史,重点探讨了时任联邦议员詹姆斯·麦迪逊在《联邦党人文集》中对集团利益的来源和特征所做的详尽论述。麦迪逊将宗派形成的潜在原因归于人性,而财产分配的不平等是宗派普遍且持久存在的根源。麦迪逊的核心观点是将集团的斗争视为政治过程的本质。利益集团通过参与政府事务、利用政府制度来建立与政府的关系,为满足自身的需求而寻求政府的帮助,并逐渐对政府产生依赖。因此,利益集团作为政治利益表达的工具,是政府活动中的基本因素,甚至是国家的执行机构,而且随着社会的不断发展,政治利益集团在社会中的作用愈加重要。

利益集团的游说或政治参与活动同公众舆论及宣传活动密不可分，因此杜鲁门在书中谈及了20世纪中期自美国兴起的公众舆论与宣传研究。约翰·杜威认为公众受到某些人行为影响，是一群个人的集合，而舆论则是某些人的行动对于未参与其中的其他人产生的某种结果，这些结果可能会产生正面，也可能产生负面的影响。基于心理学和第一次世界大战中的宣传研究，学者们揭示了舆论的非理性特征。舆论在媒体与竞选演讲中的作用仍然是学界研究的热点议题。杜鲁门在探讨利益集团与政党、选举、立法、行政、司法裁决的关系之前，先行论述了公众舆论和宣传。

作为巨大的权力来源，公众舆论超越了美国传统的政党机器。利益集团与公众舆论存在紧密的关系。杜鲁门将"公众舆论"（public opinion）拆解为"公共"（public）和"观点"（opinion）两部分，并指出，公众舆论隐含着集体性和超自然性等特征，是超越任何个人观点的精神力量。当然，由于部分人的与世隔绝和"无知"，"公众"这一概念，在杜鲁门看来是针对一种情况或特定问题而言的，知晓其中内涵的那部分人是公众。利益集团的组织功能，就是使利益集团的成员形成对某一政策或行动的认知，说服公众舆论支持或反对某项政策或行动，从而达成一致的观点。个人成长经历以及利益立场的变化会影响公众个人态度的变化。

基于此，杜鲁门认为公众舆论是公众个人观点的集合。"大多数人"并非公众舆论存在的前提，因为少数人也是公众的一部分，所以公众舆论的政治效果与公众规模的大小没有关联；另外，某一种时刻或情况下的公众舆论也不同于另一种时刻或情况下的公众舆论。所以，公众舆论与观点的合理性、稳定性，以及公众行动的意愿和能力等有关，而与公众规模几乎无关。只有在扎实的论据的基础上具体问题具体分析，才能从一般意义上讨论公众舆论。这些条件包括：不同观点提出的情况；观点背后的知识基础与合理性；公众的意愿以及行动能力；代表不同利益集团的公众舆论呈现的结构形式；特定的时间与环境导致的舆论特点与向度等。

三、公众舆论的作用机制与利益集团的宣传活动

所有政治利益集团，首要关注的就是社会中存在的公众舆论。舆论关涉利益集团的组织立场与公众的社会态度，利益集团的首要目标是制订宣传计划，引导和控制舆论。1913 年，美国国会通过的宪法第十七条修正案，以及同年参众两院联合调查安德伍德税收法案的游说活动，是美国政治利益集团的技术运用方式的转折点。旧式游说的幕后操纵方法逐渐被摒弃，新式游说的"新"就体现在，公众舆论和宣传活动在现代集团政治中发挥着举足轻重的作用。这种方式更符合 20 世纪初美国的政治参与模式，利益集团能够更为有效地使用宣传手段实现目标，并通过增加与政府的接触，来影响政府的决策过程，而这正是利益集团参与政府活动的目的。

公众舆论在利益集团中发挥的重要作用，源自社会结构和技术方面的变化。社会结构的变化体现为，美国有投票权的公民从原本的白人精英和中产阶层，扩大到包括黑人在内的广泛种族与社会阶层；技术方面的变化则体现在大众传媒产业的繁荣，如新闻业、电视政论节目的兴起，使得公众舆论在社会空间中成为一种足以影响利益集团目标、方针与社会形象的新生力量。公众舆论作为广泛的社会态度，关乎利益集团的目标，因而利益集团领导者在政治活动中需要评估公众舆论的方向和影响，并尝试引导和控制舆论。为此，利益集团的领导者需要制订宣传计划，传播集团的具体目标。具体而言，这种宣传可以分为对内宣传和对外宣传两种。集团的对内宣传有助于巩固集团的内聚力，提升少数人的领导力；对外宣传则是为了赢得更广泛群众的支持，确保人们对集团的高度认同。因此，利益集团为了获得广泛的群众认同与支持，不得不重视公众舆论，优化宣传手段的运用。

宣传最初指的是特定的宗教信仰或政治信仰的传播过程。当时有人将宣传定义为通过操纵话语及其表达机制，来控制人们关于争议问题的态度及随后发生的行为的活动。针对这种贬义的定义方式，戴维·杜鲁门认为这是一种充满偏见的错误做法，并且这种认知会妨碍宣传手段发

挥积极的效力。杜鲁门认为宣传是中性的"教育"活动或"信息工作"，宣传在道德上是中立的，是一种交流方式。虽然在美国没有一个利益集团承认它在进行宣传活动，但实际上所有政治利益集团的活动都应被视为宣传活动。

复杂的社会使制度化集团不再如之前那般稳定。利益集团不仅在数目上迅速增加，而且不得不以政府机构为中介来提出和实现利益集团的要求。同时，劳工运动的发展使得人们参与政治活动的渠道和方式更加多样化，所以利益集团在社会变迁下不可避免地需要借助公众舆论和宣传动员的方式与其他集团相互竞争，并通过集团结盟和公众动员来吸引政府对集团自身需求的关注。宣传在利益集团的政治活动中成为重要的角色。但是，宣传也不是万能的，当关注某一特定问题的公众规模过小，或是宣传的内容无法传播到关注该问题的群体中，又或是冲突解决的方式无法传播时，宣传就达不到预期的效果。例如，杜鲁门以拉扎斯菲尔德的伊里县选举研究为例，指出人们并不会一味地接受宣传、改变态度，而是会基于以往的经历、偏好和知识形成固有的态度机制，并据此采取行动。

杜鲁门把利益集团的宣传活动分为三个阶段。第一阶段是确保公众领会宣传者所使用的语言和象征内涵，所以宣传者需要使用简化口号和吸引公众注意力的象征手段。在这个阶段，宣传者需要在媒体上不断重复宣传信息，以确保宣传效果，尽可能吸引公众的注意力，这样做最直接的目的是实现宣传者所期望的对舆论态度的引导。第二阶段是宣传者要按照人们的具体情况展开宣传活动，设身处地地站在公众的角度思考，而不是以宣传者自己的感受为出发点。如此，宣传者才能通过改变既有信息来唤起公众的积极态度，并通过不断重复来巩固或创造新的态度，使公众的经历与利益集团的态度保持一致。宣传者常使用社会广泛接受的"游戏规则"，以贴近公众，进而引导舆论。但是，广泛的公众宣传也有可能导致事情的发展超出利益集团能够控制的范围，激发出不利的态度。

第三阶段是，宣传者要集中精力，加强和巩固现有的有利态度，阻止竞争性信息的传播。这一阶段，宣传的主要任务是向内部成员进行宣传,同时说服外部公众中潜在的同情者、中立者和敌对者。宣传者在宣传过程中还应当掩盖身份和真实目的,直到能够制造出某种有利于利益集团及其目的的新态度,以避免公众识破利益集团的宣传目的,削弱宣传活动的效果,甚至是导致宣传活动的失败。因此,要改变公众的态度,需要掩盖宣传活动,使公众不易察觉。不利于宣传者的态度被激起后,为了保护利益集团所青睐的态度,还需要使用反宣传的策略,破坏竞争对手所制造的态度。宣传者甚至会利用新闻检查制度等手段,阻止和过滤不利于利益集团的信息内容,使受众对宣传信息的接收效果达到最大化,减少听众对竞争性信息的接受,防止宣传活动失败。然而,杜鲁门认为这种新闻检查和歪曲捏造事实的手段也有可能是无效和危险的,因此利益集团几乎不能够阻止人们独立地接触重要信息。

杜鲁门还提及了影响宣传效果的几个因素。一是宣传者需要选择最佳的信息传播渠道。除了有着广泛受众并能使宣传者和受众直接接触的媒体,国家的教育制度也可被视作一种媒体,因为它能够让学生仅接触到由官方认可的知识内容。同样地,教会、禁酒联盟等也可被视作媒体。集团在社会中的地位与其调动其他社会资源的能力,也会影响宣传活动。集团的目标、手段与社会主流价值一致的程度,以及能否利用社会主流态度,使之与宣传活动联系起来,也同样会影响宣传活动的效果。在社会中享有极高声望的集团和个人,往往拥有很高的社会地位,这也可以为宣传带来特定的社会资源。社会的结构和价值赋予了精英集团特权,从而使其宣传活动事半功倍,宣传优势不断扩大。

二是宣传效果受到公众对某一事件本身理解程度的影响。当公众无法清晰地理解事件意义时,宣传者就占据了优势地位,他们可以通过建构事件的结构和意义,引导个人的认知态度。杜鲁门以"火星人入侵"广播事件为例,指出这场闹剧表现出来的逼真性使听众相信了这则"新闻",这说明诸如灾难等具有模糊性的事件,能够深刻地影响大部分人的生活,同时瓦解政府等权威机构的威望;同时,公众缺乏对此类事件的经历,使得宣传者能够趁虚而入,为事件赋予有利于其利益集团的意义和解释,使公众接受并认同利益集团的观点。

三是商业利益集团的社会地位影响宣传活动成功的概率。商业集团，尤其是集团之间的联盟，凭借其优势的地位、声望、财力等，不仅可以扩大宣传范围，而且可以把控垄断权力，让宣传内容渗入政府机构和媒体领域。商业集团会运用宣传活动达成其政治目的，破坏社会秩序和政治过程；而集团联盟则会压制新闻发布，甚至歪曲事实，使其宣传活动更具优势。在杜鲁门看来，美国商业集团通过熟练利用宣传手段操纵了公众舆论，已经转变为一种具有政治能力和政治意识的社会力量。

四、评价与反思

杜鲁门的《政治过程》开创了利益集团研究的先河。他对美国利益集团的见解，为全球化时代的利益集团研究做出了重大理论贡献，奠定了政治利益集团研究的基础，使利益集团成为政治学研究的一项重要课题，为分析当代政治过程搭建了理论体系。更重要的是，杜鲁门敏锐地察觉到公众舆论及宣传活动在政治过程中扮演的重要角色，他将公众舆论与宣传活动视为政治过程中的重要环节，不仅试图使人们摆脱对利益集团及宣传活动的负面认知，从中立的立场看待利益集团在政治过程和舆论引导中发挥的作用和承担的角色，而且，也为舆论研究和美国政治宣传活动研究提供了翔实的资料。

杜鲁门对美国政治过程进行了鞭辟入里的分析，并对美国代议制民主持有乐观的态度。同时，他关注到政治过程中的宣传方面，尤其重视公众舆论和利益集团宣传策略等内容。他认为利益集团的政治参与活动并不会威胁民主制度，并且将政治利益集团视为政治机构的重要组成部分，认为其在政治机构中扮演着重要的角色。杜鲁门指出要全面了解利益集团在政治活动中的运作过程，深入研究集团进行政治活动的合法途径，准确预测活动结果，并为应对民主政治过程中的弊端提供有效解决方案，而审视美国代议制政府的运作过程则是解决上述问题的基本前提。因此，杜鲁门试图提出一些能够影响利益集团活动的变量，从而解释利益集团的行为，总结美国政府的政治过程及其主要特征，并最终理解美国代议制民主中利益集团的政治意义。

杜鲁门不仅阐释了公众舆论的概念与特征，论述了利益集团与公众舆论之间的关系，还详细分析了利益集团运用宣传开展政治活动的过程

戴维·杜鲁门
《政治过程：政治利益与公众舆论》

与手段，以及影响宣传效果的因素等。该书不仅是当时美国舆论学和宣传学的经典研究成果，而且对于今天传播学的舆论研究及政治传播研究也有着极大的学术参考价值。杜鲁门将公众舆论视为影响利益集团活动的重要变量，认为公众舆论及宣传活动在政治过程中扮演着重要的角色，而且导致了美国组织化利益集团的快速增多。当然，在杜鲁门看来，利益集团的宣传活动在道德上是中立的。任何利益集团都会重视公众舆论，通过宣传活动引导和控制舆论，引发人们对利益集团所宣传的事物及其观点和态度的广泛关注。杜鲁门认为，这表明公众舆论并非集体性的和理性的事物，而是因某个问题构成的"公众"的个人观点的集合，并且，利益集团通过宣传活动促进了公众舆论的形成。

该书在学界引起广泛关注的同时，也引发了一些争议。英国学者格兰特·乔丹（Grant Jordan）对比了本特利和杜鲁门所著的两本主标题均为《政治过程》的著作，认为本特利在分析所谓的集团利益对政府政策的影响时，并未涉及现代意义上的利益集团，而杜鲁门则系统清晰地论述了现代利益集团的概念和特征、多重身份成员、集团领导者的角色等诸多方面。因此，乔丹认为，与本特利的研究相比，杜鲁门的研究更具有当代价值（Jordan，2000）。

杜鲁门在撰写该书时没有预料到的是，如今互联网和社交媒体的发展极大地革新了传播方式，政治利益集团的传统宣传方式似乎不再适用于互联网时代，利益集团与公众舆论之间的关系也出现了新的特征。例如，美国总统可以在拥有数以亿计用户的推特上进行竞选活动，"黑客"、海外团体等作为新兴的利益集团也可以参与政治活动，国际大事件、大国角力以及地缘政治格局的变迁等外部环境都成为政治过程的影响因素，其重要性甚至超过了国内的政经因素，这些变化对于杜鲁门生活的时代是不可想象的。但不可否认的是，杜鲁门强调公众舆论的重要性和宣传的中立性，研究了影响和限制宣传效果的因素，这些思想无疑体现着他的远见卓识。他对利益集团成体系的研究，对利益集团与公众舆论的论述，对宣传活动的研究等，为拓展利益集团、政治传播学、舆论学研究等领域，提供了丰富的知识经验。

（赵海明）

参 考 文 献

G. Jordan,"The Process of Government and The Governmental Process", *Political Studies*, 2000 (4).

〔美〕戴维·杜鲁门:《政治过程:政治利益与公众舆论》,陈尧译,天津:天津人民出版社,2005。

拓 展 阅 读

高鹏程:《政治利益分析》,北京:社会科学文献出版社,2009。

〔美〕杰弗里·M. 贝瑞、克莱德·威尔科克斯:《利益集团社会(第5版)》,王明进译,北京:中国人民大学出版社,2012。

杨悦:《美国社会运动的政治过程》,北京:社会科学文献出版社,2014。

伊莱休·卡茨、保罗·拉扎斯菲尔德

《人际影响：个人在大众传播中的作用》

1955年问世的《人际影响：个人在大众传播中的作用》是伊莱休·卡茨的成名作，也是保罗·拉扎斯菲尔德（Paul F. Lazarsfeld）团队继《人民的选择》之后为传播学史贡献的第二本经典著作。《人民的选择》在传播学史上的重要意义在于它不经意间发现了"意见领袖"在大众传播中可能扮演重要角色，以及由此提出的二级传播模式。在1940年总统竞选宣传运动研究中，学者们发现在社区的不同阶层中，一些人会将大众传播的信息传递给其他人，这颠覆了过往的观念，即人们直接从大众媒体获取信息并受其影响。实际上，信息通常是从大众媒介流到意见领袖那里，接着从意见领袖处流向更多公众。于是，进一步探究"意见领袖"的角色扮演成为逻辑的必然，《人际影响》的主要内容就是检验和拓展人际影响的观点，就像罗杰斯所说的那样："《人际影响》是应用社会研究所发表的、仅次于《人民的选择》的享有盛名的著作。"（罗杰斯，2002：312）

一、成书背景

伊莱休·卡茨（1926—2021）出生于以色列，后移居美国。20世纪50年代，他进入哥伦比亚大学应用社会研究所攻读博士学位。此后，他先后在芝加哥大学和南加州大学任教。自1992年起，他受聘为美国宾夕法尼亚大学客座教授，同时兼任以色列耶路撒冷大学社会学与传播学教授，担任哥伦比亚大学应用社会研究所的所长。在去世以前，他一直活跃在宾夕法尼亚大学的讲台上，堪称传播学界的"活化石"。

卡茨的研究兴趣广泛，著述颇丰。他在创新扩散、使用满足以及发展传播学等领域，都有着深刻的见解，《医疗革新》《大众传播的使用》以及《第三世界的广播》都是他的代表作。1959年，卡茨与伯纳德·贝雷尔森（Bernard Berelson）商榷认为，传播学需要改变问题提出的方式，即应当从受众本位的角度来重新审视传播学。他们的这次探讨是传播学实证学派范式转型的分水岭，为传播学研究带来了20年的繁荣。而正是这种视角的转换，使卡茨始终将考虑传播问题的视角落在受众和社群身上，也正因如此，卡茨成为舆论学发展的重要推动者。

该书的第二作者，卡茨的老师拉扎斯菲尔德更是传播史上大名鼎鼎的人物，被认为是传播学的四大奠基人之一。该书研究与写作所跨越的十年，正是拉扎斯菲尔德在美国逐渐站稳脚跟，成为美国社会科学界中坚力量的十年。此间，他不仅成功地在哥伦比亚大学社会学系获得终身教授的职位，还担任了哥伦比亚大学应用社会研究所的负责人。他以超人的精力运作和组织着这个后来在社会学和传播学历史上都声名卓著的研究机构，被誉为研究所的"罗宾汉"。在拉扎斯菲尔德和默顿领导这个机构的时代，"研究所的成果丰富得令人难以置信"（罗杰斯，2002：308）。在这些丰富的成果中，《人际影响》是里程碑式的代表作。

《人际影响》这本书基于一项名叫"迪凯特研究"的课题，因实地调查的地点选在伊利诺伊州的迪凯特市而得名。这一课题开始收集数据的时候，卡茨刚刚中学毕业。所以，这项研究本来与他毫无关系。而当时研究面临的问题是，如何进一步提高研究在更高阶层读者中的影响力。为了解决这个问题，课题的资助方美国麦克法登出版社向应用社会研究所提供了3万美元的资助，希望能够找到方法将现有读者转换为更高收入阶层的家庭成员。这在当时是一笔不菲的经费。然而，承接课题的拉扎斯菲尔德并不想把这项研究仅当作一项市场调研。就像罗杰斯所形容的那样，拉扎斯菲尔德常常会在收集商业数据的同时，去发现这些数据可能产生的理论贡献。在《人民的选择》一书问世后，拉扎斯菲尔

伊莱休·卡茨、保罗·拉扎斯菲尔德
《人际影响：个人在大众传播中的作用》

德急于知道，"舆论领袖"到底在传播和舆论的形成中扮演什么角色。他认为，可以从这个视角出发，借助麦克法登出版社的市场调研课题来寻找答案。他请贝雷尔森做好了相关的研究设计，并想找一个项目负责人来运作此项目。正在此时，来自马里兰大学的年轻社会学家赖特·米尔斯（Wright Mills）在默顿的推荐下，接受拉扎斯菲尔德的聘用，成为应用社会研究所的一员。于是拉扎斯菲尔德让米尔斯全权负责这个项目的执行。

1944 年底，米尔斯及其团队开始了数据收集的工作。尽管在《人际影响》一书中，作者解释说十年才磨一剑的理由是战争给数据的搜集带来了各种困难，但实际上最迟到 1945 年上半年，所有的原始数据已经收集完毕。事实上，根本的问题在于米尔斯与拉扎斯菲尔德在研究方向上发生了严重的分歧。深受马克思社会冲突理论影响的米尔斯想把这次数据的分析建立在阶级分析的框架之上，这让拉扎斯菲尔德与课题委托方深感不悦。更让拉扎斯菲尔德恼火的是，米尔斯的数据分析完全没有眉目的时候就已经用完项目预算，并透支了其他项目的经费。于是，拉扎斯菲尔德直接撤销了米尔斯项目主管的职务，并将其逐出了研究局。这一不愉快的合作，使二人成为终生的敌人。

到卡茨接手项目的时候，该课题已经是一项"烂尾工程"，课题负责人已经换过好几茬。卡茨继承了查尔斯·库利（Charles Cooley）关于群体的概念，吸收了小群体研究特别是库尔特·勒温（Kurt Lewin）团队的团体动力学成果，并将米尔斯的社会冲突理论转化为一个典型的社会心理学理论框架，才使这项研究起死回生。拉扎斯菲尔德对此感到非常满意。可以说，卡茨几乎以一人之力，让那些初始数据焕发出了新的生命力。

二、重新发现"初级群体"

《人际影响》一书由两个部分构成：第一部分的七章可以被看作该书的文献回顾，主要讨论了在一系列相关经验研究中，初级群体是怎样以不同的方式被再发现的；第二部分的十五章可以被看作研究发现，讨论了意见领袖的特点与角色扮演。该书的第二部分主要讨论了两个问题：其一是大众传播与人际传播的效果对比；其二是意见领袖是谁，他们受到谁或什么的影响。

两位作者首先将炮火直指"魔弹论"。他们反对这样来看待媒介与大众之间的关系："在一个变动不居、人与人之间缺乏联系的社会，传播媒介则被视为一种新型的统一力量，一种简单的神经系统，它可以通达至社会中的每一个个体。"（卡茨、拉扎斯菲尔德，2016：16）作者认为，大众传媒这种即时而强大的刺激基于如下两种观念：一种认为大众媒介是社会民主的新契机，还有一种认为大众是摧毁民主社会的邪恶手段。但这两种观念都忽略了媒介与受众之间的中介变量，即人际关系。

迪凯特研究搜集的数据在尘封十年后，验证了以群体动力学为代表的社会心理学家在十年间关于群体的研究所获得的一系列进展，其中包括大名鼎鼎的霍桑实验、"决策研究"、西门公寓社区研究等优秀成果，产生于这十年中的《美国士兵》《街角社会》等经典社会科学著作也对这项研究有着重要的启发意义。这些研究通过各种方式暗示了20世纪50年代的大众传播研究者，在媒介和受众之间还存在着绕不开的中介，这种中介就是与大众有着紧密人际关系的"初级群体"。卡茨认为，这些研究已经形成了一种浪潮，使初级群体的发现成为经验社会科学领域内的重要成就之一，并为关于意见领袖的研究提供了如下的启发：第一，群体成员对于群体中谁拥有多大的影响力，有着高度一致的认识；第二，那些处于最高层级的群体成员，他们对自身的位置有着准确的感知；第三，拥有较大"权力"的成员对其同伴实际施加着影响；第四，那些"权力"的拥有者在实现他们的直接影响这一企图上更为成功，而且即使他们并未试图施加直接影响，他们的行为也仍然会被其他成员所模仿。

在库利那里，初级群体是一种建立在面对面交流合作基础上的亲密关系，如家庭、邻里以及童年伙伴关系，与基于社会公共规则而组织起来的正式社会关系，如同事、同行关系相对。很显然，卡茨已经扩大了初级群体的范围，因为在库利那里，初级群体关涉个人的童年经历，是个体社会化的开端，而卡茨则把一切的熟人关系都放了进来。因此，所

伊莱休·卡茨、保罗·拉扎斯菲尔德
《人际影响：个人在大众传播中的作用》

谓的重新发现初级群体，事实上就是重新发现人际关系这个中介变量。

迪凯特研究的野心在于试图探究这个联结媒介与受众关系的"初级群体"是由谁构成的，他们有什么特征，他们的影响力如何，以及他们有什么与众不同的获取与传播信息的方式。基于这种考量，拉扎斯菲尔德和贝雷尔森希望通过随机抽样的方法，在迪凯特这个 6 万人口的小城市中抽出 800 个女性样本个体，并调查她们在公共事务、消费购物、时尚和看电影四个方面的决策情况，看她们的决策变化到底更多受到大众传媒的影响还是更多受到人际传播的影响。该研究确实发现了人际传播在其中的作用。40%的受访者愿意且能够回忆起与其他人的特定对话，并认为意见领袖起到了改变其观念的作用。该研究比较了大众传播媒介与人际传播的效果，数据结果显示人际传播的效果远远大于大众媒介。因此，大众媒介主要以再现或者间接的方式吸引受众，并对传播内容产生影响，受众则可以利用这种方式或通过对人际关系的"控制"来左右或"诱导"他人的想法，从而使个体的影响远远超出大众媒介的传播效果。

那么这些介入传播的意见领袖到底有什么特征呢？迪凯特研究构建了"生命周期""社会地位"和"合群性"三个指标，以探究意见领袖的属性和特质。该研究发现，在消费购物领域，生命周期是决定一个女性是否能成为意见领袖的最重要因素。45 岁以下、已婚并育有两个或以上子女的"大家庭妻子"更容易成为这方面的意见领袖。合群性亦有一定影响，社会地位在这一领域中对于是否能成为意见领袖几乎没有什么作用。在时尚领域，成为意见领袖的决定性因素也是生命周期——时尚意见的主要输出者是单身且年纪小于 35 岁的"女孩"，但与前者不同的是，在这一领域中，社会地位与合群性这两个指标都在发挥作用。不过值得注意的是，不同社会地位的女性中意见领袖的比例相当，二极影响的传播效果并不会从高阶层向低阶层流动。但在公共事务领域，二级传播效果则频繁地由较高阶层向低阶层人群流动。比如，受过更好教育的和富有的女性，无论其生命周期类型如何，似乎都会受到其所处的社会氛围的影响，更多地参与公共事务。

意见领袖的信息接触方式似乎也没有什么规律。购物和时尚领域的意见领袖可能比非意见领袖要更多地接收大众传媒的信息，但电影领域的意见领袖并不一定，而被寄予厚望的公共事务领袖则更少接触大众传播。这打破了研究者的假设，即参与公共事务的领袖在其个人决策中会更多地利用其接触媒介较多的优势，但实际情况却是，意见领袖比非意见领袖更少地依赖媒介。不过，即使接触媒体的频率高，也不见得能够证明二级传播理论的假说，那种意见领袖更多接触传媒并将信息再度传递到不活跃的受众那里的说法未必成立。因此，意见领袖主要也是基于人际接触而做出决策的，媒介的使用只是一种补偿行为。一言以蔽之，迪凯特研究无法支持"总体意见领袖"假设，社会中并不存在多领域的意见领袖，似乎只是在每个领域中有属于自己的意见领袖群体。

三、社会网络研究传统的确立

作为工具制造者的拉扎斯菲尔德参与设计的研究中永远不会缺少方法上的创新。从表面上看，这项研究沿用了伊里县调查中所采用的"固定样本调查"（panel survey）。严格的随机抽样之后，研究者分别在 6 月和 8 月进行两次入户访谈。以公共事务话题为例，研究者 6 月就公共事务话题中的九个问题询问了研究对象的意见；到了 8 月，他们又对同样的对象提出同样的问题。如果发现研究对象表达出新的意见，研究就会进入使用"指认法"的阶段。此时，研究者会采用一系列特别设计的问题，以了解导致研究对象偏离先前观点的原因。两位作者特别关注个体是否曾经与其他人讨论过涉及相关问题的话题，以及是否在其他人的作用之下改变观点的。与此同时，研究者还会向有关研究对象了解他们平时是否会向固定的对象询问有关公共事务的问题。但是，该研究发现这些固定的对象一般是家庭成员（如妻子向丈夫、孩子向父亲寻问），很少是家庭成员之外的人，因此这种方法没有为研究提供什么有价值的资料，采用其他更有效的方法势在必行。

迪凯特研究中的一大方法创新之处就在于将"滚雪球法"和"指认法"融入社会关系的测量过程，目的是以更加准确的方式找出人际关系网络中的意见领袖。这标志着迪凯特研究在方法论上的突破。它既是研

伊莱休·卡茨、保罗·拉扎斯菲尔德
《人际影响：个人在大众传播中的作用》

究设计具有创造性的体现，又是依研究情境不得已而为之的结果。由于意见领袖并不是处于高位的社会精英，因此只有靠指认的方法才能找到这些人。意见领袖平时不易被察觉，很少引起旁人注意，他们是在普通、亲密、非正式、日常的人际交往中逐渐产生的。另外，由于人际沟通的过程有较强的不确定性和选择性，也只能依靠这种方法去追踪研究对象的行动。

确定研究对象的意见改变与人际沟通有关后，研究者要求研究对象列举以下三种人以便于相互指认（以公共事务领域为例）：（1）在公共事务方面，谁的知识更丰富且值得信赖；（2）谁促使她们对当下某些事务的态度发生了某种转变；（3）谁经常讨论从广播和报纸那里获取的信息。不仅如此，研究者还要求研究对象自我指认，回答她们自身的观点是否影响了其他人。这些女性受访者被要求回答两个问题：其一，她们是否在某些特定方面受到了其他人的影响；其二，她们是否近期影响了其他人。换言之，每位研究对象需要对自己的影响力进行评估。此后，研究者会对研究对象的相互指认和自我指认一一核实，工作量之大可见一斑。

这种指认的方法可以帮助研究者了解研究对象的人际传播网络，包括这一网络的结构与节点，也能够帮助研究者分析传播流动的过程、模式与情境。这种方法最早在群体动力学中使用，在社会心理学中被称为现场实验法。勒温在"决策研究"中率先采用了这种方法，并由此发现了门区和把关人。此后，以利昂·费斯汀格（Leon Festinger）为代表的勒温团队的第二代学者频频使用这种方法来考察人际传播中的结构、路径、模式与情境。这种方法既可以考察信息的扩散模式和信息场，此后进一步启发了创新扩散理论和新闻生产社会学的经验研究；也可以考察传播网络中的关键节点，关于意见领袖的研究、把关人的研究以及使用满足理论的研究显然更看重这一点。关于这一点，卡茨认为群体内传播（或称为人际传播）研究可以分为两个主要方面，一是主要探讨人际扩散模式，以及导致传播中的个体相互联系的人际关系，二是试图找出对于群体内信息和影响的传播至关重要的关键角色。

上述的研究路径其实非常类似于今天的社会网络分析，或者说社会网络分析的源头之一就是建立在人际关系之上的"指认"方法。研究者费尽心机地核实，补充相应的访谈材料，然后进行编码，而对于这些繁重的工作今天只需要用爬虫软件"爬"一下，就会出现一堆分析结果。尽管如此，卡茨仍然不无得意地说道："现在，社会网络研究是一个方兴未艾的领域，它部分受到了哥伦比亚传统的启发。"（卡茨、拉扎斯菲尔德，2016：10）巧合的是，对当代社会网络研究有过杰出贡献的学者哈里森·怀特（Harrison White）在哥伦比亚大学所担任的讲座教授的名称为"Giddings Professor"，而这一职位之前分别由拉扎斯菲尔德和默顿担任。

四、评价与反思

相比于《人民的选择》，《人际影响》一书受到了比较多的批评。许多的批评直接针对文本的缺陷，因为在数据的采集和解释方面，该文本确实有许多瑕疵。

希伦·洛厄里（Shearon Lowery）和梅尔文·德弗勒（Melvin DeFleur）等学者指出，该研究数据的效度不够。比如在确定受访者的自述是否属实时，只有不到三分之二的被影响人证实了受访者的说法，"对于效度的问题，一直没有一个严格的回答"（洛厄里、德弗勒，2009：125）。而且，最后的数据模糊不清，相互矛盾，没有统一规律，无法为意见领袖"画出一幅肖像画"，使得该研究在说服力方面大打折扣，且该研究最后的结论暗含的说法其实就是什么人都有可能成为意见领袖。"本项研究除了对意见领袖这一概念的描述和对魔弹论的又一次颠覆之外，并没有为社会科学理论做出任何建构性的贡献。这不仅与研究方法和数据不完善有关，同时也与卡茨选择的分析框架没有理论抽象力有关。"（胡翼青、何瑛，2014）托德·吉特林（Todd Gitlin）则干脆指出，如果延续伊里县调查的传统，以政治生活为核心考察对象的话，那么对于意见领袖特性以及意见流动的归纳，与《人际影响》"勉强"得出的结论就可能是完全相反的（Gitlin，1978：219-220）。另外，该研究也没有说清楚信息是怎样到意见领袖那里的，又是怎样流到其他人

伊莱休·卡茨、保罗·拉扎斯菲尔德
《人际影响：个人在大众传播中的作用》

那里的，因此，也就没有把二级传播理论的过程说清楚。以今天的标准，该研究在测量、统计分析和抽样等方面皆有瑕疵。此外，该研究一直未将"二级传播"的概念分析清楚（洛厄里、德弗勒，2009：131）。

这些批评也是可以理解的。首先，这项研究在设计之初就存在着米尔斯的框架与拉扎斯菲尔德的框架之间的冲突，从访谈开始这项研究获得的数据就是"似是而非"的。而最后的数据解释者又是10年后接手的卡茨，所以数据与结论之间的不匹配是不可避免的，卡茨能够将10年前已经采集完的数据解释成这样，已经是相当不易了。其次，研究设计一旦倚重于研究对象的陈述，就不可避免地会产生效度和信度上的问题。行为主义的创始人约翰·华生（John Watson）之所以对威廉·冯特（Wilhelm Wundt）的自省心理学的科学性那么质疑，就与调查对象口头报告的真实性难以核实有很大的关系。在现场所做的调查由于变量繁多，不如实验室实验那么可控，因此这种方法照顾了研究的自然性，必然就会在一定程度上牺牲研究的精确性。实证研究方法论的鱼和熊掌的问题因此体现出来：照顾了经验事实的丰富性，就不容易获得完美和自洽的数据。

对拉扎斯菲尔德的研究批判最多的就是米尔斯。那本多少受到迪凯特研究启发的传世名作《社会学的想象力》，几乎每一个部分都在声讨拉扎斯菲尔德和他的研究风格——行政研究。米尔斯认为"行政研究"依附于经济势力与政治势力，而这种依附势必会损害学者本应持有的独立性与批判性，使他们沦为"学术行政官"和"研究技术专家"（米尔斯，2001：60），并进而影响到知识的生产过程，使研究成果成为维护既有体制与秩序的策略工具。丹·席勒（Dan Schiller）也曾尖锐地批评说，拉扎斯菲尔德的研究必须符合赞助厂商的目标，这使得迪凯特研究在指标选择与建构上就已经对女性进行了侮辱与伤害（比如将年长于35岁的单身女性排除在调查之外，因为她们"通常已经被排除在婚姻市场之外"），这种对研究对象进行"剪裁"的操作方法自然不可能带来普遍性的结论，而且阶级、性别、种族等结构性要素在这项研究中消失无形或无法掌握，因此迪凯特研究以及此后的哥伦比亚学派的研究路径模糊和回避了传媒生产与传播行为背后的真问题——作为劳动者的

"人"以及隐藏于传播行为背后的政治、经济的结构性力量，这使得美国传播研究走入了狭窄的巷道（席勒，2012：81—84）。

对于这些批评，卡茨曾在这本书的导言中做了简单回应，认为迪凯特研究在总体上是以社会科学家的旨趣为导向的，它并未完全受限于资助者简单的商业用途，而是进入了对人类行为的普遍性问题的探讨。直到晚年，卡茨依然坚持认为尽管接受了资助，但早期哥伦比亚传播学者们的方法与结论是有借鉴意义的（刘新传、公文，2011）。

学者们对哥伦比亚学术传统的批评确实直中要害，但就该项研究而言，卡茨的辩解亦非全无道理。就拉扎斯菲尔德而言，尽管将接受各方资助作为应用社会研究所乃至他本人的生存发展之道，但其研究仍然很有学术追求。受到罗伯特·默顿及其中层理论的影响，拉扎斯菲尔德没有满足于对若干变量的描述与归纳，而是希望将研究对象置于更为广泛与复杂的网络中，得出对人类行为一定程度的抽象概括。因此，简单地将拉扎斯菲尔德的研究斥为只为雇主利益服务，并进而质疑其理论努力，是不切合实际的。

从思想史的角度看，《人际影响》最大的意义并不完全在于其对意见领袖和二级传播乃至所谓"有限效果"的具体理论阐述，而是在于其为传播研究开创了一条全新的路径。在《人际影响》中，两位作者不厌其烦地强调个体不是与社会相隔离的，而是无时无刻不处于与其他人的相互影响之中，处于社会群体之中，传播研究应将人置于复杂而多变的情境中，去追踪影响的流动。因此，迪凯特研究摆脱了对人的"原子化"的认识方式，对人际关系、社会结构和权力关系予以了更多的整体性的关注（莫里森，2004：220）。"当大家的注意力最后集中到信息的第二级流动，以及影响流通过人际网络在受众中流动这个问题上以后，人们对大众传播过程的认识从此永远地改变了。人们不再通过单一的刺激—反应框架来思考大众传播，不再认为媒体是一端，受众是另一端，二者之间是一个真空。"（洛厄里、德弗勒，2009：131）

由于筑基于"初级群体"这一极具学术价值与活力的概念之上，《人际影响》在人际互动、群体规范、价值共享、意义赋予等方面的讨论，为后来的研究提供了多元而富于弹性的可能路径，其中就包含着与社会网络研究、文化研究、公共领域、商议民主等学术资源对接的可能性。从卡茨本人以后的研究经历看，其视野也由短期效果拓展开去，其"达拉斯"研究、"媒介事件"研究等，都已经涉及了更多元的社会文化因素或者媒介的中长期影响，用卡茨自己的话来说，这是他研究生涯中的另一条主线——文化（或者说是功能）的路径（卡茨，2014）。

（张宁　胡翼青）

参 考 文 献

T. Gitlin, "Media Sociology: The Dominant Paradigm", *Theory and Society*, 1978 (2).

〔美〕E. M. 罗杰斯：《传播学史：一种传记式的方法》，殷晓蓉译，上海：上海译文出版社，2002。

〔美〕C. 赖特·米尔斯：《社会学的想像力》，陈强、张永强译，北京：生活·读书·新知三联书店，2001。

〔美〕丹·席勒：《传播理论史：回归劳动》，冯建三、罗世宏译，北京：北京大学出版社，2012。

〔美〕大卫·E. 莫里森：《寻找方法：焦点小组和大众传播研究的发展》，柯惠新、王宁译，北京：新华出版社，2004。

胡翼青、何瑛：《学术工业：论哥伦比亚学派的传播研究范式》，《中国地质大学学报（社会科学版）》，2014 (6)。

刘新传、公文：《国际传播研究回顾与反思——伊莱休·卡茨（Elihu Katz）演讲与访谈综述》，《国际新闻界》，2011 (4)。

〔美〕洛厄里、德弗勒：《传播研究里程碑》，刘海龙等译，北京：中国人民大学出版社，2009。

〔美〕伊莱休·卡茨：《通勤与合著：如何同时出现在一个以上的地方》，何睿、杨雅译，《国际新闻界》，2014 (3)。

〔美〕伊莱休·卡茨、保罗·F. 拉扎斯菲尔德：《人际影响：个人在大众传播中的作用》，张宁译，北京：中国人民大学出版社，2016。

拓 展 阅 读

〔美〕保罗·F. 拉扎斯菲尔德等：《人民的选择：选民如何在总统选战中做决定》，唐茜译，北京：中国人民大学出版社，2012。

胡翼青：《传播学科的奠定：1922～1949》，北京：中国大百科全书出版社，2012。

周葆华：《效果研究：人类传受观念与行为的变迁》，上海：复旦大学出版社，2008。

埃利亚斯·卡内提

《群众与权力》

《群众与权力》是卡内提最具影响力的一部著作，写作耗时三十余年。与早期群众理论的研究者勒庞、塔尔德、弗洛伊德以及用现代社会学方法研究群众问题的涂尔干、韦伯等人使用的传统范式不同，卡内提在《群众与权力》中，大胆地用文学和诗学对话的方式廓清群众的样貌，通过国家群众象征和图腾故事追溯最原初的生活，这使他的群众研究与众不同，有别于那个时代的科学气息，充满了哲学宗教色彩。

一、成书背景

埃利亚斯·卡内提（1905—1994）是一名犹太小说家、评论家、社会学家和剧作家，1981年获得诺贝尔文学奖。卡内提于1905年7月出生于多瑙河南岸的鲁斯丘克，父亲经营纺织业，家境富裕。1911年，卡内提一家迁至英国曼彻斯特。1912年，其父逝世，母亲带着他和两个弟弟搬至维也纳，在那里卡内提开始学习德语。他和母亲平日以德文沟通，日后他亦用德文写作。1924年，卡内提进入维也纳大学攻读化学专业，1929年获化学学士学位。

1922年，17岁的卡内提在法兰克福生活，此时的法兰克福工人运动异常活跃，工人领袖拉特瑙被右翼反犹太主义分子暗杀，工人群众上街游行抗议，卡内提被卷入其中。1927年，他亲历了维也纳焚烧正义宫事件,这使他对群体研究的兴趣更加强烈。20世纪30年代,受到一些艺术家的影响,卡内提开始创作关于人类狂热行为的小说和戏剧,如《迷惑》《婚礼》和《浮华喜剧》。1938年11月,纳粹侵占奥地利,8个月后,身为犹太人的卡内提逃到巴黎,次年定居英国伦敦。在英国,卡内提停止文学创作,着手写作《群众与权力》一书。该书在卡内提的著作中占据着极为重要的位置,在定居英国的数十年里,他一直断断续续地构思着这本书的写作。与此书相比,他在同时期写就的小说和戏剧都只能算是周边作品。《群众与权力》充满诗意、哲学和宗教神话色彩,摒弃了传统学术著作那种严谨的论证方式,可谓是一部基础文学作品。

纵观全书,卡内提的论述主要集中于"群众"与"权力"两个部分。前部分主要讲述群众的特点、群众的分类、群众的象征以及国家群众象征,旨在对群众本身的特性做全面分析。卡内提的理论创新在后半部分有关权力的描述中才显露峥嵘,此部分揭示了权力的内在结构、要素、命令以及转变,涉及人类学与心理学相关知识。

二、群众研究

同弗洛伊德一样,卡内提的犹太身份使其对群众有着天生的自觉,他迫切地想要了解20世纪政治的核心问题,即犹太民族为何会成为种族灭绝的对象。他的群众研究始于二战时期,终于核浩劫的威胁。在这一背景下,他详尽地阐释了群众与权力的关系,更试图追溯至原始社会,从根本上解释这些现象的起源。同勒庞一样,他相信"我们现代文明里最重要的事件就是群众事件",但是古往今来有关勒庞的批评者可能没有意识到勒庞的群众范畴始终如一,它是单数的,而卡内提的群众则是复数的,他在书的开篇就提到了一个"高度分化的群众系统"。

(一)群众特性、群众分类与集团分类

在该书的开篇,卡内提阐述了群众的普遍特性。群众可以消除单独个体对距离的畏惧;群众有开放和封闭之分,开放的群众自发形成,向往人数的无限增多,封闭的群众则与外界之间设置了界限;解放是群众

埃利亚斯·卡内提
《群众与权力》

打破阶级壁垒、实现真正平等的主要途径；群众常常萌生被迫害感，对群众进行外在攻击只能使其更加强大；遇到危险时，群众亦常常产生恐慌。在一系列琐碎的描述之后，卡内提根据群众的四个主要特性对其进行了分类。首先是增长性。数量增加的冲动是开放的群众首要的和最大的特点。作为自然天成的群众，它完全没有为人数的增多设置任何界限。与此相反，封闭的群众则不想增加数量，它有自己的界限，通过把自己禁闭起来，创造出一个可掌控的空间，人们不能随意进入此空间，界限受到尊重。其次是平等和紧密度。这两种特性将群众分为韵律的群众和停滞的群众。停滞的群众常紧密地挤在一起，消极等待，或等候命令，或旁观战斗。紧密感越强的群众越会吸引更多新人，也更能进一步刺激增长。停滞的群众为解放而生，并尽可能追求平等。与其相反，韵律的群众中一开始就同时具有紧密度和平等的特征，而这依赖于不断变化的进程。最后是导向性。共同的导向目标会增强群众的平等感，只要存在共同的目标，群众就会继续存在。根据目标类型，群众可分为缓性的群众（如信教徒或朝圣者）和激进的群众（如政治性群众或战场上的士兵）。无论是开放的还是封闭的、是停滞的还是韵律的、是缓性的还是激进的，卡内提指出它们都只是在很小的程度上表达了群众的感情和内容。他认为可以进一步追溯群众的感情类型。此后他按照感情的内容又将群众详细划分为五种类型：攻击性、逃亡性、禁止性、反叛性和宴乐性群众。

集团是群众行动的单位，它是依据群众职能而形成的一种群体形式。根据职能，集团可以分为狩猎集团、战争集团、哀恸集团和繁衍集团。最自然、最真实的集团是狩猎集团，其作用在于发现、杀死并分配猎物。当两个集团发生冲突时，会出现相互攻击的行为。狩猎集团中被狩猎的动物并不试图包围并猎杀猎人，而是要奔逃。战争集团则是两个集团的对抗，两个集团都想对对方做完全相同的事情。成员的死亡常会带来哀号的悲恸心情，形成哀恸集团，哀恸的目的是保住垂死者的生命或是安慰亡魂。综上，这三种集团是原始民族生活的核心。除此之外，繁衍集团也具有重要意义。群体对自己的数量不满，具有增加自己群体数量的冲动，于是人通过"转化"把他们所知道的动物某种程度上并入了自身，例如从动物那里学习舞蹈和动作。澳大利亚土著传说中的祖先将人与动植物结合，如鸸鹋与人、袋鼠与人结合而生的双重生物，这实质是表明人与作为图腾的动物具有亲缘关系，他们将图腾的繁衍与人的繁衍视为一回事。人数增加的渴望一旦被确定为一种具体的形态，就会变成一种图腾传统沿袭下来。图腾不仅有动物，也有植物和自然物，云彩、雨水、冷风、野草、火光、海洋都曾被当作原始图腾。

（二）普遍群众象征与国家群众象征

群众象征指的是"不含人的集体单位，但人们仍然觉得，这些象征就是群众"。作为理解群众的一种新方式，卡内提列出的群众象征清单包括火、海洋、雨、河流、森林、谷物、风、沙子、石堆和宝藏，它们展现了群众的某种固有本质属性，某种程度上代表了群众特性的起源和发展。火是群众的重要象征，不管其火势大小、燃烧程度如何，在人的想象中它始终一样；火的蔓延将孤立的事物快速融进一片火焰里；火有突发性，在任何地方都可能出现；火可被制服，就像活物可被制服一样。与火相似，任何地方的群众都一样：群众总是要扩大自己；群众会突然出现，亦会突然消失，具有动荡不安却又无法解释的生命力；群众具有毁灭性，但可被抑制和驯服。海洋表现的某些特质也和群众一样：海浪的声音具有坚韧性和恒久性，海洋永远填充不满，海洋没有界限且只有一种语言。雨滴的等同性、河流的延缓性、森林的不可动摇性、风的凝聚性、沙的细微和相似性等都与群众的某些特质相重合。

除却群众象征所指的普遍性质外，各个国家的群众存在各自独特的象征。在介绍国家群众象征时，卡内提谈到不可能准确定义"国家"一词，对国家的定义并不能以领土、语言、历史、文学或民族感情作为标准，如此一来，例外情况便会被看得比普遍情况更重要。卡内提本人是一名多语种知识分子。卡内提认为对于一个国家的理解须保持中立，"不隶属于任何一种意识形态，却又衷心地对所有的意识形态感兴趣"（卡内提，2003：118）。民族感情与"人们感觉到的更大的统一性，即群众或群众象征"（卡内提，2003：118）有关。由于这种民族象征的存在，某国家的个体在被称呼或自称某国人的时候会感觉到自己不是孤独的,他与这个整体存在某种内在的联系,这就是民族认同或民族心理。国家交战时,国民以群众身份参战,把自己视为群众象征。卡内提罗列了各国的宣战内容及其背后真正的意识形态:英国人自视为大海,英国人的生活与大海密不可分,统一和安全是其本质特征;荷兰人自视为大堤,荷兰虽然也与海洋相连,但由于陆地太低,荷兰人必须筑堤来保护陆地;德国人自视为森林,德国的林木干净整齐、相互分立、长相笔直,象征着军队的忠诚、正直;法国人自视为冲击巴士底狱的群众,它的群众象征最年轻;瑞士人自视为群山,瑞士与群山相连,群山作为天然的防御工事在两次世界大战期间帮助瑞士人防御作战;犹太人自视为出走埃及的难民,尽管缺乏统一的语言和宗教体系,但他们是自人类有史以来便一直存在的民族。卡内提将犹太人民描述为一个适应性强、唯一"走了这么久"的一群人。勒庞笔下的群众心理空荡荡、没有内容,群众聚集所产生的心理是受暗示影响而逐渐生成的一种新的心理;而卡内提则通过国家群众象征和图腾故事追溯到最原初的生活,进而论证各国家群众心理是在自己独特的历史发展中逐渐形成的。

(三)德国的群众象征及对 20 世纪德国的历史阐释

卡内提称,对于德国人而言,德国的群众象征是随时间变化的。19世纪中叶,德国民族还是一个"在文化、哲学和理想主义上仍然决心成为思想家和诗人的民族",到了 19 世纪末,德国的群众(军队)象征在某些话语的影响下发展成为"行进的森林"。原初的德国军队是封闭的群众,征兵制确保人人都能过关当兵,然而 1919 年,《凡尔赛和约》解散了军队这个原本封闭的群体。这导致大批军人奔涌而出,军队群体的特质迅速扩散入更广泛的社会。从一个相对隔绝的系统跨入开放的公共领域,军人的逻辑与做法打破了原有的社会结构和秩序。高度组织化和有严格纪律的军队的价值观逐渐渗入社会的各个角落,冲击着平民生活的方方面面。这一不受约束的军事力量洪流,对整个社会造成了巨大冲击。纳粹的宣传机器利用《凡尔赛和约》大做文章,希特勒将凡尔赛"禁令"一词作为口号,向全社会传达一种屈辱感,这种屈辱是指德国被禁止实行义务兵役制,使得德国人对军队的特有信仰被剥夺。同时,凡尔赛又象征着往昔的荣耀，威廉一世就在此加冕为德意志皇帝。

在根据群众符号解释德国历史时，卡内提还论证了通货膨胀与反犹运动之间的关系。卡内提提到宝藏是群众象征之一，宝藏与人具有同一性，宝藏贬值意味着群众个体的贬值。通货膨胀中的货币单位完全失去了它的原价值，货币数量越来越多，其单位价值越来越少，人们手中的巨额货币突然有名无实。群众心理的本质是渴望自己的价值迅速且无限增多，而事实却相反，因为"增长的东西越来越弱了"（卡内提，2003：131）。马克（原德国货币单位）越来越贬值，人也越来越贬值。卡内提认为贬值的人找替罪羊的目的不单是羞辱他人，更是一种持续的贬低过程。群众最终将屈辱转移至犹太人身上，因为在别人不知道如何处理货币并且不愿与货币有任何关系时，犹太人仍与货币保持着良好关系。因此在对待犹太人时，纳粹党重复了通货膨胀的过程，他们力图使犹太人贬值，并将其推到生物进化的最底层。希特勒利用这种群众恐惧的支点，选择犹太人作为归因来提供补偿：通货膨胀和大规模屠杀犹太人的现象存在同样的权力运作和焦虑转移过程，即"金钱—德国人"和"德国人—犹太人"。

三、群众向权力过渡的关键——"转变"

在进入权力现象学之前，必须更详细地解释一个特定的术语——"转变"，这个术语对于权力来说非常重要。卡内提从人类学的视角讲述了布须曼人的"转变"：男孩可以感知到他父亲身上旧伤的位置，丈夫可以感知到妻子身上用皮带背孩子的勒痕，布须曼族人可以感知到跳羚脸上的黑纹，这种身体感知能够帮助他们预知对方的靠近。卡内提称这些预感是"转变"的征兆，布须曼人确认他人向自己靠近的信号就在他们自己身上。一个布须曼人的身体可以变成他的父亲、妻子以及跳羚的身体，他可以在不同的时间成为他们，然后再次成为自己。他可以或此或彼，也可以在"转变"之间保持自己的本色。

埃利亚斯·卡内提
《群众与权力》

（一）"转变"与精神疾病的相似之处

最古老形式的"转变"常常发生在狩猎神话中。卡内提对神话中有关"逃跑"这一转变行为进行了夸张解释，借此进一步阐释当时某些精神障碍的病理机制。19世纪晚期，歇斯底里症是当时常见的精神疾病，现代医学称之为人格转化障碍。歇斯底里症的发作类似于发生在圆周式狩猎形式中的"逃跑转变"。卡内提列举了珀琉斯和忒提斯的故事：凡人珀琉斯强迫女神忒提斯与自己结合，趁她睡觉的时候突袭。忒提斯使用变化之术，变成火、水、狮子和蛇试图挣脱，却无济于事。圆周式狩猎形式中所有的一切都发生在一个地方，被捕者以狩猎者为中心绕了一个圈子，为了找到逃跑的突破点而频繁"转变"，每一次"转变"都试图以另一种形象迷惑对方，但每次"转变"都是徒劳，最终被捕者并未能真正跨出这个圈子。与被捕者相似，歇斯底里症的发作无异于一连串积聚的"逃跑转变"，患者总感觉有一股压倒性的优势力量近距离地操控自己，而自己所做的一切，特别是每一次"转变"都是要对方松手。与歇斯底里症相反，狂躁症被认为是愉快的病症。狂躁症患者不是要逃避权力，而是要用狂热来达到权力。卡内提认为它与直线式狩猎形式中的猎人行为相似：格鲁吉亚童话中，师傅想要捉住逃走的徒弟，徒弟变成老鼠，师傅就变成猫；猫要吃掉鼠时，鼠变成鱼游入水中，师傅立刻变成网；网要捕到鱼时，徒弟又变成野鸡，师傅又立刻变成鹰。就师傅而言，这是一连串迅疾的侵略性转变，追捕方式和场所不断变化。事件的跳跃性与扩大化，连同引发事件的危险意图，与狂躁症的发作过程有着惊人的相似之处。狂躁症归根结底是一种为获取猎物的发作，它着重于发觉、追上并逮住猎物的过程，其高昂和激进的情绪也和猎人紧张、决然、持续追捕的情绪相似。狂躁症的对立面是抑郁症。当所有的"逃跑转变"结束，被捕者觉得所有逃跑行为都是徒劳，他无法脱身或"转变"，只能屈服于自己作为猎物的命运时，抑郁症就开始发作。抑郁症患者拒绝进食，因为他认为自己将会被别人吞噬；如果强迫他吃下任何东西，无异于在他面前摆起一面镜子，他看到他的嘴朝向自己：这张嘴在吃东西，被吃掉的正是他自己。

（二）"转变"是群众转向权力的过渡阶段

与动物相比，卡内提认为只有人才具有"转变"的能力。原始时期，人们借助"转变"，使自己具有获得某种身份的能力，借此逃离危险、获取猎物或谋求生存。"转变"作为人类发展的媒介，意味着对自然的有力侵占。通过"转变"，人类逐渐成功地掌握世界，释放了创造力和破坏力。现代社会中，"转变"的终极状态是形象，戴面具的人具有某种"转变"的能力，面具形象是对面具内的人脸的一种"转变"。面具向外创造了形象，向内则隐藏了秘密，面具代表着一种分隔：面具本身不容触摸，它在自己与观看者之间设下了距离，即使面具向人靠近，但由于其负载着不可亲近、不可告人的内容，仍在这近处与人严格分开。面具越是清晰、固定，面具背后的一切就越是模糊，没有人知道面具后面会突然出现什么，这就是面具存在威胁性的根本原因。戴面具的人很清楚自己是什么，不过他们的任务是操纵面具，并在操纵过程中使面具保持在符合其形象的某种限度之内。当权者知道自己内心的敌意，他无法通过伪装迷惑所有人，有些人像他一样追逐权力，是他的对手。他在等待合适的时机，从这些人脸上揭开面具。在面具的背后，他会看到他们的真实想法，他自己也有这种想法，他非常了解。将对手揭穿后，对手于他而言就变得无害，因此，当权者热衷于解除他人的"转变"，有时甚至禁止"转变"。

四、权力研究

在传统群众心理学研究中，群众总是与权力有关，群众的质料和形式构成研究的重点，而权力几乎被理所当然地视为与群众有关。卡内提无疑是第一个既关注群众现象学，又致力于研究权力及其表现形式的学者，他既揭示了权力的个体运作机制，又解释了权力的因素和起源。

（一）权力的内在结构

在该书中，卡内提并未对"权力"一词进行解释，而是从原初的个

埃利亚斯·卡内提
《群众与权力》

体行为——捕获过程中的潜伏、手的触摸和抓取、嘴的开合、牙齿的咀嚼以及肠胃蠕动后粪便的排出入手，对权力的内在结构即权力的运作过程进行隐喻式的说明。捕猎者将自己隐藏，等待机会忽然现身捕捉，一瞬间吞并猎物。这一过程中，除了捕捉的那一刹那，其他大部分环节都是在黑暗中秘密完成的。接着是第一次触摸。触摸本身是恐惧的，触摸者与被触摸者之间的力量对比决定了被触摸者是继续反抗还是放弃反抗。当反抗毫无希望时，被触摸的猎物就只能乖乖等待被捕，这种无法改变的触摸在生活中体现为对违法者的逮捕——违法者在法律这只手下畏缩着。再接着是捕捉，手指抓住动物的一部分就相当于抓住了整个动物躯体。对于抓捕而言，真正重要的是手施展出来的压力，抓的过程包括轻轻地触摸扩大接触面积，然后集中力量，最后紧紧抓住猎物的一部分，通过压力抓住甚至碾碎猎物。"抓"是一种基本的权力行为，生活中紧抓着的手常常是权力的象征。"抓"本身可以追溯到动物本身，例如，虎、狮等猫科动物作为强大的抓捕者而存在，它们是高度集中的权力的代表，帝王常常把自己想象为虎、狮。

猎物真正的吞并始于嘴，一切吃的东西都要经过从手到嘴的过程，甚至许多动物直接用嘴来"抓"，用牙齿来咀嚼。牙齿具有光滑和秩序两种属性，这种光滑和秩序体现为对个体的社会规训。牙齿的存在是为了武装、保护嘴，嘴是一切牢笼的原始模型，监狱便是受到此模型影响而产生的。监狱容易使人联想到动物的血盆大口，被关进监狱的人如同被牙齿关进嘴巴的猎物，他渴望监狱外（牙齿外）的自由。

猎物被吞下之后，有用的营养会被慢慢吸收，无用的部分则变成废物和臭气被排出，这一猎物被征服的最后过程涉及权力的本质：想要统治他人，就要贬低他人、剥夺他人的权力，使其像牲口一样被役使，权力的最终目的是"吞并他们，吸尽他们的精髓……当他们完全没用的时候就把他们处理掉，就像处理自己的粪便一样"（卡内提，2003：148）。排泄物装载的是当权者遗留的罪恶感，看到排泄物，他们会想到自己的杀生行为，因此人在排泄时会将自己安置在专用的私密空间，粪便是权力"消化"过程留下的古老印记。这个过程是隐蔽的，正如权力的运作和消化是隐蔽的。

（二）权力的要素

卡内提认为权力的要素主要包括武力、速度（问答、秘密）、判断以及宽恕。"武力"一词常常被理解为身体暴力，被认为是"更低级更兽性阶段的权力"，武力是权力的即刻展现。在猫和老鼠的游戏中，如果猫将老鼠捉住弄死，这便是武力控制。但如果猫只是把玩老鼠，它将老鼠放开，老鼠刚一转身跑，猫就将它抓回来，我们就可以说老鼠处在猫的权力范围之内。因此，卡内提认为空间、希望、监视以及毁灭都可以看作权力的本体。

卡内提认为权力的第二个要素是速度，具体指侵袭速度或捕捉速度。动物界中奔跑的猛兽、自然界速度最快的闪电给了人类启发，人类模仿其速度发明了飞矢、火器，以此猎取动物、攻击敌人。物理速度作为权力特性以各种方式升级，在技术时代更是对人类产生巨大影响。卡内提指出，提问同样是权力的要素之一，一切提问本质上都是一种攻击。提问是为了让被提问者回答，进而使其一步步暴露自己。提问一开始就带着特定的目的，它从迟疑不决的刺探开始，然后试图进一步攻击，具有分割作用。当只能用"是"或"否"来回答时，问题的分割变得明显，每一次回答都将对立的可能排除在外，更进一步限制对方。盘问是重新建立过去，完全再现其过程，这常常出现在公安问询的记录里。通过盘问掌握更多信息的人具有更多的权力，例如法院的法官。相比提问，秘密居于权力最核心的部分，监视行为从本质上说是秘密的。独裁者是最了解秘密的人，当他想要达到某种目的时，他知道要监视什么，也知道利用谁去监视。监视别人的人并不知道自己要监视别人什么，只是将对方的一言一行记录下来。监视别人的人同时亦受别人监视，如此形成一个相互交织的监视网络。独裁者掌握了仅有他一人了解的秘密系统，他能看透别人，别人却看不透他。如果说独裁的力量在于秘密的集中性，而民主则使秘密广为人知，其力量也随之减弱。民主制度常常被人们嘲讽为每个人事事都掺和，每个人都胡乱议论，由于对一切事都提前知晓，所以什么"意外"都不会发生，从表面上看，这似乎是在抱怨决定性的缺乏，而事实上则是对缺乏秘密感到失望。

判断是权力的另一要素。在卡内提看来，判断本身是冷酷残忍而又具有乐趣的，其乐趣在于通过判断某样东西，更具体说是通过贬低侮辱某样东西抬高自己。卡内提认为以判断为基础的权力是有约束性的，如法官对善与恶进行区分，前提是他具有渊博的知识及丰富的经验，并且他始终坚守善的一方。那些不是法官的人，即使没有渊博的知识和丰富的经验，也乐于进行判断，但其判断的后果是两个对立集团的出现。

宽恕是权力的最后一个要素，卡内提认为独裁者从来不会真正宽恕，他们热切地想要降服与他们对抗的一切。宽恕的最高目的是衬托权力的至高无上，如当一个人即将被执行死刑时被豁免，就如同重获新生，而这生命仿佛是被统治者赠予的。

（三）命令

权力在实施过程中通常以命令的形式表现出来。命令一直被视为自然存在的东西而被人们所接受，卡内提却对命令本身进行质疑：命令究竟是什么？它是否真的如同看上去那样简单，是否会在受命服从的人身上留下痕迹？他认为命令的最原始形式是逃跑，它发生在两种力量悬殊的动物之间。逃跑并不是简单的躲避，而是当一方面临死亡威胁时的唯一的反应方式。这种反应本质上是一种生存本能与反抗，通过逃跑，弱者试图避免被强者支配或控制，逃跑是否定强者对弱者支配权力，或者说命令的形式。因此最古老的命令发生在前人类时期，是动物世界的死亡判决，它迫使牺牲品逃跑。而人类的命令虽已不致人死亡，却仍使人感到恐惧，因为命令的古老底色是死亡。命令会引起行动，一个伸出的手指指向一个方向，所有的眼睛都看过去，这就是命令；命令也意味着不容反驳，它必须被接受和理解，一旦接收命令者有所迟疑，命令的威信就会大打折扣。就这两点而言，命令实则是一种外在于人的本性的异物。命令的单一性和统一性表象使人觉得它是绝对且毋庸置疑的，而事实上命令可以分解。卡内提认为每一道命令都是由推动力和"螫刺"构成，推动力迫使人行动，螫刺则留在执行人身上。螫刺是隐秘的，命令在执行后并未消失，命令的内容以螫刺的形式深陷在执行者体内，难以消除。因此每个人的内心深处都本能抗拒外来的强制命令，当这种强制失去合理性时，人就会有压迫感。

既然命令使人感受到威胁，那为何社会生活中某些命令的实施却如此顺利？卡内提认为命令的双方存在着一种亲密的供养关系，奴隶主为奴隶提供食物，如同母亲为孩子提供乳汁，"命令不再以死亡作威胁而导致逃跑，而是代之以许诺每个生物最想要的东西，并严格地遵循这一诺言"。这实则是变相地用利益去回报、教化对方，使其自愿接受束缚。同时，卡内提认为给单个人下达的命令容易存在螯刺，给众人下达的命令则不会，可以在生物的天性中发现这种差异的缘由。遇到危险时，单独逃跑的动物比群体逃跑的动物更为恐惧，如果一个通常和群体生活的动物碰到敌人威胁，它一般会逃向自己的队伍。比如，当一头狮子追逐一群羚羊时，这群羚羊一起逃跑，一旦一只羚羊落入狮口，捕捉会暂时停止，其他羚羊就会得到片刻安宁。此时，这只羚羊实质是被羊群作为牺牲品献祭给充当神的角色的狮子，以换取羊群的暂时安全。人的情况也与此类似：宗教牺牲品源于群体恐惧，用以暂时遏止危险的权力。处于恐惧状态的群体愿意聚在一起，因为当危险迫在眉睫时，唯有近旁的同伴才能使他们感到身受庇护。通过共同的逃跑方向或者说共同的信念，个体聚成群体，只要在一起干同样的事情，完成同样的动作，他们就不会惊慌失措。命令在群体间呈水平式扩散，当命令从上级下达给一名成员时，他便立刻将命令传达给和他一样的其他成员，出于恐惧的传染性，成员会迅速靠近并做出逃跑的动作。由于命令在群体中散布得很迅疾，所以根本没有时间形成螯刺，只有孤立的命令场合才会导致螯刺的形成。独自执行命令的人对命令的反抗会以螯刺的形式留在体内，要想摆脱它，唯有自己（向他人）下达同样的命令。螯刺是通过外在压力下所产生的行动本身形成的。命令化作行动之后，仍会以某种形式铭刻在执行人心中，通过命令的形态、优势和内容影响着执行人。命令作为某种独立的东西遗留下来，每个人身上都带着像命令一样的螯刺，它像是一支箭射在身体上留下的伤痕，它的附着力惊人且难以消退。

那么，如何摆脱螯刺呢？什么人身上不会留下螯刺呢？卡内提认为，摆脱螯刺的方式主要有三种：精神分裂者的抗拒、隐居者的抗拒、逆反型群众的抗拒。麦克莱兰指出，精神分裂者的抗拒不过是半心半意，隐居者的境界只有极少数人能达到，唯有逆反型群众是人拔掉身上螫刺的唯一办法。"逆反必须准确，唯有准确地重复指令的初始环境，并将其颠倒过来，他才能甩掉包袱，逆转的指令必须得到执行，因为只有那些执行过的指令，才会留下深刻的痛感。"（麦克莱兰，2014：380）当初执行命令的人转变为传达命令的人，他将当初自己身上的螫刺完完整整地转移给别人。最彻底地摆脱螫刺的方式就是彻底解除威胁，也即死亡。麦克莱兰认为，即使反叛不成功，群众也在反叛期间甩掉了螫刺，因此即使是失败的革命也是值得的。所有人中只有刽子手是唯一不会留下螫刺的人，他接受命令，又即刻转移命令，命令顺利地从他身体穿过，他自己却全然不被命令所触及。

五、评价与反思

麦克莱兰曾高度评价埃利亚斯·卡内提的《群众与权力》，认为该书是群众理论研究的唯一杰作，它完成了"先行者未完成的理论"，为群众理论"画上了完美的句号"。其实，早在卡内提做此研究的前一个世纪，社会学家就对人群保持着高度关注，他们尤其关注群众在大革命中扮演的角色。勒庞曾大费笔墨地描述了群众的特征，认为群众就是暴民，其身上的破坏癖足以终结任何文明。在维也纳经历反犹威胁的弗洛伊德，亦从一个精神分析医师的视角出发，探究群体成员自我的发展变化，他用自创名词"力比多"解释群体联结的纽带，将勒庞止步于群众表征的描述延伸至领袖身上。在他的群体心理结构中，群众是他恋的，领袖是自恋的，领袖与群众之间存在巨大的鸿沟。不论是对群众的描述还是对领袖的分析，传统群众心理学中的催眠始终是其不变的理论基础，而这本身就隐喻了一种病态的关系——领袖是催眠师，群众是病人。这种精英主义的视角似乎默认了这样一种共识：群众本身没有头脑，"群众心理既是领袖的创造，又是权力之源，因为他可以给群体心理任意填充内容，因为群体心理就是他的心理"（麦克莱兰，2014：349—350）。

《群众与权力》似乎跳出了传统群体研究的怪圈，对以往群体的固有形象进行解构。该书中前半部分都是对群众的描述,权力则放在了后半部分,这部分没有参考领袖,而是根据群众的特性进行了全面的类型划分(卡内提的群众为复数"crowds",而非勒庞的"crowd"),群众的基本属性不是破坏癖,破坏癖是群众渴望增长和平等属性的派生物,群众砸坏门窗和玻璃是因为它们被视为边界和阻碍,而破坏它们是新生活开始的表征。群众的类型不单单是犯罪群体和英雄群体,群众的类型可以从更宽广的视角去划分,开放的与封闭的、韵律的和停滞的、缓性的和激进的、显性的和隐性的。群众心理也并非空洞无物,各民族群众的心理都留下了他们各自的历史印记,群众心理历史悠久。在该书的后半部分对权力的阐释中,卡内提用黑暗中的潜伏、第一次触摸、抓捕、吞咽、消化、排泄物等描述和比喻,清晰地展示了权力的运作过程。统治者想要统治别人就要使人降格,将其贬斥为动物,当其无用时,就弃之如粪土。为了掩盖自己的狠毒,统治者戴上了面具,在自己与群众之间画上了界线。群众成为实质上的受害者,他们接受和执行命令,不能违抗命令,在身上留下了螫刺。这种异物停留在身上难以消解,他们痛苦地想要摆脱这螫刺,但唯一的办法就是成为传达命令的人,将螫刺甩给别人。由于群体内部是平等的,因此群体是唯一可以快速将螫刺传递给别人的场所,这就是为什么人们热衷于形成群体。革命群众的复仇实质上是要摆脱上层阶级留在他们身上的异己性的螫刺,这螫刺是在漫长岁月里层层积压的刺痛。卡内提似乎拨开了群体的层层迷雾,探寻到了其内在的核心,他的身上不再是弗洛伊德式的悲观主义论调,那种论调要我们相信,"革命群众必然将文明往下拽,不停地往下拽,每拽下一个阶梯,文明再往上走的可能性就越来越小了"。

(李萌)

参 考 文 献

〔德〕埃利亚斯·卡内提:《群众与权力》,冯文光、刘敏、张毅译,北京:中央编译出版社,2003。

〔英〕约翰·麦克莱兰:《群众与暴民:从柏拉图到卡内蒂》,何道宽译，上海：复旦大学出版社，2014。

拓 展 阅 读

〔法〕加布里埃尔·塔尔德：《模仿律》，何道宽译，北京：中国人民大学出版社，2008。

〔法〕加布里埃尔·塔尔德：《传播与社会影响》，何道宽译，北京：中国人民大学出版社，2005。

〔法〕塞奇·莫斯科维奇：《群氓的时代》，许列民、薛丹云、李继红译，南京：江苏人民出版社，2003。

尤尔根·哈贝马斯

《公共领域的结构转型》

当今世界各个角落发生的事件无不呈现在网络上，人们借助互联网媒介进行观点的自我表达。一方面，东西方知识分子对于后真相、生命政治、社会结构变迁、人类价值等议题的观点探讨与思想碰撞，似乎建构了一个开放的公共讨论空间。另一方面，普通网民则通过网络参与热点事件的讨论，形成了更加世俗化的公共话语空间。两个面向本身并无优劣，重点在于公共空间是否存在理性的表达和对话，也即哈贝马斯所说的"交往理性"。无论是学理性的讨论，还是网络舆论场的众声喧哗，都对于社会整体思想意识、道德价值观念的进步与发展有推动作用，促使人们在普遍关心的议题上达成社会共识，这原本就是人与人之间相互交流的目的，纯粹而简单。但是，随着全球民粹主义势力的抬头、后真相政治引发的情绪共振、虚假信息的大规模传播等现象的出现，人们逐渐不再关心事情的真相，理性的声音被情绪化、娱乐化的表达所淹没，不同立场的人们陷入无意义的争吵，而不以解决问题为目标。全球舆论场的喧嚣与话语空间的失序，使人类社会距离哈贝马斯构想的理想型公共领域渐行渐远。面对百年未有之大变局，我们需要重新回到哈贝马斯的思想中，找寻重构和守护理性而有序的公共领域的可能路径。

尤尔根·哈贝马斯
《公共领域的结构转型》

一、成书背景

1929年，尤尔根·哈贝马斯（1929—　）出生于德国莱茵。他出生时患有腭裂，在童年时期接受过两次矫正手术。童年时的语言障碍使哈贝马斯对深度依赖和沟通的重要性有着与众不同的看法，由此，他后来撰写了一本代表性著作：《交往行为理论》。哈贝马斯曾就读于哥廷根大学、苏黎世大学和波恩大学，并于1954年在波恩大学获得哲学博士学位。从1956年起，哈贝马斯在法兰克福社会研究所的马克斯·霍克海默（Max Horkheimer）和西奥多·阿多诺（Theodor Adorno）指导下学习哲学和社会学，这两位是法兰克福学派的批判理论家。1962年，在汉斯-格奥尔格·伽达默尔（Hans-Georg Gadamer）和卡尔·洛维特（Karl Löwith）的鼓励下，哈贝马斯获得了海德堡大学哲学"杰出教授"的职位。1964年，在阿多诺的大力支持下，哈贝马斯回到法兰克福社会研究所，接替霍克海默，直至1993年从社会研究所的董事位置退休。哈贝马斯一生拥有诸多荣誉，获得包括德国科学研究最高荣誉——戈特弗里德·威廉·莱布尼茨奖（1986）、阿斯图里亚斯王子社会科学奖（2003）、京都奖（艺术和哲学领域）（2004）、霍尔伯格国际纪念奖（2005）等奖项。2007年，哈贝马斯被《泰晤士报高等教育指南》列为人文学科（包括社会科学）引用量排名第七的作者，排在前面的有马克斯·韦伯、欧文·戈夫曼等。

哈贝马斯是德国当代最为重要的哲学家和社会学家之一，他的批判理论和实用主义传统与法兰克福学派紧密相连。哈贝马斯的理论致力于揭示理性、解放和交往在现代制度中的潜在可能性，以及人类思考和追求理性利益的能力。所以哈贝马斯在写作《公共领域的结构转型》一书时既运用了法兰克福学派的批判哲学，也加入了马克思历史唯物主义的研究视角。1989年，该书以英文出版。这是一部关于资产阶级公共领域发展的详细的社会史。在书中，哈贝马斯考察了18世纪公共领域在法国沙龙中的兴起，到20世纪受到大众媒体影响的历史变迁。这是一部"将媒体研究转变为一门实事求是的学科"的书。

在 20 世纪 50 年代末至 60 年代中期，德国社会学界兴起了实证主义与反实证主义两种研究方法的激烈论战。哈贝马斯和阿多诺积极参与了德国社会学界关于实证主义的争论，针对晚期资本主义、社会学的价值立场和社会科学的普遍方法等社会科学问题，与实在论哲学家卡尔·波普尔（Karl Popper）和结构功能主义者塔尔科特·帕森斯（Talcott Parsons）等人展开争鸣。该书的方法论正是建立在"反结构功能主义"理论的基础之上，哈贝马斯从历时性视角提出将"公共领域"与"公共领域再封建化"结合整体社会语境进行探讨。哈贝马斯认为，引入"资产阶级公共领域"这一概念标志着一个时代的重要转折，不能简单地将它视为欧洲中世纪"市民社会"发展历史中的一个孤立点，也不能随意将其应用到其他具有类似形态的历史背景中，这一点至关重要。哈贝马斯将"资产阶级公共领域"置于社会学与历史学的双重语境中，将其当作一个"历史范畴"进行探讨，从而考察自由主义模式下资产阶级公共领域的结构和功能及其发生与发展。哈贝马斯在不同历史时期语境中，围绕公共领域社会交往行为的空间特性展开叙述。

二、从"公共"到"公共领域"

（一）"公共"：激进自由主义色彩的概念史

哈贝马斯的方法论与其说是历史语境下的批判主义，不如说是带有激进自由主义色彩的"概念史"式研究。"概念史"这一表述首先出现在黑格尔的《历史哲学讲演录》中，是指基于普遍观念撰写历史的方式（方维规，2020）。"概念史"的真正突破发生在 20 世纪的德国，其标志是 1995 年著名年刊《概念史文库》的创办（方维规，2020）。这一研究方法不再把语言视作所谓的真实性的附带现象，而是认为，在对世界或社会未拥有任何体验与知识的前提下，语言是方法论中不可进一步质疑的最后要素（Jones，1976）。由于存在各种不同的共时性与历时性交错现象，每一段概念史都不得不通过跨学科的方式书写。正如哈贝马斯将"公共领域"放置于历史维度中考察一般，他在对词语变迁做出解释时，也是围绕着社会情境与社会主体进行从宏观到微观的递进式阐述。

"公共"是哈贝马斯研究资产阶级公共领域起源问题的第一步，他对"公共"的解读弥补了当时法学、政治学、社会学等未能对于"公""私""公众舆论""公共领域"等传统范畴做出明确定义的缺憾。哈贝马斯将其"公共"放置于历时性的维度，考察其在时间序列中的意义变更。哈贝马斯指出，对"公共"和"公共领域"等词的所有意思进行社会历史分析，或许可以从社会学的角度把握语言的不同历史阶段。随后，他将18世纪的"公共"一词放置于古希腊时期、欧洲中世纪、资本主义时期三个不同阶段的社会语境中，比较得出源自古希腊时期的公共领域范型的解释。"公共性"一词本身就蕴含着独特的领域，即与私人领域相对的公共领域。解决了"公共"的问题，再来理解公共领域就是顺水推舟的事情了。

（二）"公共领域"的定义及其类型概述

在哈贝马斯看来，"公共领域"的概念从欧洲文艺复兴时期就已经出现了，由于当时的商人需要准确的市场信息，同时西方社会的民主、自由价值日益普及，因此公共领域成为个人与政府之间的"无主之地"，人们可以就公共事务展开批判性的辩论。哈贝马斯在该书中并未直接提及"公共领域"的概念，而是在这本书出版之后，在另一篇文章中定义了这一概念：所谓公共领域，意指社会生活的一个领域，在这个领域中，类似公共意见这样的事物可以形成。公共领域提供了一个开放的平台，所有的公民都可以自由参与各种对话。在这里，人们不是以私人或官员的身份处理私事，而是聚集在一起，以公民的身份讨论关乎公共利益的问题。公民在这个领域可以自由地表达意见和交流想法。随着参与的公众人数不断增多，报刊、广播、电视等传播媒介应运而生。当公共讨论的焦点转向国家事务时，这种公共讨论便成为政治领域，区别于文学等其他公共领域。

哈贝马斯在《公共领域的结构转型》中提及了多种公共领域类型，譬如资产阶级公共领域、代表型公共领域、文学公共领域、政治公共领域等，但其思想核心仍然围绕资产阶级公共领域的"产生与瓦解"来展开。比如"代表型公共领域"出现于欧洲中世纪的封建社会，当时的领主权力、教会的宗教仪式、贵族的宫廷文化等构成了公共性。这一时期的公共性以权力为象征，并且仅存在于"贵族世界和上层社会"。18世纪末，代表型公共领域的各方势力发生了分化，例如宗教转变为私人领域，而教会成为公共权力的载体；公共财政和公共权力机关的出现使封建王权的统治阶层也发生分化，同时劳动阶层成为市民社会发展的雏形。

资产阶级公共领域可以追溯到13世纪，彼时，金融和贸易资本主义在意大利出现。代表型公共领域开始萎缩时，资产阶级公共领域才获得了生存的空间。公共领域可以看作实体化的空间，也可以看作认知结构上的共鸣；它诞生于私人领域，但是又超脱于私人领域。公共领域存在的前提是公私分明，"公"指的是公众开放场合、国家机构办公场所、公共权力机关；而"私"指的是家庭和私人，包括私有住宅、私人财产等。在私人领域和政治权力之间存在公共领域，公共领域更接近"私人的公众"，而非政治权力。因此，哈贝马斯认可的资产阶级公共领域就是由私人集合而成的公众的领域，由市民阶层组成。市民阶层则由资本家、商人、银行家等群体组成，而且在他们中间诞生了"文学公共领域"。但文学公共领域在哈贝马斯看来并非"地道的资产阶级公共领域"，而是一种特殊形式的公共领域，并不与王室的代表性公共领域完全隔绝。文学公共领域存在于城市中的各种场所（如咖啡馆、沙龙和宴会等），扮演着从宫廷公共领域向资产阶级公共领域演进的过渡性角色。文学公共领域与政治公共领域保持着紧密的关系，当公众的讨论从文学领域转入对公共权力的批判时，就产生了政治公共领域。哈贝马斯认为，文学与政治公共领域已经相互渗透，共同塑造了由私人组成的公众，而作为公众的私人存在于两种类型的公共领域中，拥有主体性与公共权力的双重角色，这是"成熟的资产阶级公共领域"的主要体现。

哈贝马斯简要地概括了资产阶级公共领域的基本轮廓（见图1），并称其为公共领域的自由主义模式，同时视其为公共领域的理想模型。

然而，哈贝马斯看到，当资本开始出现垄断，国家开始干预社会

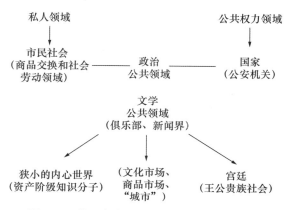

图 1　18 世纪资产阶级公共领域的基本轮廓

时，公私之间的界限开始融合，社会领域与私人领域走向两极分化，这一系列现象导致资产阶级公共领域将文化批判意义上的公众转为文化消费层面上的公众，并出现公共领域消弭的趋势。哈贝马斯认为，当公众远离权力实施和权力均衡时，公共性原则就无法证明统治的合法性，更谈不上保障其合法性了。

三、公众舆论与公共领域

哈贝马斯从英语、法语、德语中考察"公共"一词的词源演变。17世纪末，法语中的"publicite"一词被借用到英语中，成了"publicity"；德国直到 18 世纪才有这个词。德语的"公众舆论"即 Öffentliche Meinung，是模仿法语 opinion publique 造出来的，英语的公众舆论则最早是 general opinion，在 18 世纪下半叶才出现了 public opinion 的说法。基于政治公共领域的公众舆论有两种界定方式，一是从自由主义的立场出发，将这一概念视为具有批判意识的公众发表的具有理性因素的观点；二是从机制标准出发，认为政党的意愿就是公民的意愿，执政党代表公众舆论。但哈贝马斯认为，这两种界定方式仍不甚明晰，他提出一系列问题：公众舆论是以公共交往还是非交往形式实现的？大众有能力表达自己，还是无法表述自身意见？抑或大众的表达变成了公民表决中的随声附和？哈贝马斯进一步质疑了实证主义对公众舆论的研究，例如将"公众"等同于"群众"，将"意见"等同于"态度的表达"甚至"态度本身"，或是抛开了社会学或政治学因素，忽视了政治公共领域的意图。

公众舆论与公众和公共性有着密切的关系，哈贝马斯认为，只有公众范围内的公断，才具有"公共性"。在大众传媒领域，公共性的内涵从公众舆论所追求的一种状态，变成了公众舆论自身的一种属性，即公共关系和共同努力，或称"公共劳动"，而这种公共性原则的功能转变基于公共领域的功能转变，最初便表现为报刊从垄断的私人通信转型为商业化的公共服务。在商业化转型过程中，政治领域的"舆论管理"功能在公关和广告的精心策划中建构了一种基于"私人利益"而非"普遍利益"的"公众舆论"，导致由商业资本制造出来的共识失去了舆论的基础。同时，福利国家控制权力的增强，使公共领域丧失了沟通功能。由国家操纵的庞大宣传机制体现了公共性，但未能体现舆论。在哈贝马斯看来，公众舆论成了"声望的舆论"。公共领域丧失了与私人领域的边界，同时也丧失了与"世俗公共领域"的边界，政党与公众的关系也改变了，政党成为公共组织体系的一部分，只传达组织利益，议会沦落为政党组织机制的一分子。如此一来，公众舆论将丧失批判功能，当争论只是一种象征时，人们就只剩下认同。

哈贝马斯将公众舆论划分为"作为批判力量"与"作为展示和操纵力量"两个类型，批判的公众舆论使政治权力和社会权力的实施得以公开，而展示和操纵的公众舆论受到资本侵蚀和政治意志的操控。在西方民主选举活动中，批判公共权力机关的政治公共领域瓦解后，大多数选民也陷入僵化的状态，并作为公众整体也瓦解了。哈贝马斯提及了卡茨和拉扎斯菲尔德所做的政治传播与意见领袖研究，他悲观地认为那些所谓活跃于公共事务的意见领袖并不会任由人们讨论自己的观点，这会导致公众不再具有批判意识，也就扼杀了由商业资本或国家权力操纵的舆论发展为公众舆论的潜力。选民的冷漠也导致报刊和广播的传播"毫无效果"，这也是为什么美国经验学派的传播效果研究历史中会出现"有限效果论"——展示和操纵的公共领域已经用"情绪型舆论"取代了公众舆论。由圆滑的宣传技巧制造和展示的公共领域脱离了公共批判,阻碍了公众舆论的形成,因而选票也就不能代表真正的公众舆论,不能"使政治权力和社会权力的实施合理化",这也意味着资产阶级法治国家的没落。

总之,哈贝马斯认为,公众舆论的概念只能从公共领域自身的结构转型及其发展维度来定义,也只能在大众民主的福利国家条件下建立起来。非公众舆论有三个范畴:一是非正式的、个人的、非公共的意见系统,这是交往领域的最低层面;二是政治的、机制化的权威意见系统,思考诸如战争与和平、对安全的渴望等社会震荡的沉重后果;三是文化工业批量加工的虚假舆论,由消费者面对的传媒灌输或加工的信息产品构成。哈贝马斯还认为,群体交往过程中由意见领袖传达的意见,以及陷入大众交往的意见,不属于公众舆论,区别在于"公众"与"大众"不同。综上所述,哈贝马斯认为,只能对公众舆论进行相对的定义,并有如下四条标准:第一,该意见是否从公众组织内部的公共领域中产生;第二,组织内部的公共领域与组织外部的公共领域的交往程度;第三,组织外部的公共领域处于传播的动态过程中;第四,通过大众传媒在社会组织和国家机构之间形成。因此,只有处于纯粹公众的交往范围之内,面向公众的非机制化的公开批判意见,才会产生严格意义上的公众舆论。

四、中国语境中的"公共领域"与"公共空间"

哈贝马斯的公共领域理论在西方社会产生了巨大的影响,对于近代中国社会以及20世纪八九十年代的中国知识分子亦有较大的启示。有关中国公共领域的讨论,学术界普遍有三种观点:一是认为公共领域只是西方观点,不适用于中国本土(陈付龙、祝黄河,2012)。例如赵文词指出,哈贝马斯的公共领域将国家和社会视为二元对立的关系,强调市民社会处于国家权力和政治意志的对立面(赵文词,2003)。即便近代中国在上海孕育了公共领域的雏形,但对于当时中国的绝大多数城市和农村而言,丝毫没有市民社会出现的痕迹,加之当时的政府对于国家和社会的控制能力弱,也就不可能催生市民社会这种理性的公共领域。当代中国并不割裂国家与社会的关系,中国的社会文化和政治环境亦不能等同于西方社会。二是认为中国公共领域具有特殊的实体形态,存在"公共领域式的公共空间"。例如许纪霖就认为,近代中国的公共领域起源于上海,但与哈贝马斯认为的源自市民社会的公共领域不同的是,上海公共领域的出现是晚清帝国的内外危机引发的社会变革的一部分,是由新型士大夫群体主导的(许纪霖,2003)。然而,张忠质疑道,脱离了"市民社会"这一条件,哈贝马斯意义上的公共领域的基础也就不成立了(张忠,2014)。三是不否定公共领域的概念本身,以及此概念在中国本土语境中的意义,但是就现实语境而言,诞生自西方的公共领域理论并不适用于解释中国问题。

随着互联网在中国的普及和发展,公共领域再次进入了学者的讨论视野,互联网开放、包容、共享的精神似乎为公共领域在中国网络空间的兴起提供了可能。网络为民主协商机制搭建了技术平台,各类网络社区形成了开放的公共空间,尤其是微博颠覆了传统媒体的话语垄断地位,带来了信息的可见与意见的可辩,公民在网络互动情境中进行理性的讨论(尹连根,2013),形成了公共领域的雏形。网络问政等民主监督渠道的畅通,使公民有机会积极参与并利用监督和舆论倒逼政府就公共事件做出回应,这被视为公众的政治启蒙过程(赵云泽、韩梦霖,2013)。

但是,中国网络公共领域的发展仍存在诸多困境。网络空间中公共讨论的形态较为复杂。虽然在互联网场域初步形成了民主协商机制,但这种协商机制建立在官方与民间互动的基础之上,中国的网络空间经历了官方与民间"两个舆论场"、政治微博机制化建设、主流媒体主导网络舆论场等阶段,公权力介入公共空间的对话过程,一定程度上干预了公众舆论的政治功能。张忠认为,中国网络公共领域只是一种"准公共领域",因为中国互联网场域并未产生哈贝马斯意义上的公共领域,然而公共领域并非核心要素,只是作为公共领域发育和成长阶段的一部分(张忠,2014)。中国互联网也不具备一定规模的、关心普遍利益的公众,人们的利益诉求呈现复杂多元的状态——公共利益中夹杂着个人私

尤尔根·哈贝马斯
《公共领域的结构转型》

利和小团体利益，受到各方势力和利益集团的驱动，人们参与和表达的自愿性仍存在问题，因此不能把网民看作公共领域意义上的公众。同时，我国网络舆论中存在情绪化、非理性表达和网络暴力行为，网民媒介素养参差不齐，干扰理性对话，呈现出"批评有余而理性不足"的现状。

综上所述，所谓中国本土化特色的"公共领域"并非哈贝马斯意义上的公共领域，用"网络公共空间"来替代"网络公共领域"的说法已是学术界共识。即便如此，哈贝马斯的公共领域概念依然对于当代中国存在诸多价值，引起人们的反思。例如，在"国家—社会"关系型结构的前提下，中国媒体如何构建理性的思考空间？网络的公共性有无可能推动公共空间发展为公共领域？在特定的社会情境中，公共空间或准公共领域将如何作用于汇聚于此的公众以及每个个体？个体的汇聚又将如何影响公共空间未来的发展趋势？正如哈贝马斯1999年对于中国公共领域发展问题的评价：

> 由于你们国家中经济和国家的关系不同，我完全能想象将西方模式直接应用到中国的任何一种尝试所遇到的困难。不过我确实认为，经济的进一步自由化和政治体制的进一步民主化，将最终促进而且也需要民主形式的舆论必须植根于其中的、我们称之为政治公共领域和联系网络的某种等价物。任何一种以更广泛、更知情和更主动的参与（我们在西方仍在为之努力的目标）为目标的改革，均依赖于某种健全的公共交往，它可以发挥某种敏感过滤器的功能，用于体察和解释人们的需要。（哈贝马斯，1999）

虽然将公共领域照搬至中国的网络空间并不可行，但学者们对于公共领域的前景仍然抱有期待，并提出了推动网络公共空间健康有序发展的建议。一是提倡政府主导与治理主体多元化。既要发挥政府的主导作用，又要提升公众、社会组织等社会力量参与社会治理和公共讨论的能力，重视对社会组织的引导和监管，使之在社区建设、处理社会矛盾、抵御社会风险等方面发挥积极作用。二是完善舆论监管的制度设计。建立长效的沟通机制，将碎片化、公共化的意见整合为哈贝马斯意义上的公共意见，为有序而不失活力的舆论场提供制度保护。三是提高公众的政治参与民主意识。培育公民文化，倡导主流社会价值观，克服以自我为中心的偏狭思想，对他人保持理解和宽容，在此基础上构建深度理性的交流对话场域。

　　哈贝马斯所提倡的"平等、开放、理性"的公共领域理论观念，能否套用至中国的现实场域？我们的回答是否定的。哈贝马斯在其公共领域理论中预设了国家与社会之间的二元对立，但这并不适配于中国现实。此外，由于哈贝马斯的"公共领域"理论非常强调理性，因而被质疑精英主义气质太浓，排斥了边缘群体或底层群体的参与，忽视了附属群体的贡献，排除了情感的功能。然而，中国的民主协商和公共话语表达需要个体诉诸情感并产生情感共振。袁光锋指出，公共领域应当超越"情感—理性"的二元对立逻辑，以便更好地理解公众的理性交往与公共讨论（袁光锋，2016）。中国公众舆论场域中的"情感"逻辑和内涵与西方语境有所不同，公众的情感表达往往产生"舆论倒逼"效应，进而推动公共事件的解决。因而，情感作为一种道德能量和社会资源，既反映了特定历史条件下的道德和价值冲突，又是特定政治结构权衡下理性选择的结果，简单地将情感视为"非理性"是片面的，舆论中的情绪、偏见、戏谑等尽管具有一定的破坏性，但在特定情形下能发挥一些隐藏功能，产生"聚合的奇迹"效果（郭小安，2019）。情感理性使个体感性的情感融入社会共同体成员的"公共利益"道德情感，为个体维护公共利益创造契机，进而在商议民主的交流中形成相互理解的理性精神价值规约。故在中国公众舆论场中，我们不能把情感与理性、国家与社会看作二元对立的关系，更不应该用哈贝马斯的公共领域理论套用中国现实，而是要用中国本土实践来完善哈贝马斯的公共领域理论。

（赵海明）

参 考 文 献

G. S. Jones,"From Historical Sociology to Theoretical History",*British Journal of Sociology*,1976（3）.

〔德〕J. 哈贝马斯：《公共领域的结构转型》，曹卫东等译，上海：学林出版社，1999。

〔德〕J. 哈贝马斯：《关于公共领域问题的答问》，梁光严译，《社会学研究》，1999（3）。

陈付龙、祝黄河：《历史与现实：公共领域发展的中国考量》，《甘肃社会科学》，2012（5）。

方维规：《关于概念史研究的几点思考》，《史学理论研究》，2020（2）。

郭小安：《公共舆论中的情绪、偏见及"聚合的奇迹"——从"后真相"概念说起》，《国际新闻界》，2019（1）。

许纪霖：《近代中国的公共领域：形态、功能与自我理解——以上海为例》，《史林》，2003（2）。

尹连根：《结构·再现·互动：微博的公共领域表征》，《新闻大学》，2013（2）。

袁光锋：《"情"为何物？——反思公共领域研究的理性主义范式》，《国际新闻界》，2016（9）。

张忠：《网络空间作为一种公共领域的可能性分析》，《北京邮电大学学报（社会科学版）》，2014（5）。

赵文词：《公共领域，市民社会和道德共同体——当代中国研究的研究议程》，黄宗智主编：《中国研究的范式问题讨论》，北京：社会科学文献出版社，2003。

赵云泽、韩梦霖：《从技术到政治：中国网络公共空间的特性分析》，《国际新闻界》，2013（11）。

拓 展 阅 读

〔德〕马克斯·韦伯：《新教伦理与资本主义精神》，阎克文译，上海：上海人民出版社，2018。

〔德〕尤尔根·哈贝马斯：《交往行为理论》，曹卫东译，上海：上海人民出版社，2018。

〔德〕于尔根·哈贝马斯：《现代性的哲学话语》，曹卫东译，南京：译林出版社，2011。

卡罗尔·佩特曼

《参与和民主理论》

在民主理论中,"参与"思想历经了从举足轻重到沉寂于边缘的流变过程,直到20世纪60年代,这一思想才再次重返学术视野。美国哲学家瓦尔特·阿诺德·考夫曼(Walter Arnold Kaufmann)在1960年提出"参与民主"的概念,但在当时并没有引发多少关注。直到卡罗尔·佩特曼所著的《参与和民主理论》一书出版,参与式民主理论才正式受到重视。这本书的出版标志着参与民主政治理论的正式提出,它对当代西方主流民主理论进行了质疑和挑战。该理论是佩特曼最具代表性的学术观点,旨在探讨政治参与和民主理论之间的关系,并着重分析工业领域中公众参与所必要的心理品质。

一、成书背景

卡罗尔·佩特曼(1940—)于1940年12月11日出生在英国萨塞克斯郡,是一位政治理论家、女权主义者、自由民主的批评者。佩特曼少时曾在一所文法学校接受教育,1963年进入牛津鲁斯金学院学习,还拥有澳大利亚国立大学、爱尔兰国立大学和赫尔辛基大学的荣誉学位。佩特曼从牛津大学获得博士学位后,于1972年成为悉尼大学的政治理论讲师,随后在欧洲和澳大利亚、美国等世界多地的大学从事研究工作。1990年,佩特曼任教于美国加利福尼亚大学洛杉矶分校

(UCLA) 政治学系，现在为该校的名誉教授。1991—1994 年，佩特曼担任国际政治学会主席，成为国际政治学会历史上的第一位女性主席。2007 年，佩特曼被授予英国科学院院士。2010—2011 年，佩特曼担任美国政治学会主席。同时，佩特曼还是英国卡迪夫大学欧洲研究学院的名誉教授和威尔士学会的研究员。在 2012 年和 2013 年，佩特曼相继获得约翰·斯凯特政治学奖和英国政治学会颁发的特别表彰。澳大利亚政治研究协会（APSA）以卡罗尔·佩特曼为名设立奖项，每两年颁发一次，奖励关于性别和政治主题的最佳著作。

在古典民主理论中，"参与"思想尤其是"参与决策过程"被理论家赋予了重要地位。长期以来，当代民主理论以精英主义民主理论为主，"参与"并没有得到足够重视。西方主流民主理论家认为，"参与"是专属于少数精英的活动，而非缺乏政治效能感的普通公众所能介入的。尤其受二战时期法西斯主义的影响，学界往往将公众参与和极权主义联系在一起，"不参与"的公众才能维护社会的稳定。在这种精英民主思潮蔓延的背景下，佩特曼提出了参与民主理论，梳理了政治参与和民主理论之间的关系，旨在质疑当代西方主流民主理论。在她看来，当代民主理论不仅误解了古典民主理论，而且抛弃了古典理论所涵盖的民主理想。《参与和民主理论》一书梳理了"参与"这一概念在民主理论中的学术发展脉络，着重探讨了参与对培养公众政治效能感的教育作用，及其在工业领域的关键地位。参与民主理论因此成为政治学研究的重要范式，并衍生出协商民主理论等新形式的民主理论。此书在政治学界具有重要的学术价值和影响力，是当代参与民主理论的经典著作。

佩特曼在契约理论以及女权主义理论等领域颇有建树，出版和发表了很多著作和文章，其独立撰写的著作有《政治义务问题：有关自由理论的批评性分析》《性契约》《妇女骚乱：民主、女权以及政治理论》等；合著的著作有《正义与民主：布莱恩·巴里的随笔》《契约与控制》等；参与编著的著作有《澳大利亚政治研究协会女性政治学家名录》《女性、社会科学与公共政策》《女权主义解释和政治理论》《女权主义的挑战：社会和政治理论》等。

二、"参与"思想的嬗变

佩特曼系统地研究了"参与"和"民主"的联系，提出了"参与民主理论"的概念。她批判了当代的精英主义民主理论，认为该理论只能反映当时的政治制度运作情况。真正的民主应当涉及从制定政策到实施政策的整个过程，表现为公民直接的、完全的参与。在这种民主理论中，"参与"的核心价值在于其教育功能，这涉及公民在心理层面对民主技巧和民主流程等内容的理解。佩特曼主张，公民最应该参与的政治活动是那些与日常生活紧密相关的活动，如在社区和工作场所开展的活动。她同时指出，各个社会领域通过自主管理可以实现真正的平等和自由，直接民主的适用范围仍然有其边界。

佩特曼发现，"参与"是古典政治民主理论中的核心问题，然而，参与思想在当代政治民主理论中的地位却十分低微。20世纪中期，参与民主理论遭遇了质疑，因为二战后的政权建立在公众参与的基础上，这些政权显示出一种倾向：参与同极权主义，而不是与民主制度联系在一起。佩特曼回顾了约瑟夫·熊彼特对民主理论的论述，后者认为，当前的政治现实提出了对古典民主理论进行修正的要求，并且呼吁一种全新的、现实主义的民主概念，以及有关民主理论的架构和民主方法。根据熊彼特的民主观点，"参与"本身并不占据核心位置，关键是需要有足够的公民参与选举，使得选举制度可以有效运作，公民唯一的参与方式就是讨论并投票选举领导者。

佩特曼考察了伯纳德·贝雷尔森、罗伯特·达尔（Robert Dahl）、乔万尼·萨托利和哈里·埃克斯坦（Harry Eckstein）这四位关于民主理论的著名学者的代表性观点。他们的民主理论直接继承了熊彼特对古典民主学说的批评，强调政治制度的稳定性。贝雷尔森在《投票》一书中采用了功能主义的方法，认为古典理论对公民个体的过多探讨实际上忽视了政治体系的整体性。即便后续有所分析，他也主要聚焦于具体的政治制度，而非政治体系在发挥其功能时的基本特质。贝雷尔森提出，民主政治生存需要如下条件：社会冲突的强度需要被控制，社会变化的节奏不可太过迅速，社会和经济的稳定性要得到保障，存在多种形式的社会组织以及基本的公众意见共识。达尔则更关注现实政治中"控制"的观念。他提出，强调民主关系的政治只是现代民主政府控制社会的一种常见手段。同时，达尔认为普通社会成员参与政治生活可能会存在危险。萨托利的理论思想基本上是对达尔的多元民主理论的扩展。萨托利认为，民主政治由互相竞争的精英群体所统治，而在政治过程中，公众的积极参与将直接导致极权主义倾向。埃克斯坦则指出，民主是选举制度中政策和权力相互竞争的结果，对于一个稳定的民主政治体系来说，国家级的政府权威不可能完全或在纯粹意义上是民主的。

佩特曼梳理了上述四位民主理论家的民主理论，并将这些理论与当代其他民主研究者的理论概括为当代民主理论。当代民主理论认为，"民主"是国家级别的政治操作和制度配置。这种操作的核心特征是，领导者（或称精英）通过周期性的自由选举，争取公众的选票。在这种民主模式中，选举是多数公众对领导权施加约束的主要途径。"参与"意味着公众共同选择政治决策者。在现代的民主观念中，参与的核心目的是防止公众受到独断专行的领导者的影响，确保公众个人利益得到维护。佩特曼也在书中归纳了对当代民主理论的批评，这些批评主要集中于两点：第一，现代民主理论的支持者误读了"古典"民主理论的本质，"参与"理论并非通常所理解的描述性理论，而是关于如何行事的规范性理论；第二，精英主义者在对古典理论进行调整的过程中，抛弃了其中蕴含的民主理念，取而代之以其他理念，这在根本上改变了民主的标准含义。佩特曼认为，上述民主理论不仅描述了特定政治体系的运行过程，而且描绘了一种制度，这种制度包含了判断一种政治体系是否"民主"的一套标准或准则。同时，当代民主理论提供了两种相互替代的制度：一种是领导者受到选民控制，对选民负责的制度，选民可以在相互竞争的领导者或精英中进行选择；另一种是相反的制度，即"极权主义制度"。

佩特曼回顾了卢梭、约翰·密尔和乔治·科尔（George Cole）的民主理论。在密尔与卢梭看来，参与不仅是一种工具，而且是建立和保持民主制度的核心。他们并不只将民主视为国家层面的代表性制度，更是将其看作一种充满参与精神的理想生活方式。也正因如此，他们被视为参与民主理论的思想家。对于卢梭而言，参与不是民主机制中简单的辅助工具，它为个体带来的心理上的影响，保证了参与者的心态和观念具有一致性。卢梭的"参与"和代议制政府理论类似，指向决策流程，旨在维护个人利益并确保政府的高效运作。卢梭归纳出"参与"的三重意义：一是增强个人的自由感，使之真正实现或维持自主性；二是让集体决策更易为每位公民所接受；三是强化了公民对于他们所属社群的认同感。同时，卢梭强调了"参与"和"控制"的紧密关系，这与他对自由的看法是一致的。他相信制度的权威与个体的心态、观点之间是相互联系的，并且认为"参与"起到了教育的作用。这些观点构成了卢梭对参与民主的基本看法。

佩特曼认为，密尔和科尔的理论发展了卢梭关于参与的观点。密尔认为政府最重要的功能是广义的教育功能，并只有在地方层面发挥参与的教育作用时，其真正价值才能得以体现。因为在地方层面，公众所讨论的议题与其日常生活紧密相关，由此公众才能真正地"掌握民主的实践"。密尔认为，应当最大限度赋予劳动阶级在地方层面的参与机会。密尔还将参与的教育功能假设进一步扩展到当时社会生活的全新领域——工业领域。在科尔的基尔特社会主义理论中，他制订了参与型社会的组织方案和构建具有共同利益的社会的详细计划，并且认为，工业是通向真正民主政体之门的钥匙。

三、工业领域中的"参与"及政治效能感的培养

佩特曼的参与民主理论建立在两个假设基础之上：第一，参与在工业领域占据着关键地位；第二，公众与其所在环境的政治制度之间是紧密相连的。为了确保每个人都能充分地参与，需要在多个领域进行民主的社会化或民主"培训"，即培养人们参与政治活动所需的心态和特质。所以，教育在参与民主中发挥关键作用。佩特曼着重讨论了非政治权威中的政治参与活动对培养公民政治效能感的必要性。公众的参与程度越深，他们就越具有民主参与能力。

佩特曼对参与民主理论和其他民主理论在不同层面进行了比较，包括对"政治"的定义和"民主"本身的特点等。首先，在参与民主理论中，"政治"的概念界定已然超出传统意义上的全国和地方政府的范畴。其次，"参与"意味着公众在决策中的平等参与，这与精英民主主义者的理解截然不同。最后，参与民主理论对参与民主的辩护不仅基于其产生的政策结果，而且基于参与过程中所衍生的"人的能力的发展"。人们通过政治参与活动产出的不只有政策结果，还有每个人在社会和政治层面的能力增长，如此便形成了从投入到产出的"反馈"过程。

在佩特曼的参与民主理论中，工业领域处于核心位置，因此佩特曼着重论述了工业领域中的参与和民主之间的关系。首先，佩特曼从心理层面探讨了工作场所的政治效能感和参与之间的关系。佩特曼引述了加布里埃尔·A.阿尔蒙德（Gabriel A. Almond）和西德尼·维巴（Sidney Verba）的著作《公民文化：五个国家的政治态度和民主制度》一书，该书针对美国、英国、德国、意大利和墨西哥五个国家的个人政治态度和政治行为展开跨文化研究。研究表明，非官方领域特别是工业界的参与，对政治效能感的塑造起到了关键作用。阿尔蒙德和维巴观察到，政治有效性和政治参与之间呈正相关关系，尤其在美国和英国，这种政治效能感达到顶峰，原因可能是这些国家为地方政治参与提供了大量的制度化机会。研究还显示，特别是在政治实体中，组织内的人比组织外的人具有更强的政治效能感。此外，童年时期的参与观念和行为，对成年后的政治效能感有着关键影响。在五个国家中，家庭和学校场所的参与机会多少和公众政治参与能力高低呈正相关，在更高的教育阶段中，这一相关性更为显著。中产阶级的孩子的政治效能感更强，这可能是因为中产阶级家庭更倾向于为孩子提供参与决策的机会，而工人阶级的家庭则更偏向于权威主义或表现出不稳定的权威模式。

佩特曼总结了《公民文化》一书的主要观点：第一，在五个国家中，参与机会和政治效能感存在正相关关系，同时，受访者的社会经济地位越高，其参与的机会越多。第二，参与活动具有累积性的效应。一个人参与的领域越多，他在政治效能感方面的得分可能就越高。佩特曼认为阿尔蒙德和维巴的研究可以作为支持参与民主理论的证据：就培养和发展公众的政治参与所需要的心理品质而言，非政府权威结构中的参与是必要的。

继而，佩特曼试图通过进一步的实证材料，分析工业领域中不同的权威结构对个人态度的影响。佩特曼引述了罗伯特·布劳纳（Robert Blauner）在《异化和自由》一书中对美国印刷业、纺织业、汽车业和化学工业四种不同工作环境的分析。布劳纳通过对比研究发现，只有特定的工作环境才有利于提升个体信心和政治效能感，关键变量是个体能够对工作及其环境施加控制的程度。在印刷业中，工人对自己的工作有着较高的控制权；在化学工业中，每组工人对其工作的程序和方法具有控制权。这两种工作环境均有利于自尊和自我价值的形成。但是，汽车业和纺织业并不具有这些环境因素。同时，组织和管理领域的学者从组织效率角度展开分析，认为组织形式也会影响人的个性。例如，克里斯·阿吉里斯（Chris Argyris）区分了两种模式，即等级（官僚）组织模式和心理健康的个人模式。他指出，现代社会中典型的权威结构模式未能满足个体对自尊、自信和自我成长等方面的需求。根据上述学者的分析，佩特曼认为，民主社会化过程中，工业领域具有核心地位这一主要观点已经得到证实，同时，非政府权威结构中的参与活动会对公民的政治参与产生重要的心理影响。她还总结道，参与民主理论认为个人的态度很大程度上取决于其工作环境的权威结构，尤其是工作环境是否为他们提供了参与决策的机会。

四、评价与反思

佩特曼认为，现代精英主义民主理论已经偏离了对"公众"参与政治活动的关注，认为民主制度的主要价值不在于公众的政治参与方面，这些理论将公众视为缺少政治参与感、对政策表现冷淡的群体，认为公众不热衷于参与政治活动才有助于维护社会稳定。佩特曼重新提出了参与民主理论，并将工业领域置于该理论的核心地位。她认为，参与性社会的观念需要将"政治"的范围延伸至政府以外的领域，这有助于更好地培养公众的政治效能感，使他们对公共领域和私人领域之间的关系有更深入的理解。如果存在一个参与性社会,个体就能更好地评价政治家对其生活环境中的诸多事务所做的决策。在佩特曼看来,参与民主理论是一种现代的、富有生命力的民主理论。

当代政治学研究中,佩特曼的参与民主理论具有重要的学术价值,《参与和民主理论》一经出版就在政治学界引发了巨大的反响,标志着参与式民主作为一种新的民主理论范式出现。迄今为止,《参与和民主理论》已在世界范围内有了 20 余个版本,其影响力可见一斑。在这本书中,读者不仅可以了解佩特曼对于民主的理论观点,同时也能对古典民主理论、当代民主理论进行系统的回顾。佩特曼在这本书中质疑和挑战了当代民主理论对于参与的忽视,认为这些理论的缺陷在于没有关注普通人的活动,且背离了将参与视为核心的古典民主理论,进而重新构建了"参与民主"理论。她以南斯拉夫工人的"自我管理"为案例进行实证分析,提出工业领域在提高普通人的政治效能感方面具有重要作用。虽然有学者质疑参与式民主的操作性,也提出了"审议民主理论"等概念,但不可否认的是,参与民主理论对于整个世界乃至我国社会主义民主政治仍有重要的启示。参与式民主强调民主不单单存在于政治领域,更是工作场所、生活社区等基层组织中的一种常态化生活方式,是一种自下而上的参与。公众的参与和表达不仅可以促使决策更为科学合理,同时也可以培养公众的民主素养和政治效能感,促进政治平等与社会自由。

(霍凤)

参 考 文 献

〔美〕卡罗尔·佩特曼:《参与和民主理论》,陈尧译,上海:上海人民出版社,2006。

拓 展 阅 读

〔美〕E.E.谢茨施耐德:《半主权的人民:一个现实主义者眼中的美国民主》,任军锋译,天津:天津人民出版社,2000。

陈炳辉等：《参与式民主的理论》，厦门：厦门大学出版社，2012。

〔美〕乔万尼·萨托利：《民主新论》，冯克利、阎克文译，上海：上海人民出版社，2009。

〔美〕约瑟夫·熊彼特：《资本主义、社会主义与民主》，吴良健译，北京：商务印书馆，1999。

本杰明·巴伯

《强势民主》

美国著名政治学者本杰明·巴伯于20世纪80年代写成《强势民主》一书，对美国政治史与当代政治实践进行深入的观测，分析了美国自由主义民主危机。巴伯极富创见地将强势民主作为自由民主的补充，激励人们认真对待公民身份，并为现代政治困境提供修补机制。巴伯认为，转化冲突可以使个人利益转换为公共利益，实现非集体主义的共同体复兴。这本书出版后引发了社会的广泛关注，《纽约时报》赞称道："巴伯赋予参与思想以制度和智力的双重活力……其独特贡献不在于他提出了有关立法的建议，而在于他勾勒出一种从可能出现的强势民主的实践来看待政治的方式……巴伯的研究是极富原创性的，同时也是极具挑战性的。"

一、成书背景

本杰明·巴伯（1940—2017），美国著名政治学者，1963年获得哈佛大学政治学硕士学位，1966年获得哈佛大学政治学博士学位，先后担任罗格斯大学沃尔特·惠特曼民主文化与政治研究中心主任、马里兰大学教授，主要著作有《强势民主》《如果市长统治世界》，是公认的高产公共知识分子、积极参与公共事务的社会活动家。

20世纪80年代，巴伯提出强势民主理论，离不开特定的时代背景。其一，自由主义民主面临深刻的危机。以1971年布雷顿森林体系的解体和1974年爆发的能源危机为导火线，资本主义世界爆发了严重的经济危机，大规模的失业随之而来，公众的政治认同感持续下降。与之相伴的是大众传媒的发展，媒体的舆论监督功能持续强化，政党丑闻不断见诸报端，这进一步带来公众的政治冷漠情绪，在美国，参与选举的选民人数甚至一度未达半数。

其二，新通信技术的发展为强势民主理论的提出提供了机遇。在看到自由主义代议制民主的危机之后，巴伯提出让强势民主成为前者的补充，作为一种公民直接参与政治事务的民主形式。强势民主自古以来面临着规模困境，所以古希腊的直接民主只能在城邦内部分实现，而现代国家则大多实行代议制。巴伯意识到，新通信技术能够成为"民主改革的至关重要的调节器"（巴伯，2011：2），可以帮助公众跨越时空界限围绕政治事务进行讨论与协商。

二、对"弱势"民主理论的反思

巴伯指出，自由主义民主是一种"弱势"民主理论。他在《强势民主》的第一部分指出，自由主义民主政治中的诸多难题源自该理论本身。为自由主义民主构筑理论基础的人性论、知识论与政治观在本质上是自由主义的，而不是民主主义的。具体而言，自由主义民主更关注的是对个人自由的保障，而非增进公共正义；更倾向于将人与人安全地隔离开来，而不是将他们聚集在一起有效地探讨问题。最终，自由主义民主的缺陷反而削弱了它对个人的保护力度。

巴伯指出，自由主义民主至少具有三种占主导地位的特性，每种特性都包含一套非常具有特色的态度、倾向和政治价值，这三种特性可以分别称为无政府主义、现实主义和最小政府论。美国政治体系是前述三种倾向共存的典型例子——这三种倾向有时候能够和谐共处，但更多的时候处于紧张状态。巴伯指出，无政府主义否定冲突，并且想要远离冲突；现实主义抑制冲突，并且希望铲除冲突；最小政府论则容忍冲突，能够与冲突共存。

首先，就自由主义民主的无政府主义倾向而言，无政府主义的特性使得自由主义的政治理论非常肤浅，并且在政治实践中表现得非常脆弱。对于公正的共同体来说，它是一种顽固的障碍。

其次，就自由主义民主的现实主义倾向而言，政治变成了一门与权力相关的艺术。与权力相伴生的是恐惧、操纵、强制、威慑、激励、处罚和其他在社会关系中具有更多强制性的现象。在自由主义民主的现实主义者的想象中，在绝对权威与绝对自由、完全强制与完全放任、基于畏惧建立的政府与无政府状态之间很难有中间地带。其结果便是，自由主义民主中存在某些完全分裂的成分。在美国，从自由主义民主起源之日开始，其主要困境就是它已经成为自由和权力斗争的场域。

最后，对于自由主义民主的最小政府论倾向而言，尽管因其赞同以下观点——个人可能会犯错误，自由使得个人不会关心他者，而权力则可能导致集体性的他者不去关心个人——而显示出一种超越自由主义民主的潜在可能，但是，它最终仍然会走入一条死胡同，因为最小政府论仍然依赖弥漫着自由主义的极端个人主义。

在探讨自由主义民主理论时，我们发现其深植于两种哲学基石，即牛顿哲学的惯性参照系与笛卡尔哲学的认识论结构，这两者之间稳固地保持一致，虽不显眼。对于弱势民主而言，其面临的惯性参照系挑战，实质上也是认识论层面的困境。当自由主义政治思想，诸如社会契约、自然状态、自然权利以及原初状态的推理等，被细致入微的政治分析方法所审视时，它们展现出一种还原论、演进式、二元对立、纯粹理论化以及唯我论的倾向。这意味着这些思想倾向于将复杂的社会现象简化为基本元素，强调历史发展的线性进步，确立了理想与现实、自然与社会等二元对立面，且往往停留在理论探讨层面，忽视了多元视角和互动。相比之下，强势民主构想中的民主政治则摒弃了对形而上学基础的依赖，转而依赖一种更为自主、内生的政治逻辑。它基于自生自发、自我维持及自我转化的推理模式，通过政治实践中强势民主与弱势民主具体的相互作用来验证和巩固其合法性。这种民主观念强调政治系统的动态性和自我完善能力，认为政治过程本身就是推动社会进步和实现正义的关键力量。

在论述完前设理论结构之后，巴伯转而聚焦于对"去政治的人"这一概念的特定描述。在自由主义的心理图谱中，孤独被鲜明地标识为其最核心的特质。对于自由主义者而言，人的孤独性不仅构成了一种存在状态，还深刻影响了其行为模式，使之倾向于享乐主义，并展现出一定的侵略性与进取心。进一步剖析这一逻辑链条，巴伯指出，自由主义者之所以成为享乐主义者，往往是因为他们内心深处对于满足个人欲望和享乐的追求。而为了实现这种追求，他们可能需要展现出攻击性和掠夺性的一面，以在资源有限的世界中争取更多的个人利益。具体而言，巴伯分别阐述了自由主义中的无政府主义倾向、现实主义倾向以及最小政府论倾向的变体形式。

在该书第一部分的最后，巴伯分析了 20 世纪弱势民主的弊端。在 20 世纪的政治文化中，最大的偏差来源于弱势的自由主义，而不是强势民主进行参与、分享和合作的渴望。西方自由主义民主思想家们通常认为社会发展过程中产生的诸多问题根源于"不加节制的民主"。据此，学者们尝试从不同的视角对此进行解释，如西班牙思想家奥尔特加·加塞特提出的"大众的反叛"、秉持精英主义民主观的沃尔特·李普曼对"多数人暴政"的分析、以色列哲学家雅各布·塔尔蒙（Jacob Talmon）对"极权主义民主"的思考、美国实证主义经济学家米尔顿·弗里德曼（Milton Friedman）提炼出的"大政府的幽灵"（巴伯，2011：111）。前述思想都认为，社会机能的紊乱、非民主的狂热行为是由不受自由主义节制的民主所带来的。然而，巴伯指出，"自由主义者的批评是有缺陷的"，并给出了三条理由：第一，几乎所有"伟大政治理论"都倾向于精英统治论；第二，自由主义者误解了直接民主或者参与式民主的特征与差异；第三，强势民主可以对弱势民主所引起的弊病提供补救措施（巴伯，2011：113—114）。巴伯紧接着致力于解释的强势民主为何能够提供一种基于互助理念的"名副其实的矫正措施"。

三、对强势民主的参与价值的推崇

在这本书的第二部分，巴伯正式讨论了强势民主这一议题。作为

"参与型民主的一种特殊的现代模式"（巴伯，2011：141），强势民主依赖一种自治的公民共同体的理念，同时，公民教育使得公民学会自治，公民态度和参与制度使得公民的共同目的和互助行动成为可能。巴伯指出，强势民主所预想的政治是一种生存方式（a way of living），而不是一种生活方式（a way of life）。在巴伯那里，强势民主是能够为现代政治困境提供充分回应的唯一形式。他进一步论证，在民主政权的各种形式中，只有强势民主能够说明所谓的政治基本条件并做出回应。

至此，巴伯对强势民主进行了界定：所谓强势民主，是一种"参与模式的政治"，"它是在缺乏独立根基的情况下，通过对正在进行中的、直接的政治参与过程以及对政治共同体的创造，将相互依赖的私人个体转化为自由公民，并且将部分的和私人的利益转化为公共利益，从而解决冲突"（巴伯，2011：175）。

在前述讨论的基础上，巴伯在第七章进行了民主政权的类型学分析。三种代议制民主的变体形式是权威型民主、司法型民主和多元主义民主，它们与第一部分讨论的各种理论倾向既相关，又有差异。两种更加直接的民主形式是统合性的民主和强势民主，其中，尽管统合性的民主看起乎是社群主义的一种变体形式，但其与弱势民主具有某些共同的特征。就应对冲突的不同方式而言，弱势民主中的无政府主义倾向往往选择拒绝冲突，现实主义倾向往往选择抑制冲突，最小政府倾向往往选择容忍冲突，而强势民主则选择转化冲突，它试图将异议转变为一种互助互利话语，将私人利益转变为一种公共思维的认识论工具。

在论述强势民主的过程中，巴伯不断提到参与的重要性，并且强调参与的首要功能关乎对判断力的教育。具体而论，公民有必要学习如何对公共事务做出判断，并且运用公共术语对公共事务进行评价。公民的责任不仅仅是选择，还是判断、预估不同选项的可能性。换言之，政治判断力在强势民主政治过程中的中心地位愈加明显。

紧接着，就共同体的讨论而言，巴伯首先粗略地描绘了政治认识论，将公共观察和公共判断的理念作为认识民主政治的工具。然后，他审视了公共生活中的讨论和倾听的九大特征，作为公共意志的强势民主的政治判断过程，以及作为公共观察和公共判断的必要延伸的公共行动

（巴伯，2011：194）。最后，巴伯指出，民主的实现既要求有效的私人利益，更为重要的是有效的公共判断。

巴伯尝试通过讨论强势民主的政治过程的三大阶段来阐释共同意识的理念。第一阶段为政治讨论，这是强势民主的核心。第二、三阶段分别是制定公共政策、运用公共意志做出政治判断。在参与模式中，政治参与的实践效果最终依赖公民的强势观念。它不是使公民身份成为参与的条件，而是使公民身份成为参与的最丰硕的果实。显然，巴伯提出的每个论证都指向了公民观念。

同时，巴伯还探讨了公民观念和公民共同体的理想，主要考察了公民关系的两个方面：第一，通过自由的、积极的、自治的公民参与去创造公民共同体；第二，参与自治公民共同体的是信仰民主的公民。

强势民主要求一种没有中介的自治，也就是说，这种自治是由具有参与性的公民群体直接施行的。巴伯清醒地看到，虽然自由主义民主存在诸多缺点，但是它以已经建立的并且相对成功的实践为支撑。同样，虽然强势民主起源于极具吸引人的理论传统，但它在现代社会中却缺乏令人信服的实践支撑。正如前文所述，庞大的社会规模为参与民主的有效实践制造了障碍。因此，巴伯将强势民主置于一种可评估的制度框架中。要想这些制度能经得起生存能力、实用性以及理论连贯性的考验，那么它们应该符合以下标准：第一，这些制度首先应该具有现实性与可操作性；第二，强势民主并非要替代自由主义民主，相反，二者应该有机互补与兼容；第三，这些制度应该表达出对于自治公民共同体的一元化倾向（如非理性、偏见、不宽容等）的担忧与慎思；第四，这些制度会面临现代性进程中的诸多挑战，如规模、技术、复杂性和乡土观念带来的问题；第五，这些制度应该为公民政府取代专家政府创造可能。

巴伯指出，为了完善其方案，强势民主需要持一种审慎而克制的态度，这既需要通过导入审议与辩论来集思广益，也依赖巧妙引导公共意志转变的策略。他进一步指出，如果民主能抵御全球化带来的挑战以及现代性伴随的种种冲击，那么它就能够重新焕发生机——不仅能发现并尊重多样化的声音，而且能够再次赋予民众发声、决策以采取行动的强大力量，从而推动社会向更民主、包容和进步的方向发展。巴伯解释道，这是因为人类的自由最终不是在私人独处的洞穴中找到的，而是在作为公民聚在一起、通过彼此交谈发现共同的人性的嘈杂集会中找到的。

四、评价与反思

在巴伯看来，强势民主的目标并非推翻或者取代自由主义民主，而是要对自由主义民主进行有益的补充。同时，他对强势民主具体实施措施的设想建立在他对美国社区民主生活的深入考察与分析的基础之上。在这本书二十周年纪念版序言中，巴伯依然相信："强势民主不仅仅是美国最美好的希望，而且更是全人类最美好并且是唯一的希望。"（巴伯，2011：11）

值得我们注意的是，巴伯在此研究中主要致力于阐释四大挑战如何在一个日益全球化的、新自由主义的、科技进步的、寡头垄断市场的世界中使强势民主变得更加复杂。这四个挑战分别是：第一，新自由主义的意识形态力量使得社会对民主的追求发生变形，也使得社群主义对自由主义的批评发生偏差；第二，正在变革的技术特性及其不断增加的垄断对强势民主的影响；第三，从暴政中挣脱出来的社会进行民主化的问题；第四，各种全球经济关系、公民关系与政治关系的民主化进程中的障碍与挑战。

相较于强势民主，新自由主义的弊端——私有化、异化和对公民协商的滥用更容易出现在代议制民主中，这是一种赞成强势民主的更为有力的论据。从成书背景来看，20世纪80年代前后出现的通信革命使巴伯敏锐地捕捉到直接民主和协商民主的新的可能性。这是因为政治对话将不再受制于会议场所的大小或集会的规模，由于现代数字通信技术加速了参与决策进程，因此全球范围的协商成为可能。同时，电子技术和数字通信技术的普及有助于解决直接民主花费巨大的问题。

尽管巴伯提出的强势民主对于社会沟通、公民参与社会治理等问题具有十分重要的价值，但需要反思的是，新技术的某些特征并不能很好地服务于这本书所言的强势民主。例如，通信速度的提升并不能等同于沟通效率的提高，社会的"加速"也会妨碍甚至危及民主协商，原因在于，做出理性的决议恰恰是一个深思熟虑的过程。通过互联网进行的瞬时评论、点赞、投票绝不是强势民主开出的处方，反而会有引发舆论场中多数人暴政（如网络暴力乱象）之虞。另一个不容忽视的问题是，技术在为普通公民赋权的同时，也在为资本与平台赋权，后者常常占据主导地位。换言之，谁掌握了新媒介技术的密码，谁就可能占据垄断地位，在媒介技术高度发达的今天看来，这个问题将更加严峻。

（杨绍婷）

参 考 文 献

〔美〕本杰明·巴伯：《强势民主》，彭斌、吴润洲译，长春：吉林人民出版社，2011。

拓 展 阅 读

〔美〕哈罗德·D. 拉斯韦尔、亚伯拉罕·卡普兰：《权力与社会：一项政治研究的框架》，王菲易译，上海：上海人民出版社，2012。

〔美〕曼瑟尔·奥尔森：《集体行动的逻辑》，陈郁等译，上海：上海人民出版社，1995。

〔英〕史蒂芬·缪哈尔、亚当·斯威夫特：《自由主义者与社群主义者（第二版）》，孙晓春译，长春：吉林人民出版社，2011。

〔美〕托马斯·戴伊、哈蒙·齐格勒：《民主的嘲讽》，孙占平等译，北京：世界知识出版社，1991。

伊丽莎白·诺尔-诺依曼

《沉默的螺旋：舆论——我们的社会皮肤》

伊丽莎白·诺尔-诺依曼的"沉默的螺旋"理论是传播学的经典理论之一，她所构建的群体意见的螺旋状结构模型被公认为舆论学的重要发现。诺尔-诺依曼的理论既富有哲学思辨，又依托严谨的实验和定量研究，涉及了人文社会科学的众多领域。然而，很难有研究者能理解她的全部思想要旨，以至于众说纷纭，褒贬各异：夸大她贡献的学者有之，以思辨的方式否定她的定量研究方法者有之，检验其实验研究变量的有效性而得出自相矛盾的结论者有之，在此基础上发掘新的变量者有之……随着媒介环境从大众传播向网络传播的转变，"沉默的螺旋"理论的适用性引发了更大的争议，"颠覆论""复活论""变体论"等理论层出不穷，有学者甚至提出"反沉默的螺旋"。近年来，越来越多的学者尝试借助互联网技术进行实证分析，或数据挖掘，或实验，或建模，以此推进相关研究。但是，过多的技术分析也容易将研究工具或测量手段得出的数据等同于研究对象本身。因此，从原点出发，重读诺尔-诺依曼的"沉默的螺旋"理论，审视该理论引发的种种争议，思考它在不同社会、文化情境下的适用性，对当下学术研究具有重要意义。

一、成书背景

"沉默的螺旋"理论由德国传播学者伊丽莎白·诺尔-诺依曼在

伊丽莎白·诺尔-诺依曼
《沉默的螺旋：舆论——我们的社会皮肤》

1972年东京举办的世界心理学大会提出。诺尔-诺依曼认为，舆论的形成不是社会公众"理性讨论"的结果，而是在"意见环境"的压力作用下，人们对"优势"意见采取趋同行动这一非合理过程的产物。当主流观点高声喧哗，而非主流观点选择保持静默时，就会逐渐形成一个循环，一方坚定地阐述自己的立场，而另一方选择不发表意见，使得主流意见持续占据公众舆论的中心，其他观点在公众视野中消失，这种现象就是"沉默的螺旋"。"沉默的螺旋"理论暗含以下四个假设：（1）社会向有偏差的个体施加孤立威胁；（2）个体能不断感受到被孤立的恐惧（准感官统计）；（3）出于对被孤立的恐惧，个体不断努力评估意见气候；（4）评估的结果影响了他们的行为。

"沉默的螺旋"理论一经提出便获得了学术界的广泛关注，与此相关的研究汗牛充栋，或佐证，或质疑，或修补，使得该理论成为传播学最具争议理论之一。争议主要体现在以下几个维度。

(一) 准感官统计中变量难以精确量化，存在自相矛盾的结论

"沉默的螺旋"理论假设个体有感觉意见气候的能力，尽管这个假设是诺尔-诺依曼从选举过程得到的启发，但是她仍然雄心勃勃，想把这个假设扩展到社会生活的方方面面。她通过反复尝试"坐火车"实验来测量和检验个体对意见气候的灵敏程度，由此得出了准感官统计是人的一项本能反应这一结论。"在我们的理解中，公共意见与职业类型、是否具有批判能力、是否满足政治领域的公开宣称无关，且所有人都参与其中。"（诺尔-诺依曼，2013：64）但是，有学者正是从这一点入手，质疑诺尔-诺依曼的这一判断的科学性。个体对孤立的恐惧程度可能会影响其行为，而害怕孤立本身是变量还是常量，仍是悬而未决的问题。戴安娜·穆茨（Diana Mutz）认为由于个体理性的有限、第三人效果以及认知不协调等机制的存在，人们很难对意见气候进行准确评估（Mutz，1998：XV-XVII）；约尔格·马蒂斯（Jörg Matthes）等人则引入"态度不确定性"理论，发现"沉默的螺旋"只对部分中坚分子有效（Matthes, et al., 2010）；邦德（T. Bodor）认为"沉默的螺旋"受到一系列条件因素的制约，测试沉默假说本身与"沉默的螺旋"的理论框架是不一致的，其自变量在概念与理论框架上存在分歧（Bodor，2012）。刘可蓝通过对"世界杯"期间323条有关赢家和输家的新闻报道进行结构和语义分析，发现记者的看法、报道风格和报道语言显著地影响了公众的判断与选择（Liu，2005）。

（二）在不同的文化传统、社会背景和媒介环境中的适用性存疑

由于"沉默的螺旋"理论所采用的样本主要选自1965年和1972年的两次德国大选，主要的实验空间局限于德国，因此，该理论是否能在不同的文化传统、社会背景和媒介环境中适用是存疑的。黄惠萍指出，在越是强调集体主义的国家，"沉默的螺旋"理论越奏效，而在强调多元主义的国家如美国，"沉默的螺旋"理论几乎不起作用（Huang，2005）。科特·诺维尔什（Kurt Neuwirth）通过对墨西哥的个案分析，发现公众对意见气候的感知并没有遵循少数服从多数的惯例（Neuwirth，2000）。在不同文化传统和媒介情境中，个体选择沉默或参与公共表达，与"孤立的恐惧"这一变量无直接关系。如在东亚一些国家的测试结果和"沉默的螺旋"理论一致，但在日本并没有出现多数人影响少数人的情况。刘洋质疑"沉默的螺旋"理论没有考虑到不同国家的政治制度、社会生态以及文化环境的差异，其结论面临媒介角色不清晰、概念测量不规范、理论边界模糊的困境（刘洋，2011）。杜骏飞认为，在有关社会伦理道德、行为规范的争议问题上，多数意见可以产生巨大的社会压力，而在一些技术性、程序性的问题上，"沉默的螺旋"会陷入无知下的沉默，未必有效（杜骏飞，2010）。陈力丹甚至把诺尔-诺依曼的理论和纳粹主义联系起来，认为尽管诺尔-诺依曼的理论论证过程是科学的，见解是独到的，但是，她年轻时在纳粹统治下的生活经历同样影响着她的判断，以至于她过于强调大众媒介的统治力，美化舆论的社会整合功能，却忽视了个体及少数人的意见，这是值得我们警惕的（陈力丹，2007）。

（三）"被孤立的恐惧"心理变量太过单一，忽视了人性的复杂

"沉默的螺旋"理论一个重要的前提是人由于害怕被孤立而选择沉

默。但是，这一心理变量常常被质疑太过单一，没有考虑到人性的复杂和情境的差异。因为人除了因为害怕被孤立而沉默，还有无知的沉默（不知道）、无所谓的沉默（不感兴趣）、选择性的沉默（选择对自己有利或感兴趣的）等。例如，海耶斯（A. F. Hayes）提出了"乐意的自我审查程度"的变量，他指出，"乐意的自我审查程度"对个人选择发挥了重要作用，越是对自己严格审查的人越不愿意表达意见（Hayes, 2005）。诺维尔什则将选择表达或沉默与个体的受教育程度、性格、能力联系起来，认为受教育程度越高者发言越积极，与媒体保持密切关系的、拥有较大信息量的意见领袖更易发表见解（Neuwirth, 2000）。何雪莉等人以新加坡同性恋婚姻合法化为研究主题，通过调查、访谈等方式，发现在新加坡害怕被孤立与个人表达意愿呈负相关，而新闻关注度、问题显著性与个人表达意愿呈正相关（Ho, et al., 2013）。在国内，此问题同样引发了部分学者的关注，有学者从沟通意愿（张金海、周丽玲、李博，2009）、沟通能力（熊壮，2011）、面子（崔蕴芳、沈浩，2005）、尴尬（刘海龙，2001）等角度入手，补充了"沉默的螺旋"理论中孤立恐惧之外的复杂心理变量。

以上关于群体心理的讨论仅限于传播学。事实上，在政治学和社会学领域，群体心理的研究由来已久，且成果颇丰，有关群体心理呈现的形态可谓纷繁复杂，远不是"沉默"一词所能涵盖。早在20世纪初，法国社会心理学家古斯塔夫·勒庞就描述了群体心理具有"愚蠢、偏执、专横、人云亦云"的特点（勒庞，2004：35）；哲学家伯特兰·罗素亦将群体的癫狂状态描述得淋漓尽致（罗素，1991：17）；塞奇·莫斯科维奇、奥尔特加·加塞特等人也认为，个体进入群体会产生权力的幻觉，导致集体狂欢，并且由于个体理性的阙如，大众容易成为被精英操控的"木偶"，造就"群氓的时代"和"反叛的大众"。正因如此，德国社会学家罗伯特·米歇尔斯曾用"寡头统治铁律"来形容民主的虚假本质，指出"大众民主无论在机制上还是在技术上都是不可能的"（米歇尔斯，2003：21）。20世纪70年代，曼瑟尔·奥尔森（Mancur Olson）等公共选择理论学派学者重新审视了群体心理，使用"成本—效益"分析方法解释个人偏好与政府公共选择的关系，如使用"搭便车"

理论、博弈论、决策理论等解释群体"理性导致的非理性行为",指出"理性的、寻求自我利益的个体不会采取行动实现共同的或者集体的利益"(奥尔森,1995:2)。群体中的个体不再是沉默的大多数或狂欢的乌合之众,而是精于计算、追求成本—效益最大化的个体。

上述理论从另一种视角诠释了群体行为的各种形态,虽然它们并未与"沉默的螺旋"理论产生过交集,但却为群体心理的研究提供了更广阔的时空背景。我们能从中发现,"沉默"只是群体行为的冰山一角,现实情境远比我们的理解复杂得多。但是,如果重新审视"沉默的螺旋"理论,我们会发现诺尔-诺依曼最终的落脚点并不是群体心理,也不在于大量非常严谨而细致的控制实验,而是她对舆论本身的研究,为此她引用约翰·洛克、大卫·休谟、詹姆斯·麦迪逊、让-雅克·卢梭、阿历克西·德·托克维尔等人的论述,为其理论做注解。通过对舆论形成的整体性观察,诺尔-诺依曼认为多元化的舆论很难形成,因为舆论形成的过程中既不会出现像约翰·弥尔顿(John Milton)所设想的"意见的自由市场",也极少出现不同观点的长久僵持或一方以微弱优势取胜(如51%:49%),而呈现为在人的社会性本质作用下的一方疾呼、一方沉默的寡头化,诺尔-诺依曼称之为"最后一分钟的雪崩效应"。由此可见,诺尔-诺依曼对舆论的观察绝不仅仅是"沉默的法则",更在于揭示舆论的"寡头化铁律",从这一点来说,诺尔-诺依曼和其他精英学派学者的观点殊途同归。

二、追本溯源:用原始文本回应几个容易被误读的细节

以上对"沉默的螺旋"理论的质疑可谓视角各异,有些确实是一针见血,击中要害。但是,如果从诺尔-诺依曼的整个理论体系来看,一些细节无疑被忽略了,部分内容甚至遭到误解。正如她在该书2001年版后记的补遗中说的,"对于一个获得了如此多关注的理论,很显然它也会成为被误解的对象,当然,许多对它的误解是很容易解释的"(诺尔-诺依曼,2013:248)。误解的消除正需要追本溯源,回到诺尔-诺依曼的论证过程和论证目的,我们可以从原始文本中寻找到一些被忽略的

细节，以此来对各种争议或误解进行补充性回应。

（一）人的社会性本质永远存在，只是有表现程度的差异

针对理论样本主要来自德国、理论未必在不同文化环境下均适用的批评，诺尔-诺依曼认为人们不应对此质疑。她曾用大量实验考察了该理论在不同国家（美国、英国、西班牙、韩国等）的适用性问题，得出的结论是，"尴尬""羞耻感""对于被孤立的恐惧"等是普遍的心理现象，只不过在不同的国家有不同程度的表现。一个社会之所以能够存在，是因为个体的羞耻感、对于被孤立的恐惧，以及公众舆论的存在。另外，虽然每个国家的文化不同，但基本的道德标准和是非观念是共通的。因此，毫无疑问，人们很难设想，在不同的地方、时代和道德伦理体系中，还存在不同的好坏和是非标准。所以我们不应用当下的准则去判断过去的事情，应努力避免过于道德化的评判。在各个社会中，人们都会受到公众舆论的压力，这种压力推动意见达成一致，起到团结大众的作用。而关于威尔伯·施拉姆（Wilbur Schramm）等对于该理论只适用于沉默状态下的个体感知，而不适用于公共场合交流的指责，如果我们看完诺尔-诺依曼在这本书中呈现的大量"坐火车"的实验，就会发现这个质疑显然站不住脚。

（二）意见气候只能影响摇摆不定的中间派，议题主要关乎道德

对于意见气候的形成与感知，诺尔-诺依曼认为人的社会性本质决定了对意见气候的感知来源于人的本性，这是一个自然的过程。除非有些人的利益相关度非常高、对此问题深思熟虑或自我表达的意愿超乎常人，这时，"沉默的螺旋"理论对这类人的影响才会微乎其微。但是，在大多数情况下，摇摆不定的中间派总是占多数，他们很容易受到意见气候的影响。对此，诺尔-诺依曼用图案、胸针、徽章、海报、媒体报道等描绘了一幅多样化的图景。其中，诺尔-诺依曼对大众媒体的强大威力情有独钟。她认为，相同的议题被大众媒体反复报道，会强化公众的认知，影响他们对意见气候的感知，产生"共鸣效果""累积效果"和"遍在效果"。同时，她指出，不论何种意见气候，影响的都只能是

左右摇摆的中间派，对少数顽固分子是无济于事的，而她所选取的样本——"选举"完全符合这个特征。由于选举本身和大部分公众没有直接的关系，公众与选举对象没有牢固的利益关联，甚至对候选人没有清晰的印象，所以，选择 A 还是选择 B 对于大多数人来说并不是一个牢不可破的信念，而是随时可能随风向的转向而改变。在 1972 年的选举中，那些不太关心政治且自我认知较弱的人在选举的最后关头更容易改变决定，他们希望能和胜利者站在同一阵营，加入庆祝的队伍。这样的行为肯定会导致选民倒向更有力的一方。关于"沉默的螺旋"理论不适用于技术性、程序性议题的质疑，如果从群体心理的视角来看，这种质疑是合理的，但是如果从舆论学的视角来看，这种质疑又值得商榷，因为舆论几乎总是关乎道德和价值判断，而技术类、程序类话题难以形成舆论（不具备大众化特点），正如诺尔-诺依曼所说："必须检查，这个话题是否感性化，是否富有道德判断，没有价值判断负担就不会产生公众舆论的压力，也就没有沉默的螺旋。"（诺尔-诺依曼，2013：214）

（三）意见气候是社会秩序的必要条件

诺尔-诺依曼对沃尔特·李普曼的观点论及颇多，从某种意义上说，他们对于舆论的解读具有相同的气质。但是与李普曼的"刻板印象""拟态环境"论证路径不同，在诺尔-诺依曼笔下，舆论的形成并不是非理性的过程，也不是深思熟虑的结果，而是人的社会性本质作用下的自然而然的过程。公众舆论在诺尔-诺依曼笔下成为"被公开的和被媒体报道后的意见"，它与民主本身无关，而且舆论发挥着强大的社会整合能力，有利于社会规范的形成。它与自由和包容无关，当一个社会为了维护大众共同的价值观而对那些持异议的个体采取孤立手段时，我们也不应轻易地评价这个社会不够宽容或不自由。因此，舆论是社会的皮肤，它虽然敏感、脆弱，但确实是社会外在的保护层。从这一点来看，诺尔-诺依曼对公众舆论有着与其他精英主义学者截然不同的见解。精英主义学者对于大众的非理性和偏执等颇有微词，甚至怀疑民主的真实性，但是在诺尔-诺依曼看来，趋利避害乃是人的社会性本质的体现，它是社会凝聚力形成、社会秩序得以维护的关键要素。

总之,如果将"沉默的螺旋"理论放在舆论学中考察,诺尔-诺依曼所揭示的实质上是舆论的集中化和寡头化现象,而与此相反的是舆论的多元化,如弥尔顿笔下的"意见的自由市场"、哈贝马斯笔下的"公共领域"以及国内学者近年来提出的"自我净化"的概念。她的论证方式不管是思辨,还是实证,都是为舆论服务的。既然"沉默的螺旋"的实质是舆论的寡头化,那么它应包括两种状态,即"自下而上"的螺旋和"自上而下"的螺旋,少数中坚分子倒戈一击的状态并不是真正意义上的"反沉默的螺旋"。

三、互联网背景下"沉默的螺旋"理论的适用性

到了互联网时代,"沉默的螺旋"理论遭到了更为广泛的质疑,因为从表面上来看,在互联网环境下,虚拟交流取代了面对面的交流,理论赖以存在的前提条件(群体压力、被孤立的恐惧等)可能不复存在。朱珉旭认为互联网的隐蔽性、虚拟性给了上网者安全感,少数派不再回避处于优势的多数群体,而更多地反抗多数群体,强烈地表达意见(朱珉旭,2014)。钱培和周宏刚指出,网络传播的匿名特性使得个体在表达时不太受社会规范的限制,他们可以自由地分享自己的看法,并且不必为其言行承受心理压力。因此,在网络环境下,群体的压力基本上是不存在的(钱培,2008;周宏刚,2006)。此外,有学者还提出"反沉默的螺旋"现象,如姚珺指出互联网环境下"沉默的螺旋"将发生倒置,因为很多公共事件是由少数中坚分子扭转意见气候,影响事件走向(姚珺,2004)。王国华、戴雨露提出了网络环境下"反沉默的螺旋"的两种截然不同的类型,一种为"理性的反沉默螺旋",另一种为"非理性的反沉默螺旋"(王国华、戴雨露,2010)。原源则提出了"变幻的螺旋"的概念,认为"沉默的螺旋"在网络空间变幻莫测,有时为上升的螺旋,有时为下降的螺旋,有时为上下反弹的"弹性螺旋"(原源,2011)。龙小农提出了"沉默的螺旋倒置"的观点,他把网络空间的集群称为"I-crowd",倒置意味着"公众将不再迷信政府、大众传媒,而

是注意自我感受，主张自身权利，不愿当被动受众，而是积极的参与者和建构者"（龙小农，2014）。

上述研究多从定性角度入手，推断出"沉默的螺旋"理论将不复存在或者式微的结论。与此相反，部分学者则通过微观定量方法，反而印证了"沉默的螺旋"理论的存在。例如，李罗莲、金龙焕基于"沉默的螺旋"理论框架，研究了118名韩国记者在推特上发表的有关韩国争议性话题的言论，结果表明，"沉默的螺旋"理论不仅适用于一般网民，也适用于舆论领袖特别是记者：当感到自己的观点与推特用户的观点存在很大差异时，一些记者不愿意在推特上发表观点，特别是那些政治立场保守的记者容易认为自己的观点是少数派（Lee，Kim，2014）。吉尔哈特和张把"沉默的螺旋"理论放在社交媒体背景下进行实证检验，他们通过网络调查了760名受访者，谈论一起同性恋歧视事件。研究发现，网上各种意见回应与意见气候保持较强的一致性，这表明"沉默的螺旋"现象同样存在于社交媒体中（Gearhart，Zhang，2014）。舒尔兹和罗斯勒认为，人在网络环境下，由于映射（投射）效应，可能对舆论环境的感知更为方便（Schulz，Roessler，2012）。在英国《独立报》上发表的一篇文章《沉默的螺旋：在线社会媒体鼓励自我审查》也指出，互联网用户倾向于从喜欢、转发、评论等信号中获得意见气候，并且聚集在志同道合的圈层中可使人更敏锐地感知意见气候，导致"沉默的螺旋"现象（Vincent，2014）。此外，《纽约时报》曾刊载题为《社交媒体如何抑制辩论》的文章，其中援引了皮尤研究中心的一份研究报告，称脸书和推特等社交媒体不但没有强化政治参与，反而削弱了人们畅所欲言的意愿，互联网也没有摆脱线下生活中的"沉默的螺旋"（Miller，2014）。

需要指出的是，以上对网络条件下"沉默的螺旋"理论实用性的研究不管是宏观还是微观视角，是定量方法还是定性方法，依然没有回归到舆论学的轨道上来，也没有很好地把握诺尔-诺依曼对沉默螺旋理论的精神要旨。正如诺尔-诺依曼在2001年再版中所强调的那样，虽然这本书至今很少涉及公众舆论的边界，但其主要论述侧重于探究公众舆论对于团结社会或颠覆政府的影响力和潜能。在诺尔-诺依曼笔下，"沉默的螺旋"理论即舆论寡头化是不可避免的，它是人的社会性本质的体现,是社会秩序的必要条件。如今,大数据、计算宣传等成为舆论的新形式,研究表明,机器人的数量仅需占特定议题讨论参与者的5%—10%,就可以改变意见气候,而它们所传播的观点最终会占主导地位,这也意味着"相对少数的机器人足以按照既定的立场左右舆论环境,引发沉默的螺旋效应,导致机器人操控的意见被接受为公认的多数意见",这也为社会过程式舆论研究的发展带来了新的契机(周葆华,2019)。

四、结论与反思

李普曼用"刻板印象"阐述舆论的非理性,而诺尔-诺依曼尝试用人的社会性本质来解释舆论的"寡头"倾向,他们共同诠释了舆论的"不完美"。由此可见,无论是自上而下的"沉默的螺旋",还是自下而上的"沉默的螺旋",本质上都是舆论的集中和寡头化,只是方向相反罢了。事实上,少数中坚分子倒戈一击的状态并不是真正意义上的"反沉默的螺旋",而是"反向沉默的螺旋",而"反向沉默的螺旋"仍然是由所谓"少数人"主导意见气候,而令多数人保持沉默,真正意义上的"反沉默的螺旋"是指"意见的自由市场"下舆论的多元化呈现。

从"沉默的螺旋"理论的实质及适用边界来看,中国的网络环境提供了更为适宜的土壤,如媒体对意见气候的感知更为明显(大众媒体甚至常常迎合公众情绪和刻板印象)、人们更易对公共事件进行道德判断、情感动员的效应明显、议题的"序列化"报道可强化意见气候等,这些都更容易造成舆论的"一边倒"现象。所以,一旦公共事件涉及敏感区域,事态可能会朝两个方向发展:一是批评性的意见成为主流气候,大众媒体往往也会通过选择性报道等手段强化"偏见",不同的声音要么在群体的压力下沉默,要么在"预设结果"下"选择性沉默",直至消失。二是如果主流舆论没有朝着网民预设的方向发展,可能出现"反向沉默的螺旋"现象,即网民中的中坚分子将会通过种种手段进行情感动员,激活网民情绪,划清群体边界,最终扭转事件的发展逻辑。

(郭小安)

参 考 文 献

A. F. Hayes, *Statisical Methods for Communication Science*, New York: Routledge, 2005.

A. Schulz and P. Roessler, "The Spiral of Silence and the Internet: Selection of Online Content and the Perception of the Public Opinion Climate in Computer-mediated Communication Environments", *International Journal of Public Opinion Research*, 2012 (3).

B. Ross, et al., "Are Social Bots a Real Threat? An Agent-based Model of the Spiral of Silence to Analyse the Impact of Manipulative Actors in Social Networks", *European Journal of Information Systems*, 2019 (4).

C. J. Glynn and J. M. McLeod, "Implications of the Spiral of Silence Theory for Communication and Public Opinion Research", in K. R. Sanders, L. L. Kaid and D. Nimmo, eds., *Political Communication Yearbook*, Carbondale, Ill.: Southern Illinois University Press, 1984.

C. Miller, "How Social Media Silences Debate", *New York Times*, 2014-08-24.

D. Mutz, *Impersonal Influence: How Perceptions of Mass Collectives Affect Political Attitudes*, New York: Cambridge University Press, 1998.

F. S. Dalisay, "The Spiral of Silence and Conflict Avoidance: Examining Antecedents of Opinion Expression Concerning the U. S. Military Buildup in the Pacific Island of Guam", *Communication Quarterly*, 2012 (4).

H. Huang, "A Cross-cultural Test of the Spiral of Silence", *International Journal of Public Opinion Research*, 2005 (3).

J. Matthes, et al., "A Spiral of Silence for Some: Attitude Certainty and the Expression of Political Minority Opinions", *Communication Research，2010（6）.

J. Vincent，"The Spiral of Silence：How Social Media Encourages Self Censorship Online"，http：//www. independent. co. uk/lifestyle/gadgets-and-tech/thespiral-of-silence-how-Social-media-encourages-selfcensorship-on-line-9693044. html，2014.

K. Liu，"Perceptual Reality in News Reporting 'the World Cup'：A Perspective from the Spiral of Silence"，*Canadian Social Science*，2005（1）.

K. Neuwirth，"Testing the Spiral of Silence Model：The Case of Mexico"，*International Journal of Public Opinion Research*，2000（2）.

N. Y. Lee and Y. Kim，"The Spiral of Silence and Journalists' Outspokenness on Twitter"，*Asian Journal of Communication*，2014（3）.

S. Gearhart and W. Zhang，"Gay Bullying and Online Opinion Expression：Testing Spiral of Silence in the Social Media Environment"，*Social Science Computer Review*，2014（1）.

S. S. Ho，et al.，"The Spiral of Silence：Examining How Cultural Predispositions，News Attention，and Opinion Congruency Relate to Opinion Expression"，*Asian Journal of Communication*，2013（2）.

T. Bodor，"The Issue of Timing and Opinion Congruity in Spiral of Silence Research：Why Does Research Suggest Limited Empirical Support for the Theory?"，*International Journal of Public Opinion Research*，2012（3）.

〔西〕奥尔特加·加塞特：《大众的反叛》，刘训练、佟德志译，长春：吉林人民出版社，2004。

〔英〕伯特兰·罗素：《权力论：新社会分析》，吴友三译，北京：商务印书馆，1991。

陈力丹：《"沉默螺旋"与法西斯主义的关联辨析》，《新闻大学》，2007（1）。

崔蕴芳、沈浩：《"面子"与"沉默"的螺旋——一种检验和探索》，《现代传播（中国传媒大学学报）》，2005（6）。

杜骏飞：《无法沉默的螺旋——纪念诺埃勒-纽曼（Elisabeth Noelle-Neumann）》，《新闻记者》，2010（5）。

杜骏飞：《网络政治的问题与主义——查德威克〈互联网政治学〉译序》，《当代传播》，2010（3）。

〔法〕古斯塔夫·勒庞：《乌合之众：大众心理研究》，冯克利译，北京：中央编译出版社，2004。

刘海龙：《沉默的螺旋是否会在互联网上消失》，《国际新闻界》，2001（5）。

刘洋：《"沉默螺旋"的发展困境：理论完善与实证操作的三个问题》，《国际新闻界》，2011（11）。

龙小农：《I-crowd 时代"沉默的螺旋"倒置的成因及影响——以"PX 项目事件"的舆论引导为例》，《新闻与传播研究》，2014（2）。

〔德〕罗伯特·米歇尔斯：《寡头统治铁律：现代民主制度中的政党社会学》，任军锋等译，天津：天津人民出版社，2003。

〔美〕曼瑟尔·奥尔森：《集体行动的逻辑》，陈郁等译，上海：上海人民出版社，1995。

钱培：《"沉默的螺旋"假说在网络空间中的局限性分析——以王石"捐款门"事件为个案》，《东南传播》，2008（11）。

王国华、戴雨露：《网络传播中的"反沉默螺旋"现象研究》，《北京理工大学学报（社会科学版）》，2010（6）。

熊壮：《"沉默的螺旋"理论的四个前沿》，《国际新闻界》，2011（11）。

姚珺：《互联网中的反沉默螺旋现象》，《武汉理工大学学报（社会科学版）》，2004（3）。

〔德〕伊丽莎白·诺尔-诺依曼：《沉默的螺旋：舆论——我们的社会皮肤》，董璐译，北京：北京大学出版社，2013。

原源：《变幻的螺旋：社会舆论形成的复杂性与多样性——网络时代"沉默的螺旋"面临的挑战》，《山西师大学报（社会科学版）》，2011（2）。

张金海、周丽玲、李博：《沉默的螺旋与意见表达——以"抵制家乐福"事件为例》，《国际新闻界》，2009（1）。

赵立兵、熊礼洋：《从"沉默的螺旋"到"意见的长尾"：社会结构变迁与舆论形态重构》，《新闻界》，2017（6）。

周葆华：《网络舆论过程与动态演化：基于计算传播研究的分析》，《西北师大学报（社会科学版）》，2019（1）。

周宏刚：《沉默不再扩散——沉默的螺旋理论在网络时代的变迁》，《东南传播》，2006（5）。

朱珉旭：《当代视域下"沉默的螺旋"理论的反思》，《国际新闻界》，2014（1）。

拓 展 阅 读

郭小安：《舆论的寡头化铁律："沉默的螺旋"理论适用边界的再思考》，《国际新闻界》，2015（5）。

〔法〕塞奇·莫斯科维奇：《群氓的时代》，许列民、薛丹云、李继红译，南京：江苏人民出版社，2003。

塞奇·莫斯科维奇

《群氓的时代》

20世纪以降,舆论学的研究旨趣从集体转向个体,塞奇·莫斯科维奇所著的《群氓的时代》一书正是在这一背景下完成的。作为一本学科史著作,该书深刻地揭示了个体的非理性行为,系统地梳理了群体心理学的思想发展,特别是自古斯塔夫·勒庞、加布里埃尔·塔尔德以及西格蒙德·弗洛伊德等三位创始人以来的思想脉络,建构了群体心理学理论体系,最后展望了世界范围内的"群氓时代"。莫斯科维奇设法证明了群体心理学是第一门看到交流(传播)作用、理解交流(传播)规律的学科。

一、成书背景

塞奇·莫斯科维奇(1925—2014),罗马尼亚裔法国犹太人,当代欧洲最著名的社会心理学家之一。1961年,莫斯科维奇获得索邦大学(巴黎大学前身)心理学博士学位,1976年,他担任欧洲社会心理学实验室主任,并长期在巴黎社会科学高等研究院任教,其代表作有《心理分析形象与公众对象》《社会影响与变迁》《社会的构建:社会现象的心理学探索》《社会表征:社会心理学探索》《现代社会心理学的诞生》等。

19世纪末以来,舆论学研究经历了"社会心理学转向",即美国政治学教授文森特·普莱斯（Vincent Price）指出的，舆论学研究的"一个突出的表现就是20世纪的公众舆论学著作更清晰地反映了社会心理学的视野而非政治学和社会学的关照"（Price，2009：19）。群体心理学作为社会心理学的分支，反对以利益和理性为基础的传统政治学，因为后者遵循科学逻辑，把公众看成个人的简单集合。当时社会一度认为非理性逐渐减弱，但悖谬的是，随着文明的进步，非理性非但没有变弱，反而愈加凸显。典型例证是1789年法国大革命以及后来大量的革命和反革命运动。《群氓的时代》便是在这一背景下对个体的非理性行为的揭示。

20世纪以来，剧烈的社会动荡在世界各地此起彼伏，魅力型领袖被推上权力巅峰。在此过程中，仿效性行为在整个社会有机体——包括民族、政党、教会、宗派和思想流派——中产生了相同的结果。在现象层面，革命取得了胜利，旧制度分崩离析，新旧政权频繁更迭，新领袖的崛起永无尽头；就学科而言，群体心理学是一门研究领袖权力的学科。群体心理学认为"群体"（mass）或者"公众"（crowd）本身就表明了权力的真正原因。自法国大革命后，"公众"这个词频繁出现，意指由"平等的、无名的以及类似的个人组成的变化中的集合体，其中每个个体的思想和情感都会同步地表达出来"（莫斯科维奇，2003：5）。权力使领袖与他的公众紧密相连，就像一个人和他的影子。

不同于将权力内涵归结为经济、历史和技术因素的其他学者，群体心理学家坚持心理因素在集体生活中的首要地位，致力于分析公众对理智的蔑视以及他们展现出来的暴力、狡诈与专横特质，并认为公众将成为自身冲动与无意识的牺牲品。

二、群体研究——个人与公众、公众与领袖

莫斯科维奇在第一章概述了群体心理学的思想，阐述了它的渊源和研究对象，及其试图解决的实际问题。群体心理学首先被界定为一门政治科学，研究对象包括个人与公众、公众与领袖。

第一，针对个人与公众，群体心理学提出了大众社会的基本问题。

"个人"是近代社会的重要产物,个人一旦加入群体,深陷于群体中,就可能变得不理性,使自身的行为与其秉持的道德信念相抵触。这一描述背后隐含着两点:作为个体的个人是理智且道德的;加入群体后,个人会产生非理性与非道德的举动。由此而来的两个问题是:个人是如何从一个原子化的社会个体被纳入一个集体的整体(collective totality)的?个人如何吸收与表达外来的观点?莫斯科维奇解释道,个人难以觉察内在和外来的态度与情感,是暗示(suggestion)或影响(influence)让个人产生上述蜕变。莫斯科维奇强调,就本质而言,集体疯狂不等同于个人疯狂。集体疯狂背后涉及的"暗示或影响"与集体的歇斯底里有关,勒庞将暗示视为群体心理学的核心要素;个人疯狂则与个人的歇斯底里有关,弗洛伊德认为歇斯底里是个人心理学的核心。

莫斯科维奇指出,暗示或影响有能力把个人变为氓民。19世纪末,暗示变成一种普遍现象。在资本和革命的不断冲击下,资本主义时代之前的旧制度崩溃,在从传统到现代转型的过程中,无数个体被抛入市场,成为孤立的原子,这些人被工厂逻辑敲打成型,服从于机器、技术的规则。葛兰西敏锐地注意到了媒介对社会认知的影响,他指出,当代世界对一致性、公众思想和行为模式的标准化追求空前高涨。至此,一种新氓民诞生了。新氓民既屈从于上层的少数人的一致性,又服膺于下层的多数人的一致性,为了获得支配性地位,这两种一致性往往处于交战状态。勒庞直言:"我们将要进入的时代真的将是一个群氓的时代。"(Le Bon, 1952: 14)

针对"大众的反叛"这一现象的解释,两种不同且无法调和的观点值得关注。第一种是以马克思和韦伯为代表的阶级社会观。这一观点主要从政治经济学出发,认为群体是一种新社会形式的象征。资本把大量的人和机器集中在一起,把生产力社会化,将社会变成一个巨大的市场,所有事物,包括劳动力可以自由买卖,在此过程中,它创造了一个全新的阶级——无产阶级。第二种是以勒庞与塔尔德为代表的大众社会舆论观。这一观点认为当代社会首先是一个公众社会。历史变化的结果是公众化(massification),是社会各阶级和阶层的混杂与融合。出现这

塞奇·莫斯科维奇
《群氓的时代》

种情况的原因隐藏在报刊电台等传媒手段中，传媒引导着公众舆论并使它们标准化，把个人的思想变成公众的思想。在勒庞那里，氓民受非理性和无意识力量的支配，当今时代最根本的特征之一即"公众们的无意识行为取代了个人的有意识活动"（莫斯科维奇，2003：36）。公众社会舆论观提供了理解政治和现代文化的一把钥匙，并解释了我们社会舆论经常充满不满情绪的原因。学术视角的剧烈变化既使氓民成为整个20世纪历史景观的核心，也使群体心理学成为一种与阶级社会理论相匹敌的新理论。故而弗洛伊德认为，只有群体心理学能达成揭开公众社会形成之谜的目标。

第二，针对公众与领袖的关系问题，群体心理学提供了实际的解决办法。群体心理学反对以利益和理性为基础的传统政治学，因为它遵循科学逻辑，只把公众看成个人的简单集合。非理性因素的释放，意味着只有领袖才能解决公众的生存问题。官僚、政党、国家等形式是家长原始权力的分支。群体心理学针对由此而来的"如何面对公众"这一问题提出了两点建议：一是，从民众自身所处的群体中找出领袖；二是，根据民众的情感、信仰以及想象来治理他们。

第三，人们在实际生活中之所以求助于领袖，其实是为了避免陷入混乱。群体心理学由此推导出如下结论：在一个群体形态变化比以往更大的时代里，人们对于领袖的呼唤也将更加强烈。然而，群体社会容易产生不稳定性，原因在于人们总是要求平等，又滥用自由。解决方法有二：其一，把权力交给某个人。只要有领袖的地方，最后的结果就是民主的独裁（democratic despot），拿破仑就是代表。在他之后，此类人物在欧洲不断出现。其二，不把权力交给任何人，其运作方式是一个行政机构或某个管理委员会主导一切，最后的结果是独裁的民主（despotic democracy）。莫斯科维奇倾向于使用"西方专制主义"一词对现代社会的专制统治进行解释，这种专制权力企图通过通信手段，把人们的意识囚禁在许多主导性形象的牢笼中，强加给他们一种共同的现实景观。

三、群体心理学的研究脉络

(一) 勒庞与群体心理学的创建——舆论的情感分析模式

在心理学研究方面，勒庞受到群氓现象，特别是群众运动和恐怖主义的冲击，并在著作中预见了20世纪几乎所有的心理学和政治学的发展，故而他自视为"群体社会的马基雅维利"。勒庞及其著作影响甚广，在舆论学领域，他开创的情感分析模式为舆论研究提供了理论资源；在热心研究公众和集体行为的芝加哥社会学派那里，勒庞与塔尔德被视为先驱者；在调查研究的相关领域，受其研究成果的启发出现了一系列政治科学和历史的专著。

1. 个体对群体的融入

勒庞对群体的"发现"源于他对群体本质的洞见。关于群体本质，传统上有三种观点——群体是反社会的，群体是疯狂的，群体是罪犯。勒庞无法接受这三种解释，他认为，群体既不能说是有罪的，也不全然是有德行的，他们既不疯狂，也不具有犯罪倾向。这意味着人们既不能从精神病学，也不能从法律中寻找解决问题的办法。因此，唯一的解决办法便是政治的方法——通过收集已被科学证明的材料，寻找一种与群体心理学相一致的政府管理方法。勒庞对群体心理学这一新学科的强烈期许便是，它能为治理群体社会问题提供一种方案。

更新了对群体本质的解释后，针对为何个体变成群体的一部分时会发生变化这一问题，勒庞发现了"群体催眠术"——个体在进入群体时所产生的心理转变，类似于由催眠术带来的心理转变。在他看来，催眠术是社会行为和社会反映的主要模式。领袖是中心点，第一个浪潮由领袖掀起，接着是另一个同心浪潮，就像地震一样，将同样的观点传播得越来越远。群体心理学建基于以下三个主要的观念：首先，群体是一种社会现象；其次，个体的融入需由"群体暗示"理论来解释；最后，催眠术是领袖作用于群体的行为模式。上述思想反映了，人性在个人身上是隐蔽的，但在群体身上则是显现的，这就是群体心理学所研究的

塞奇·莫斯科维奇
《群氓的时代》

对象。

对于勒庞来说，群体的时代便是想象的时代。"熟谙影响群体想象力的艺术，同时也是熟谙统治他们的艺术。"（Le Bon，1952：71）换言之，统治者通过形象思考，利用形象引导并支配群体的想象力与社会舆论，即统治群体之术。这是因为不断重复某些单词和短语会在群体心目中生成一个完整的形象世界。但是，无论语言有多美好，它所唤起的形象的力量仍然是有限的，毕竟，单词和短语只是形象的替代符号，如果直接将形象表达出来会更加有力。

2. 领袖对群体的控制

在讨论领袖如何控制群体之前，我们有必要认清群体的特征。群体由质料和形式两部分组成。群体的质料表现为既冲动又保守的公众。如果把群体作为一个整体来观察研究，我们会发现，群体愿意接受暗示，并且喜欢极端的态度，具有冲动、极端、无私主义或利他主义、易轻信的特征。由此，勒庞得出了一个带有偏向性的结论——群体即女人。群体的突出特征表现为既教条又爱空想的公众持有一种坚定信仰，此种信仰与某些宗教信仰相似。在勒庞看来，群体首先需要的是一个上帝，群体心理学具有浓厚的宗教色彩，以及个人崇拜特征。每一次大规模的行动都离不开群体心理的宗教特色。

可以看到，群体把个体身上最原始的东西（冲动又保守）与社会上最永久的东西（信仰）结合了起来，领袖在这一过程中起到了关键作用。领袖具有三重特征：令人信服的信仰，远超其才智的勇气，以及超凡魅力。拥有超凡魅力的人具有令他人无法抗拒的优势，能够自然而然地控制他人。超凡魅力是一种天资，领袖也需要技术。

为了控制群体，领袖面临着如何使超凡魅力起作用并且确保自己的地位凌驾于公众之上的问题。莫斯科维奇指出，超凡魅力具有诱惑性，而领袖就是诱惑者。真正的诱惑者首先要用自己的魅力吸引群体（莫斯科维奇，2003：180）。受领袖吸引，群体从理智的个体世界进入想象的群体世界，而这一世界充斥着强烈的情感。与理智相比，人们更需要幻觉。领袖主要使用表现、仪式与说服这三种宣传策略，将个人的集合转化成一个群体，并把他们吸引到某个具体的行动中。群体心理学把这三种策略与催眠术相联系，使三者变成一个单一的整体，这就是大众暗示策略。

(二) 塔尔德对群体心理学的拓展——模仿、大众传播对舆论的影响

群体心理学认为，个体在融入集体的同时，属于个体的才智会被削弱，个体对现实的敏感度也会降低，因此，群体是缺乏创造力的，无法引领艺术、科学、政治革命的潮流。但这一观点无法解释为何像军队、商会等公共机构能够不断取得进步，可以改变社会面貌的生产工具与交流工具也在不断更新的现象。于是，塔尔德尝试用"模仿律"对此进行解释。

1. 模仿与交流（传播）

塔尔德发现，在任何群体中都有一个独立的个体层——政治、宗教、科学和其他领域的领袖——可以把其他人吸引到自己身边，对他们发号施令。这些领袖是发明和创造社会历史形式的源泉。这就产生了三种结果：首先，群体心理学的引力中心从大众转移到领袖；其次，模仿变成社会生活的基本机制；最后，除了直接暗示以外，还存在着一种模仿的非直接暗示，这种非直接暗示（如报纸）是间接起效的，因此，从事大众传播的新闻记者和催眠师的作用相似。塔尔德将传播现象引入群体心理学，他描述了传播进入每一个家庭，并且把孤立的个体转变为看不见的群体（如一份报纸的读者群）的过程。报纸提供的信息形塑了那些变幻莫测而又稍纵即逝的群体信仰，即舆论。传播手段的增多以及舆论的介入深刻地影响了人们的所思所想与行为。

塔尔德认为，"社会就是模仿，模仿就是一种梦游症"（莫斯科维奇，2003：209）。人类是具有思想的羊，盲目而又冲动地去追求那些他既没有见过也不理解的东西。塔尔德把群体看成是一群被剥夺了理智与责任感的梦游者，而理智和责任感都是文明的成年人所应具有的。塔尔德认为，群体具有情感不稳定、集体的歇斯底里、频发狂躁症与抑郁症、不够中庸等特征。对塔尔德来说，群体的本性即女性，成千上万的

塞奇·莫斯科维奇
《群氓的时代》

男人在群体中会瞬间变成女人，混合在群体中的任何一个男人都会变成领袖的女人（莫斯科维奇，2003：211）。

个体会组成两种群体：一种是自然群体，由体验着相同情感的个体组成。该群体遵循机械法则，降低了个人智力水平。一种是人为群体，即有组织的群体。该群体会遵循社会模仿法则，把个人智力水平提高到与领袖或其他所有人相同的水平，因为群体成员会模仿领袖。商会、军队、警察等群体都属于人为群体。这两个群体的区别在于是否存在一个组织体系。群体心理学把这两类群体都视为自己的研究对象，其研究领域随之拓展至公共机构，如教会、军队、政党和国家机关等。在这些有组织的、强有力的、看起来正规且不易动感情的社会实体的外表之下，潜伏着一个易激动的、疯狂的（女性化的）群体。

2. 领袖原则

群体为何会像羊群服从牧羊人一样服从他们的领袖？回答这一问题需要分析引起服从的两个原因——镇压与崇拜。镇压既包括来自政党和行政机关的直接力量，也包括来自金钱和财富的间接力量。镇压充满暴力色彩，且具有破坏作用。崇拜则与镇压相反，以内在因素为先决条件。例如，人们爱慕、模仿和服从能够为其提供指引和保护的上层阶级。顺从可以使群体极大地获得对崇拜的满足。大多数社会科学研究倾向于"镇压说"，即把镇压看作一种暴力，这种暴力产生于一种力量关系和社会强制性。而群体心理学倾向于"崇拜说"，因为对一个可信赖的、杰出并且具有魅力的人的崇拜是群体的一种需求，这种需求导致了群体对领袖的服从。

延续"崇拜说"的讨论，莫斯科维奇进一步将服从的习得追溯至家庭，认为家庭既是孩子学习服从的地方，也是权力依赖的基础。父母，尤其是父亲，使孩子对服从有了思想准备。正是父母教育子女去做什么或去模仿什么，并教予服从的技能，让孩子产生了服从的愿望和需求，因此孩子"拜倒"在父母脚下。由于父亲（或母亲）的超凡魅力，孩子把他（或她）当作第一个领袖来崇拜。这种不假思索的、令人着迷的、机器人般的草率无可辩驳地证明了服从需求的存在。塔尔德称，"事实是大多数人从服从、盲目信仰,并从对领袖的着迷中得到了无法抗拒的乐趣"(莫斯科维奇,2003:235)。总之,群体心理学认为,人们无论什么时候聚集,都能不假思索地开始服从他们中的一员;领袖常常是他们都想崇拜的那个人。

3. 公众助长舆论

交流是社会进步的典型标志,交流形式与手段的改变会让群体的性质和施展权力的方式随之改变。报纸将大量话题硬塞给读者并提供命令式的答案,让读者做出与其答案一致的答复。大批的读者被转换为听话的机器人,如同被催眠的对象。三个趋势随之呈现:交流的重要性正在被削弱,群体正变得分散,媒体正在走向两极分化。

塔尔德察觉到,公众的一个主要特征就是他们助长舆论的形成。塔尔德是对公众舆论做出恰当分析的先驱之一,这一分析是社会态度分析及调查方法研究的起始点。莫斯科维奇将舆论看作一个统计系统,这个系统既受逻辑也受感情控制,同时也被群体分享。总之,报纸(包括后来通信领域其他的发明)带来的极大变化是"公众"(分散的却相互联系的社会群体)成为"群体"(半物质化的社会群体)的替代品,这意味着个体真正参与的是一场大规模的催眠,个体归属于无处不在的群体。

对权力的构成而言,威望与暴力缺一不可。有权力控制交流的人越少,权力能影响的人数便以相应的比例增加。传播和模仿所带来的是威望的垄断,并且常常是暴力的垄断。交流手段通过集中威望和崇拜,可以极大地增加领袖的权力,同时造就另一种领袖——时事评论员,即掌握报纸艺术的领袖。塔尔德把时事评论员的出现看作一个主要的历史事件,支配群体的演讲者为被读者铭记在心的新闻记者所取代。时事评论员是"远距离催眠大师",其权力来自对公众的直观认识和博学的知识,他们了解公众并能激起公众的仇恨。如果说体力劳动和机器生产是19世纪的重要特征,那么20世纪的重要特征则是交流。莫斯科维奇已设法证明,群体心理学是看到交流作用、理解交流规律的第一门学科。

从某种意义上来说,法国史就是世界史。勒庞与塔尔德都认为社会不可能也没有希望回到1789年法国大革命前的旧制度,唯一让他们产生怀旧情结的是专制政体的持久性。两人都想象了一套与人性和稳定原则一致的政治体制。勒庞希望看到一个以领袖为中心的"群体民主政体",塔尔德则倾向于一个"公民的民主政体"。塔尔德认为,"群体政党政治"向"公众政党政治"转变的含义有三:第一,政党为拥有和控制交流媒体而参与竞争(舆论民意测验取代了公民投票);第二,政治市场正不断扩展,影响候选人的出现和选择;第三,威望正在国家、政党和许多机构内部走向两极分化。

(三) 弗洛伊德使群体心理学实现一大进步——精神分析与舆论

如果说勒庞创建了群体心理学,塔尔德通过模仿、交流以及大众传播理论对其进行了拓展,弗洛伊德则解释了群体心理学的原动力问题,解释了它如何运作以及为何运作。弗洛伊德、勒庞和塔尔德都认为,人的一切行为都取决于精神因素,同时也可用精神因素来解释一切行为。所以在弗洛伊德那里,社会学只是一种应用心理学。

第一个方面是群体与力比多(libido)。个体转变成群体的主要特征是有意识人格的丧失,他们的思想和情感在暗示和影响下被引向某一个方向,共享了群体暗示的心理,面对这一现象,群体心理学需要回答"个体转化的实质是什么"这一问题。弗洛伊德认为,"自我强迫"是促使个体改变思维、情感和行为方式的原因,这反映了个体精神的退化。在群体中,个体对无意识冲动的抑制逐渐减弱,直至道德抑制完全消失。

群体精神生活的退化体现为,有意识的个性退去,情感占据上风。群体心理学通过暗示的方法解释了各种不同的退化现象,而易受暗示是所有社会人的特点。弗洛伊德提出"力比多"解释群体中的个体与其心理变化之间的关系。力比多,即爱欲,具有双重性质。这一概念的提出为群体心理学中的一个重要现象——领袖爱自己,不爱别人,即自恋,而群众中的个体则爱别人,不爱自己,即他恋——提供了解释。

催眠术被看作团结群体中各个个体的方法。当催眠术开始在实践中充分发挥作用时,它就与群体心理学无关了。恋爱状态与催眠术具有相似性。通过相互模仿和对偶像的模仿,群体中的个体成员具有相似的姿势和说话方式,这使他们能够互相辨认,并且被其他人归为某一社会部门的人。

群体的心理特征在纵向上体现为一种盲目追崇领袖的迫切心理；在横向上体现为一群人共有的自我理想模式，彼此互相认同。弗洛伊德反对并拒绝所有排斥理性的思想，认为群体的非理性是象征思维的结果。在群体心理学中，领袖是共有成分，是超我和社会自我，人们团结在他的周围。作者试图比较公众非理性和领袖专制的理性，但是它们都是邪恶的，没有哪一种相对好一点。但是，如果选择有优势的一方，便可克服弱点，更易生存甚至获得发展。群体的非理智不是无意识思维的问题，而是一种"政治平衡"，即"对群众非理性实质的理性利用"（莫斯科维奇，2003：370）。

第二个方面是魅力领袖的心理学。现代的领袖可以划分为"摩西式领袖"与"图腾式领袖"两类。群体心理学一开始主要以拿破仑为原型描写图腾式领袖，后来在弗洛伊德的著作中，才有了对摩西式领袖的分析。摩西式领袖是先知，是共和国的建立者以及社会和宗教运动的创始人，代表人物有马克思、甘地；图腾式领袖则是独裁者、公众演说家和巫师国王，如原始社会的萨满。前者崇尚理性，后者旨在激发情感，两者具有明显不同，具体体现为：第一，是否禁止制造偶像。弗洛伊德指出，禁止制造偶像，是理性对感性的胜利，是对本能的摒弃。弗洛伊德将此视为文化和理智的进步，如果公众和领袖想要恢复失去的部分理性，就必须拒绝这些陷阱。摩西式领袖拒绝把偶像作为权力的工具，倾向于控制"伟人"的力量，减少别人的模仿，防止宗教成为迷信。而图腾式领袖则竭尽全力鼓励对自己的个人崇拜，制造看得见的神话传奇以及支持自己的言论。对于基督教的教父们，教会建立了庄严烦冗的仪式来确立他们的权力。韦伯曾指出，"公众在任何地方都是喜欢魔术和偶像崇拜的"（莫斯科维奇，2003：437），詹姆斯·斯科特（James Scott）也看到，"雕塑在激起宗教和政治情感方面更加有效"（莫斯科维奇，2003：437）。图腾式领袖则致力于使自己成为偶像，以捕捉大众的注意力。第二，摩西式领袖想使公众认同一种宗教或者思想，并为此目的而压抑自己——消除权力的外在象征；图腾式领袖试图表现自己的杰出才能，进而使公众认同自己，并在他们心中占据核心的地位。

第三个方面是世俗宗教。群体心理学表明，领袖只有在能够招募到那些暂时脱离其所属团体的个人的情况下才能完成他们的使命，这些人是某个群体的胚胎，服从于领袖的支配。塔尔德与弗洛伊德都大胆地将教会与军队看作此类群体的模型。他们认为，在群氓的时代里，政党既是教会，又是军队。

对于一个信仰体系而言，宗教既是最好的例证，也是最完整的形式。受科学的影响，人们已经脱离了超自然的宗教，与此同时，政治上的"半神们"正以新形式展示自己，以集合他们周围的跟随者并动员群众。这种世俗的宗教有自己的教义、要求人民服从的圣典，以及让人想起圣徒的英雄。弗洛伊德看到，宗教是一种巨大的力量，它能随意使用人类最强烈的情感。个人崇拜呈现为许多形式，最重要的是父权崇拜，诸如教会的父亲、国家的父亲、政党的父亲等类型。这种违背理性而产生并且根深蒂固的个人崇拜与著名的"因荒诞故信仰"非常相似。

四、评价与反思

纵览全书可以发现，勒庞、塔尔德与弗洛伊德的舆论视角着眼于展示理智的个人加入群体后所呈现出的非理智与非道德行为，并未考虑群体生活，尤其是群体生活中有意识和理性的一面。与此同时，除了以勒庞为代表的非理性主义者，西方社会科学长期坚持理性主义的分析范式，对情感与本能等非理性因素的研究一直处于主流学术框架之外。针对这一点，莫斯科维奇强调，问题的关键并不在于群体是理性的还是非理性的，而在于在理性和非理性机制之间到底存在何种纽带与关系，以及两者具体是如何结合的。这一洞见同样适用于解释舆论学领域长期存在的情感与理性二元对立之纷争——相比于争辩情感与理性孰轻孰重的问题，更重要的是正视公众舆论中情感的力量。

在系统"扫描"群体心理学的奠基性作品之后，莫斯科维奇展望了世界范围内"群氓时代"到来的后果，并表明群体心理学者已然预见到西方民主的危机，并极力防止它的崩溃。尽管"群体心理学的科学性还很粗糙"，偏离了科学所遵循的正常道路，但它揭示了至关紧要的现实问题，对当今时代有着头等重要的意义（莫斯科维奇，2003：487）。城市如同磁铁般吸引农村人口迁移至此，卷入其中的个人被从原本环境中连根拔起,抛入大城市边缘的贫民窟。在这片肥沃土壤中将孕育新领袖,事实上他们已经开始出现——这种现象将是世界范围内进入群氓时代的真正信号(莫斯科维奇,2003:487—488)。身处"后真相时代",非理性的现象在网络与现实中层出不穷,引发了触目惊心的后果。新技术环境对群体心理有何影响?我们能否找到社会黏合的药剂,能否摆脱乌合之众或众声喧哗的混沌局面?这些问题都亟待解答,这也使得莫斯科维奇的洞见在今天看来仍然具有思想价值。

(杨绍婷)

参 考 文 献

Gustave Le Bon, *The Crowd: A Study of the Popular Mind*, London: Ernest Benn, 1952.

〔美〕Vincent Price:《传播概念·Public Opinion》,邵志择译,上海:复旦大学出版社,2009。

〔法〕塞奇·莫斯科维奇:《群氓的时代》,许列民、薛丹云、李继红译,南京:江苏人民出版社,2003。

拓 展 阅 读

〔法〕古斯塔夫·勒庞:《乌合之众:大众心理研究》,冯克利译,北京:中央编译出版社,2004。

〔法〕加布里埃尔·塔尔德:《模仿律》,何道宽译,北京:中国人民大学出版社,2008。

〔英〕约翰·麦克莱兰:《群众与暴民:从柏拉图到卡内蒂》,何道宽译,上海:复旦大学出版社,2014。

周晓虹:《群氓动力学——社会心理学的另类叙事》,《社会学研究》,2018(6)。

让-诺埃尔·卡普费雷

《谣言：世界最古老的传媒》

让-诺埃尔·卡普费雷的《谣言：世界最古老的传媒》是舆论学研究领域中至关重要的著作。该书运用"年鉴学派"的方法对谣言做了深入的研究，详细阐述了谣言的起源与传播路径、人们为什么相信谣言、人们传播谣言时裹挟着何种目的以及如何扑灭谣言等问题，并用大量丰富、生动、翔实的案例深入探析了谣言背后所暗含的社会与文化因素，为谣言的研究开辟了新的视角，因此成为研究谣言的基础性与代表性著作。该书出版至今，已被译介至多个国家，中文版本于2008年由上海人民出版社出版。

一、成书背景

让-诺埃尔·卡普费雷，法国巴黎高等商学院（HEC）荣誉教授，博士生导师，世界著名品牌研究专家，长期从事品牌识别、战略品牌管理、品牌组合、品牌结构以及奢侈品管理等领域的研究。卡普费雷毕业于美国西北大学凯洛格商学院并取得博士学位，20世纪80年代开始对谣言进行研究。现代对于谣言的系统性研究兴起于二战时期的美国，主要探析战争中谣言对军队士气的消极影响，由此谣言被政府视为一种在战争中会影响官兵的负面的、不良的、不可控的潜在因素，控制谣言在军队中弥漫的想法也随之提上日程（胡泳，2009）。美国学者罗伯特·

纳普（Robert Knapp）率先开启了关于战时谣言的控制性研究，基于对战争中收集的上千条谣言的分析，认为战时谣言不仅损害了公众的士气和信心，而且在许多情况下是敌人蓄意宣传的武器，并对谣言与舆论、宣传之间的关系做了深入研究，还分析了谣言传播的原因、过程以及影响谣言传播的情感因素（Knapp，1944）。在纳普研究的基础之上，美国学者高尔顿·奥尔波特等人于1947年出版了《谣言心理学》一书，书中提出了著名的谣言传播公式：谣言（rumor）＝重要性（importance）×模糊性（ambiguity）（奥尔波特，等，2003：17）。奥尔波特等人认为谣言的传播与以上两个因素密切相关，且谣言不仅会出现在战争等非常态时期，还会出现在日常生活中。随后，沃伦·彼得森（Warren Peterson）与诺埃尔·吉斯特（Noel Gist）、汤姆·希布塔尼（Tom Shibutani）、阿尔弗雷德·莫林（Alfred Morin）、罗伯特·罗斯诺（Robert Rosnow）与罗伯特·法恩（Robert Fine）等人也从谣言的概念、传播动机、传播过程等方面进行了相关研究。

有观点认为"谣言"这个词充满了神秘色彩，且谣言之于社会是无孔不入、难以捉摸的。卡普费雷在这本书中则极力批驳此种观点，认为谣言并不神秘。他经过数以千计的电话调查并对大量流传在社会上的谣言进行量化分析，用实证研究证明了谣言的传播遵循一定的规律。他在该书中试图回答以下问题：第一，什么是谣言？第二，谣言为什么都是在暗中流传？其流传遵循何种规则？第三，人们在生活中如何利用谣言？目的何在？其预料之中或始料未及的结果又是什么？第四，我们能不能相信谣言？

二、什么是谣言？

谣言存在于社会的每一个领域并产生着影响。与此同时，谣言也是世界上最古老的大众传播媒介，文字出现之前，口传媒介是社会唯一的交流载体，谣言与口传媒介相生相伴。尽管随着科技的进步，广播、电视等电子大众传播媒体相继出现，但它们不仅没能使谣言消失，反而使谣言变得更加专业化。卡普费雷陈述和总结了奥尔波特、纳普、彼得森和吉斯特等学者对谣言的定义，认为以上学者对谣言概念的定性包含了两个方面：其一，谣言是一种信息，它赋予与社会有关的某人或某事一些新的因素。在这一点上，谣言与传说不同，传说只与过去的某桩事实有关。其二，这些学者的定义都认为，谣言是为了使人信服。以"未经证实的"，尤其是"虚假的"信息为标准来界定谣言，是意识形态上的定义，反映了学者对谣言的偏见以及劝人为善的意愿（卡普费雷，2008：7）。所以卡普费雷将谣言定义为"在社会中出现并流传的未经官方公开证实或者已经被官方所辟谣的信息"（卡普费雷，2008：15）。根据这一定义，我们看到一个社会现象：当一个谣言已经被公众确定为"谣言"的时候，这个谣言便不再具有任何的传播效力；反之，人们在并不认为这则信息是谣言时才会对其进行传播。由此观之，谣言有时之所以会令人尴尬，就是因为它可能是真实的，权力也无法控制这种信息的传播。此外，卡普费雷还将谣言、流言、闲话进行了区分与定性。流言是指"针对某人流传的种种低俗的故事，近乎诽谤中伤"，而闲话则是"议论我们周围大小人物的旦夕祸福。一般来说，闲话并无恶意，它主要是因为人们喜欢嚼舌根而用之"（卡普费雷，2008：19）。

三、谣言为什么都是在暗中流传？其流传遵循何种规则？

卡普费雷首先阐述了谣言是如何诞生的、谣言的传播过程、为什么人们会相信谣言及谣言的作用等内容。谣言的信源是隐蔽的、具有战略性的，谣言经常出现在社会的非常态时期，通常是社会自发的产物，而不是人们谋划而为之。一则谣言被制造出来有多方面的原因。由于谣言的信源不确定，因而在信息不断传播的过程中，人们总是意图将他人告知的零散信息进行拼凑，根据自己的认知去解读，而信息越是模糊、不完整，人们就越会去猜测和斟酌其含义。所以谣言在很大程度上是从感觉出发的，而不是从事实出发的。那么，为什么人们会传播谣言？第一，谣言是新闻。按照新闻的定义可知，新闻即反常。一则消息如果不能成为新闻，几乎是不会被当作谣言进行传播的。第二，为了求知。我们的社会生活建立在信任和委托他人去核实信息真伪的基础上，因而对于大多数人来说，谣言的信源不是伸手可及的，在谣言与传播谣言的人之间存在一个不可磨灭的中间地带，人们为了确切地了解事实才会去传谣。第三，为了说服他人。谣言传播者传谣的目的在很大程度上是使别人接受自己，"信徒"的圈子越大，自己便越坚信所传谣言为真。在谣言接收者眼中，谣言传播者与其所传谣言被视为统一体，拒绝相信谣言，就是拒绝谣言传播者本身。第四，为了自我解放。由于谣言的信源存在不确定性，因此人们通常都认为自己传播的谣言是从他人那里得来的，是"有人说"，从而降低了人们传播谣言的负罪感。第五，为了取乐。很多谣言之所以能够被广泛地传播，不是因为传播者与接收者都对其深信不疑，而是谣言内容本身很有趣，足够有吸引力。第六，为说而说。人们为了建立、交流感情，也有可能传播谣言。基于此，谣言从某种意义上来说是人们建立和维系情感的一种信息，同时也是人们进行社会联系的跳板。卡普费雷在研究了为什么人们会传播谣言后，又对人们为什么相信谣言进行了探究。人们之所以相信谣言，很大程度上是因为谣言传播者本身值得相信，是可靠的信源，能给谣言接收者一种可靠、公正的既定印象。然则，谣言本身的内容也需要满足使人相信和愿意相信两个条件，才能得以传播。卡普费雷对于谣言不断卷土重来提出了警示：如果一个城市、地区或国家谣言盛行且周而复始，则这些地方将发生持久的混乱。

四、人们在生活中如何利用谣言？

卡普费雷将谣言进行分类，并对谣言背后隐藏的信息以及谣言被歪曲的形式进行了解读。在社会中流传的谣言绝大多数是负面的、消极的，与灾害、死亡、背叛等相关。因此，卡普费雷将谣言划分为黑色与玫瑰色，黑色代表负面，玫瑰色代表正面。黑色谣言之所以比玫瑰色谣言更具有传播效力，是因为：第一，公众有爱好不幸的病态倾向；第二，谣言是新闻，具有新闻中包含的否定要素。因此，将一个否定要素纳入一个传闻能有效地增加该消息的信息价值，以至于增强其被传播或扩散的可能性。进而,卡普费雷得出,所有的谣言都是一份公告,即某人(P)曾经做了、正在做或者即将要做某事(F),并将所有的信息进行了一种组合(如表1所示)。

表 1 信息类型组合表

类型	人物	行动	可能的反应
一	被爱戴者（＋）	肯定的（＋）	噢,是吗?
二	被爱戴者（＋）	否定的（－）	可能吗?
三	被厌恶者（－）	肯定的（＋）	令人怀疑。
四	被厌恶者（－）	否定的（－）	我早就跟你说过了。

与此同时,谣言的说服力会随着传播人数的增加而增加,其说服力与传播人数呈正相关关系。随着扩散人数的增加,添油加醋、删减、强化、同化等因素会促使谣言在传播过程中不断地发生改变,因此,谣言的形成是一个构筑过程。在谣言不断演变的传播过程中,抽象性的浅层含义往往使谣言在流传过程中给人的情感带来极大的满足感,但很多谣言中还隐藏着更多深层的意义,而人们传播谣言在一定程度上正是因为其隐含的深层意义。

卡普费雷还详细地分析了社会中的各行各业,如警察、政府、金融业、明星、工厂、服务行业是如何利用谣言来达到目的的。在很多司法案件中,谣言都扮演着极其重要的角色,谣言与犯罪有着千丝万缕的内在联系。在一个城市或地区,犯罪从来不是孤立的事件:它是一种社会行为,事关整个社会,能反映出这个社会的历史。犯罪嫌疑人可通过造谣、传谣来为自己摆脱嫌疑,进而影响警方的侦查。相较于警察,明星与谣言则更是相生相伴的,从来没有不引起谣言的明星。明星一般具备谣言传播的两个条件:第一,明星本身具有超乎普通人的社会身份属性,具有较大的社会影响力;第二,明星身份具有神秘性。正因如此,明星要想继续在社会中得到公众的关注,就必须管理好秘密,巧妙地将秘密公之于众,随后又对此进行解释。过度透明与过度不透明都会摧毁一个明星,明星不是邻居,明星不是兄弟,需要一定的神秘度。与此同时,过度神秘也会使公众得不到一点消息,导致其受关注度降低。因而明星须精心利用围绕在其周围的谣言以保持神秘度，让受众继续维持对其崇拜。而办公室、工厂、企业或政府部门则被看作谣言滋生最合适的土壤，因为当人们感到自己前途渺茫，且失去把握自己前途的能力时，便会随时散播谣言。谣言有时是人们周遭工作环境的晴雨表，是社会结构和社会权力关系的产物，因能左右人们的思想，所以能制造并维持人们在工作中所希望的氛围。从商业视角看待谣言，谣言则更具有策略性，是一种信息传播的"武器"，因为任何公司、企业、品牌都有可能存在漏洞，商业竞争对手很有可能利用对方的弱点来制造谣言。

但需要注意的是，在服务行业中，口传媒介制造和传播谣言的影响力是最广泛也是最具有杀伤力的。在该行业中，服务与产品二者的性质是迥然不同的，前者是看不见、摸不着的。他人的经验只能通过口传媒介进行传播，服务质量的高与低、好与坏都以他人的经验作为参照标准，其他人正是通过口传媒介来了解某项服务的。因此，大众传媒可以给公众带来信息，而口传媒介所带来的则是评价。关于金融业的谣言研究中，卡普费雷列举了大量金融界的谣言，通过翔实和具体的案例分析了导致金融动荡或市场不稳定的谣言。

根据谣言的定义可知，谣言是非官方的信息，是一种反权力，因此政治领域的谣言层出不穷。在政治斗争中，谣言作为一件攻击对手的有力武器有很多优势：第一，谣言可以避免造谣者自己抛头露面，因为有"别人"替他说话，别人自觉或不自觉地就成为传谣者；第二，谣言可以传播很多政治禁忌话语，许多非公开的政治敏感信息被当作谣言进行公开流传；第三，谣言不需要证据，因为事实不是形成公众舆论的根据，而印象则可以生成谣言；第四，谣言的制造不需要庞大的队伍，只要很少的几个人便可以酝酿与制造一个谣言，所以谣言是阴谋的最佳武器；第五，谣言的制造与传播不需要任何的经济成本，谣言是一种无须直接付费的武器。一般而言，政治谣言共有七大主题，其中包括操纵政权的幕后黑手、秘密协议、政敌结盟、"三S"主题（金钱、健康和性）以及移民。

五、谣言能否被扑灭？

谣言能否被扑灭？卡普费雷探讨了扑灭谣言的可能性及扑灭谣言的方法。为了应对谣言的攻击，人们可以采用保持沉默、集中力量反击以及广告宣传等反谣言的策略。当然，以上策略并不足以回击谣言，因为人们在很大程度上即使不相信谣言，也会或多或少受其影响。辟谣是一门艺术，面对各种各样的谣言须采取不同的辟谣策略，辟谣经常是不言自明的。面对带有强烈感情色彩的谣言，除非人们对自己的观点十分肯定，否则人们总是不愿意听到与自己相左的意见。如果谣言带有强烈的情感色彩，人们在处理与自己意见及观点相悖的信息时，往往会采取逃避的态度。要扑灭一则谣言，归根结底要看"谁来说"，信源的可信度高、权威性强都有助于辟谣。"人们不会改变对一个事物的认识，而是认识的对象在变化，换句话说，公众舆论的突变，只能是来自谣言自身的变化。"（卡普费雷，2008：273）要想改变谣言自身的形象，可以从两方面着手：一是寻找谣言中的漏洞，指出显而易见的谬误；二是向公众解释为什么他们内心深处会相信谣言。人们相信谣言往往是受到外力的作用。一言以蔽之，谣言使人们注意到一个事实："我们并不是因为我们的知识是真实的、有根据的或被证实的便相信它们。比较起来，情况正相反，因为我们相信它们，它们才是真实的。"（卡普费雷，2008：288—289）

六、评价与反思

《谣言：世界最古老的传媒》这本书对谣言的概念范畴、诱发成因、传播过程、类型划分、应对策略进行了详尽的界定与阐述。谣言从何而起，传至何方，在哪种特定的人群、情境、时空中传播，以及如何应对，这些问题皆有其内生逻辑，并非捉摸不定，让人束手无策。学界对谣言的定义莫衷一是，但多围绕"真与假"两个二元对立要素进行界定。该书则另辟蹊径，在对谣言概念进行界定之前，便设定了"事实并不存在"这一前提，从根源上对谣言是"虚假的""虚构的"进行质疑与批判，进而认为谣言是"民间社会"流传的，是"在社会中出现并流传的未经官方公开证实或者已经被官方所辟谣的信息"（卡普费雷，2008：15）。

谣言的诞生与传播有着复杂的动因和路径。该书主要基于谣言的类型学划分，对不同类别谣言的产生与传播进行梳理与分析，分别推导出不同类型谣言的诱发因素与传播动因。尽管卡普费雷对此做了详尽的探究，但这本书并未进一步对不同谣言诞生和传播的社会心理的内在结构进行具体且有深度的剖析。就个体心理而言，谣言从本质上源于人性，与人性的主观需求有关，同时也与客观上人的理性缺陷相关。谣言可能是惶恐、不安、焦虑情绪的表达；也可能是攻讦、报复他人、谋取利益、释放私欲的手段；同时还可能是期望的另类表达，是维系人际关系、促进沟通与说服的润滑剂。就群体心理而言，谣言是集体作品，遵循群体心理学中群体疯狂与理性泯灭、沉默与从众、群体极化与偏颇吸收、相对剥夺感与社会怨恨等规律。就政治心理而言，谣言与政治相生相伴，具有天然的政治属性，是一种政治现象。

谣言既是信息也是媒介的二元属性，从某种意义上来说赋予了谣言与公众舆论的特殊关系：谣言在揭示公众舆论的同时又为其提供了证明，这使谣言合理化。谣言是一种集体现象，相信一个谣言，即表示效忠于某个集体舆论。谣言作为一种重要的社会舆论表现形式，很多时候是对官方声音的一种挑战与质疑。因而，就谣言及其映射的政治心理而言，谣言是一种反权力、权力补偿渠道、非制度化政治参与的手段，以及特殊的政治监督渠道（郭小安、张荣，2014）。在缺乏官方权威信息回应相关时事与焦点事件之前，谣言作为一种"工具性说法"和社会评价体系，可以塑造舆论、构建民意，迫使官方回应，达到舆论监督的作用。但谣言仅是一种体制外政治参与的渠道，如果片面依赖谣言来解决公共问题，则不利于建构解决公共问题的制度化渠道。

谣言的发展是动态性的，其自身的变化会直接或间接地导致公众舆论的突变，尤其是在群体疯狂、群体压力、群体极化等群体心理的影响下，公众更容易受到谣言的影响而呈现非理性状态，甚至因相对剥夺感而产生社会怨恨心理，引发群体性行为和社会公共事件。因此，卡普费雷坦承"控制、治理谣言的神奇秘方是没有的"。需要指出的是，对于谣言的治理，应跳出谣言本身而深入社会心理，将谣言视作社会中一种正常、合理的舆论，是人类理性缺陷的正常反映，官方可以利用谣言了解民心，提高政府公信力，缓解社会压抑情绪，拓宽制度化参与渠道，达成集体共识，这才是治本之道。

（韩放）

参 考 文 献

R. H. Knapp, "A Psychology of Rumor", *Public Opinion Quarterly*, 1944 (1).

〔美〕奥尔波特等：《谣言心理学》，刘水平、梁元元、黄鹂译，沈阳：辽宁教育出版社，2003。

郭小安、张荣：《谣言心理的三个研究维度：理论整合与现实关照》，《天津行政学院学报》，2014（3）。

胡泳：《谣言作为一种社会抗议》，《传播与社会学刊》，2009（9）。

〔法〕让-诺埃尔·卡普费雷：《谣言：世界最古老的传媒》，郑若麟译，上海：上海人民出版社，2008。

拓 展 阅 读

〔法〕弗朗索瓦丝·勒莫：《黑寡妇：谣言的示意及传播》，唐家龙译，北京：商务印书馆，1999。

〔美〕卡斯·R.桑斯坦：《谣言》，张楠迪扬译，北京：中信出版社，2010。

〔美〕孔飞力：《叫魂：1768年中国妖术大恐慌》，陈兼、刘昶译，上海：上海三联书店，1999。

吕宗力：《汉代的谣言》，杭州：浙江大学出版社，2011。

孔飞力

《叫魂：1768 年中国妖术大恐慌》

哈佛大学中国史教授孔飞力将目光聚焦到 1768 年"乾隆盛世"时期的中国，挖掘一段妖术流言在民间蔓延的历史，考究一条不经意的谣言如何引爆了社会大恐慌，又最终走向沉寂。孔飞力通过翔实的史料考据，运用精到的社会政治学视角，为我们呈现了上至皇帝、官员阶层，下至民间所充斥的恐惧、怨恨的群体心理，并围绕政治权力斗争展开陷害、报复等歇斯底里的群体疯狂行动。《叫魂：1768 年中国妖术大恐慌》一书原版于 1990 年出版，对当时的海外汉学界和中国史学界影响颇深，至今也没有过时，仍然受到来自传播学、舆论学、政治学等领域学者的关注。该书对古代中国的社会状态、思想观念和民众心理等展开了细致的剖析，揭示了帝制时代的国家权力运作机制，并以妖术谣言为线索串起全书，描绘了乾隆时期的群体性事件，为我们展示了一条谣言是如何在特定条件下与社会群体、官僚系统和国家机器发生协同联动效应的。该书不仅让人们认识到谣言的威力，也为当前社交媒体时代的谣言传播机制及其治理研究提供了启示。

一、成书背景

孔飞力（1933—2016），英文名为 Philip A. Kuhn，中文名又译作孔复礼，美国汉学专家，1933 年 9 月 9 日出生于英国伦敦的一个德裔犹太人家庭，书香门第，父母是新闻记者。1954年，孔飞力在英国伦敦大学东方与非洲学院学习日语与日本史。1950年，孔飞力毕业于美国华府的威尔逊高级中学，并考入哈佛大学，师从人类学家克莱德·克拉克洪（Clyde Kluckhohn）学习人类学，受到社会学家诺曼·伯恩鲍姆（Norman Birnbaum）、政治学家塞缪尔·比尔（Samuel Beer）的影响，使用社会学方法研究历史。1955—1958年，孔飞力毕业后到美国服兵役，在此期间，他在加利福尼亚州的美军语言学校学习中文。孔飞力在1958年进入乔治城大学攻读硕士学位。1959年，他进入哈佛大学深造，跟随费正清（John King Fairbank）和本杰明·史华慈（Benjamin Schwartz）学习中国历史。1964年，他顺利获得哈佛大学历史与远东语言的博士学位。1963—1978年，孔飞力在芝加哥大学任教，在那里他获得了历史系副教授的教职。在芝大期间，孔飞力于1970年出版了《中华帝国晚期的叛乱及其敌人：1796—1864年的军事化与社会结构》一书，该书是哈佛大学东亚专著系列的一本，孔飞力也因此获得了终身教授的职位。1978年，孔飞力重返哈佛大学，担任弗朗西斯·李·希根森（Francis Lee Higginson）历史讲座教授和东亚文明与语言系主任。1980—1986年，他担任费正清中国研究中心所长的职务。孔飞力被誉为"西方最重要的中国历史学家之一"，他出版的著作有《叫魂：1768年中国妖术大恐慌》《华人在他乡：中国近现代移民史》《中国现代国家的起源》。

1984年，得到美中学术交流委员会的支持，孔飞力赴中国第一历史档案馆从事研究工作。他拥有深厚的中文功底和很强的档案史料研读能力。回到美国后，孔飞力充分利用一手档案等宝贵资料，展开对乾隆三十三年的叫魂案的深入研究，并于1990年出版了《叫魂：1768年中国妖术大恐慌》一书。孔飞力在序言中提到，《叫魂》一书"本来打算研究的是清政府内部的通信体系是如何影响政策的实际运作的"（孔飞力，2014：1），然而他发现叫魂案所揭示的一些历史问题更值得深入探讨，涉及的关键议题包括：（1）政府对待"离经叛道者"的态度；（2）专制权力超越法律限制的现象；（3）官僚机制如何通过操纵通信体系来控制最高统治者，以及最高统治者摆脱这种控制的努力。孔飞力认为，乾隆时期的叫魂案与中国近现代的历史有相似之处，中国文化与历史的经验对今天中国的发展也有重大的启示。

二、叫魂案始末与清朝社会政治背景

清乾隆三十三年，也就是1768年，正值康乾盛世的巅峰时期。然而，这个时候大清帝国最为富庶的江南地区却发生了一系列以剪辫为主要形式的"叫魂"案件。叫魂即"对魂的召唤"，这一妖术恐慌源自术士"偷魂"的传言。当人口稠密地区出现外来者时，常常会引发当地人对于陌生人的恐惧，而和尚、僧侣、道士等人本身就被视为与"魂魄"有交集的玄门人士，于是许多云游道僧乃至乞丐、流浪汉等均被怀疑为盗魂术士。当时社会上的僧道、俗人等不同背景的流浪者，在妖术大恐慌中一致成为被怀疑的对象。当地传言，术士们通过作法，盗取受害者的魂魄来为己服务。自1768年1月浙江德清修水门的吴石匠成为叫魂嫌疑人后，到当年10月，叫魂案已蔓延至全国12个省份，卷入60余人。整个社会都处在妖术恐慌中，达官显贵或平民百姓都受到波及。

（一）最高统治者的政治意图

在叫魂案发生前，弘历将自己的处世之道定位为不同于祖父的宽容又不同于父亲的严厉的中庸之道，但是实际上，他并非在这两种状态中寻求中和，而是在这两种状态之间来回切换以期达到总体上的中和。皇帝从接到密报开始，就把叫魂妖术与谋反联系起来。清朝初年的剃发、易服等强制行为所激起的"满汉冲突""反清复明"等激烈反抗行为从未停息，这使得乾隆皇帝一直对汉人保持高度敏感的政治神经。巧合的是，叫魂案中出现剪人发辫的现象，在乾隆眼里就成为反抗满族人统治地位的谋反象征和谋叛行为。乾隆对待汉族人和江南地区的焦虑与纠结心态，源自"身为一个统治着庞大帝国的少数种族，满清朝廷必须两者兼备：既必须从普世主义的角度又必须从种族的角度来表现自己高人一等的优越性；既要以具有合法性的皇族身份来统治这个大帝国，同时也需要维护征服者精英阶层本身的凝聚力和活力"（孔飞力，2014：75）。

清王朝中始终存在满汉对立的问题，乾隆皇帝认为汉化是导致官僚贪污腐败和行政效率下降的主要原因，而富庶的江南是汉族人聚集地，难以被统治者所控制。统治者对于汉族人保持不信任态度，且心怀妒忌，再加上满族人对于江南的看法使得叫魂危机由江南而起。叫魂案也就成了乾隆用于对付汉族人和汉族官员造成的潜在政治危机、整肃腐败积习、整顿吏治的手段，被用以重新强化专制君主权力（孔飞力，2014：75—76）。

(二) 官僚体系的惯性运作

卡尔·曼海姆（Karl Mannheim）在《意识形态和乌托邦：知识社会学导论》中曾指出："官僚思维的基本倾向是把所有的政治问题化约为行政问题。"（孔飞力，2014：271）高级知识分子和职业官僚从来就不相信，也不害怕所谓的"妖术"，他们对付妖术的方式还是行政命令或者官场惯例的那一套，但是真正令官僚体系感到无比恐惧的是暴民和君主的愤怒。在官僚体系的权力运作过程中，"妖术"仅仅是一个"事件"，或者说是一种"资源"。它一方面是官员用以向皇帝邀功、建立政绩的依凭，另一方面也是向官僚体系中其他官员、治理辖区内的普通百姓展现权力的一个舞台。直白一点说，"妖术"对于职业官僚而言，只是可以被界定、被制造和被修改的政府公文，以及等待被处置的行政事务罢了。官僚对于"事件"的运作，归根结底还是为了维护自己的权力地位。

当乾隆皇帝也利用此次妖术"事件"开始对官僚体系展开整肃时，官僚体系也会产生谨慎而广泛的抵制。比如，江西巡抚吴绍诗"忙而不动"，"根本就不打算查缉这个他认为是误传的案子，他在先前奏报中提出的忧心忡忡的警告和精心布置的查缉都只是装模作样而已"（孔飞力，2014：267）。由于吴绍诗人脉广，德高望重，乾隆并没有对他办事不力进行惩处。江苏巡抚吴坛则通过转移矛盾，将一个之前被禁止的教派再次查封，并弹劾一些曾经在这里任职却没有举报嫌疑人的官员作为"应付来自弘历无情压力的一种适当代价"（孔飞力，2014：270）。还有湖广总督定长，他总是和其他的省级属下一起联名上书、处置案件，"像

孔飞力
《叫魂：1768 年中国妖术大恐慌》

这样由多个官员同时出场审讯的例子在档案中还有很多，官员们显然是在用人数赌安全。一份由省高级官员共同上奏的联合报告，显然比由一个单独奏报更容易躲过君主盛怒的惩罚，并把因同其他人意见不一致而带来的危险降到最低程度"（孔飞力，2014：270）。

因此，在叫魂案发最初的两个月里，没有官员主动向乾隆皇帝报告江南地区的妖术恐慌。各级官僚之间形成了密不透风的网络，对皇帝封锁消息，粉饰太平。孔飞力认为，这一现象根源于中国传统官僚体制的特点。在处理地方事件时，地方官往往会采取"大事化小，小事化了"的原则，以避免受到上级问责，从而减少不必要的麻烦。这种官僚体制建立在君主与官员之间相互制衡的基础上。君主拥有专制权力，而官员则拥有常规权力，两者形成了一种矛盾的结构性关系。专制权力是人治的，而常规权力是制度化的和法制的权力，在至高无上的皇权面前，官僚的常规权力必然会造成效率低下的后果。君主对于文官集团的不信任直接导致官僚机构的敷衍塞责。因此，官员们大都力图息事宁人，制止谣言流传，安抚民间的恐慌情绪，也不会将这一案件与危及皇权统治的非常规事件联系起来。然而，"官官相护"的做法并不能阻止乾隆皇帝得到消息。在震怒中，乾隆皇帝认为叫魂案对他的统治构成了潜在威胁，于是采取政治高压政策，这使得各级官员开始从蛛丝马迹中寻找叫魂妖术的施法者，甚至急于表现自己的忠诚，而不惜滥捕社会边缘人士，使用严刑酷罚逼供，来迎合皇帝心目中所想象的"叫魂谋反"线索，以图邀功补过。

（三）百姓的妖术恐惧与虚假权力

无权无势的百姓中最容易产生群体恐慌。18 世纪的中国是一个自信的中华帝国，中国的经济水平居于领先，人口占世界三分之一，呈现为国泰民安的盛世图景。然而，过度的人口增长使得人均资源变少，物价飞涨，粮食紧缺，而地区间的发展不平衡使得大量劳动力剩余，出现大量失业者和流浪者，百姓无法通过辛勤劳作来改善自己的生存境况，构成了社会的结构性危机。在这样的社会背景下，百姓对于妖术的恐惧更加明显，假以"叫魂"为名来恶意中伤这些流民成为普通人一种唾手可得的权力，叫魂案就成为诱发社会动荡的不稳定因素。因此，过多的乞丐、流浪汉、云游僧人占据了当地人有限的生存资源，就理所应当地成为当地人敌视的对象，当地人不仅不同情他们，反而利用叫魂案驱逐、迫害和残杀外乡人。

当国家权力缺位时，百姓就会抓住这偶然出现的机会，来"攫取这种自由漂浮的社会权力"（孔飞力，2014：287）。在这样一个世界当中，妖术是一种权力的幻觉，"反映出来的是人们普遍无权无势的状态"（孔飞力，2014：285）。例如，萧山衙察乘机敲诈；一人诬陷其叔父"叫魂"，能得到更多家产；债主陷害其债务人剪辫，要挟还钱；德清县的和尚制造"叫魂"恐惧；等等。在一个压抑的社会环境中，撕裂的口子一旦出现，会有更多的人希望将口子撕得更大，把手探出去，期望抓到些什么。

这种带有乌合之众性质的群体的虚假权力是通过指控某人为"叫魂者"获得的，虚假权力的本质是因指挥而获得的虚幻的满足感和暂时的掌控感，而虚假权力当道的社会则反映了这样一个问题：如果努力未能获得相应的回报，那么这个社会将会变得更加投机。当人们的努力与收获无法成正比，甚至连上升的空间都不存在，那么人们就会遵循原始丛林中的适者生存法则，或是绕过司法体系获得寻租的权利，或是制造混乱得到上升的机会。

三、叫魂案的谣言传播机制

一般认为，在动荡不安的乱世，人们深陷于混乱的旋涡之中，这种环境极易滋生谣言。但为何在康乾盛世，妖术谣言却又肆虐传播？更何况谣言是从江南富庶之地传播开来，最终促成举国上下的妖术恐惧。首先，叫魂案的谣言内容涉及超自然的力量，暗示着人们的命运很容易受到操纵和伤害。这本身就是虚假且失真的信息。谣言会引发焦虑，对于百姓而言，他们不希望安宁的生活状态被外界力量剥夺。谣言刺激着人们的恐慌心理，每个参与其中的人，都将自己对于周遭环境的不安、恐惧与不确定，借由谣言表达出来，而谣言在传播过程中又会生成无数相

孔飞力
《叫魂：1768年中国妖术大恐慌》

关的谣言，人们通过添油加醋、无端猜忌的方式来缓解内心的恐慌情绪，但却促进了谣言的传播。也就是说，谣言生成的社会基础是公众内心的恐慌与不安，以及他们对于环境的不确定。

但随着各地案件不断爆发，官员对于事件本身的判断并非客观和理性的，在官僚体制中，他们只需要对皇帝负责。所以，在谣言的初始阶段，地方官员试图通过恐吓报案的人，阻止信息的传播，证明叫魂案是子虚乌有，达到大事化小、小事化了的目的。然而，皇帝震怒，严厉指责官员瞒报案件后，官员们又开始迎合上意，以各种手段迫使人们认罪，甚至寻找替罪羊，使他们成为谣言传播的牺牲品。地方官员在特定官僚结构中对于皇帝命令进行了扭曲解读，先是压制搪塞案件，后是对案情添枝加叶，继而强化了叫魂谣言的扩散和传播。

米歇尔·克罗齐耶（Michel Crozier）在《官僚现象》中曾说："掌权者为了达到自己的目的，有两套相互冲突的武器：一方面是理性化和制定规则；另一方面是制造例外和无视规则的权力。他的最好策略是找到这两种武器的最佳配合……规则的扩展会限制他的权力，而太多的例外又会削弱他控制别人的权力……对中央集权的抗争不是为了帮助这个制度去适应环境的挑战，而是为了捍卫和发展某种制度刚性来保护自己。"（孔飞力，2014：236）中国的君主制是一种独特的制度，皇帝既受到官僚制度的制约，但又有巨大的专制权力，官僚制度的制约更多地体现为一种"制度刚性"，即君主也无法轻易改变的惯例；而君主的专制权力表现为"督责之术"，即君主可以通过监督、人事任免等手段最大限度地控制官僚体系。

就内容来说，谣言能够生成的根源不是妖术本身和它所引发的案件，而是其背后的意义。乾隆之所以要将谣言上升到阴谋论，首先是因为"云贵之乱"的胜利，乾隆决策的失误影响了个人的权威，继而影响未来的执政和决策有效性。因此，叫魂案危及的是制度能否正常运转和游戏规则能否继续的问题，皇帝在意的是案件是否会危及帝国和政权体制。因此，在最高统治者眼里，叫魂不仅仅是谣言，更是危及皇权的谋反案件。由此，叫魂案成为政治阴谋论。如前文所述，这源自乾隆因对于其政权合法性的担忧而产生的对于汉族人的不信任心态，他不信任官员，也不相信公众。他指责官员的敷衍塞责，尤其是汉族官员带来的不良风气；同时又担心公众会轻信政治阴谋论而引发社会动荡，这种微妙的心理使叫魂术"从个别的宗教行为被想象为一种反叛式的群体恐怖话语"（牛静，2013）。但是后续的调查表明，叫魂案的线索十分混乱、证人证言破绽百出，找不到能够说服人的证据，谣言不敌事实，最终这场叫魂案乱象由乾隆皇帝下令终结。

如果更深入地观察大清帝国的官僚体制运作，可以看到信息传递与政府运作机制密不可分，这也是孔飞力著写该书的初衷，即"清政府内部的通信体系是如何影响政策的实际运作的"。叫魂一案与当时中国传统社会的政治文化生态息息相关。在当时的专制机制中，官员的做法反而是最符合大多数人利益的做法，已经形成了习惯。从客观的角度看，不扩大事件的做法能够有效地防止别有用心的人利用这一案件来做文章，官员们在案件发生的初期也有效地防止了谣言的传播，安抚了人群的非理性情绪，才使得谣言没能引发大规模的社会动荡。

在帝制政治生态中，皇帝与官员之间的信息流通机制也和谣言的生成密不可分。表面上看，二者间信息流通的地位是不均衡的，直观上人们会认为皇帝占据帝国中心位置，普天之下莫非王土，皇帝自然也能够耳听八方，万事万物都无法逃离皇权的掌控。但事实上这种不均衡的地位是倒置的，皇帝反而处于信息流通的不利地位，其获得信息的渠道仍然主要来自官僚集团，官员们最初的对于信息的过滤和隐瞒，就足以影响皇帝的判断。当皇帝从非常规渠道获得信息时，他就已经处于信息传播的弱势地位了。乾隆与官僚之间"进行着一场封锁信息和反封锁信息的战争"（橡树，2004）。

因此，官员们后期的追查也不过是对于权力的恐惧。调查显示，并没有真正的罪犯或谋反者，已搜集的证据也是破绽百出。"大学士刘统勋和他的同僚们从北京向承德行宫报告说，来自山东的供词每天都有新的破绽。"虽然早期就有嫌疑人翻供，但直到后来的"北京会审""承德会审"中，嫌疑人才集体推翻原供。到当年9月，调查事实动摇了叫魂案的根基，那些供词显得愈发站不住脚。11月，叫魂案戛然而止，历经大半年，涉及半个帝国，即将展开最后调查之时，一切却在乾隆皇帝

孔飞力
《叫魂：1768年中国妖术大恐慌》

的一念与一纸命令中结束了。叫魂妖术产生于无知、忌恨，是有心之人在利用人们的恐惧来发泄私欲。这也表明，当时乾隆对于皇权的安全感与信任感缺失，皇权与官僚集团将妖术恐惧变成了在社会空间中的生存斗争，制造了桩桩冤案，戕害了无数人命。叫魂案制造的恐慌挑动了乾隆敏感的政治神经，他策动了全国性的调查运动，大臣们也忠实地推进了对案件的追查，不惜制造冤假错案。可到最后他们发现，叫魂案只剩下一堆伪证和许多被冤枉的嫌疑人。谣言，甚至谣言的消退，都说明了帝国的信息传播机制并非健康的、通畅的和平等的，最高权力者不得不草草了事，与官僚集团、体制达成妥协。

四、评价与反思

2016年2月11日，孔飞力离世，享年83岁，不少网友发帖悼念——"那个写《叫魂》的伟大作者走了。"《叫魂》一书影响了众多读书人，它具有强烈的现实关怀，通过解读中国18世纪的历史，以见微知著的方式启迪现代社会生活。从微观和宏观的角度来看，它既是无知公众的权力想象，又是一个"零和社会"展开淘汰的残忍事件；从文化和社会的角度来看，它既是一种巴赫金所说的"狂热"，又是一出盛世图景下公众素养与社会文化之间脱节的闹剧；从信息传输的角度来看，它不仅是谣言的传播与扩散，还是官员常规权力运作与宫廷专制权力机制的抗衡。

孔飞力以叫魂案为切口，描绘中国君主专制的运作过程，不仅展现了君主与官僚、公众之间的内在矛盾，观照到公众的焦虑与恐慌情绪、官僚面临的信任缺失危机以及帝王的猜疑与担忧等心理状况，更映射了康乾盛世背后隐藏的社会危机。虽然茆巍指出，《叫魂》一书具有海外汉学家"小历史写作的局限"，在某种程度上是孔飞力对叫魂案的"制造"解读（茆巍，2023）。即便如此，《叫魂》一书仍然对现代社会的谣言研究方面有着重要贡献。分析叫魂案的谣言传播逻辑，有助于理解现代社会谣言的传播特点，提出有效的防治疏导策略。邱新有、卢佩华两位学者通过分析叫魂案中的谣言传播规律，针对公众虚假信息免疫力、官方与民间的信息不对称和信息的价值功能等方面,提出现代社会谣言防控的"预防—疏导—消解"的阶段化策略(邱新有、卢佩华,2018)。除此之外,叫魂案让人们意识到,谣言不仅是被扭曲的信息,更是神秘的武器和权力斗争的工具,谣言传播背后必然具有深层结构性因素,并贯穿于政治权力运作逻辑,而如何处理谣言则体现着统治者和人民的政治智慧,关乎理性国家的建构。

从更宏观的层面上看,《叫魂》一书彰显了孔飞力的"理性国家"国家观(刘拥华,2014),追问了现代国家的合法性问题,正如孔飞力在《叫魂》的中译本序言中说的:"我所关心的问题涉及的是更为广阔的近现代。"直到今天,《叫魂》一书影响甚广,具有借古鉴今的意义。它是一部历史学著作,对世界汉学产生了较大的影响,更涉及政治学、文化研究、心理学、大众传播学,书中提到的谣言传播机制至今仍是传播学和舆论学研究者关心的焦点问题。这本书的伟大之处在于跳出谣言传播本身,以群像描写的方式探析1768年妖术事件中社会各阶层的社会心态,并深入人性、社会结构权力关系加以考察,谣言则是权力的补充渠道、反权力以及政治斗争工具。如今,学界的谣言传播研究不应桎梏于谣言的概念特征本身,而要将谣言置于特定的传播情境、社会权力结构中加以考察,从而拓宽谣言研究的视野。

(赵海明)

参 考 文 献

〔美〕孔飞力:《叫魂:1768年中国妖术大恐慌》,上海:上海三联书店,2014。

刘拥华:《走向理性国家——孔飞力的国家观》,《华东师范大学学报(哲学社会科学版)》,2014(4)。

茆巍:《1768年叫魂案再审视与解读》,《中国社会科学》,2023(6)。

牛静:《妖术谣言的演变与盛世之下的信任危机——对〈叫魂〉的解读》,《国际新闻界》,2013(7)。

孔飞力
《叫魂：1768年中国妖术大恐慌》

邱新有、卢佩华：《信息内容稳定与现代社会谣言的防控——以1768年叫魂案为分析对象》，《现代传播（中国传媒大学学报）》，2018（5）。

橡树：《信息传递与官僚体制运行——读〈叫魂〉》，《开放时代》，2004（2）。

拓 展 阅 读

胡泳：《众声喧哗：网络时代的个人表达与公共讨论》，桂林：广西师范大学出版社，2008。

黄仁宇：《万历十五年》，北京：生活·读书·新知三联书店，1997。

〔美〕孔飞力：《中国现代国家的起源》，陈兼、陈之宏译，北京：生活·读书·新知三联书店，2013。

约翰·R. 扎勒

《公共舆论》

约翰·R. 扎勒的《公共舆论》首次出版于 1992 年，称得上是舆论学经典导读中的年轻面孔，但这并不妨碍它成为政治心理学领域的经典著作。书中，扎勒不仅为读者提供了观察舆论的全新视角，还深入浅出地展示了研究方法。虽然扎勒反复表明，研究方法呈现并非该书主要目的，但不可否认的是，《公共舆论》之所以成为一部政治心理学领域的标杆式作品，绝不仅仅因为其理论上的创新。扎勒对于舆论模型的精细建构和方法的详尽展示，都为后世提供了诸多的启示。

一、成书背景

约翰·R. 扎勒（1949— ）是美国著名的政治学家。他毕业于美国加利福尼亚的圣莫妮卡天主教高中，之后前往加州大学河滨分校攻读本科，并于 35 岁在加州大学伯克利分校获得了博士学位。扎勒的主要研究领域是美国政治与公共舆论，他曾担任过《美国政治学评论》的编辑，现为加州大学洛杉矶分校的政治学教授。除此之外，他还是加州大学洛杉矶分校政党学派的成员之一。该学派主张，政党并非野心勃勃的政治家，它们是热情的政治需求者。

扎勒著有《美国人的心态：公众对资本主义和民主的态度》《公共舆论》《党作决定：改革前后的总统提名》等著作，并著有大量的学术论文。在他几十年的学术生涯之中，新闻媒体跨越了报纸、广播，并走向了移动互联网，信息爆炸下的"眼球竞争"使得全民娱乐成为普遍态势，但从始至终，扎勒对"信息娱乐化"（infotainment）都持有积极乐观的态度。他认为耸人听闻、肤浅且戏剧化的政治报道也具有自身的价值，它们为公众提供了增强政治意识的机会，使得他们在繁忙的生活中，收到有关公共生活中重要事件的提示，由此形成对政治问题的认识，这被扎勒称作"防盗警报"（burglar alarm），而对那些无关紧要的软新闻，则无须运用"警报"。但扎勒的观点也招致了一些学者的批评，W. 兰斯·班尼特（W. Lance Bennett）就在论文中反驳道：在真实的新闻环境中，媒体对名人丑闻、健康与安全威胁等事件不断响起"警报"，但鲜少有新闻达到了扎勒对重要事件所定义的标准，这使得一部分关键的公共问题反而被忽视，甚至有的"警报"是虚假的、伪造的，这些都会消耗公众对于公共、政治生活的关注与热情（Bennett, 2003）。

但无论如何，扎勒对公众的政治意识、态度始终持有足够的关注，这也体现在他最闻名的学术专著——《公共舆论》之中。他立足于严谨规范的研究方法，为公共舆论提供了全然理性的研究路径。正如该书的英文原名"The Nature and Origin of Mass Opinion"，该书竭尽可能地对公共舆论的本质、影响与作用机制进行细致的阐述，试图"在一个黏聚力的理论体系中整合公共舆论的动力机制"（扎勒，2013：1），即精英如何为公众构造信息环境，而个人又如何依据他们的政治价值观、政治意识来评估这些信息，并在选举活动或大众调查中，将他们的想法转换为明确的态度表达。

二、RAS 模型的提出：信息如何转化为公共舆论

曾经有一个名为"紫土地"的国家，住着两种人：蓝种人和红种人。虽然他们拥有许多相似的价值观，但双方在政治观念上却始终有分歧。蓝种人喜欢小的、圆的和色彩浓重的政策，红种人喜欢高的、矩形的和色彩浅淡的政策。但双方的公众对于政治的兴趣又是如此的匮乏，

以至于他们需要雇用同种的专家和职业政治家来替自己工作：专家进行立论、讨论和辩论，而政治家则更具以人为本且实用主义的品质，他们最关心的是公众是否会接受自己的政策，并以此向专家寻求策略。然而，公众对于政治家并不全然信任，他们会就特定的政治议题，向专家寻求意见。

扎勒以一个短小精趣的寓言，为我们展示出美国政治生活的图景。总的来说，它具有以下三个特点：首先，公众对于政治的兴趣是如此的匮乏，"绝大多数人根本不知道自己对大多数政治议题持有何种观点，甚至对诸如自己对政治有多大兴趣这样完全个人的问题也是如此"（扎勒，2013：89）；其次，美国的党派主要分为两个阵营，它们及其聘请的专家不断地向人们传递说服性信息，努力吸引无党派人士，并从对立党派中争取支持者；最后，公众并不是任人摆布的玩偶，他们似乎不会对精英发布的信息照单全收。

扎勒毫不讳言对以往舆论学研究的批评，他认为将公共舆论视作"铁板一块"，或是在孤立的活动中考察、分析公共舆论都是不值得鼓励的，这使得公共舆论领域发展为相互之间极少交流的、孤立的、次级文献的集合。他指出，对于大多议题的舆情调查来说，受访者的政治立场不坚定，他们的脑海中往往储存着矛盾、冲突的想法。"所以，当他们碰到这种需要快速回答的公共舆论问卷调查时，他们一边回答，一边尽力编造。"（扎勒，2013：89）以 1989 年美国公众关于石油勘测的 NES 调查为例，调查人员采纳了三种不同类型的问卷，当中各提及一种背景信息：第一，石油勘测可以避免美国对外来石油的依赖；第二，石油勘测会降低人们的失业率；第三，无背景信息。最终结果显示，只有在提及失业率的调查中，受访者的属性——工人阶级和中产阶级，才与石油勘测的支持率呈现出了很强的相关性。这说明在不同的提问方式下，公众的态度展露也会有所不同。

因此，扎勒把公众的态度展露分为接收（receive）、接受（accept）和抽取（sample）三个环节。在日常生活中，公众不断地接收，再逐步接受政治信息并内化成为"考虑事项"（consideration），即"可能诱发个人以某种方式决定政治议题的任何理由"（扎勒，2013：47），他们在问卷调查中的回答则依赖"考虑事项"的抽取,并在回答的时刻考虑哪个事项最先在头脑中显现,他们就据此作答。这就是 RAS(receive-accept-sample)模型的雏形。以此为中心,扎勒提出了四个基本原理。

第一,接收原理。个人对某一议题的认知参与度越高,他就越有可能主动获取、理解和接受关于该议题的政治信息。

第二,抵制原理。当政治信息与个人原有倾向产生矛盾时,个人会选择性抵制这些信息。但这种抵制仅发生在个人对信息与自身倾向关系非常了解的前提下。

第三,可达性原理。个人记忆中最近出现的考虑事项会最先被提取运用。人们优先从记忆里搜索到的这些考虑事项将更容易成为个人政治态度形成时优先参考的思维材料。

第四,回答原理。当面对调查问题时,个人会根据最先浮现或最容易获取的各种考量来平衡、塑造自己的回答倾向。

围绕着这四个原理,扎勒得出了许多有趣的推论。简言之,如果把人脑比作仓库,那么人们的意见表达就像是提货出库的过程,最新被纳入的"考虑事项"则更容易被"提出"。如果问卷中涉及足够多的提示性信息,如"石油勘测与失业率的关系",人们就能够根据"货号"找到既往的"考虑事项",并由此进行意见表态。因此,RAS模型实际上整合了内外两种公共舆论,人们在回应政治传播流时形成的"考虑事项",以及他们将其他"考虑事项"转化为对调查进行回答的过程,都被视为构成公共舆论的过程。其中,由于精英掌握了大量的信息资源,因此他们对公众意见的影响是不可避免且难以消除的。扎勒认为,关注政治的大多数公众最可能采取精英的立场。

但是扎勒也没有全盘否定公众自身的判断力。他认为,人们具有特定的政治既有倾向,并且这种倾向伴随着政治意识的增强将逐渐明晰,而政治意识是指个人对政治的关注和对他人的政治遭遇的理解程度。因此,政治意识强的公众,他们自身具有一定的信息批判能力,在既有倾向的作用下,他们的意见表达能呈现出高度的稳定性。可以说,"每个意见都是信息和既有倾向相结合的产物:信息使给定议题在头脑中形成图像,既有倾向促使得出对该议题的某些结论"(扎勒,2013:7)。

三、无意的成就：研究方法的建树

与致力于开拓研究工具与方法的传播学四大奠基人之一的保罗·拉扎斯菲尔德相反，扎勒在这本书里从始至终只有一个目的，就是为公共舆论搭建出简单且普遍的数理模型即RAS模型，并通过案例的考察来验证模型的科学性与适用性。虽然，在最后的评价章节中，他肯定研究方法，但方法不是这本书的主要目的，方法自始至终都为理论服务。而对于后世的研究者来说，这些有关研究方法的展示都称得上是弥足珍贵的宝物，可以说是无心插柳柳成荫。

为什么早先许多学者都倾向于在"特定域"中探索公共舆论？这变相地体现了公共舆论的形成与变化是冗杂繁复且难以概括的。但在这本书中，读者随处都能观察到作者对于RAS模型的简单化处理。实际上，他自己也认可这种做法，并在第一章就开门见山地提道：

> 我在本书中获得的幅度和一般性是以很强的前提假设和一些重大的简单化为代价的。在这一点上没有选择。任何公众舆论的研究，或者其他任何大规模的社会现象，如果要严肃地考虑到每个可能的影响途径和每个所提及的概念区别的话，那么这些研究也只能提供对这些现象的描述性解释。（扎勒，2013：3）

RAS模型将公众短期的态度展露简化为——"考虑事项"的接收、接受和抽取过程，而长期的态度展露则是不同阵营所有"考虑事项"相互平衡的过程。因此，短期舆论的形成与变化模型可简化为：

Prob（态度变化）＝Prob（接收）×Prob（接受｜接收）

扎勒提到，该模型考察的内容并不涉及心理组织，"强调的是超心理的因素和外部来源"（扎勒，2013：134）。扎勒的研究主要聚焦于三大变量的相互作用：精英话语本身蕴含的信息在总体层面会出现变异；在个体层面，人们对这些话语的关注程度存在差异，这反映了不同的政治意识；个体间也存在政治价值观方面的差异，即各自的政治既有倾向不同。

首先，从个体层面出发，扎勒独到地引入了政治意识变量，并抨击

约翰·R. 扎勒
《公共舆论》

了以往公共舆论研究隐含的、假定所有人都同样准确地了解政治的倾向。并且，他反思了前人有关政治意识的测量方法，提倡采取中立性的测试。因为个人无法夸大他们所拥有的信息，即使他们意识到表露出政治意识是受到社会赞许的。这有效地避免了"回答效应"。所以，关于政治的中立性知识测量，比其他的测量都更能够捕捉到实际发生的政治性学习。

其次，政治既有倾向是政治心理学领域的常见变量，学者们倾向于对其进行一般测量。但是扎勒认为，只要有可能，人们就应该使用合适的特定域的政治价值观进行测量。意识形态不再是一种严格单维的概念，而是有关价值观维度的群集。也因此，在不同案例中，扎勒"尽量开发利用现有的，不论质量好坏的关于舆论变化的数据"（扎勒，2013：32），以测量公众多元的价值观维度。

最后，虽然公共舆论有时候是由整体一致的精英话语潮流形塑而成的，但更多时候，公共舆论的出现得益于多个典型的相互冲突的信息。扎勒运用二分法对信息环境进行了简化区分，即观察在给定议题上，舆论是否存在"铁板一块"似的精英观点，或者就该议题是否存在多个重要的精英分歧。通过考察精英信息的相对强度和变化，可以将信息环境分为三类：主流信息、单一信息流和双边信息流。由于三种信息环境的复杂程度依次递增，因此扎勒对模型的建构存在不同程度的简化。

1990年的海湾战争为我们提供了观察主流效应的机会。在美国国会选举之前，任何党派的精英在"美国对伊拉克出兵"的问题上，几乎都持有一致或接近的意见。扎勒依据RAS模型对舆论态势进行了有见地的推测：当精英的共识最强时，个人的政治意识越强，"考虑事项"内化的主流信息也就越多，公众更容易支持主流政策。简言之，政治意识与主流政策的支持率呈正向相关，这也被称为主流效应。扎勒选取了国会选举前NES研究的数据，对政治意识、政党依附、性别和种族等变量进行控制后，通过最大似然的logistic回归证实了主流效应。之后他又将同样的方法运用于"允许中国恢复联合国合法席位""妇女平权""黑人平等膳宿权"等主流议题研究，除"妇女平权"外，其他议题的主流效应都得到了数据支持。对此，扎勒解释，"妇女平权"在当年并不能算作严格的主流议题。

与主流效应不同的是,单一信息模型考察了精英意见分歧的状况,即存在正反两方的意见对峙,但某方意见将以绝对性的优势存在,这种意见被称为主导信息。1980—1982年,美国公众就"国家是否应当削减国防开支"这一话题展开了广泛的讨论,其中,自由派精英提出了应当削减国防开支的主张,以绝对优势胜过保守派,占据了主流媒体的报道。根据 RAS 模型,当公众政治意识普遍较弱时,他们所接收的政治信息较少,因此他们很难跟随主导信息改变态度。同样,当个人政治意识较强时,个体对信息具有一定的抵抗力,接收的政治信息也会较少,他们将根据政治既有倾向选择性地内化信息,保守派和自由派的意见将呈现为稳定的两极分化。因此,最容易受到单一信息环境影响,并且跟随主导信息变化态度的人反而是政治意识中等的群体。

值得一提的是,扎勒为了展示出政治意识、政治既有倾向等自变量与信息接收、接受乃至态度变化概率之间的关系,选择用 logistic 函数构造模型,原因是它能够有效呈现非线性关系,并且结果数值在0—1之间来回浮动。最重要的是,在 logistic 函数中,只要用了两个或两个以上的变量,变量之间就会发生交互作用。因此,扎勒构建了单一信息模型:

Prob(态度变化)$_i$ = Prob(接受)∗ Prob(接受|接收)

$$= \{1-[1+f+\text{Exp}(a_0+a_1 \text{政治意识}_i)^{-1}]\}$$
$$\ast \{1-[1+\text{Exp}(-b_0-b_1 \text{政治意识}_i$$
$$-b_2 \text{既有倾向}_i\cdots\cdots)^{-1}]\}$$

依据上述模型,个体接收信息的概率与政治意识水平相关,而信息接受概率则取决于政治意识、既有倾向及其交互作用。扎勒调取了1980—1982年有关"国防开支"议题的 NES 调查数据,计算出被调查对象的政治意识和既有倾向,并将其态度变化转换为0—1的二分变量:朝主流立场变化取值为1,态度固定和"无意见"取值为0。通过修正模型,代入数据和求取系数,扎勒检验了推论,并得出了与原理大体一致的简化模型。虽然在检验的过程中,出现了统计拟合度和系数精确性不足等问题，但通过调整，这些问题都得到了合理的解决。随后，扎勒又将信息熟悉度、信息强度、受访者年龄等更多自变量代入模型，并将模型运用于"种族隔离""冻结核武器"等议题中，尽可能拓展单一信息模型的运用场景，并证实其可靠性。

相较于单一信息模型来说，双边信息模型的构建要更为复杂，它的核心思想在于公众被暴露在两种传播流中，每种传播流都代表着对当前议题的一个新立场。但双边信息模型本质上依旧是对单一信息模型的补充，因此研究方法也基本无异，即提出推论—初步构建模型—利用数据检验模型和推论、推广至相似案例—得出普遍模型。在对该模型进行考察时，扎勒选取了时间跨度更长、信息流变化更剧烈且样本量更丰富的越南战争作为研究对象，并引入"考虑事项"的抽取模型，以覆盖更广泛且复杂的情况。值得一提的是，随着复杂度的提升，模型面临更大程度的简化，包括所有特定方向和时段的信息强度是相同的、人脑中没有任何"考虑事项"可以存在两年以上、人们只能通过抽取"头顶上"的"考虑事项"进行意见表达等，但简化后的模型将更具整合性。扎勒认为双边信息模型详细描述了大众信念系统是如何形成的，以及如何在某一复杂的刺激面前发生相应的变化。

从模型搭建、变量选择到案例推广，扎勒全面地为我们展示了其研究的细节。我们可以发现，虽然这本书始终面临有关简化的质疑，但这更像是合理权衡的结果。扎勒舍弃了人脑复杂的运作规律，保留了对价值观的多维测量；对信息环境进行极简分类，保留了不同信息的熟悉度、强度等基本差异。正是在不断的选择与取舍中，实现了对模型的调试与整合。当我们站在历史的维度阅读这本三十多年前的著作时，不禁会敬佩扎勒及其团队所付出的精力。简单模型是经历了繁杂的调试与修改，最终才能落实到现实问题上。该书中蕴含大量的数理统计知识与对方法的反思，这对当今研究具有一定的启发价值。

四、评价与反思

在该书中，扎勒为我们展示出特定时期的美国图景：社会经济发展迅速，人民生活看似无忧富足，但是黑人平权运动、战火纷飞和石油危机等事件都象征着这个国家并不是所谓的乌托邦，在城市的边缘依旧暗藏着贫穷、仇恨与冲突的种子。但公众似乎并没有为此太过担心，甚至不需要过多地了解，因为有专家和政治家为他们背书、撰写文章、发表演讲、管理社会。但这也带来了另一个问题，当公众意见可以被专业人士轻易"操纵"时，所谓的民主，还能够反映真实的民意吗？

扎勒在开篇就引入了有关精英话语与公共舆论的讨论：我们的想法、意见是否被精英任意"操纵"？在书里似乎给出了否定的答案，扎勒表明，自己对于公共舆论的观点介于"无态度"定论和"大多公众拥有稳定态度"之间，虽然在公众问卷调查中，公众的态度存在不确定性、预设性和不完整性的特征，但是这并不代表他们的回答失去了真实性。直至全书结尾，扎勒仍在强调，他所提出的 RAS 模型，并不能用来支持关于精英影响的任何观点，原因是 RAS 模型无法提供影响公共舆论的政治传播的来源。但是，当我们纵观三种不同的信息环境，特别是在单一信息和主流信息环境中，大多数公众依旧很容易被精英话语所左右，他们的意见是如此不确定，以至于舆情调查的提问方式都能影响其态度展露。而那些意见坚定的人，他们是少部分政治意识极强的人，大多可以作为专家去引导公众意见。这些结论白纸黑字，似乎都与扎勒的主张相矛盾。

诚然，在一定程度上，民意是极易被"操纵"的，但这与精英无法主导舆论的观点并不相悖。一是，所谓的精英，他们大多只能在公共舆论的安全区域行动，一旦脱离安全区域，试图控制或压制公共舆论，很容易引发公众意见的强烈反弹；二是，扎勒强调，相较于自我观点的呈现，民意的存在价值更多是对政府的有力制约，并协助不同领域的专家自由辩论，以维持一个多元平等的言论环境。虽然扎勒毫不讳言公众的摇摆不定、善变和缺乏主见，认为舆论中的观点"是被提问的问题所凸显出来的观念，而不是所谓的既有'真实态度'"（扎勒，2013：39），但是公众的"不真实"恰巧是另一种真实，这种现象无论健康与否，都难以避免。正是这种掷地有声的、真实的力量，在与精英观点的不断对抗与制衡、让步与妥协之中，转动了历史的车轮。

该书译者陈心想曾说："虽然说本书的理论很有独特价值，但我最钟爱的还是本书探索知识的方法论和操作过程，它向我们展示了通往知识，或者说真理的道路是如何一步步走过来的。"（陈心想，2013）在书中，我们可以看到一位学者如何像修剪枝叶一样，把公共舆论的动力机制浓缩在四百多页的篇章里。从一开始，扎勒就承认，构造 RAS 模型必然要面临对大量事实的简化与割舍，人的大脑是运作复杂、精密的系统，如果单纯地使用"考虑事项"来解释公众态度的形成，必然会显得单薄且不具有说服力。虽然他也一再强调，简化是模型普及的必然牺牲，但割舍了细节，模型真的能极具普遍性吗？从笔者的角度看，答案是否定的。虽然扎勒已经极尽可能地使模型具有更广泛的覆盖面，但从实践的角度出发，舆论规律的完全整合难以实现，因为存在大量的突变、偶发因素，简化带来的是精确性的必然丧失，研究自然难以落地，这也是许多量化研究所面临的困境。因此，虽然量化分析正在成为传播学、政治心理学等领域的重要方法，但是，最终的成败依旧立足于研究者强大的思辨能力。数据是冰冷、精确的，唯有思考才能赋予它温度和烟火气，使理论和模型具有现实意义。最后，扎勒带给我们的不仅仅是理论和方法上的建树，他也为我们展示了传播学的大厦是如何建成的，或许只有当你翻开这本书时，才能够切身体会。沉淀在大量数据、表格和文字中的是学者们宝贵的精力和严谨的科学精神，或许最终他们得出的并不是被载入史册的经典成果，但正是这一过程，让读者在探索知识的旅途中领略到其独特魅力。

（郭小安　胡佳思）

参 考 文 献

W. L. Bennett, "The Burglar Alarm that Just Keeps Ringing: A Response to Zaller", *Political Communication*, 2003（2）.

陈心想：《公众、专家和舆论——读扎勒〈公共舆论〉》，《书屋》，2013（8）。

〔美〕约翰·R. 扎勒：《公共舆论》，陈心想等译，北京：中国人民大学出版社，2013。

拓 展 阅 读

〔美〕W. 兰斯·班尼特：《新闻：幻象的政治》，杨晓红、王家全译，北京：当代中国出版社，2005。

〔美〕沃尔特·李普曼：《舆论》，常江、肖寒译，北京：北京大学出版社，2018。

弗朗索瓦丝·勒莫

《黑寡妇：谣言的示意及传播》

20世纪后半叶，由谣言引发的轰动事件，引起了社会各界的高度关注。谣言是舆论的表现形式之一，谣言产生的非理性动因，可能诱发的社会冲突与失序，成为精神分析学派研究的重点。法国学者弗朗索瓦丝·勒莫在其所著《黑寡妇：谣言的示意及传播》一书中明确指出："谣言是个难以界定的对象。"（勒莫，1999：5）事实也是如此，学界对谣言的定义十分丰富，对谣言的理解也各不相同。勒莫则深入谣言的生成与传播机制，从异域风情和社会实验等全新的角度解读谣言的内在结构，为我们认识谣言提供了丰富的视角。

一、成书背景

《黑寡妇》一书于1996年问世，书中的"黑寡妇"是1986年席卷整个巴黎的一则谣言中一种致命蜘蛛的名字。这种致命蜘蛛藏在外来植物丝兰之中，而丝兰则被当作礼物送给了一对年轻夫妇，年轻夫妇发现家中的婴儿被蜘蛛咬死，于是请来了殡仪馆的工作人员。勒莫写道："这故事如同一则寓言，恶毒地指出在日常的平淡生活中外来品所带来的危险，这故事有大同小异的很多种说法，讲的是外来植物丝兰中有蜈蚣。"（勒莫，1999：33）"既然叫来装殓和埋葬尸体的人，危险就不再是大概要发生，而是必然要发生。营救人员同这类危险是不可能进行势均力敌的斗争的。他们总是晚到一步。当他们要开始行动时，一切都已经结束。"（勒莫，1999：35）勒莫用这则谣言中的致命蜘蛛作为书名，是因为我们在深入了解这则谣言之后，会猛然发现谣言与这种蜘蛛之间的共同点：第一，它们所暗含的危险都是不可小觑的；第二，它们背后所暗藏的危险都是必然会发生的；第三，人们关于这二者将带来的危险所做的应对都不可能是预先的、及时的、势均力敌的，因为我们无法及时找到蜘蛛，我们更无法预测谣言的发生，只能在婴儿被咬后对其进行救治。在谣言产生后再去辟谣，这种应对的效果正如勒莫所说的那样，"他们总是晚到一步。当他们要开始行动时，一切都已经结束"（勒莫，1999：35）。

二、谣言的传播机制

《黑寡妇》这本书并不会告诉我们如何"遏制""消灭"与"治理"谣言，因为勒莫明确地指出："像不存在没有神祇的社会一样，也不存在没有谣言的社会。"（勒莫，1999：18）勒莫的重点在于挖掘谣言传播机制及过程。当然谣言研究不可能是一个单独的领域，它需要横跨心理学、传播学、社会学、人类学、政治学、历史学等诸多领域。例如，美国学者高尔顿·奥尔波特和里奥·波兹曼就从心理学角度出发，研究人们在制谣、传谣、信谣过程中的心理动因。美国学者凯斯·桑斯坦（Cass Sunstein）则将心理学、政治学与谣言研究相结合，提出了"社会流瀑"和"群体极化"的概念。而勒莫则侧重于从谣言最原始也是最不可思议的阶段谈起，即谣言是如何通过口口相传在人际传播中迅速席卷群体的。勒莫从具体的谣言事件和实验分析入手，希望在面临不确定性时，能够识别相关不确定因素，同时也期望研究材料在至少某种特定情况下，不会导致我们的判断被迫中断，从而保证研究能够持续推进。

勒莫将谣言产生、发酵的过程与自然界昆虫的幼虫—蛹—成虫这一生长过程进行对比，见表2。

表 2　谣言与昆虫的生长过程对比

幼虫阶段	蛹阶段	成虫阶段
神话	现实	想象
集体记忆	个人记忆	表象
传染	孵化	爆发

幼虫阶段是传染阶段，也就是谣言触动社会深层机制的阶段；蛹阶段则是孵化的阶段，对应的是社会实在性，这一阶段也是消息传播和渗透的阶段，具有多孔性、虚拟性和潜伏期等特征，谣言从四面八方渗透而来；最后一个阶段是成虫阶段，这个阶段正式宣告了谣言的诞生，也表明谣言具有周期性。在这一点上，勒莫指出了一个重要的事实，即谣言绝非偶然产生。

三、谣言的形态裂变

人们在思考谣言时总会面临这样一个问题：为何谣言可以变得如此光怪陆离？为何这些谣言听起来明明不可思议却还是如同鬼魅一般抓住了人们的心？勒莫在该书第三章中具体地解释了这个问题。当谣言处在蛹这一阶段时，集体记忆、社会环境会相互交织，从而再塑谣言。此时的谣言处于一个发酵状态，忖量着怎样才能抓住受众的心。勒莫对利昂·费斯汀格尔（Leon Festinger）等人的研究进行分析后指出，谣言在发酵阶段会使各个角色的功能发生颠倒，从而去创造不同于现存传播渠道的另一种方式，即通过创造功能链（警告）以及情感链来提供受众所需要的"证据"。勒莫指出："谣言是不可辩驳的，因为它不属于理性范围，而理性范围正是辩驳的范围。理论家们一旦陷入，就不可自拔。"（勒莫，1999：32）正所谓，"造谣全凭一张嘴，辟谣往往跑断腿"。勒莫还指出，拥有特别社会地位及能力的个人在制止谣言方面能起到的作用微乎其微，因为谣言善于将白的说成黑的，那些不相信谣言、出来辟谣的人越是指出谣言的荒诞不经，他们的形象就越模糊，"被收买者""走狗"的身份也就更加清晰。

"黑寡妇"的例子很清晰地展示了谣言中警告功能链的建立过程。故事背景最初在谣言传播过程中的作用是微不足道的。人们的生活环境首先发生了变化，起居室里不再摆放天竺葵或者秋海棠，而是一盆丝兰。这种小型棕榈树带给人一种异国风情，挑动着人们对美好假期的向往，给人一种返璞归真的感觉，使人们的日常生活场景逐渐转化成一片真正可以放松自我的绿洲，但是这片绿洲中却潜藏着不为人知的致命危险——黑寡妇蜘蛛。此时这种对于异国他乡景致的向往就成为人们的噩梦。勒莫通过黑寡妇案例的分析还指出：谣言在本质上是双重性的。谣言必须考虑实在性，因为当谣言染上过多的主观色彩时就会显得"失真"，但同时谣言要非常善于玩弄手段，只有这样才能起到暗示作用进而蛊惑人心。因此，凡是谣言提供的信息，其平衡性经常被打破，这也是通常一则谣言不会持续很久，但却极其容易周期性复现的原因。关于某类周期性复现谣言的研究则需要人类学的帮助，同时考虑谣言中相近的叙述结构。这不得不让我们想到那些时不时就会冒出来的"割肾""艾滋病针头"谣言，它们也许会有许多的变形，但总会不断地出现。

　　谣言为了确保自身的力量和延续性，在可感知的实在性背后往往还会有一条不可见的联系线。一个故事中总有另一个故事，而另一个故事的出现往往是因为社会的情绪需要一个出口。1848年的法国曾出现这样一则谣言：7月4日上午，一位老妇人在路上看见两个人，一个俯卧在地，一个焦虑得在一旁走来走去。老妇人担心这两人是盗匪，于是将这件事告诉了村里的年轻人。年轻人也认为有必要进行防范，于是一边回村一边告诉人们盗匪快到了。很快，这则消息就传了出去，并且以极快的速度越传越离谱，一开始是两个盗匪，然后是十个，再然后是三百个，最后变成了三千个匪徒聚在村落的周围四处抢劫、放火、杀人。周围省市的市长也开始向更高级别的地方长官寄出了求救信——这无疑使这则消息变得更加可靠。我们在分析这则谣言的时候，先来看看1848年法国的社会环境：此时，巴黎刚刚宣布成立共和国，人们对于革命者存在一种天然的恐惧——他们认为巴黎的革命者将会给富裕地区的生活带来重大变动。这种恐惧的社会情绪如同幽灵笼罩在人们的心头。在传闻四起、警告频传的环境下，老妇人看到的人影成为幻觉的诱发因素，

弗朗索瓦丝·勒莫
《黑寡妇：谣言的示意及传播》

让她误以为暴徒已经来到眼前。然而事实上，暴徒根本就没有出现。人们将普通的存在与自我的想象结合起来以支持各种意图，这就是为什么谣言一旦出笼，我们就无法再控制它。

勒莫认为，所有的谣言中几乎同时存在功能链和情感链，谣言在表达恐惧的同时又驱除恐惧。勒莫在接下来的传单案例中，细致地展现了谣言是如何在建立起自己的可信性、真实性的同时利用功能链和情感链进行传播的。勒莫将发生在世界不同地区的同一类型谣言案例放在一起进行对比分析，发现"传单谣言"的消息来源往往是医院，这类谣言通常是为孩子着想，因为一些会给孩子健康造成毁灭性损害的物质就存在于一些谣言之中。在这种故事背景下，情感因素起到了同样的作用。同时，传达信息时所采用的命令式语气，如请阅读、请转告，都带有一种威胁性的预言味道，而预言最大的效果就是改变人们觉得时间还很充裕的心态，让人们以为将要发生的事已经变成了现实。

勒莫阐述了谣言是如何制造属于自己的"准逻辑"的，提出在谣言的逻辑中，不管我们如何回应谣言，我们都是事实上的输家。勒莫认为，语言学家将包含推理方法的概念称作逻辑范畴，由此我们可以列出三种谣言传播方法：毗连、三段论和连接链。然而，谣言具有双重因果性，因此谣言就改变或歪曲了这些逻辑方式。所以，我们所说的就不是逻辑范畴，而是准逻辑范畴。毗连与三段论中的逻辑误区有点类似于滑坡谬误，人们由于过度推理而得出一个个错误结论。例如：

密特朗是法布尔的朋友，

法布尔是一个叛徒，

密特朗也是叛徒。（勒莫，1999：70）

勒莫还认为严格意义上的三段论具有灵活性，既保持了严谨的论证，得出的结论也具有重要的作用。勒莫采用奥尔波特和波兹曼描述过的一则曼宁格尔（Menninger）的谣言来加以分析。金太太出于某种原因缺席了某次宴会，人们纷纷询问金太太缺席的原因，在口口相传的过程中，金太太"被死亡"了，最后琼斯太太见到金太太时说："我刚听说你死了并要安葬，是谁散布的这一消息？"在这则案例中，围绕金太太的连接链在不知不觉中发生了变化，围绕着金太太的一些谣言导致了一个无法辩驳却又十分荒谬的结论。并且这则案例还彰显出了谣言真正的可怕之处——所有的补救措施都是事后的、延迟的、徒劳的。无论金太太是出现还是消失,无论她在场与否,结果对她都极为不利:在这场流言的博弈中,她注定身陷困境。这种流言运用"非此即彼"的简单二元逻辑,犹如面对长角人的陷阱议题,一旦接受其规则,不管做出何种选择,结果必定都是失败。

四、谣言运作中的规律

在该书的第八章中,勒莫从语言修辞学角度出发,得出谣言运作的三个规律,即真诚规律、适当规律和提供信息规律。真诚规律是不言而喻的,造谣者通过构造功能链和情感链将自己包装成为利他主义者。但是谣言的真诚就如同克里特人埃庇米尼得斯的真诚,造谣者总是一边讲着真话一边撒着谎。勒莫在这一章中主要研究了适当规律以及提供信息规律。他指出:"显而易见,适当和提供信息的关系成反比:一条信息只有有新内容,使我们感兴趣,才会被人接受,才会被认为是适当的。"(勒莫,1999:82)如果一则消息所包含的信息无法引起人们的兴趣和注意,那么它就是不适当的。这是因为谣言本身就存在二律背反的情况:在叙述(或报道的故事)和论说(或围绕这则"新闻"的评论)两个部分中,论说是保证叙述的社会存在。谣言往往与两个方面的活动相随:一方面,以论说的形式对事件做出评论,此时的谣言是动态的;另一方面,谣言又以讲故事的方式来补充上述说法,让转达的信息再次成为固定的模式。因此,人们有时需要将谣言和它的进程看成两个有区别的东西:面对谣言时,需要弄清楚,是一个故事,还是一系列故事。勒莫通过分析奥尔波特和波兹曼等人的实验,重现了谣言传播过程中一些谣言自我合理化的手段,如失落—强化—吸纳失真机制,以及米歇尔-路易·罗凯特(Michel-Louis Rouquette)提出的省略、加强、归属、泛化、超细节化(滚雪球效应)等五种方式。

但是勒莫随后指出,在提前制造好的实验环境中研究谣言的这种方式本身就存在巨大的缺陷,因为在实验室中进行实验的目的是检测被试者的记忆。而实际上，真正的谣言就是口头交流。在这种交流中，人们不可能将原话完整地复述出来，而是在叙述中添油加醋。勒莫在分析完若干个关于谣言的实验后指出：应该关注的不是那些未被记住、已连同背景一概被忘却的78%—80%的细节，而是被记住的东西：为什么记住了这一点而不是另一点，为什么记住这个图形而不是那个图形，为什么记住这个女人而不是那个人物。例如，在奥尔波特和波兹曼的模型中，人们能记住的往往是那个黑人和犹太妇女，所以这两个人物是整个实验中足以引起实验对象想象共鸣的人物。因此勒莫认为，首先谣言是对失衡或社会不安状况的一种反映；其次，当谣言迎合社会秩序失衡时往往可以得到受众的良好反应；最后，当谣言无法吸引受众时，谣言将会处于反复的实验中，信息会经历许多变化，此时人们无法把谣言与闲话区别开。

五、评价与反思

勒莫通过分析谣言的意涵和传播的模式，试图勾画出一个谣言建构的富有意义的过程。他将谣言的产生拟化为幼虫阶段、蛹阶段和成虫阶段，这一独特的视角为我们理解谣言的传染、孵化和爆发提供了新的视角。勒莫以蚕蛹出茧的比喻，为读者展现了谣言传播过程中的形象画面。勒莫跳出了对谣言本身的分析，而是观照到了谣言酝酿的环境以及公众的集体记忆对谣言传播的影响等。

《黑寡妇》这本著作并未在谣言的研究方面提出很多新的想法和观点，更多的是对谣言的研究状况进行反思和梳理。该书中提到了许多带有异域风情的谣言，比如勒莫以菲律宾群岛居民的食用鱼、美国蒙大拿州的鼠和金夫人的"复活"等案例，探究了谣言流通与传播环境、传播规律、谣言性质之间的关系。勒莫从这些谣言的实例出发，一步一步引导读者思考、分析谣言，仿佛读者也成了手术台上的一名医生，在一点一点地剖开谣言的秘密。这本书对于谣言研究领域的诸多著名实验，比如"玻璃橱窗"实验、奥尔波特和波兹曼的模型等进行了探讨，得出了"超细节化的故事可以增加可信度"，"谣言是对失衡或社会不安状况的一种反映"等结论,让人们意识到谣言的魅力所在。

由于勒莫专业背景的多元性,在该书中他大量地运用了其他专业领域的理论及名词,例如二律背反、芝诺之矢、长角的人等,也提到了古希腊哲学的斯多葛学派等,这些为人们重新理解谣言提供了丰富的知识图景,再搭配上诸多实验场景,使谣言显得生动有趣。更为重要的是,勒莫还观照到谣言与舆论的关系,他指出,"舆论是极易用概念来表达的,而谣言却更加变化不定,它更容易流入形象或隐喻的模子"(勒莫,1999:182)。舆论和谣言之间存在明显的重叠部分,它们之间的区别更像 play 与 game 之间的区别——play 更像是一种没有严格规则的游戏,也可以用来指代戏剧,而 game 则更强调规则与人数。随着智能社会的到来,虚假信息的海量传播间接影响甚至改变着舆论的生成逻辑与结构,勒莫的观点也为我们理解谣言和舆论的关系提供了新的启迪。

(郭小安　彭瑞)

参 考 文 献

〔法〕弗朗索瓦丝·勒莫:《黑寡妇:谣言的示意及传播》,唐家龙译,北京:商务印书馆,1999。

拓 展 阅 读

郭小安:《当代中国网络谣言的社会心理研究》,北京:中国社会科学出版社,2015。

李若建:《虚实之间:20世纪50年代中国大陆谣言研究》,北京:社会科学文献出版社,2011。

周裕琼:《当代中国社会的网络谣言研究》,北京:商务印书馆,2012。

布赖恩·卡普兰

《理性选民的神话：为何民主制度选择不良政策》

  《理性选民的神话：为何民主制度选择不良政策》是布赖恩·卡普兰的第一部学术专著，也是政治经济学领域尤其是公共选择学派的重要著作之一。卡普兰运用经济学研究方法对古典公共选择理论中的"理性人"概念做出修正。他认为应当为理性设定边界，个人可能是经济行为的理性消费者，但在政治中则变成非理性选民，过去流行的消费者完全理性的假设就无法站住脚。该书从经济学的视角详细阐述了民主制度的悖论、"理性无知"和"聚合的奇迹"的谬误、系统性偏见与"理性的胡闹"、非理性如何造成民主失灵、如何解决民主失灵等问题，卡普兰运用大量经验研究结果佐证自己的观点，并对过去流行的公共选择理论的主流观点予以批判。该书于 2007 年一经出版便被英国《金融时报》评选为"年度最佳图书（政治类）"，后被引入中国。

一、成书背景

  布赖恩·卡普兰（1971— ）为乔治·梅森大学经济系教授、美国普林斯顿大学经济学博士，主要从事公共经济学、公共选择、心理学与经济学、家庭经济学、遗传经济学、奥地利经济学派等研究，同时也对公众舆论、教育学、社会学等领域有所涉猎。

  《理性选民的神话：为何民主制度选择不良政策》一书是对西方政

治经济学界对民主制度产生不良政策原因的探讨。西方学术界普遍深信公共政策存在"大数定律",即大部分人在大部分场合的行为都是正确的。在此前提下,只要公共决策者听从民意,制定的公共政策总归是能够符合公共利益需求的。但事实似乎并非如此,理论与实践都不符合常识的经济政策在民主社会层出不穷,如最低工资法、贸易保护主义、农业补贴等,而在理论和实践上都被证明是良好经济政策的措施,如货币补贴、私立教育等却一再遭到质疑。

卡普兰提到,《理性选民的神话》这本书深受杰弗里·布伦南(Geoffrey Brennan)的影响,布伦南认同选民自知无力改变选举结果的论断,并用实证数据表明,公众表达的政治或经济观点往往带有系统性偏见,这最终导致公共政策偏离轨道。经济学家在分析公共政策时会以经济学的"理性人假设"作为论述基础,但卡普兰对此质疑,认为"理性人"并不完全适用于思考民主制度下的公共政策过程,以此为前提无法解释现有的民主失灵现象。他对民主失灵的原因提出新的解释,核心观点是,公众是非理性的(irrational),情感和意识形态也会对人的判断产生强烈影响。一般认为,民主之所以行之有效是因为它是按照选民意愿运转的,而在卡普兰看来,民主之所以失灵恰恰是因为它按照选民的意愿行事。

那么是何原因导致按照选民意志行事反而产生不良政策?这正是这本书研究的逻辑起点。卡普兰通过质疑已有理论和引用大量经验研究,揭露民主制度的缺陷,并为解决路径提供了一个新的视角。该书共分为四个部分,分别为"质疑聚合的奇迹""从理性无知到理性的胡闹""解释不良政策的产生"以及"为民主失灵寻找解药"。在结论部分,卡普兰强调"理性人"这一长期统治经济学的基本假设束缚了研究者,导致选民的非理性在公共政策研究中被忽视,研究者在政治领域研究中应当摆脱这一思维定式。

二、公众舆论的系统性错误:质疑聚合的奇迹

西方民主政治的核心内容是选民的政治参与,在整个政治运作过程

布赖恩·卡普兰
《理性选民的神话：为何民主制度选择不良政策》

中，选民可以直接参与选举。政治选举是西方民主制度得以运转的基础，选民委托中介性组织如政党、议会、利益集团代为行使政治权利，因此获得舆论的支持是政治候选人进入政治舞台的关键，"选举与其说是人民的统治，不如说是舆论的统治"（萨托利，2008：98）。伴随着大众传媒的发展，舆论的作用发生了变化，舆论借助大众传媒的中介作用更全面、更深入地参与政治生活。相比选民对政治的直接经验，大众传媒能为选民提供较为全面、准确的信息，这些信息包括政治候选人的政治主张、施政效果以及其他"花边"消息，帮助选民形成更为理性客观的政治意见。民主决策的正当性来源于舆论的正当性，因此，无论是表现为"理性选民"的大众，还是恪守"新闻专业主义"的大众媒体，他们所做出的政治选择都基于理性选择的范式。支持理性人假设的学者提出，与经济过程一样，政治过程的基础是交易动机、交易行为，民意总体上是走向"聚合的奇迹"的，因而舆论总是正确的。

但在卡普兰看来，民主的力量是被过高估计的，其原因在于人们过度相信聚合的奇迹。所谓聚合的奇迹，是指个体对事物认知的偏差在大样本的聚合群体中相互抵消，总体走向价值中立。卡普兰举例阐述这一过程：假设99%的公众处在无知的状态下，他们的投票是漫无目的的，于是在大规模选举中每个候选人都能获得大约半数，即49.5%的随机选票。而还有1%的选民是知情人士，他们具有绝对的理性、充足的信息，那么谁获得这1%公众的支持，谁就能够获胜。这就要求候选人的政策要符合知情人士的预期，通常这种预期也是符合现实情况的。

既然有聚合的奇迹，民主就应当产出符合公众利益的决策，为何还会产出不良政策呢？卡普兰认为，人们忽视了聚合的奇迹的一个关键前提：选民不犯系统性错误。所谓系统性错误，是指选民在某些观念上具有一致的偏见，导致在决策时出现集体性错误。在聚合的奇迹中，每个个体的认知偏差是随机的，大样本自然可以在总体上消除偏差。但如果选民犯了系统性错误，99%的选民都指向一种错误的观念倾向，剩余1%了解情况的选民就显得没那么重要了，因此聚合带来的就只能是民主的灾难。实际上，聚合的奇迹发生的概率微乎其微，卡普兰认为至少在经济学观念中，公众舆论充满了严重的系统性错误。他将舆论的系统性错误分为四种：反市场偏见、排外偏见、就业偏见和悲观主义偏见。

反市场偏见指的是人们对市场普遍不信任，认为资本主义市场是精英剥削大众的工具。反市场偏见最普遍的体现就是将市场回报等同于财富转移，而忽略了其激励属性。排外偏见是指一种低估与外国（地）人交往的经济效益偏见，源于对外国人或外地人互利的不信任。排外偏见最典型的体现是贸易保护主义，这源于公众对金钱和财富的错误认知：富有国家致富的最好途径是囤积金银，而不是对外贸易。就业偏见是低估节约劳动成本所带来的经济效益的一种倾向。节约劳动成本、提高生产力在经济学家们看来是经济增长的本质所在，但公众却认为这会损害就业。卡普兰认为就业偏见最原始的形式是对机器的"卢德式的恐惧"（Luddite fear）：机器能够带来生产力的提高，同时也会剥夺人们的就业岗位。选民总会阻挠新的技术手段应用于生产并质疑其实际作用，但在经济学家们看来，这种节约劳动所带来的经济效益对全民有益。卡普兰认为，人们更愿意发挥其富有的同情心，而不愿意有逻辑地思考问题。悲观主义偏见是一种既高估经济问题的严重性，同时低估过去、目前及将来的经济表现的倾向，其特点是"把久远的过去的状况理想化，以突出目前状况的不尽如人意"（卡普兰，2010：53）。悲观主义偏见会导致公众误判当下的经济形势，对未来的生活状况深感担忧，导致选民在福利政策上投入较多的精力以抵御"萧条的未来"对自己的影响。

卡普兰为了说明系统性错误确实存在，除了引用大量的经济学研究之外，还用一整章来介绍 1996 年一项美国公众与经济学家经济调查（Survey of Americans and Economists on the Economy，SAEE），并得出论断：大多数公众与经济学家在经济的认知上差别巨大，且绝大多数认知差别是朝着系统性错误的方向发展的。因此，以"系统性错误"为前提的"聚合的奇迹"就不可能存在，这就解释了为什么大多数经济学家承认"聚合的奇迹"的存在却无法解释民主失灵的现状。由于系统性错误会对舆论产生影响，因此民主制度始终难以朝着真正符合公共利益的方向运行。

布赖恩·卡普兰
《理性选民的神话：为何民主制度选择不良政策》

三、舆论系统性错误的原因：从理性无知到理性的胡闹

在卡普兰之前就有经济学家注意到了引起舆论系统性错误的原因，如安东尼·唐斯（Anthony Downs）就将理性无知作为解释这一问题的答案。理性无知是对"理性人"假设的发展，该假设认为人是自利的，会做出对自己效用最大化的选择。但是学习和寻找信息所能提供的低廉回报无法补偿人们在时间及其他资源方面付出的成本，作为"理性人"的选民会选择不去学习，这便是理性无知。大多数选民在衡量投票成本与收益后，自觉成为投票决策过程中的"理性无知者"。

卡普兰主要从以下几点反驳理性无知。首先，"聚合的奇迹"在现实中已经被证明几乎不可能，无知的选民只会带来随机性错误。前文已经说明随机性错误并不会产生不良政策，只有系统性错误才会产生不良政策，无知不能解释这一点。其次，虽然信息不足可能会造成错误，但在政治运作过程中信息不足并不一定导致错误，公众可以通过以下方式避免被政客欺骗：（1）对无知且理性的选民来说，最为"经济实惠"的方式是保持对政治候选人及利益集团的全面怀疑状态，进而避免被他人操纵；（2）无知的选民可以借用民主体制的激励机制，对政客的不光彩政治手段予以制止，比如要求政治人物引咎辞职、对其进行司法审判等；（3）无知的选民可以求助于"回溯性投票"（retrospective voting），通过事后评价领导人决定的方式表达反对意向。这些方式都可以在一定程度上避免政客或利益集团为私利制定不良政策。最后，非理性也是导致错误发生的一种可能。非理性是指有别于理性思维的精神因素，表现为对某些观点的情感认同和精神偏好。人们追求非理性主要是追求其带来的心理收益，因为认同自己的信仰或观点会增加幸福感。但如果信仰或观点是错误的，那么对非理性的追随必然会导致错误的发生。

卡普兰的反驳似乎将非理性引向一个无处不在的境地，既然人们能够从非理性中获得幸福感，是否就意味着选民在政治投票过程中都会诉诸非理性呢？卡普兰的观点是，"人们在一些方面理性，在一些方面非理性"，"非理性在政治领域形成了一些非理性表现尤为突出的'密集

区'"(卡普兰,2010:140)。借用经济学理论,卡普兰进一步修正了"理性人"假设,提出了"理性的胡闹"(rational irrationality)观点,在界定理性的边界的同时,对一个人如何既是经济领域的理性消费者,又是政治领域的非理性选民的观点予以证明。

对理性的边界可以通过观念偏好和错误的物质成本两个维度来分析。观念偏好指的是人们对于事物的个人喜好,包括物质利益、从众的社会压力和复杂的认知动机,可能与"追求真理的愿望"发生冲突。错误的物质成本则比较好理解。犯错总是要付出代价的,但"错误观念不一定会导致致命的后果或付出高昂的代价"(卡普兰,2010:145)。选民在政治投票过程中所犯的错误并不会使个人承担太大的责任,这是因为个体在投票中的边际效用微乎其微,但对于社会而言,选民的系统性错误会造成严重后果。以空气污染为例,虽然大家都知道开车会使空气质量变糟,但这种后果难以察觉。为了减少自己的废气排放,一个人愿意支出的价格可能只有一厘钱(造成空气污染的私人成本),但假设这个人的行为对其他999 999个陌生人也产生同样的影响,他们也都因此付了一厘钱的成本,那么排放尾气的社会成本就是1000美元(包括对自己的影响),是私人成本的100万倍。但一个选民只需要付出1厘钱的成本就可以正常开车出行,所以他才不会支持控制尾气排放的政策来限制自己的出行。

根据上述例子,我们可以看到,如果一个选民同时在乎他的物质财富和非理性观念,那么他会认真地权衡利弊得失,围绕物质成本(非理性的价格)来决定非理性消费的多少(非理性的数量和程度)。因此,选民在做出错误的选择前实际上也是做了综合考量的,是"理性的胡闹"。这看似矛盾的概念放在一起实际上与经济学中的"需求—价格"模型互通,见如图2。

这个模型可以解释前面排放尾气的例子:非理性的价格越低,人们消费非理性的数量和程度也就会越高。理性告诉选民要保护环境,减少尾气排放,但当非理性的代价低到可忽略不计时,选民就会更倾向于个人喜好——轻微的排放不值得以日常出行的方便为代价。"理性的胡闹"

布赖恩·卡普兰
《理性选民的神话：为何民主制度选择不良政策》

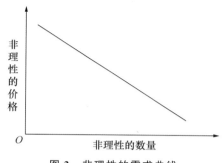

图2 非理性的需求曲线

是《理性选民的神话》的核心，它指出了民主选择不良政策的真正原因——选民用"经济人"的理性思考却导向了非理性的政治后果。

卡普兰认为政治行为之所以看起来奇怪，是因为选民面临的激励与经济行为不同，但古典公共选择理论将经济行为与政治行为混为一谈。如果将非理性观念带入政治行为，那么"政治中的非理性不是一个谜"，而是"非理性的经济理论意料之中的现象"（卡普兰，2010：169），这样，所谓奇怪的现象获得了解释的路径。

四、非理性如何导致不良政策？

卡普兰修正了"理性人"假设，提出"理性的胡闹"以解释民主制度选择不良政策的根源。在该书的第六章他解释了如何由个体选民非理性的微观基础导出民主政策的宏观结果。卡普兰采用了经济学常用的方法："从一个简单的例子开始，由简入繁，逐步增加其复杂性。"（卡普兰，2010：175）

前提：无处不在的非理性选民。

前文解释到，"理性的胡闹"需要选民对自己的选择做出考虑，个体选民从其世界观中获得的意义和自我价值是心理收益，非理性只有在心理收益减去物质成本之后为正的情况下才能主导个体选民的行动，卡普兰将其简化为以下公式：

$$心理收益 - 物质成本 > 0$$

选民的选票决定了公共政策的走向,与选票结果产生的社会后果相比,个人付出的成本可能微乎其微(如前文提到的尾气排放案例)。因此在公共政策选择中,在社会成本转化为个人成本的过程中需要引入一个概率值 p,表示个人选民的投票起决定性作用的概率,那么非理性起作用的公式则如下:

$$心理收益 - p \times 物质成本 > 0$$

根据这个公式,如果一位选民的选票恰好能够决定公共政策的走向,那么就意味着他的个人成本与社会成本保持一致,心理收益若不能够大于该成本,选民就会诉诸理性。如果 $p=0$,即选民无论如何都无法决定公共政策的走向,那么只要有任何的心理收益,非理性都将实现效用最大化,非理性起作用的公式就简化为:

$$心理收益 > 0$$

事实上,民主政治中选民投票起决定性作用的可能性几乎为 0,选民也有自知之明,会自觉将 p 值当作 0,所以在现实情况下,只要有一丁点儿心理收益,选民就会诉诸非理性。

假设一:同质选民下的非理性。

卡普兰首先假定所有选民都具有相同的偏好与禀赋。在这种绝对的情况下,更接近选民第一选择的政客会胜出,所以政客们会尽力满足选民的偏好,以便获得均等的获胜机会。但根据前文的公式,选民会遵从非理性偏好,且这种偏好会导致系统性错误,政客为了赢得选票会遵从这些非理性观念,导致错误被强化,最终演变成不良政策。

假设二:观念异质情况下的非理性。

接着卡普兰增加了限定条件。如果选民的观念偏好是多元的,那么这种情况就更接近于古典公共选择所推崇的民主决策的状况,政客们始终要面对持多种意见的选民,能够尽可能赢得最多选民的方式就是根据中间选民的意愿行事。卡普兰以贸易保护政策为例。理性选民充分认识到自由贸易的优势,倾向于更为开放的贸易政策;而非理性选民则会有多种意见(支持或反对),政客若想赢得最多数人的支持,就必须遵从中间选民的意愿,制定不偏不倚的贸易政策,如图 3 所示。

布赖恩·卡普兰
《理性选民的神话：为何民主制度选择不良政策》

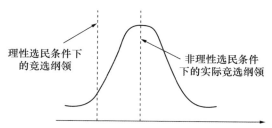

图3　观念偏好多元、其他均同质的选民的非理性的选举影响

"聚合的奇迹"实际上就是建立在该基础之上，选民的偏好不能影响到正确政策的制定，中间选民始终是正确选择的代表。但卡普兰认为，所谓"聚合的奇迹"是一个骗人的把戏，中间选民被他人误导了。

假设三：无私选民的非理性。

这个假设将选民对公共事务的看法作为需要考虑的影响因素。卡普兰运用简单的经济学模型得出结论：作为选民的公众比作为消费者的公众更加大公无私。也就是说，选民在投票时想到的更多是公共利益而非个人利益，这来源于公共利益对个人利益十分有限的影响力。无私选民可能比非理性的自私选民更加危险，人们的非理性使得思维偏离正确方向，而无私奉献的精神又使众人紧密团结，即便偏离既定轨道，也要抵达最终的目标。正因为每个人进入政治领域时都能抛开私利，错误想法往往容易被视为"集体智慧"，并轻易演变为荒谬的施政方针。

假设四：混合的政策/结果偏好。

为了使模型更接近现实状况，卡普兰假设选民对经济政策的有效性持有系统性意见，但能够客观地看待经济状况。在此情况之下，政客需要面对棘手的状况：如果政治家忽略了公众的政策偏好，那么即便经济状况很好，最终都会被选民赶下台；但如果政治家全面执行公众的政策偏好，又会成为糟糕经济表现的替罪羊。这必然驱使政治家们在实际操作中玩弄伎俩，他们从顺应民意的不良政策开始，而在实施过程中更加接近专家意见的良策。

结论：非理性导致愚蠢政策。

通过由简入繁的条件限定，卡普兰使模型逐步接近现实状况，最终推导出非理性导致不良政策的过程。他将公众的无私性纳入影响因素，而不需要考虑异质性的个体因素，并认为公众对公共利益的错误观念将直接导致其对错误政策的支持。无私让选民保持对投票的热情，而观念的系统性错误让这种热情把民主选择推向了错误的深渊。政客当然不愿意为由选民"理性的胡闹"所造成的糟糕经济后果负责，在赢得选民的选票后，他们需要通过一些伪善的手段来对政策进行纠偏，但他们如果违背了选民的意愿还是会被赶下台。这一系列因素导致的结果是，尽管实际的政策不会完全符合选民系统性错误的预期，但也与良好政策相去甚远。

因此，根据卡普兰的分析，西方民主政治中所倚靠的公众舆论并不是"理性选民"提出的符合公共利益的意见，舆论也不是选民深思熟虑的结果，其中充满了偏见、无知和情绪化。从"理性的胡闹"的角度来看，公众对政治决策的讨论可能仅仅是满足心理需求的一种任性的表达。

五、如何引导公众舆论促成良策？

卡普兰在揭示非理性舆论如何导致民主制度选择不良政策后，并没有就此停止，而是提出了解决民主失灵的五条政策路径。

第一，政客应适当伪善。完全理性的政客若要赢得非理性选民的选票，其诀窍就是撒谎。政客要知道如何在正确与受欢迎之间寻求最佳平衡，要在嘴上奉迎选民的错误观念，又要在背后寻求专家意见的帮助。

第二，在官僚机构中增加授权。在复杂的现代政治体系中，领导人只对重大事务做决定，剩下的具体事务交给下属处理，真正的权力掌握在官僚机构手中。适当地增加官员专断的权力，授权他们做一些法律范围内允许的事情，有助于减少非理性选民对官员的影响。一方面，利用"面目不清的官僚机构"干一些违背选民错误意愿的事情，同时公开站在多数人一边，保证政策运行不受选民苛责；另一方面，官员有足够的行动自由，可以不完全执行非理性选民的意愿。

第三，利用宣传对抗错误。利用媒体引导选民，对选民的非理性偏好进行潜移默化的影响，比起条理清晰的政治纲领，模糊不清的宣传更容易对付非理性偏好。但卡普兰也承认，面对选民的选择性接触，媒体宣传的作用相对有限。

第四，提高选民的经济学素养。选择性投票理论认为，选民的选择性投票行为导致中间选民的经济素养要高于中间公民的经济素养，这说明了受教育程度对民主投票具有积极作用，前文提到的四种系统性错误也是源于公众对经济学知识没有较为系统的认识。所以提高选民的经济学素养有利于提高投票质量，从选民认知上改变民主失灵的状况。

第五，强化私人选择，从民主转战市场。卡普兰已经证明了民主理论与实践中存在的问题，为了弥补这些缺憾，社会应当尊重私人选择这条道路。他倡导政府减少对市场的管制，将利益分配完全交由市场管理，坚信市场最终会解决一切集体决策带来的问题。

六、评价与反思

在《理性选民的神话》中，卡普兰运用经济学简单的需求模型揭示了在政治选举过程中普遍存在的非理性现象，并用大量的实证研究展示不良政策产生的过程。卡普兰突破了古典公共选择理论"理性无知"的假设，提出选民"理性的胡闹"假设，为观察和分析民主政治下政府失灵现象提供了新的视角。在卡普兰的表述中，西方民主选举充满了无知、偏见和情绪化，公众舆论受到"非理性"选民的影响而最终导致不良政策。从舆论学的角度来看，卡普兰的分析揭开了公众舆论情感价值需求的一面——舆论代表选民权衡心理满足与物质成本的博弈结果，情感在其中扮演着重要的角色。情感赋予了选民关注问题的驱动力，其共情、认同力量也形成了制衡政治权力的公众舆论，发挥了一些不易察觉的功能。但是个人的选票并不能改变结果，因此选民不会寻求系统性的、理性的、正确的选择，而是尽可能选择一些让自己感到舒服，甚至是表达情绪的政策，卡普兰认为这些情绪源于一些经济学上的偏见。基于此，公共媒体、政客往往迎合选民情感需求，抛弃理性分析、鼓动选民情绪，形成可能会造成严重后果的意见气候。卡普兰认为，迎合固有偏见的新闻报道更能得到共鸣，观众也只会对他们亲身遭遇的证据有明显反应（卡普兰，2010：218）。因此，公共媒体和政客选择迎合选民基于非理性的偏见、情绪做出的"理性的胡闹"，形成了相应的舆论导向，并最终引导选民选择了不良政策。

但卡普兰在这本书中的一些观点也存在一定的问题。

首先，卡普兰描绘的选民是否真的是"非理性"？根据卡普兰的需求模型，选民是根据心理收益与物质成本的关系来决定是否采取非理性行为，这个行为本身似乎就是理性的。理性本身也是复杂的，分为工具理性与价值理性，二者辩证统一，推动社会文明的发展。卡普兰探讨的经济学研究中的"理性人"假设，实际上是工具理性，即人是追求个人效用最大化的个体，但这显然与实际情况不符。除了工具理性外，人还要追求价值理性，如信仰、责任、情感、价值观等，而卡普兰将这些因素泛化为"非理性"。如果考虑到价值理性，"理性的胡闹"就不是选民为了迎合自身的快感，而有可能是为了追随某一种观念，如果这种观念是错误的，那么由此产生的不良政策实际上是由理性导致的，而非"非理性"。

其次，卡普兰倾向于运用市场的力量来解决民主失灵的问题，让市场的私人选择来取代民主的公共选择。这里存在两个可质疑的点：（1）市场真的是万能的吗？市场的万能性实际上是"理性人"假设带来的幻觉，卡普兰证明了政治领域中的选民是非理性的，虽然经济学模型预设了理性人的观点，但实际上，现实生活中的人很少会严格根据经济学模型所做出的假设行事，情感、利他、信仰等因素在日常行为中同样发挥着巨大的作用。如果"理性人"假设被推翻，市场万能的错觉也就会被推翻。（2）市场是民主的替代物吗？卡普兰认为市场依靠私人选择，民主依靠集体选择，这两个概念是一对可替代的概念。然而，一般来说，市场对应的应该是"政府干预"，民主对应的通常是"专制"。民主失灵往往走向"专制"或"多数人暴政"，而不是有序市场。因此，人们很难相信一个民主失灵的社会如何保证市场的正常运行。市场失灵的另一面是政府过度干预，民主制度可能导致过度干预，但和市场失灵没有直接关系。

布赖恩·卡普兰
《理性选民的神话：为何民主制度选择不良政策》

再次，卡普兰认为提高中间选民的素养能够减少不良政策的产生，这要求提高所有公民的整体经济学水平。但提高经济学素养真的能够解决不良政策的问题吗？卡普兰将这个问题过于简单化了。即便是经济学家，在社会中依然具有多重身份：在学术研究中，他们可能具有更好的理性思维，但在家庭角色中，他们是父母、孩子、配偶，不可避免地带有非理性情感。不同的文化、政治背景也会影响到经济学家的选择，他们完全理性且无私的假设是不能成立的，那么，单纯地提高经济学素养并不能够改善民主选择不良政策的问题。

最后，《理性选民的神话》探讨的前提是"选民的选择一定作用于民主进程"，这一前提值得商榷。实际上，从投票到最终的政治决策还要经历漫长的过程，公共政策的制定还需要构建问题、预测结果、建议优先政策、监测政策结果、评估绩效、发展政策论证以及政策反馈，制定政策的过程很大程度上会消除非理性选民带来的不良影响。卡普兰也承认，政客适当的伪善也能够纠正选民非理性带来的后果，这表明除了选民选择以外，民主制度本身和其他政治参与者都会发挥作用，在合力作用下能够弥补选民观念的不足，这也是民主制度经久不衰的原因。卡普兰对民主失望的倾向源于他高估了选民在政治运作过程中的作用。

虽然该书部分观点存在争议，但这并不妨碍卡普兰这一作品成为一部成功的政治经济学著作，其主要贡献在于告诉人们系统性错误的存在，并深刻剖析了公众选择时的心理博弈。虽然卡普兰在书中对媒体宣传的探讨甚少，对媒体扭转系统性偏见的作用持消极态度，但这并不影响我们讨论这本书对舆论学的理论贡献。从公众舆论的角度来说，简单地将选民的情绪归结为民主政治的对立面，不利于将公众舆论纳入与民主政治良性互动的系统，在卡普兰的表述中，非理性的选择恰恰源于理性的考量，这可以帮助我们更好地理解公众舆论中情感满足和理性表达之间的关系，更好地处理舆论引导问题。实际上，情绪化的公众并不意味着他们失去了对个人利益、公共利益的基本判断，或是失去了常识，表达性的投票本身就代表着纷繁复杂的意见。公众舆论可能来源于公众的系统性偏见或是情感表达，但诉诸情感或价值立场并不代表真相的消失，对事物的情感态度与价值判断也是事物真相的一部分，或是事物发展的结果。对于政策制定者来说,准确地把握公众舆论潜在的情感价值诉求更有助于产生科学合理的政治决策。只要引导得当,也可以形成情理交融的公共领域和"意见的自由市场",产生自我净化能力(郭小安,2019)。而对于宣传机构而言,不懈地追求真相、保持不偏不倚的理性立场是舆论引导的应有之义,公众的情感价值诉求也应最终回归到对真相的追求上来,不应一味地迎合公众的偏见、情绪化的表达,符合公共利益的公众舆论必然也要回归理性。因此在应对公共事件时,若能明确公众舆论的驱动力,及时回应公众关注的问题、满足其心理收益,就能在较大程度上消除非理性舆论带来的不良影响,同时针对非理性的特点制定相应的沟通政策,将非理性舆论引导至理性讨论上来。

(李晗)

参 考 文 献

〔美〕布赖恩·卡普兰:《理性选民的神话:为何民主制度选择不良政策》,刘艳红译,上海:上海人民出版社,2010。

郭小安:《公共舆论中的情绪、偏见及"聚合的奇迹":从"后真相"概念说起》,《国际新闻界》,2019(1)。

刘艳红:《选民理性与民主政治的效率——〈理性选民的神话:为何民主政治选择不良政策〉一书述评》,《国外社会科学》,2008(2)。

〔美〕乔万尼·萨托利:《民主新论》,冯克利、阎克文译,上海:上海人民出版社,2008。

拓 展 阅 读

G. Brennan and L. Lomasky, *Democracy & Decision: The Pure Theory of Electoral Preference*, Cambridge: Cambridge University Press, 1993.

D. Wittman, "Why Democracies Produce Efficient Results", *Journal of Political Economy*, 1989(6).

闫帅:《民主失灵的逻辑:从理性的无知到理性的胡闹》,《上海行政学院学报》,2012(5)。

林郁沁

《施剑翘复仇案：
民国时期公众同情的兴起与影响》

林郁沁所著的《施剑翘复仇案：民国时期公众同情的兴起与影响》是研究情感及其动员的一本经典读物。虽然学术界研究情感及情感动员的著作不胜枚举，但是林郁沁这本书的风格有所不同，它取材于真实的社会案例。在这本书里，林郁沁聚焦于"施剑翘复仇案"这一历史事实，研究了公众（庶民）都关注的一场轰动性审判，以及公众围绕这次审判所进行的情感化政治参与。有关此案，她不但研究情感及其动员的力量，还将情感放在了性别、法律、媒体、消费文化的研究框架之下加以剖析。可以说，无论是作为历史研读还是情感动员分析的著作，此书都具有极高的学术价值。此书被美国历史研究学会授予了 2007 年度费正清奖，与此同时也被评为东亚现代历史研究中的最佳著作。

一、成书背景

1935 年，"施剑翘射杀孙传芳事件"在社会上引起巨大轰动，彼时，各种版本的小说、报道纷至沓来，媒体的宣传报道、公众的同情让此案变得更加扑朔迷离。虽然案件已经过去很多年，但是学术界的研究却从未停止。林郁沁详细研究了这一震撼人心的历史事件，通过深入挖掘媒体、政治和法律档案，对施剑翘如何为父复仇、争取媒体关注并赢得公众同情的情感策略进行了详尽揭示。她还还原了施剑翘这种充满道德热忱的复仇行为,分析施剑翘如何利用大众传媒激发公众的同情并引导舆论。林郁沁在此案中追寻了"公众同情"这种新兴情感在20世纪早期中国的发展轨迹,该类情感最终导致了政府赦免施剑翘。林郁沁认为这一事件之所以能引起社会轰动并激发公众同情,是因为它与性别规范、法制改革、法外正义以及国民党政府威权统治等更大的社会性问题联系了起来。林郁沁认为,情感及蕴含伦理激情的暴力在建构社会公义、社会秩序和法治国家中具有道德权威和政治意义。在这次审判事件中,人们关注的不只是一个年轻女人的命运,更是"情"能否超越"法治",甚至挑战民国之政治权威这一更宏观的问题。"情感公众"这一核心论述不仅能够臧否政治人物、质疑官方叙述、引发对社会秩序和性别问题的严肃讨论,还能展示政治批判理论中"理性"公共领域的种种品质。林郁沁通过对这一新兴情感议题的探究,展现了公众同情的兴起虽足以凝聚成力量批判社会问题,但极易陷入由大众传媒操纵的社会舆论,被政府、大众传媒加以利用。这引出了不同于市民社会、公共领域等西方公众研究范式的本土化视角。除了追踪公众同情的产生,她的研究还揭示了情感在政治中的重要性、媒体炒作和现代法律对中国产生的深远影响,以及现代性中的性别议题发展。

该书通过"施剑翘复仇案"这一主线,探讨了"情""公众、消费文化与性别""暴力、正义和情的道德权威""情的历史及它在20世纪30年代的命运"等主要内容,并提出了"公众同情:超越哈贝马斯"的观点。透过事件分析洞察本质真相,也是这本书的高超之处。

二、情:从古老的合法权威到现代象征

"情"贯穿了《施剑翘复仇案》整本书。就"施剑翘复仇"一案来看,这也是一个完全符合可以被称为"情"的事件,而施剑翘本人之所以能够成功复仇并赢得大众的支持和政府的特赦,更是和"情"以及其对"情"的巧妙运用分不开。

有关"情"的探讨在中国的历史文化中由来已久。在儒家的道德观念中,伦理与人情构成了宗法社会道德的根基。儒家的仁学是情的理论

内核,其中"仁"是孔子提出处理人际关系的最高原则。对于儒家来说,"仁"是君子应当追求的至高境界,而孝道是实现"仁"的基础。当"仁"被提升到道德规范和社会秩序的高度时,会通过"礼"得以实现。儒家通过将"仁"的理念融入"礼"的实践,用"礼"的行为解释"仁"的意义,构建了一个强调"自我克制"、推行"仁政"、主张"礼运大同"的伦理政治社会。在此背景下,"情"从个人的道德修养范畴扩展到封建社会的各个领域,为传统社会的政治和文化秩序提供了坚实的基础,也为封建社会的集权统治提供了理论支撑。施剑翘之所以能够成功复仇并赢得政府特赦,就在于她牢牢地掌握了"情"的核心,并懂得将"情"放到当时的社会背景下加以运用,赋予其新的生机,超越传统"情"的现代政治内涵。

可以说,施剑翘从复仇初始就把握住了"情"的精华并着手准备了有关"情"的动员工作。刺杀行为发生后,通过印在传单上的一句"君子报仇,十年不晚",施剑翘牢牢地抓住了传统社会"情"中最为重要的"孝情",而"孝"毫无疑问地给予其复仇极大的合理性并帮助她争取到了大多数公众的同情和支持。除了"孝"以外,施剑翘还积极地从中国传统文化中寻找支持她的论据。其父被残害致死,施剑翘选择为父报仇,就引用了佛教宇宙论中"报应"这一观点。佛教关于"因果报应"的文化信仰成为施剑翘脱罪的重要助力。不止于孝文化与"因果报应",施剑翘还借用了中国传统文化和传统情感中"忠贞""烈女"以及"侠"的文化内涵。施剑翘援引侠女花木兰的故事,通过声泪俱下地讲述自己与父亲的动人亲情以及自己的婚姻,成功地将自己塑造成为一个拥有高尚情操,既端庄又不失现代精神,为父报仇的侠女的形象。通过儒家报仇观念、佛教因果学说以及巾帼英雄和侠义之士这一系列情感动员,施剑翘成功地扭转了社会舆论,逐步建立了她复仇的合法性,将其对孙传芳的谋杀处理成一个充分合法性的正义复仇,而不是一个纯粹的政治刺杀事件。更进一步而言,正是在整合这些经久不衰的文化信仰之中,施剑翘展示出了她将古老信仰与时代情境关联起来的非凡能力。

"情"的调动和步步铺垫为施剑翘的复仇行为奠定了情感合法性,许多报纸和评论家将其复仇行为评价为"纯洁的感情""真挚的美德"

等，也正因此，施剑翘在情感方面赢得了大众的同情和声援。但是只有作为传统"情"的古老权威还不足够。身处军阀混战、内忧外患的民国时期，施剑翘结合当时的时代背景，将传统时代下的"情"进行深挖并将其与民国社会实际情况结合，赋予了其复仇行为和"情"更高一筹的现代政治性。

可以看到的是，在当时的时代背景下，作为一位下野军阀，孙传芳的存在可能成为中国国力衰微的一个标志，而施剑翘试图去发掘的正是这一层含义。施剑翘也充分地利用了有关这位下野军阀的负面谣言，尝试将孙传芳的形象弄得尽可能令人厌恶。从某种程度上来讲，下野军阀孙传芳是衰微腐败且软弱无能的政府的象征，也是民国政府面临的内忧外患的一个映射，而"侠女"施剑翘在某种程度上像女英雄花木兰一样，象征着勇气与正义。特别是在政府无力惩办卖国军阀和保证国家安全的内忧外患时期，施剑翘对下野军阀孙传芳的暗杀则具备独特的政治性隐喻，它被视为拯救国家和展现侠义（公共正义）的一种表达方式。施剑翘的个人形象和她的孝行被塑造成了一种象征，代表着当时中国社会对于忠诚、智慧、勇气和正义等理想社会价值的期待。施剑翘成功刺杀军阀被看作拯救国家的行为，体现了正义。通过赋予其复仇以及"孝情"的现代性政治意义，施剑翘个人的复仇行为不但具有了传统情理上的合理性，而且在更具体的现实背景下，她还将自己的个人复仇行为上升到了国家民族的高度，并拥有了政治意义上的合法性。然而，与施剑翘对立的原告孙传芳家属及其盟友所依据的"杀人必偿命"这一基本法律原则，却在"孝情"所引发的公众同情浪潮声中几近销声匿迹。

三、公众、消费文化与性别——公众同情：超越哈贝马斯

"情"是贯穿林郁沁《施剑翘复仇案》一书的主线，通过对20世纪中国有关"情"的研究进行回顾，林郁沁指出了"情"在中国的重要性。同时，通过剖析"施剑翘案"，林郁沁还指出了对"施剑翘案"和整个中国都有重大影响的"情"，即"公众同情"，这也是这本书的重点所在。与"公众同情"对应，林郁沁指出20世纪的中国还诞生了一群

林郁沁
《施剑翘复仇案：民国时期公众同情的兴起与影响》

"情感公众"，即"消费情感"的"吃瓜"公众。无论是"情感公众"还是"公众同情"，在林郁沁看来，都和20世纪中国的传媒与消费文化的发展有着密切的关系。林郁沁认同阿尔都塞等学者的观点，即公众是通过呼唤或询唤而存在的。在20世纪的中国，人民普遍缺少发声的渠道，处于本雅明所提到的"游荡"的状态，"施剑翘复仇案"发生后，媒体对其进行了铺天盖地的报道，各种以"施剑翘复仇案"为蓝本的小说和戏剧也开始流行，甚至为了迎合广大公众的好奇心，各大报纸和媒体还争相对其进行了各种版本的改写，公众通过阅读报纸、漫画以及小说和观看戏剧的方式，关注并热议"施剑翘复仇案"。林郁沁认为，正是"施剑翘复仇案"发生后媒体的大肆报道才为大众开启了一个关注时事并能针砭时弊的通道，形成一种新的社会批判力量。用林郁沁在书中的话来说则是，"新闻报道和娱乐化改变激起了公众对施剑翘案子的广泛同情"。在关于该案件的改编作品中，施剑翘的"女侠"角色变成了一个强有力的形象载体（iconic vehicle），通过它，城市媒体的观众津津乐道着女性、现代主体性甚至国民身份的新理念。在城市媒体和娱乐界中，对"施剑翘复仇案"的故事改编正是基于此类表达方式。公众对"施剑翘复仇案"广泛赞扬，将其视为侠义的体现，这在戏剧改编中表现得尤为明显，戏剧舞台变成了一种类似于"江湖"的空间。尤其是剧场提供了一个机会，让公众能够探讨那些在国家控制下的常规新闻渠道无法传播的真实事件。正是在小说和戏剧领域，对施剑翘这样的复仇女性的集体同情得以增长，反过来这种公众同情又使得其行为通过改编作品不断被探讨和赞扬而得以合法化。当某些典范面临隐蔽的或公开的社会舆论质疑的时候，公众同情本身就变得政治化了。当然，林郁沁也指出，正是因为公众同情是消费文化的产物，所以，公众同情也具有被大众传媒操纵的潜在风险。

此外，林郁沁还在书中用了不少篇幅讨论施剑翘本人及其在当时特定时代背景下的女性身份。例如，在评论根据施案改编的小说时，林郁沁写到，主角施剑翘在言情小说中的角色，经由"侠"这一更具英雄色彩的叙事转变，而充满了故事性。换句话说，只有通过体现这些"侠"的属性——毫不畏惧的勇气、毫无保留的道德正义感以及绝对的美德，施剑翘才能证明她自己不仅能复仇，而且是一个真正的现代女性。在评论根据施案改编的戏剧时林郁沁又再次提到，尽管旦角在上海戏剧界通常扮演的是女性角色，但是由一个男演员来扮演性别偏移的女侠，这背后的性别政治是一个有意义的转折，也使整个事情增加了戏剧性。在内忧外患的民国时期，施剑翘的女侠身份在男性为主导的社会里成为一种象征。正如林郁沁所言，施剑翘的性别在引发同情上起到了关键的作用。随着女性的身份成为有关现代性论争的场域，20世纪初期，所谓"新女性"的出现引发了公众强烈的社会焦虑。对很多人来说，施剑翘正是这样一名新女性，她的故事及其女性化的情感由此成为20世纪30年代中国现代性问题之争论的场所。施案揭露了女性"性别"和"性"的身份被塑造的历史过程，以及"性别"和"性"如何反过来影响了更宏观的社会政治结构。

通过对公众、消费文化与性别的分析，林郁沁最后超越哈贝马斯的公共理性观点，提出了"公众同情"概念。公共领域和市民社会经典理论认为，情绪和大众文化在形成真正的、高度参与的公众中无实质性贡献。这一看法深深影响着学界关于"公众"的论争。勒庞在其经典著作《乌合之众》中将情感公众称为盲目的人群。哈贝马斯在《公共领域的结构转型》中也指出资本主义的崛起使得理想的资产阶级公共领域得以在18世纪的西欧诞生。公共领域最早起源于英国的咖啡厅和法国的沙龙，是人们进行理性对话、倡导和保护商业利益、反抗封建制度和国家压迫的空间。在这里，人们可以无拘无束地对社会的不公进行批评。公共领域中法律和规则的制定体现了参与者对正义和人道的理解。通过对哈贝马斯经典理论的总结和回顾，林郁沁提出《施剑翘复仇案》一书不但希望增加学界对现代中国公众的认识，还旨在反思现代中国研究领域中对批判性的市民公众群体的研究。通过这本书，林郁沁要指出的是，媒体的煽情炒作、国家权力的扩张和市民领域某种程度的萎缩，并不一定为批判性公共领域敲响了丧钟。对施剑翘事件的研究表明，那些如林语堂等人哀叹的，被视为"政治冷漠"证据的商业化、炒作和情感主义，实际上恰恰是构建批评性公众的关键因素。施剑翘复仇案的炒作特性使得关于施剑翘的各种描述，为迫切的社会和政治议题提供了公开讨论的机会。在施案基础上改编的连载小说并不受"严肃"新闻业等常规渠道的控制，在国民党卫道士们约束女性道德的声音越来越刺耳的时期，相关连载小说为读者提供了探索新的性别规范的可能性。从刺杀事件改编而来的戏剧同样没有受到严厉的管制。戏剧作品将施剑翘赞颂为侠女和国家正义的卓越维护者，认为其行为可以传递官方法律系统之外其他形式的公共正义。

正如前文所言，林郁沁在阐述"情感公众"时，并未忽视其容易受到舆论操控的特点。她指出人们不仅要看到"情感公众"的政治参与，也要批判性思考公众的非理性面向。林郁沁以"施剑翘复仇案"为切入点，全面审视了以"情感"为基础的公众在现代中国的兴起，她不仅为这种由情感而集结的大众群体正名，也完成了对公众叙述的解构，构建了超越哈贝马斯的现代性研究范式。

四、暴力、正义和情的历史命运

施剑翘的案子不单让我们反思"公众的形成"和"情"在中国新社会秩序中该扮演什么角色，也不可避免地将讨论引向了"情"与"暴力"之间的复杂关联。由于施案归根结底是一桩谋杀案件，因此，围绕施案，暗杀行为在整个社会文化中的影响力，以及暴力如何建构了伦理、正义和政治权力三者之间的边界等一系列问题均值得探讨。在梳理这些议题时，林郁沁将施案与民国时期几宗复仇和情杀案一并讨论。其中包括1932年至1933年发生的郑继成为叔父报仇而刺杀军阀张宗昌的血亲复仇案，1935年至1937年发生的女子刘景桂谋杀情敌的激情犯罪案，以及一宗非暴力的复仇事件，即1945年徐道邻为父报仇而控告冯玉祥案。

通过这些复仇和杀人事件来探讨"情"的政治，这使得林郁沁对施案的讨论有别于前人研究中对20世纪早期暴力的处理方式。此前的研究倾向于把暴力简单视为人们为了达到强化城市、地区以至全国的政治控制等目的而采取的手段，把暴力当作一种施加恐怖统治的策略和野蛮力量，此类看法在关于民国十年历史的研究中屡见不鲜。这种看法源自民国研究的一个老课题，即渗透社会各层面的暴力以及国家对暴力行为的许可是否证明了国民政府在施行威权甚至是法西斯式统治？可惜，大部分相关著作假定了暴力必然给社会带来不稳定，而忽视了暴力行为、暴力行业在一定程度上发挥了建构社会秩序的作用，并且是政治生态的一个虽不光彩但却不可或缺的组成部分。林郁沁指出，"情"何以被用作恐怖行为合法化的策略，某些形式的暴力如何成为"情"的理想表达方式，这些更是学界未曾注意的问题。

为补充这些遗漏，林郁沁把研究重心从对暴力和恐怖的制度性、政治性描述转移到了对暴力被赋予的各种含义的分析上。林郁沁的研究并不把暗杀简单归结为社会混乱或法治败坏的症状，相反，林郁沁追问为何这些暗杀行为会被视为实现正义的正当途径，以及为何血亲复仇长久以来被认为是对"礼"的有力表达（特别是当它被赋予"情"的含义时，更是有着深远的意义）。这样的多角度追问有助于我们理解为何这些暗杀的故事情节会因不同政治势力的角逐而变得高度政治化。在施案中，一个女刺客，一群情绪激昂的公众，以及法庭、中央政权和地方政客，这些势力都在其中斡旋。一方观点认为，这些暴力行为传达出来的激情已证明了动机的道德性，因此暴力复仇是合法的，它甚至是法律更为纯粹的正义形式。另一方则认为，犯罪者的情感真诚与否无关宏旨，极端的暴力行为是社会不稳定和国家混乱的标志。在现代社会，谁有权力为公平做出定义、阐述"情"与暴力的关系成为至关重要的问题。

很明显，虽然在施案的审判中各种力量都在对话语权进行抢夺，对暴力意义进行解释，这使得对施剑翘案件的审判成为一场奇观，但是结果很明显，在施案中，为父报仇的施剑翘赢得了民国政府的特赦。用林郁沁的话来说，对施剑翘的特赦意味着这次复仇行动是国民党统治下被认可的暴力。在这场舆论战中，国民党政府在积极地争夺着对暴力行为的意义解释权，并尽最大力量将施剑翘案中的"情"为其所用。

在该书中，林郁沁提出问题，为什么国家支持暴力复仇？为什么它以如此高调的方式这样做，将施剑翘的复仇与公众的同情联系起来？答案很简单，政府发布特赦令是为了加强中央的控制。作为政治忠诚的有力隐喻，"孝"所驱使的正义复仇和"贞"所导致的妇女自杀，对于稳固等级化的儒家政治社会秩序至关重要。这些暴力行为揭示了它们所体现的理想道德的深层内涵。此外，更加重要的是，在内忧外患充满矛盾的民国时期，将刺客褒奖为民族英雄并给予特赦，展现出国民政府对事件的绝对话语权与控制权。施剑翘的复仇行为成为南京国民政府政治功能的有力隐喻。简而言之，施剑翘复仇行为巩固了国家政权作为一个强大、善战、现代民族国家的自我形象。该案中构成"正义复仇"的一切因素——孝心，"因果报应"，以"仇"的形式表现出来的最高美德，都具有了极大的吸引力。在此基础上，对施剑翘的特赦还成为当局用以展示其权威的机会，试图展现出自身的统治正当性。

在此，林郁沁揭示出了"情"的历史命运——为政治所用并被合理化。施剑翘作为广为人知的勇敢、有激情并为正义复仇而自我牺牲的女性，成为爱国主义的完美代表。正是因为施剑翘是爱国主义的完美化身，政府对其给予了极大的褒扬。一位作家描述施剑翘富有极大的激励力量，因为她"恨人恨极，爱人爱极"（林郁沁，2011：209）。她能够真诚地体验各种情感，因此她对国家的爱被认为是真实可信的。真正的爱国者就应该像施剑翘那样，对日本人恨之入骨，而对中国则满怀激情去爱。20世纪40年代，抗日战争催生了社会集体情感，戏剧、媒体都在争取人们对抗日战争的支持。在这样的背景下，施剑翘的英雄主义就成为十分有利于动员公众和激发人们爱国情感的象征。1941年施剑翘在关于合川献机运动的宣传材料中这样写道："我们目击寇机烂炸的惨状，我们义愤，我们要替同胞报仇，我们要'予轰炸者以轰炸'，因此我们有献机的运动。"（林郁沁，2011：207）

五、评价与反思

在该书的结尾处，林郁沁指出，在全球消费文化和媒体经济盛行的背景下，回顾大众媒体如何开始影响全球市民社会的政治参与有着独特的现实意义。《施剑翘复仇案》一书把施案作为观测原点，追问个体自我的现代性如何与民国时期更大的集体认同联系起来。最后，该书提供了一个新的视角，即公众的情感是如何卷入国家和社会、法律事务的。

在整本书中，林郁沁的研究不是拘泥于施剑翘案中的所谓的谁主使下"事件真相"的揭秘史学，而是把整个故事看作一种叙事，一种不同的人、不同的团体、不同的代表的不同的叙事转向，用复线式的方式展开，从叙事出发而又超越叙事，为我们描绘出了一幅大众情感爆发出强大力量的画卷。

如果说此书有什么不足之处的话，如学者王翔指出的，林郁沁先验地将公众同情与女性和女性主体性关联，将其视为女性特质，这种观点过于粗糙简单，也使其所探讨的公众范围过于狭隘（王翔，2012）。施剑翘案系女性所为，但不应将公众同情与女性等同，应拓宽视野，探讨媒体如何影响全球新公众的政治参与。虽然有不足，但是该书依然能够在当今时代带给我们诸多的启发。正如林郁沁最后指出的，"施剑翘案中展现出来的令人吃惊的公众激情的批判能量也许给现代中国之外的历史进程以更多的启示意义"（林郁沁，2011：228）。在信息技术蓬勃发展的今天，中国的传媒环境和传播模式发生剧变，全媒体已经成为新的传媒运作手段，特别是网络媒体在引领和塑造公众参与社会各领域的政治生活方面起着举足轻重的作用。在从张金柱案到刘涌案、杨佳案等一系列产生全国影响的案例中，公众的同情心再次表现出强大的司法影响力。当审视新时代公众情感爆发的巨大力量的时候，林郁沁关于公众情感的研究视角能为我们提供多方面的启示，也能丰富对情感与理性、情感与真相、情感与公共领域等复杂关系的思考。

（郭小安　杨春瑶）

参 考 文 献

〔美〕林郁沁：《施剑翘复仇案：民国时期公众同情的兴起与影响》，陈湘静译，南京：江苏人民出版社，2011。

李文冰：《公众同情与"情感"公众：大众传媒时代一种新的社会批判力量——析〈施剑翘复仇案：民国时期公众同情的兴起与影响〉》，《中国出版》，2014（15）。

王翔：《"同情"不同"情"》，《中国图书评论》，2012（9）。

林郁沁
《施剑翘复仇案：民国时期公众同情的兴起与影响》

拓 展 阅 读

徐明华：《情感传播：理论溯源与中国实践》，北京：社会科学文献出版社，2021。

袁光锋：《"情"的力量：公共生活中的情感政治》，南京：江苏人民出版社，2022。

莎伦·R.克劳斯

《公民的激情：道德情感与民主商议》

莎伦·R.克劳斯的《公民的激情：道德情感与民主商议》是她在当代政治心理学领域的代表著作。该书系统考察了公民政治商议和个人慎思中理性与激情的关系。她认为理性无法独立担负起做出决定的重任，一旦将激情剥离，人们将无法做出决定。如何将激情合理地置入公共选择，是克劳斯在这本书中致力于解决的核心问题。该书出版后在2009年获得了亚历山大·乔治政治心理学最佳图书奖，并在2010年获得了斯皮茨最佳自由主义和民主理论最佳图书奖。

一、成书背景

莎伦·R.克劳斯，美国布朗大学政治科学系教授，哈佛大学政治学博士，在古典自由主义和当代自由主义领域撰写过多篇文章，著作论及休谟、孟德斯鸠以及当代政治的正义、自由和社会不平等理论。她的作品曾发表在《政治理论》（Political Theory）、《政治评论》（The Review of Politics）、《政治与性别》（Politics and Gender）、《当代政治理论》（Contemporary Political Theory）、《哲学与社会批评》（Philosophy and Social Criticism）等刊物上，代表著作有《主权之上的自由》（2015）、《自由主义与荣誉》（2002）等。

这本书是基于近年西方学界对理性主义的深刻反思。西方政治思想

莎伦·R. 克劳斯
《公民的激情：道德情感与民主商议》

史的主导性观点是理性主义理论，在涉及重要政治问题与基本正义问题时，理性在决策程序中起到核心作用。伴随着西方社会启蒙运动和公共理性的发展，情感逐渐被视为一种病态的、低下的本能现象（孙卫华、咸玉柱，2020），如康德认为"受激情和情欲的支配总是人的一种心灵的病态，因为二者都排除了理性的控制"（唐颂，2002：15）。罗尔斯和哈贝马斯的审议民主理论被视为理性主义的代表，两位学者的思想虽有差异，但都把人的理性能力放在首要位置，且不约而同地排斥情感在公共事务中的作用。他们认为情感会影响人们的正确判断，基于个人、主观的情感不利于建立普遍的道德原则和政治原则，只有普遍的理性才能建立社会共识（袁光锋，2019）。哈贝马斯构想了一种排除个人兴趣、完全诉诸理性的公共领域模式，将情感与理性完全分离，使得公共商议"无偏倚"，不受激情影响（袁光锋，2016）。但纯理性的程序政治并没有实现对社会风险的预期和控制，在理性主义发展后期，社会冲突频发，罗尔斯试图通过建立完善的程序正义以实现社会资源的公平（罗尔斯，1988：86）。但过度的理性化反而消解了人性，将人异化成同质化的原子（郭景萍，2008：3），并且公共理性牺牲了非理性边缘群体的利益诉求，单一理性无法解决上述问题。因此，近年来罗尔斯和哈贝马斯的理性主义范式遭到越来越多的批判，单一的理性公共实践已经难以维系多元的社会发展，"情感转向"成为学者研究社会发展与社会矛盾的新路径（袁光锋，2019）。

实际上，情感与理性的争论发端于启蒙运动时期，尽管康德的理性主义流派的影响更为广泛与深刻，但不可忽视的是，休谟式情感主义成为理性主义的主要对手，二者的争论持续至今才构成了思想史的"二元论"（张雅贞，2012）。与其不同的是，"情感转向"源于近年来情感社会学、脑神经科学、情感史等学科的发展，动摇了理性主义长期的统治地位，改变了人们对情感的传统理解。心理学和脑神经科学的发展改变了人们对情感与认知的理解，人类学帮助人们理解情感与社会、文化之间的关系，情感史研究则发现了情感的历史性（Reddy，2001：10）。研究者发现情感能够驱动人类行为，情感研究逐渐摆脱被理性主义压制的状况。当前社会科学研究的情感转向主要呈现两种趋势：一是情感研究的社会学关切，即情感社会学；二是考察情感在政治公共领域的应用研究，主要研究在公共商议、政治动员、情感抗争中的情感驱动与实践手段（孙卫华、咸玉柱，2020）。《公民的激情》则属于后者的研究范式，克劳斯认为"情感的表达，即便它们并不采取一种明确的辩论形式，也可以通过有价值的方式促进公共商议"（克劳斯，2015：135）。

克劳斯从罗尔斯与哈贝马斯理论中的正义与激情入手，剖析理性主义的缺陷，她从休谟的道德情感理论中获得灵感，把激情的效果从个人判断领域扩展到公共判断中，并从公共商议理论和无偏倚感以及法律的情感性权威的视角证明激情在公共判断中的积极作用，并提出了迈向一种新的激情政治的观点。

二、理性主义的缺陷与情感研究的路径

克劳斯考察了罗尔斯与哈贝马斯所捍卫的正义与规范辩护理论中情感的角色，阐明了正当与善之间的关系，她认为"善"观念被自然而然地纳入了情感性的意识方式，因为"视某东西为善，就是将其作为关切的对象"（克劳斯，2015：30）。罗尔斯和哈贝马斯都试图在正义的判断中让正当优先于善，这构成关于判断的理性主义范式，但都避免不了情感在其中发挥作用。

罗尔斯认为公平的正义能够确保每个人都获得一定量的"益品"（good）。如何定义"益品"取决于人的观念，在《正义论》中这类观念被称为"深思熟虑的信念"，构成了形成任何自由民主社会中道德价值的固定点，即"善"。一方面，正义是一个追求"善"、寻求正当的过程，是"指导我们道德能力的原则"，其规范力源于"善"的合理性，这是正义合乎理性的一面。另一方面，正义感源于在公平条件下与他人共处的欲望，是一种道德情感，这又是正义的情感源头。正当与欲求共同作用、相互联系：如果追逐理性，我们便有所欲求。在克劳斯看来，正义的规范必须是合乎理性的，并因此既有强制性约束，又是可欲的，其可欲性在于它们反映了某种引导作用的情感关切。正义的规范性还与人们的移情作用有关。移情作用是假定站在他人的立场以感受处于不同

莎伦·R. 克劳斯
《公民的激情：道德情感与民主商议》

情境的人的理性欲望，其中既包含了认知活动，也包括了情感活动。可以看出，虽然罗尔斯的分析具有明显的康德式进路，但情感自始至终贯穿于正义理论中，因此探讨该问题时若将情感关切剥离开来，理性的正当性就会被抹除，理性主义的论断也就难以为继了。

哈贝马斯认为罗尔斯理论的矛盾源于将"正当"与"善"混为一谈，会将人们引向"善"而不是"正当"，缺少一种规范性力量。于是哈贝马斯试图寻求一种更纯粹的程序主义，让正义更有规范性，为此他引入了商议过程："唯有所有可能受影响的人作为理性商谈中的参与者能够同意的那些行为规范才是有效的。"（Habermas，1999：107）他认为只有理性被剔除了所有的"善"观念，才能够形成正义所蕴含的普遍规范。这走向了完全的程序正义，道理显而易见，程序只是维护正义的工具，如果抛开正义的核心（追求良善）不谈，程序正义的意义就会因此丧失，自然会失去人们的支持。针对这个观点，克劳斯认为，哈贝马斯理论的缺陷就在于忽略了人们对规范的认同感，正义是一种对约束人们的规范在情感上的认可。哈贝马斯假定道德被所有人认同，只要商议平衡各方的利益即可保证正义，这一前提显然不符合实际。从另一个角度来说，尽管公共领域内的商议能够达成满足大多数人利益的共识，但在这个过程中似乎牺牲了不掌握话语权的少数群体的个人利益，其正当性也是值得怀疑的。为了解决哈贝马斯理论的动机缺陷，克劳斯认为应当"破坏他所设想的纯粹程序主义"，把情感关切纳入其中，否则人们对"善"的分歧会使得正义具有争议性，社会冲突终将不可避免。因此，克劳斯指出我们需要一种超越罗尔斯与哈贝马斯的路径，以寻求情感促进有关正义判断的积极想象。

在前述讨论的基础上，克劳斯通过列举学者关于情感的研究，说明情感在弥补"动机性缺憾"和在道德实践中的重要作用。情感研究者质疑理性主义："（理性主义）留下一个问题没有解决，亦即，即便我知道我应当做什么，可我为什么应当做这件事情？"（Held，1993：77）比如从道德层面来说，父母为孩子无私奉献是天经地义的，可这并不能要求父母一定这么做。驱动父母行动的一定是对子女的爱，这是情感性的力量，是引发行动必需的要素。安东尼奥·达马西奥（Antonio R.

Damasio)、乔治·马尔库斯（George Marcus）等人通过实证研究证明——在情感信息的帮助下，理智才有可能形成有关行动的决定，情感使慎思集中并且使行为受习惯支配而不经过思考。判断哲学层面的研究试图阐述情感与情感性判断、实践慎思的关系，情感私人性与公共性的关系，但大量研究论证实践慎思不可能在纯粹理智的基础上展开。有关情感性判断的文献可谓广矣，但要么无法帮助情感形成一般性规范，要么无法证明情感规范具有无偏倚性。克劳斯认为，我们需要一种能兼容情感与理性的判断理论——它不仅包含个人情感，还要关注正义这一超个人价值；它要将人的情感状态充分融入实践推理，还要留意判断与慎思背后的社会政治环境。为了寻找上述的判断理论，克劳斯尝试从休谟的理论中寻找灵感，并指出休谟的模式虽然并不完美，但也代表着通往慎思的替代性路径，而这种不偏不倚的慎思正是当代正义理论所追求的目标。

三、无偏倚的情感性判断：休谟式道德判断及其发展

（一）休谟的道德判断理论

　　早期的情感理论尽管弥补了理性主义的动机性缺憾，但缺少规范性权威，过于强调情感性参与，容易陷入主观主义的陷阱。情感的规范性权威来源于"无偏倚性"，只有不偏不倚的情感判断才具有正当性。在休谟看来，情感上实现"不偏不倚"立场并不完全是认知的事情，也不是抽象的理性原则，它还包含对他人的尊重和对他人立场的理解。要达此目标，我们需要对"他人"的感受进行共情，不仅要理解他人的"所思"，还要能够体会他人的"所感"（袁光锋，2019）。克劳斯主要参照休谟的《人性论》与《道德原则研究》来阐述作为道德情感的判断是如何运作的，并阐明休谟的判断概念如何避免狭隘的主观主义并获得无偏倚性。

　　休谟的理论说明了道德判断何以获得一种显著的反思性的无偏倚性，但同时又能够保持个人情感投入的驱动力。他认为这种无偏倚性主

莎伦·R.克劳斯
《公民的激情：道德情感与民主商议》

要通过以下方式确立：（1）道德情感的社会质地；（2）一般化的情感观点；（3）作为道德情感基础的人性机制。

休谟笔下的人性是"塑造我们对世界的反应并因此提供了甚至是跨越不同社会的道德情感（从而也有判断）的某种共同基础的力量"（克劳斯，2015：103）。人性为道德判断提供了规范性的标准，但人性本身并不一定都是面向"善"的。人性与道德有时是冲突的，有些欲望和嫌恶构成了人类共享的共同关切，但往往会增加苦难或破坏社会协作，这违反了道德的要求。所以人性所提供的指导只能是最低限度的，良好的判断受到外部世界种种特征的指导。

人性只是个体对事物的个人判断，若要形成道德情感，则需要社会性判断。"赞成与不赞成的感觉，亦即我们的评价习惯，在很大程度上是以社会性的方式构造起来的。"（Krause，2008：91）休谟认为判断之所以是一种社会现象，是因为道德情感有主体间性的基础，而同情的官能是这种主体间性的基础。同情能够把他人的情感传递给自己，从而设身处地为他人着想，而判断正是建立在这种交流的基础之上。克劳斯在休谟理论的基础上，扩展出同情的两种含义：一是休谟定义的具有信息提供功能的心灵官能；二是一种情感状态，包含着对另一个人的关心。同情使人们持续对他人的反应做出反应，以复杂的方式在人们之间来回游移，从而形成赞成或不赞成的情感，人们对某一事物的判断不断互相影响，最终会形成社会范围的价值判断。休谟关于情感道德的社会特征论断回应了关于狭隘主观主义的批评。情感判断具有社会性，单凭主体间性不能使人们的判断完全不偏不倚，同情只能告诉人们"事实上赞成什么"，而一般化道德情感观点会告诉人们"我应当赞成什么"。同情不会将关切同等地扩展到所有受影响的各方，而是优先考虑最亲近的人；也有可能使人"被自爱所扭曲"，在体会到别人的幸福与快乐时产生嫉妒之心。因此，个人的同情具有局限性。与同情不同的是，一般化的观点因为超脱于私人利益的情感才能确立德与恶，且同情必须具有一般化意义才能形成道德意义，所以必须习得和培育一般化的观点。休谟认为在培育这种一般化的观点的过程中，判断自然而然会确立无偏倚性。一般化的观点的形成依赖道德情感判断的有用性和合意性（agreeableness），即判断本身对社会的价值和多数人的认同，它们包含着对事实问题以及因果关系的推理，实际上是一种认知的过程。基于以上关于一般化道德情感观点的论述，可以看出，对于情感的解释并不纯然是主观情感性的，认知的过程使其具有反思性。

情感反映出人性的共同倾向，与理性不同，在回应外部世界的过程中，情感表达着人们对于世界的评价，而不是世界蕴含的固有价值。因此，休谟有关情感道德的一般化的观点的论述，是要获得一种反思性的情感，而"不是为了'理性地'确定正当之规则而使得情感缄口不语"（克劳斯，2015：108—109）。无偏倚性正是来源于道德情感产生过程的反思性：（1）同情的过程本身是反思性过程；（2）情感判断经过一般化的观点的过滤，并受到事实影响；（3）判断体现了道德情感的社会结构，以及在人性中有其基点的反应。在休谟理论的基础上，克劳斯认为情感的卷入与"无偏倚性"之间不一定是非此即彼的关系，情感的无偏倚性依赖人类的同情能力，使得道德情感建立了反思性的、非个人性的立场。

（二）从个人判断到集体商议：寻找一种平等尊重的道德情感

仅仅依靠同情的作用是远远不够的，公众的道德情感受到社会结构和政治权力的影响。克劳斯认为，休谟在关于主体间性的讨论中忽略了力量不均与社会排斥的作用，在形成一般化的观点的过程中，什么是"共同的"取决于我们把谁的经验考虑在内。因此，当社会力量不平等或受到固有价值的排斥时，对人性的感知会被扭曲。比如，少数群体的情感经验经常会被忽略或被主流价值所抵制。这会导致道德情感强化了由主导性的社会与政治秩序所施加的权力关系，因此，道德判断的不偏不倚需要一种平等主义的政治秩序来保证，自由民主政治模式允许人们根据更广的经验来质疑和修正其价值观，弥补休谟式解释的缺陷。从另一个角度来说，根据情感理论的解释，如果没有激情就无法正常开展判断与慎思，对无偏倚性的最好期待不在于超越激情或寻求理性，而在于塑造帮助激情发挥作用的政治背景。同时，克劳斯认为，为了避免教化带来的过度同情与扭曲，并且扩展人类想象力的界限，我们需要自由和

莎伦·R. 克劳斯
《公民的激情：道德情感与民主商议》

平等的政治条件。

情感道德无论在个体的情感性判断还是在集体商议中都扮演着重要的角色（袁光锋，2016）。在讨论当代民主政治中关于个人判断的道德情感模式时，克劳斯认为自由民主可以支持同情的扩展，并以此促进评价性判断与无偏倚性的实践慎思，而且道德情感可以促进个体公民对关乎正义的公共议题做出商议性判断。民主社会要求公民就国家强制实施的决策达成一定程度的共识，这需要公民共同围绕某些公共价值进行讨论与辩论。但公共价值不等同于正义，可能反映特权，个体道德判断可修正公共价值。因此，一个公正的政治秩序既需要集体判断，也需要个体判断，需要运用道德情感。实践判断与慎思在任何政治背景下都不可避免地带有情感性特质，但在民主背景下，情感性判断可以达到最大程度的无偏倚性，而且情感性判断的自由主义机制可以使得民主变得稳定而安全。

克劳斯认为要达到理想的商议效果，道德情感需要具有较强的包容性，同时，一定程度的辩论是必需的。在公共议题的讨论中，开放和辩论的环境有助于培育公民的公正态度，使他们之间的情感交流更为顺畅。这种反思性的情感发挥着正当作用。公共商议关切的是社会正义或公众共同利益的主张，情感性表达在此条件界定下则有更强的无偏倚性，多元化的表达使商议在不同场域内发生，通过层级辩论形成人们广泛接受的意见，从而达成社会共识。相比公众理性式的表达，商议性表达容纳了非正式的、象征性的和证明性的多种表达样式，更能够促进对公共议题的反思。克劳斯认为，只要这些情感能够支持人类的共同关切，或在不违背平等尊重原则的前提下，就应当把边缘群体的情感带入公众的视野，并扩展同情的想象范围，这有助于提升不偏不倚的个人判断。

在克劳斯看来，自由民主社会的商议实践可以增强道德情感和判断的无偏倚性，反过来道德情感也可以促进公共商议的实践。法律上的中立性在自由民主社会占有关键地位，但是它不能单独发挥作用。克劳斯认为，中立性既无法取代人们的道德判断，也无法取代塑造这些判断的情感，中立性依赖情感。具备中立性原则的法律，大多指向对社会无害的法律客体。当少数群体提出新颖的主张时，法律不会将这种打破现有秩序的主张认定为无害。所以，必须在中立性原则以外找到其他论点，以确立某个新主张的法律地位。此时，多数人的同情性想象需要被激发，来塑造修正法律框架下的一般化道德情感判断。克劳斯总结说，如果没有同情心的支持，仅仅依靠公民权利和自由主义的宽容，正义在实践中就会变得空洞无物。同情心使公众更易认识每个人的共性和地位。权力的行使及其限制很大程度上取决于主流公众舆论，因此，在自由民主政治中，道德情感和公共辩论共同发挥作用，支持中立原则，使自由和平等的宪法保证成为现实。克劳斯认为情感性判断的宽容、平等、尊重这几个特征，符合自由民主生活的要求，成为不偏不倚判断的构成要件，同情在其中起着关键作用。为了激发更具包容性的同情心，克劳斯倡导通过加强教育、完善陪审团制度、制定公共政策等方式培育公民的道德情感。

四、恰当设想的相互性：情感道德与民主商议的关系

自由民主实践能够扩展道德情感，促进公民对有关正义的公共议题发挥个人判断的无偏倚性，这形成了商议的观念。但公共商议不同于道德判断，如果要产生具有正当性的决定，还需要满足进一步的标准。仅仅依靠个人判断是不够的，公共商议"存在于发生在人们之间的公共的、交往性的互动之中"，所以公共商议必须适应国家体制及其权力所彰显的根本政治价值，克劳斯尝试把情感纳入无偏倚性理念，并为情感提供原则性的标准，同时又不使之屈从于理性的统治。"相互性是绝大多数商议民主理论的指路明灯，它意味着公民对给他们施加集体约束的制度、法律和公共政策具有提供辩护的义务。"（Gutmann，Thompson，2004：133）但克劳斯认为，它被一种过度理性破坏了，原因在于为公共商议提供正当性的原则性标准和道德情感逐步让位于理智，倾向于回避商议性的无偏倚理念。克劳斯认为，正常设想的相互性包含着情感的交流，而后者对政治秩序具有共同的情感关切。因此，克劳斯尝试改变公共理性的完全"理智"的倾向，具体表现为，将公共理性纳入情感，

莎伦·R. 克劳斯
《公民的激情：道德情感与民主商议》

同时将公共理性视作情感发挥作用的规范性力量。

克劳斯总结了新近一些理论家将情感性的意识方式纳入公共商议的实践，她认为这些实践通常存在以下两种局限：第一，情感性的意识方式仅仅是商议程序的驱动性催化剂，商议程序依然是高度理性主义的；第二，在情感如何起到规范作用的问题上缺少令人信服的答案，过往研究常常把情感性判断当作无偏倚的替代物。

这两种局限引出一个问题：如何保证情感在商议过程中具有规范作用？规范的作用在于区分正当与非正当的情感，并保证实现无偏倚理想需要的条件。民主商议中的相互性被视作无偏倚的关键，克劳斯赋予它更多的情感性，提出了自己对于相互性的新的设想：根据支撑政治秩序的共同关切来制造论辩；把受影响的各方的可接受的情感纳入决策制定过程。情感在这两种实践中的作用，一是使人们忠实于公共原则，形成这些原则得以实现的欲望；二是使人们同情或批判性地认同相关者的情感。

在商议过程中，公共理性是一种原则和评价标准，它使人们构造自己的观点并做出评价，情感性的顾念或欲望是根本性的。这种取向即公共理由——一种公共行动的驱动力。公共理由是意动性的，是反思性欲望的表现形式，公共理性的原则要对行为产生作用，必须具备情感的特征。人们对公共理性原则的信奉是一种反思性关切，这些原则本身也依赖情感并可以用情感来辩护。公共理由的规范性指的是人平等的政治身份和共同的人性关切。这使得公共理由进入共同关切的考虑，公共实践则包含着关爱与反思的结合，克劳斯认为，如果公共商议能够按照如此设想来展开的话，就能够实现无偏倚性。这种商议没有赋予某些个体或群体以特殊关切，或者相对于其他人的优越地位，商议是不偏不倚的，而且纳入了广泛共享的关切。克劳斯认为观点采纳也是不偏不倚的公共商议得以发挥作用的关键，她把观点采纳视作情感交流，这意味着公民的商议必须从现有法律或政策影响者的立场出发。通过这种道德情感式的观点采纳产生一般化的立场，构成了主体间性的反应，而不是一种个人性的激情，这保证了情感的无偏倚性。但并不是所有的道德立场都可以被接受，只有那些本身正当的道德立场、与公共理性的种种原则相一致的情感可以被正当地包括在公共商议中。相对的，公共理性要实现自身的目标，必须把所有受影响者的情感考虑进来，才会获得公众的支持。

过去的研究把相互性等同于"理性本身"，然而恰当设想的相互性不是让商议屈从于权威，而是让我们的共同关切以及彼此的情感在有关法律与公共政策的商议中发挥作用。克劳斯证明了基于情感的激情政治有助于公共商议，这样的商议过程具备规范性又有强大的驱动力。"情感道德与民主商议之间的关系是相互性的关系……虽然通向不偏不倚的公共商议之路是通过道德情感延伸的，我们的情感道德的品质却依赖于自由民主制度以及更广社会中的政治竞争的存在。"（克劳斯，2015：197）公共商议需要的是能够具有反思性关切能力的、无偏倚的公民，而不是更多的"理性"。因此，克劳斯呼吁"迈向一种新的激情政治"，试图指向一种新的政治模式，培养具有足够慎思能力的公民。自由民主的正当性原则意味着公民的情感性因素应当被考虑在内，自由民主社会要实现其理想，公民遵守正义规范必须出于自发和自愿。如果公民仅仅是出于惧怕惩罚或被强制灌输动机而守规矩，这个社会就不可能实现真正的自由。所以，支配我们的规范应当体现能够激发我们的那些动机。

五、作为道德判断的公众舆论

与克劳斯有关情感研究的论述相似，舆论的内涵在情感转向过程中也发生了变化，具体说来，舆论从理性转向情感：从"一种与风俗、道德、名誉、偏见有关的道德规范"变成了"政治合法性的来源"（公意），再从"公共舆论"演化为"公众舆论"（郭小安，2016）。在初民社会里，舆论是源于公众朴素经验的一种社会规范，"除了舆论外，它没有任何强制手段"（中共中央马克思恩格斯列宁斯大林著作编译局，1965：192）。在古希腊城邦民主时代，舆论是城邦民主的重要表现形式，中世纪印刷术的发展使得舆论逐渐成为社会变革的重要动力。近代以来，"舆论开始和民主、自由联姻，体现出公共性价值"（郭小安，2016），但由于舆论在法国大革命中的负面影响，其被情绪主导的特征为政治学家们所诟病。与此同时，启蒙思想家的理性主义传统影响着人们对舆论的看法。卢梭在《社会契约论》中将舆论称为"公意"，指人

莎伦·R. 克劳斯
《公民的激情：道德情感与民主商议》

们最初自由结为共同体时的协议、约定、公共意愿，是"普遍的意志"和"有机结合的意志"，因此，"公意"是理性的、公正的和永远正确的，而且永远以公共利益为依托（卢梭，2003：35）。与卢梭的"道德共识"不同，哈贝马斯将舆论视作"辩论共识"的产物，舆论的公共性产生于公共领域，这使得舆论获得了主体数量的优势，反映公共利益，而不是仅仅调和个人利益。然而，正如克劳斯等情感研究者所批评的那样，哈贝马斯式的公共领域非常强调理性，并且排斥了边缘群体或底层群体的参与。克劳斯认为，过度强调理性使公共舆论产生"动机缺陷"，忽视边缘或底层群体会使公共舆论失去一部分正当性，针对这些理论缺陷，引入休谟式的道德情感就显得十分必要。

以休谟、边沁、密尔为代表的功利主义思想家对古典自由主义进行了批判和修正，克劳斯也在其著作中提到了休谟对理性主义范式下正义的质疑，道德判断代替纯粹理性获得合法性，只有这样舆论才能合情合理地影响政治决策。休谟式的道德判断使罗尔斯所阐述的"善"不再遥不可及，真正的"善"通过不同群体之间的同情作用被商议出来，在各种利益之间保持平衡。在功利主义的指导下，舆论的价值由公共本位转向公众本位，这样做：一方面，使得政治合法性的来源由抽象的个人权利转向"最大多数人的最大幸福"的实际利益；另一方面，既重申了代议制民主的重要性，又强调以利益集团为代表的多元利益主体的参与、博弈和制衡（卢梭，2003：16）。舆论研究不再将重点聚焦于其政治合法性，而是转向具体的公共决策过程，"公共舆论"演化为"公众舆论"。

克劳斯认为情感为判断提供了内在驱动力，舆论是人们对某一事物的公共判断，情感在其中扮演着重要的角色。一方面，情感使人们对事物的关切获得了心理动机，道德判断成为公众产生具体意见偏向的来源；另一方面，情感在不同利益、不同体验的群体之间取得理解、互相同情方面起到桥梁作用。克劳斯在该书中详细阐述了同情在道德判断过程中的官能，认为同情是道德情感主体间性的基础，她赋予情感判断以反思性。同情使人把他人的情感传递给自己，从而产生对公共事件的看法，尽管这一公共事件可能与自己毫无关系。在这一层面，情感帮助人们产成相对一致的意见，形成意见聚合。总而言之，情感使公众形成意见并聚合意见，情感赋予舆论影响政治决策的力量。

正如克劳斯所论述的那样，同情本身具有缺陷，这导致依靠同情作用的情感判断也会产生一定程度的问题。尽管各类情绪是客观存在的，但同情并不意味着人会将关切同等地扩展到所有受影响的各方，而是优先考虑最亲近的人；人的"自爱"会让人们在体会到他人的快乐与幸福时产生嫉妒之心。因此，同情连接的情感具有局限性，它可能会放大负面情绪、排斥少数群体。在舆论环境中，舆论主体如果是少数群体，当其诉求在社会未曾出现过或是与当下主流价值观相违背时，多数群体的同情心只会顾及他们自己的个人利益，对少数群体的利益视而不见；如果舆论主体是弱势人群，那么他们天然地占有情感的优势。因此，"悲情叙事"和"弱者武器"就成为情感式抗争的动员模式；同时，过度"自爱"导致公众"仇富、仇官"的心理，可能会引发如群体极化这样的民粹倾向。

克劳斯显然注意到了过度强调同情所产生的不良后果，仅仅依靠同情的作用是远远不够的。根据克劳斯的论述，无偏倚的道德判断需要一种公平正义的政治秩序来保证，那么无偏倚的公众舆论则需要科学的舆论引导机制以及良好的舆论环境。在认识舆论的特征时，我们应当认识到舆论对公共空间的积极作用，舆论能够监督公权力，形成社会层面的道德规范；公共舆论中的情感表达既可能成为社会的不稳定因素，也可能成为净化社会文化的宝贵资源，这需要公众的情感作为引发无偏倚的公众舆论的动因。

六、评价与反思

《公民的激情》揭示了情感在实践理性中的作用，激情必然会渗入理性，因此基于"情感偏向"的公民激情应当作为保证道德判断在政治判断、商议与决策中发挥作用的关键因素。与罗尔斯、哈贝马斯以及她所批评的其他一些理论家不同，克劳斯坚持政治利益应当代表由公民辩论发现的正义，而不是试图将政治道德的特定愿景强加给公民。克劳斯的本意并不是要在政治商议中引入更多的激情，或是减少理性在政治程序中的作用，而是要捍卫一种更清晰的理解商议的方式。克劳斯关于情

莎伦·R. 克劳斯
《公民的激情：道德情感与民主商议》

感与理性的描述，成为支配现代政治理论的康德视角的一种补充。情感与理性并不是截然二分的，情感为理性提供驱动力，它作为一种无偏倚的道德判断并不会危害公共商议的正当性。

有研究者认为，克劳斯的"公民激情"具有一定的局限性，因为它可能会鼓励人们因由个人的群体身份差异或政治权力强弱（比如社会性别、党派利益等）导致的非理性政治参与而选择支持或取消政策（Mendham，2010），当社会的公共关切出现系统性错误时会促成错误政策的产生。另外，作为一本学术著作，该书中缺少了实证部分：现实的公共政策制定程序在多大程度上受到公民激情的引导？还有，克劳斯也没有论证，在专家与公众共同参与的时候，公众的话语权是否真的能够起到作用。

《公民的激情》中关于情感判断的论述有助于我们正确理解公众舆论。作为一种意见，公众舆论形成于公众对于某件事物的道德判断，其内在驱动力是对于此事物的情感关切，联系主体间的情感并最终形成意见气候的是公众的同情。在理解公众舆论时，不能采用"理性—情感"二元对立的机械观点，肯定公众舆论的情感特性有助于挖掘舆论引导工作中的情感资源。舆论作为社会的皮肤，敏感而脆弱，是社会的外在保护层，它的外表下夹杂着公众隐藏着的情感和认知，如果仅仅从"非理性"的否定态度去处理舆情，不仅效果欠佳，还有可能起到反作用。克劳斯关于同情传递情感过程的分析有利于我们理解当前网络空间意见气候生成的内在原因，建立情感引导机制，可以实现对舆论的有效治理。克劳斯有关民主商议和情感道德的论述则为建立舆论与政策的良性互动提供了一个实践路径，避免舆论成为一种"个人性的激情"而绑架公权力，为实现真正的"最大多数人的最大幸福"创造规范的环境。

（李晗）

参 考 文 献

A. Gutmann and D. Thompson, *Why Deliberative Democracy?* Princeton: Princeton University Press, 2004.

J. Habermas, *Between Facts and Norms: Contributions to a Dis-*

course Theory of Law and Democracy, William Rehg, trans., Cambridge, Mass: The MIT Press, 1999.

M. D. Mendham, "Sympathy for Social Justice", *The Review of Politics*, 2010 (1).

Sharon Krause, *Civil Passions: Moral Sentiment and Democratic Deliberation*, Princeton: Princeton University Press, 2008.

V. Held, *Feminist Morality: Transforming Culture, Society, and Politics*, Chicago: University of Chicago Press, 1993.

W. M. Reddy, *The Navigation of Feeling: A Framework for the History of Emotions*, Cambridge: Cambridge University Press, 2001.

郭景萍：《情感社会学：理论·历史·现实》，上海：上海三联书店，2008。

郭小安：《舆论的公共性与公众性价值：生成、偏向与融合——一项思想史的梳理》，《新闻与传播研究》，2016（12）。

〔法〕卢梭：《社会契约论》，何兆武译，北京：商务印书馆，2003。

〔美〕莎伦·R. 克劳斯：《公民的激情：道德情感与民主商议》，谭安奎译，南京：译林出版社，2015。

孙卫华、咸玉柱：《同情与共意：网络维权行动中的情感化表达与动员》，《当代传播》，2020（3）。

唐颂编：《百年经典中外哲理名篇》，兰州：甘肃文化出版社，2002。

袁光锋：《"情"为何物？——反思公共领域研究的理性主义范式》，《国际新闻界》，2016（9）。

袁光锋：《作为政治实践的"同情"：同情、审议民主与社会结构》，《学海》，2019（4）。

〔美〕约翰·罗尔斯：《正义论》，何怀宏等译，北京：中国社会科学出版社，1988。

张雅贞：《情感与社会批判：人类社会行动的情感解释》，《思与言》，2012（4）。

中共中央马克思恩格斯列宁斯大林著作编译局编：《马克思恩格斯全集》（第21卷），北京：人民出版社，1965。

伊莱·帕里泽

《过滤泡：互联网对我们的隐秘操纵》

  数字化时代，面对海量的信息，如果没有个性化推荐机制，将会导致信息泛滥，倘若人们所接收的信息输入量超过了人们理解和处理的能力，就会进入"信息过载"状态。为了防止"注意力崩溃"，人们习惯于个性化过滤器的精准推送。算法技术大大提高了获取信息的精度和效率，同时也满足了用户个性化、差异化的需求，即"我的日报时代已经来临"。但是，算法技术既然可以提供信息的个性化定制，能够全方位地形塑信息的流动，甚至编排我们的生活，当然也容易变成隐蔽的操纵控制手段，造成民主和自由的幻象。换句话说，我们表面上获得了一种自由，但是却失去了更多自由，而且整个过程和后果是无法察觉的。互联网越来越少地向我们展示广阔多样的世界，将我们锁定在熟人、邻里之间。

  伊莱·帕里泽在《过滤泡：互联网对我们的隐秘操纵》这本书中提出了重要的问题：当大型互联网公司垄断技术和数据时，我们如何认知和面对这一新型的监控和霸权？算法又将给我们的社会带来怎样的影响和挑战？帕里泽以此书警示人们在当前技术空前发展的洪流中暂缓脚步，去思考维护公共利益的方式以及未来技术发展的方向。

一、成书背景

伊莱·帕里泽（1980— ）是美国著名的互联网观察者、社会活动家，曾在《华盛顿邮报》《洛杉矶时报》《华尔街日报》发表多篇评论文章，目前担任 Upworthy 网站的执行总裁。2011 年 3 月，帕里泽在一次 TED 演讲中首次提出了"过滤泡"（The Filter Bubble）的概念，用来指称一种"智能隔离状态"：受技术媒介的影响，用户与不同的意见信息分离，被隔离在自己的文化或思想泡沫中。该演讲只有不到 10 分钟，但在 YouTube 上的点击量累计超过 400 万次，在此基础上，《过滤泡》一书在同年出版，引发了轰动。

帕里泽在《过滤泡》中通过讲述搜索引擎为不同用户提供不同信息流的事例，提出了一个重要问题：个性化网络如何改变我们的所看所想？其实，从 2003 年开始，著名学者凯斯·桑斯坦在《网络共和国：网络社会中的民主问题》《信息乌托邦：众人如何生产知识》《标签：社交媒体时代的众声喧哗》等一系列著作中就对"信息茧房""回音室效应"、群体极化等相关问题进行了深刻的论述。桑斯坦一直认为，一个运作良好的民主社会需要两个先决条件：第一，公众所接触的信息应当避免被筛选，非计划和意料之外的不期而遇是民主的核心；第二，公民应当分享广泛的共同体验。帕里泽有着与桑斯坦相似的公共意识，他呼吁当前大型互联网垄断公司应将公共利益纳入其考量范围，算法工程师们应将公共生活和公民精神"写进他们创造的世界"，并呼吁大众逃离"小圈子"，去争取自身信息的控制权。

二、"过滤泡"的形成及危害

互联网时代下，数据成为反映事物或个体思想、行为以及活动总和的化身，每个人都进入了一种媒介化生存状态——数据化生存（彭兰，2020）。随着每个人可获得信息与数据的集合趋向无穷，他们能洞察到注意力崩溃时刻即将到来。帕里泽提到在注意力稀缺的世界里，解决这

伊莱·帕里泽
《过滤泡：互联网对我们的隐秘操纵》

一问题的最好方法，就是提供真正迎合每个人特殊兴趣、欲望和需求的内容。在《过滤泡》这本书中，帕里泽从以下几个方面论述了"过滤泡"形成的主要因素，并指出了其危害。

首先，算法技术为用户量身定做打造"小圈子"，阻碍了多样化观点交流。人们总是习惯浏览、关注、搜索符合自己兴趣和期望的信息，算法推荐技术很快会捕捉到网民的浏览记录并投其所好，久而久之，人们将陷入一张无形的信息网络而浑然不知，慢慢被孤立和隔绝，观点变得绝对，价值走向单一，这就是人们常说的"认知孤岛"效应。人们的虚拟邻居越来越像现实中的左邻右舍，虽然互联网创造了大量的"群内资本"，但"桥梁资本"却十分稀缺。桥梁资本有助于建立公众意识，使公众可以跨越身份归属，超越个人私利，正视现实问题。个性化过滤器以极其隐蔽的方式干扰我们正确理解这个多元世界，个性化过滤器通常没有拉远镜头的功能，所以人们很容易迷失方向，认为世界只是一座狭窄的岛屿，实际上它是一块巨大的、多变的大陆。

其次，算法技术推荐引发点击成瘾，创造了"强迫性媒体"。由于过滤信息的标准并非用户自定义，所以用户很容易误认为通过"过滤泡"得到的信息都是公正、客观和真实的。但事实并非如此。置身泡沫内部，几乎不可能察觉有什么异样，皆因"只缘身在此山中"。在个性化过滤器的作用下，用户选择看自己想看的，听自己愿意听的，相信自己所相信的。正如帕里泽所说，"过滤泡"是一个舒适的地方，一切最喜欢的人、事物和想法，都围着你转。个性化过滤器迎合了你身上最具强迫性的部分，创造了"强迫性媒体"来让人们点击更多的链接。虽然个性化过滤器无法区分个性化需求和大众化欲望，但是只要用户浏览内容时平台有利可图，它就不会在意用户看什么。

再次，算法技术最大限度地利用人性的弱点，导致"坏消息综合征"。如电视购物节目总是在半夜里播放，不只是因为这个播出时段更便宜，也是由于在这个时段人们容易受到暗示力量的影响。同时，那些带有情绪的新闻比较容易在"过滤泡"中形成意见气候。有研究发现，《纽约时报》网站转发最多的热门新闻，往往带有强烈情绪如焦虑、愤怒、质疑等，久而久之，"过滤泡"给我们形塑了一个情绪化的世界，使得用户患上"坏消息综合征",而许多真正重要的问题却容易被挡在"过滤泡"之外。如果电视给了我们一个"无情的世界",那么"过滤泡"就给了我们一个"情绪世界"。这与桑斯坦提出的"回音室效应""群体极化"等观念不谋而合。

最后,算法技术利用用户的偏好和隐私进行"无感伤害"。吊诡的是,新媒体技术带来的媒介赋权,很大程度上是牺牲用户的自由和隐私换取的。搜索引擎常常会带来一种公正的假象,但事实上,电脑显示器越来越像一面单向镜:一方面忠实地反映个人兴趣;另一方面,躲在镜子后面的算法则观察用户点击行为。结果是,过去的点击完全决定了我们的未来,用户如果不删除浏览记录,就无法避免跟踪和被操纵,谷歌的过滤系统严重依赖网页历史记录和点击的内容来推断用户的喜好,而这些点击通常发生在完全私密的环境中。在用户被这些"相关性"信息吸引时,相关企业也在背后追逐用户市场,将人们的行为数据变成一种商品,而用户却对搜索引擎的信息呈现机制并不一定知晓。遗憾的是,用户受伤害的原因,不是无知,而是不知道自己在哪些方面还存在盲区。这也是人们的认知偏见阻碍其正确理解这个世界的另一种方式。

三、戳破你的"过滤泡"

杜威认为,民主的首要困难是如何让那些分散的、流动的和多样的公众认识自己,从而决定其如何表达自身利益诉求。桑斯坦曾认为民主政治最有价值之处在于能够偶遇未经筛选的信息,分享共同的经验,获得基本的共识。但个性化却给了我们一些非常不同的东西,与民主政治的精神背道而驰。一个被算法分类和操纵的公共领域,本质上是零碎的,并且排斥对话,这造成了价值分裂和政治区隔,使得那些重要的、严肃的公共议题很难引起公众兴趣。帕里泽提醒公众警惕"过滤泡"给公共生活带来的负面影响,要破除搜索引擎中立的神话,他指出这是一件"皇帝的新装",并为此开出"药方":互联网最大的优势就是可以改变——通过个人行动、企业责任和政府监管的结合,我们仍然有机会改变网络发展的方向,我们期待程序员能将公共生活和公民精神写进他们创造的世界，我们也希望网民能够监督和支持他们，使他们不要屈从于商业资本的威逼利诱而脱离正道。

（一）走出舒适区，增加异质域

帕里泽认为，要提高用户基本的算法素养，摆脱小圈子，走出舒适区。我们生活在一个日益算法化的社会里，每个人都需要认识到，这个社会对于司法、自由和机会的价值观已经与代码的编写方式息息相关。算法会导致一种信息决定论，我们过去的点击流完全决定了我们的未来。"过滤泡"会将异常值消除，但在人类生活中，正是那些意外使事情变得有趣并给我们灵感。世界经常遵循可预测的规则，并落入可预测的模式：潮汐涨落、日月盈亏，甚至天气也越来越可以被预测。当然，一开始偏离惯习时我们会不习惯，但一旦我们走出去，经历新文化，新奇的体验往往是通往快乐的捷径。因此，帕里泽认为，鼓励公民具备基本的算法素养刻不容缓，公民需要越来越多地参与对影响我们公共生活和国家生活的程序系统进行评判的过程。

（二）公开透明，将算法放在阳光中

首先，任命独立的监察员，增强把关力度。在个性化算法的过滤下，有太多真正重要的新闻被遗漏了，而太多不重要的新闻被放在头版报道。帕里泽指出，当前新闻生产并不能完全抛弃编辑把关流程。信息的把关不应该完全被算法掌握，个性化算法也无法一力承担新闻策展的社会重任。基于此，雅虎的新闻团队选择了更为折中妥善的方式，它将新闻团队中的编辑与个性化算法结合起来，避免了信息把关权的旁落，也帮助了那些应该得到重视但点击率惨淡的新闻触达更多的读者。由此推及整个社会，不论是互联网公司网站、搜索平台还是专业媒体，都可以效仿这一做法，由政府设立独立监察员，扶正算法过滤与专业媒体对信息把关的天平。新闻道德的火炬正传递给新一代的策展人，我们期待新媒体能接下火把，传递光明。

其次，深入了解网站的用户画像，并允许用户调阅其画像。新的过滤器可以从让过滤系统对公众更加透明开始，让公众先期讨论这些机制是否尽到了它们应尽的责任。目前，用户基本上看不见算法进行个性化推荐的机制，互联网可能知道用户是谁，但用户无法得知网络对用户的观感，也不知道网络如何使用用户信息。更为妥当的做法是，选择使用一些更为透明、让用户可以更好地进行控制的网站。这些网站应该让用户可以清晰地了解过滤器是如何工作的，算法是如何进行信息分类和过滤的，以及网站是如何使用个人信息的。根据加州大学伯克利分校的研究，能够调阅个人资料是大多数美国人共同的期望。除此之外，仅仅知道提供个性化业务的公司搜集了我们哪些信息也是不够的，它们还需要更加详细地解释是如何使用这些数据的——哪些信息被个性化，个性化到什么程度，筛选的原则是什么，以让用户能够集中监控和管理所有个人资料。

最后，增加选项，增加意外的可能，让用户拥有更多选择权。诚然，改变自我行为是戳破"过滤泡"的一种途径，但如果不推动个性化的公司进行改革，那么我们自己无论如何改变，效果都非常有限。"过滤泡"的工程师们可以通过设计过滤系统，增加意外发现的可能，让人们更容易接触到他们日常经验之外的话题。例如，《卫报》在2016年新设专栏"戳破你的泡泡"（Burst Your Bubble），每周选取5篇值得一读的保守派文章以拓宽读者视野；谷歌浏览器开发了拓展程序"逃离泡泡"（Escape Your Bubble），将不同政治倾向的信息插入Facebook News Feed，以便用户能更好地理解不同观点。短期来看，这些选项的增加可能会降低算法优化的效能和点击率，但从长远来看，擅长在介绍新话题和想法的同时吸引读者注意力的系统可能更受欢迎。

（三）加强监管

在个人和企业都尽其义务之后，或许还需要政府出面监督，以确保我们能够控制我们的在线工具，而不是反被工具控制。帕里泽也在该书中指出，完全退出"个性化"是不切实际的，美国联邦贸易委员会正在考虑的"禁止追踪计划"（Do Not Track，DNT）是行不通的，因为这仍然是一个二元的选择：要么加入，要么退出。最佳的平衡点是增强算法的透明性以及要求公司给予用户对其个人信息真正的控制权。

讽刺的是,早在1973年尼克松政府期间,这一原则就已经明确:监管应该以"公平信息实践"(Fair Information Practice)为准则,保护公众对于个人信息的控制权。50多年后的今天,为了真正推进"公平信息实践"原则的实施,我们每个人必须开始将个人信息视为一种个人财产并享有保护个人财产的权利。政府应该建立一个专职机构监督对个人信息的使用,做到既要保护消费者和公民的权益,也不罔顾公司的利益。

四、评价与反思

关于"过滤泡"现象,学术界的研究视角集中在以下几个方面:第一,考察"过滤泡"与政治之间的关系,尤其是与美国大选的关系;第二,针对如何戳破"过滤泡"进行策略性研究;第三,对造成"过滤泡"的算法技术进行价值探讨(郭小安、甘馨月,2018)。本文在帕里泽《过滤泡》原书的基础上,结合当前学术界的相关研究探讨以下问题,以期更好地理解"过滤泡"这一重要概念。

(一)"过滤泡"是否真的存在?

虽然学术界对"信息茧房""回音室效应"以及"过滤泡"等概念语簇已经进行过多方面的研究,但是对于"'过滤泡'是否真的存在"这一问题,依旧还处在不断探究证实的阶段,甚至不少研究者得出的结论截然相反。有学者通过梳理国外有关"过滤泡"的研究发现,有实证研究表明"过滤泡"确实存在,但也有部分学者认为"过滤泡"并不存在或被夸大(姜婷婷、许艳闰,2021)。从整体看,"过滤泡"存在与否,在很大程度上取决于研究选择的视角及判断标准。帕里泽以搜索引擎为例,将"过滤泡"的产生归因于个性化推荐算法。算法的载体是不同的网络平台,换句话说,算法是具有平台属性的,可能有的平台所采用的算法会导致"过滤泡",有的平台则不会,因此,对于"过滤泡"存在与否,基于不同的平台得到的结论并不一致。

(二) 我国社交媒体中的"社会气泡"

在社交媒体上阅读到的东西不仅会影响思考，还会影响人的情感。如果人们自行将自己划入不同的群体，那么不同群体之间的情感经验就会有所差异。在中国特定的社会背景下，存在一种由公众自我建构的"社会气泡"，其意图却旨在"抵抗"，值得我们去深思。某种意义上，"过滤泡"的形成，除了算法技术的推波助澜，也是公众的认知、情感、偏好驱动的结果。当公众怀有刻板意见和负面情绪时，公众会启动选择性理解、选择性过滤、选择性记忆认知程序，其自我构建的情感记忆会聚集成强大的"社会气泡"，导致情感认同和道德动员。谣言往往充当了"弱者的武器"，部分媒体和商业公司也会借助算法推荐技术，迎合"社会气泡"。平台利用算法程序推送大量同类信息，引发"热点搭便车"效应。此时，理性对话和协商沟通的努力容易被"社会气泡"所抑制，因为处于气泡中的公众在乎的并非事情的真假，而是道德对错和情感共鸣，"社会气泡"充当了价值认同和情感抗争的工具（郭小安、甘馨月，2018）。

(三) 如何戳破"过滤泡"？

在"如何应对过滤泡"这一问题上，不管是学界还是业界都对"戳破'过滤泡'"的策略进行过不少的研究与尝试，但从整体来看，都有囿于技术主义困境之嫌。自帕里泽提出"过滤泡"后，国外曾掀起一场声势浩大的"戳泡运动"，主要的参与者包括媒体、科技公司、非营利组织等，我国学者通过研究梳理后发现，总体上看"戳泡运动"只是一些针对算法逻辑的技术调整，针对的对象是那些已经认识到"气泡"并意图解决"气泡"的用户，但是这些努力对于从根源上彻底解决"过滤泡"带来的负面影响却收效甚微（郭小安、甘馨月，2018）。"戳泡运动"既期待从信息过滤可视化角度来降低"过滤泡"的影响，又期望优化个性化推荐算法来破除"过滤泡"或阻断其形成（姜婷婷、许艳闰，2021）。

但是，我们不能仅从技术的角度来探究治理策略，而忽视了"过滤泡"形成过程的复杂性。"过滤泡"的形成既有算法推荐技术的推波助澜，也有人性和情感结构的内在需求，还与社会结构和权力息息相关，是技术、人性、社会结构共同作用的结果。因此,"戳泡运动"既需要技术的优化,也需要媒体的平衡报道,还需要社会矛盾的缓解、公共领域的完善以及制度化参与渠道的拓展(郭小安、甘馨月,2018)。总之,《过滤泡》这本书的意义并不在于帕里泽是否提出了与桑斯坦等学者不同的创新概念或观点,而在于他以此书为介,揭示出互联网时代下算法等技术实践对民主政治生活形成的控制和霸权,并呼吁大家一起努力改善这种状况,因为谁都不愿意看到,最终数十亿人的工作、交流、娱乐和世界观被一小撮公司垄断、控制。网络兴起伊始,愿望是人人相连,网民自主,而保护这份初心是我们所有人不容推脱的当务之急。

(郭小安 祁欢)

参 考 文 献

董方旭、康许培、赵乐群:《算法推荐机制下"过滤气泡"的形成、影响与规避》,《新闻爱好者》,2020(11)。

郭小安、甘馨月:《"戳掉你的泡泡"——算法推荐时代"过滤气泡"的形成及消解》,《全球传媒学刊》,2018(2)。

姜婷婷、许艳闰:《国外过滤气泡研究:基础、脉络与展望》,《情报学报》,2021(10)。

〔美〕凯斯·桑斯坦:《标签:社交媒体时代的众声喧哗》,陈颀、孙竞超译,北京:中国民主法制出版社,2021。

彭兰:《新媒体用户研究:节点化、媒介化、赛博格化的人》,北京:中国人民大学出版社,2020。

〔美〕伊莱·帕里泽:《过滤泡:互联网对我们的隐秘操纵》,方师师、杨媛译,北京:中国人民大学出版社,2020。

拓 展 阅 读

〔美〕凯斯·桑斯坦:《网络共和国:网络社会中的民主问题》,黄维明译,上海:上海人民出版社,2003。

〔美〕凯斯·R.桑斯坦:《信息乌托邦:众人如何生产知识》,毕竞悦译,北京:法律出版社,2008。

后　记

　　21世纪的前十年正值国内互联网腾飞的时期，互联网渗透到现实生活的方方面面，悄然改变着国家与社会、公民的关系，学术界也开始关注网络中的政治现象与公共问题。出于对现实的敏感，我对政治传播和网络舆论议题非常感兴趣，将"网络政治参与""网络民主"分别作为硕士（2006）和博士（2009）学位论文的选题。尽管这在当时来说确实有些大胆，难免遭遇一些诸如"不务正业""赶时髦"的质疑，但是导师给予了我充分的信任和包容，他理解我的"不安分"，鼓励我不必拘泥于传统理论，可以另辟蹊径从事跨学科研究。如果能朝着这个方向一直努力，说不定还能"闯出一条路来"。导师的鼓励给予了我极大的信心。毕业后，我进入华中科技大学工作，有幸获得国家社科基金青年项目"网络谣言的社会心理及应对策略研究"立项，这进一步坚定了我研究舆论学的决心。

　　2013年，我到重庆大学新闻学院工作后，除了继续从事公众舆论的研究工作外，还在教学上承担了本科生和研究生的"舆论学"课程。在授课过程中，我有意将舆论学、传播学、政治学、社会学等领域的经典理论进行整合，并对经典理论的适应性和延展性进行反思和跨学科对话。对于自己所带的学生，我时常告诫他们，"越是碎片化时代，越要重视经典阅读"，"越是条件便利，越不能丢弃笨方法"。我并不急于让他们去分析热闹嘈杂的热点事件，也不鼓励他们撰写一些短平快的现象描述文或对策分析类小论文，而是希望他们能"多读书""多沉淀"。在

后 记

课堂上，我甚至有些"偏执"地要求学生尽量不带电子产品进教室，而是鼓励他们多携带经典著作进来。如果所带书本具有一定的理论深度或者我从未涉猎过，我可以给予一定"奖励"。但在舆论学的教学过程中，我又时常面临学生的"灵魂拷问"：到底哪些才是真正意义上的舆论学著作？哪些算得上经典？舆论学有鲜明的专业属性和学科边界吗？平心而论，舆论学确实不像政治学、社会学等传统学科那样，历史源远流长，学科脉络清晰，思想体系完整，理论博大精深。这些传统学科的导读类书目也品种繁多，学生浸润其中很容易摸清学科发展的历史、代表性人物、主要理论和核心观点等，而这些恰恰是舆论学所缺乏的。2016年起，我创办了微信公众号"小安读书会"，想借此平台引导学生阅读经典、促进学术交流、孵化读书成果。我筛选了30多本舆论学经典著作，涉及多个学科，希望能构建舆论学思想体系的雏形。经过几年的积累和沉淀，目前收集和整理的经典导读"分量"越来越重，且在反复修改中也越来越成熟。对我而言，出版国内第一部舆论学经典文献导读的目标，恐怕不再遥不可及了。

本书是我和学生们集体智慧的结晶。我要感谢书中的合作者，他们是霍凤、韩放、李萌、李晗、胡佳思、张雅婕、李凯旋、代莉、杨春瑶、徐珂瑾、郭靖宇、蔡畅、祁欢……同时也要特别感谢几位副主编，黄贺铂、杨绍婷、赵海明，他们既参与了部分篇目的写作，也为本书的修改、完善和校对工作付出了艰辛的劳动。诚然，在媒介技术发达、工具理性盛行的现代社会，带领学生去"故纸堆"中寻求智慧启迪，开启心灵对话，并不是一件容易的事情，反而可能被诟病为"书呆子气"。但我深信，读书给人带来的快乐是其他任何活动无法取代的，只有身在其中才能领略它的魅力。求学时导师赠予我的名言，我一直铭记于心，"每个人没有必要都去做学问，但一定要成为有学问的人"，"在求学阶段，一定要有那么一段时光，对学术持有发自内心的愉悦和不计功利的疯狂"。我将此作为座右铭，并作为指导学生的精神指南。

本书得到了重庆市研究生教育"课程思政"示范课程"舆情信息与危机管理"的资助，同时本书还得到了重庆大学舆论学本科生"三进课程"和重庆大学研究生一流课程"舆情信息与危机管理"经费的支持，本人在此表示衷心感谢。

我还要特别感谢南京大学新闻传播学院胡翼青教授，他是这套丛书出版的策划者和引路人，不仅直接参与了书中部分内容的写作，还为我提供了几篇高质量的读书报告，为本书增色不少；感谢中国人民大学新闻学院刘海龙教授对本书的内容体系、逻辑结构、写作风格的耐心指导；感谢北京大学出版社周丽锦女士的支持和包容，由于杂事缠身，书稿一拖再拖，极大地挑战了她的忍耐力。每当我拖延症又犯而选择"躺平"时，脑海中总会闪现周女士向我催稿的画面，让我不敢懈怠，不断自省。

需要指出的是，由于编写此书并无可循的先例，只能依据我对舆论学粗浅的理解和思考，因而在选择书目和作者时，难免具有主观性和偶然性。但我一直秉持这样一个理念：舆论学研究不能仅仅停留于热点事件的话语、文本或舆情分析，而应深入群体心理、社会结构和权力关系加以考察，这将大大拓宽舆论学的研究视野，增加舆论学研究的理论厚度。因此，像马基雅维利的"民意操纵"、卢梭的公意说、托克维尔的"多数人暴政"等，虽然表面上和舆论学并无直接关系，但却具有划时代意义，因此我将这些篇目纳入其中，并加以推介。此外，针对舆论的情感与理性、公共性与公众性等议题，学界一直争论不休，不同的视角也造就了不同的学术流派，其中最具代表性的莫过于精英主义民主和参与式民主的分野。前者视公众为"群氓"，不值得充分信任，只应履行最低限度的公共职能，把政治权力交给政治和社会精英代为行使；后者则视舆论为政治统治合法性的基石，一切统治应源于人民的同意，并主张民主并非手段而是目的，是人性的基本需求，政治参与不应仅局限在公共领域，而应扩散到社会生活的方方面面，只有让民主充分运转起来，才能保证民主政治在安全的轨道上运行。这些讨论无疑延伸了舆论学研究的范围，因此本书也将群体心理学、情感社会学、政治社会学等相关著作收录进来，希望能为丰富舆论学理论体系和思想体系"添砖加瓦"。

由于本人的业务水平和认知能力有限，书中难免有错误和纰漏之处，真心希望能得到各位读者的反馈。

郭小安

2022 年 12 月 2 日于重庆大学